PODERES, IDENTIDADES E SOCIEDADE NA AMÉRICA PORTUGUESA (SÉCULOS XVI - XVIII)

CONSELHO EDITORIAL
Ana Paula Torres Megiani
Eunice Ostrensky
Haroldo Ceravolo Sereza
Joana Monteleone
Maria Luiza Ferreira de Oliveira
Ruy Braga

Eduardo José Santos Borges
Maria Helena Ochi Flexor
Suzana Maria de Sousa Santos Severs

Organizadores

PODERES, IDENTIDADES E SOCIEDADE NA AMÉRICA PORTUGUESA (SÉCULOS XVI - XVIII)

Copyright © 2017 Eduardo José Santos Borges/ Maria Helena Ochi Flexor/ Suzana Maria de Sousa Santos Severs (orgs.)
Grafia atualizada segundo o Acordo Ortográfico da Língua Portuguesa de 1990, que entrou em vigor no Brasil em 2009.

ALAMEDA CASA EDITORIAL
Edição: Haroldo Ceravolo Sereza
Editora assistente: Danielly de Jesus Teles
Editora de livros digitais: Clarissa Bongiovanni
Assistente acadêmica: Bruna Marques

VIRIDIS EDITORIAL
Coordenação editorial e normalização: Ricardo Baroud
Projeto gráfico, diagramação e capa: Sidney Silva
Revisão textual: Magaly Pessoa Nunesmaia
viridis.editorial@hotmail.com

CIP-BRASIL. CATALOGAÇÃO-NA-FONTE
SINDICATO NACIONAL DOS EDITORES DE LIVROS, RJ

P797

Poderes, identidades e sociedade na América Portuguesa (séculos XVI - XVIII) / organização Eduardo José Santos Borges, Maria Helena Ochi Flexor, Suzana Maria de Sousa Santos Severs. - 1. ed. - São Paulo : Alameda, 2017.
21 cm

Inclui bibliografia e índice
ISBN: 978-85-7939-521-5

1. Brasil - História - Período colonial, 1500-1822. 2. Portugal - Colônias - América - História. 3. Brasil - Civilização. I. Borges, Eduardo José Santos. II. Flexor, Maria Helena Ochi. III. Severs, Suzana Maria de Sousa Santos.

17-46051
CDD: 981.03
CDU: 94(81)"1500/1822"

ALAMEDA CASA EDITORIAL
Rua 13 de Maio, 353 – Bela Vista
CEP 01327-000 – São Paulo, SP
Tel. (11) 3012-2403
www.alamedaeditorial.com.br

SUMÁRIO

APRESENTAÇÃO 9

Parte I - ARTES, LETRAS E IDENTIDADES

FAZER HISTÓRIA USANDO MANUSCRITOS: as vilas
pombalinas do século XVIII 15
Maria Helena Ochi Flexor

TRADUZIR PARA INSTRUIR: as traduções para a língua
portuguesa no século XVIII e seu papel de construção da
ilustração – o caso dos livros de Medicina 37
Cláudio DeNipoti

PAISAGEM POLÍTICA & IDENTIDADES: um périplo visual
pelos antecedentes iconográficos dos desenhos de Frans Post 67
Daniel de Souza Leão Vieira

INJURIOSAS PALAVRAS: dimensões da cultura do escrito
nos pasquins afixados em Calambau, Minas Gerais,
no ano de 1798 81
Álvaro de Araujo Antunes

Parte II - ELITES, GOVERNANÇA E RELAÇÕES DE PODER

O SOL E A LUA: governo e representação do Ultramar
(Portugal e Castela, séculos XVI a XVIII)   109
Maria Fernanda Bicalho

HIERARQUIAS E PODERES: as capitanias e o Governo-Geral
no Estado do Brasil   139
Francisco Carlos Cosentino

ENTRE SÃO LUÍS E BELÉM: um estudo da dinâmica de
governo no Estado do Maranhão e Grão-Pará (1673-1751)   163
Fabiano Vilaça dos Santos

AS REVOLTAS DE BACON (VIRGINIA, 1676) E DE
BECKMAN (MARANHÃO, 1684): discursos sobre a justiça,
processos de repressão e luta por direitos   189
Luciano Raposo de Almeida Figueiredo

OS PECADOS DO SENHOR OUVIDOR: queixas e conflitos
políticos entre autoridades no exercício da justiça em Sergipe
Del Rey (1726 e 1733)   223
Janaina Cardoso de Mello

SEDIÇÃO DE 1798: a elite baiana e a representação social do
movimento contestatório   241
Eduardo José Santos Borges

JUSTIÇA, FAZENDAS E EMBARCAÇÕES: o Desembargador
Antonio Joaquim de Pina Manique e a Capitania de
Pernambuco (1789-1794)   269
Antonio Filipe Pereira Caetano

"PARA MELHOR ADMINISTRAÇÃO DA JUSTIÇA E
GOVERNO" – jurisdição, justiça e circulação de ofícios entre
Pernambuco e as Capitanias do Norte   283
Jeannie da Silva Menezes

A PROVEDORIA DA FAZENDA REAL DE PERNAMBUCO:
poder, comércio e família entre os séculos XVII e XVIII   301
Suely Creusa Cordeiro de Almeida

Parte III - *OUTSIDERS*, SOCIEDADE E RELAÇÕES DE FORÇA

"QUALIDADE" E "COR": os marcadores da distinção   315
Eduardo França Paiva

MITOS DE ORIGEM, IDEIAS "FISIOGNÔMICAS" E AS
CATEGORIAS DE IDENTIFICAÇÃO E HIERARQUIZAÇÃO
APLICADAS AOS POVOS DAS CONQUISTAS   331
Isnara Pereira Ivo

RELIGIOSIDADE E SANTIDADE EM NOVOS MUNDOS   355
Eliane Garcindo de Sá

OS BUNDES, A COROA E A MITRA NA CARTAGENA DE
INDIAS DA SEGUNDA METADE DO SÉCULO XVIII   385
Milton Moura

CONEXÕES ATLÂNTICAS: os "lançados" no Brasil e na
"Guiné do Cabo Verde", séculos XVI e XVII   403
Adriana Dantas Reis

SOBRE OS AUTORES   421

APRESENTAÇÃO

Poderes, identidades e sociedade na América portuguesa (séculos XVI - XVIII) é o corolário das profícuas discussões, – que tiveram lugar durante o VI Encontro Internacional de História Colonial - VI-EIHC (Salvador, UNEB/UCSal, setembro 2016) –, em torno de três grandes temáticas, assim identificadas e nomeadas pelos organizadores desta coletânea em *Artes, Letras e identidades; Elites, governança e relações de poder; Outsiders, sociedade e relações de força*. Cada uma dessas temáticas traz artigos de autoria de *experts* lançando mão de fontes históricas, em alguns casos, inéditas e consolidando o conhecimento com o que há de mais atual nas discussões teórico-metodológicas da História, contribuindo assim para a construção de uma historiografia recente de qualidade. Entretanto, esta coletânea não encerra um *Anais* do VI-EIHC. Antes, ela é fruto de discussões que tiveram a oportunidade de aprofundarem-se neste *fórum* de especialistas em História colonial.

Inaugura o livro, a temática *Artes, Letras e identidades*, com artigo da Profa. Dra. Maria Helena Ochi Flexor, o qual mostra, pelo olhar sensível da historiadora, os profícuos estudos, resultado de consultas a documentos manuscritos do século XVIII, ajudando a identificar a criação das vilas e de uma cidade no Brasil pombalino. A este, segue o trabalho de Cláudio DeNipoti sobre a disseminação e o consumo, se é possível assim falar, do pensamento iluminista e científico, em Portugal, mediante o estudo das traduções para vernáculo de escritos médicos; Daniel de Souza Leão Vieira colabora com a temática ao introduzir-nos no mundo iconográfico de Franz Post, explorando o fazer historiográfico com fonte imagética.

A partir dessa propedêutica, seguem o caminho da historicidade, marcando a nova seção, *Elites, governança e relações de poder*, com a reflexão de Maria Fernanda Bicalho sobre o estatuto jurídico-político das conquistas ultramarinas, como base para dissecar as formas de representação das elites locais, ante o poder reinol. Nesta mesma perspectiva, o artigo de Francisco Carlos Cosentino, *in memorian*, pode ser lido como um prolongamento do anterior, por tratar da relação do poder local, das capitanias do Estado do Brasil e sua relação com os governos-gerais; Fabiano Vilaça dos Santos, aponta para problemática semelhante, no Estado do Maranhão e Grão Pará, onde teve lugar a revolta seiscentista dos Beckman, analisada comparativamente com a de Bacon, na Virgínia britânica, por Luciano Figueiredo. Janaina Cardoso de Mello entra na seara dos conflitos, agora nos idos dos setecentos, para apresentar uma análise micro-histórica quando, – considerando ainda o foco dos conflitos de poder entre as hierarquias político-administrativas da América lusa –, descreve as disputas entre a elite da Capitania de Sergipe d'el Rey e o Governo-geral do Estado do Brasil, sediado na Bahia. Por seu turno, Eduardo José Santos Borges, já alcançando o final do período colonial, traz uma interpretação até certo ponto pouco usual da Sedição de 1798, ao aprofundar a perspectiva de análise da base social da Conjuração, a partir do estudo da relação de conflito e negociação entre sujeitos coloniais e poderes metropolitanos. Na sequência, o historiador e as historiadoras, respectivamente, Antonio Filipe Pereira Caetano, Jeannie da Silva Menezes e Suely Creusa Cordeiro de Almeida contribuem no âmbito da história política, apresentando episódios cruciais sobre as relações de força entre as elites e o poder político instituído.

A última seção, denominada *Outsiders, sociedade e relações de força*, os/as historiadores/as, igualmente renomados/as, abrem a perspectiva da análise histórica, sobre as populações menos abastadas da sociedade colonial, mostrando suas sociabilidades, religiosidades e articulações socioculturais, muitas vezes ferindo a ordem dominante, nela resistindo e sobrevivendo. Os artigos de Eduardo França Paiva e Isnara Pereira Ivo dão conta da construção identitária de populações africanas na América lusa, enquanto que Adriana Dantas Reis desvela um tema, pouco estudado pela historiografia brasileira, que é aquele que toca aos *lançados,* usando metodologia comparativa entre a Guiné e o Estado do Brasil, fustigando a disseminação de estudos sobre esses sujeitos. E, Eliane Garcindo de Sá, presenteia com um artigo sobre religiosidade e santidade no mundo ibero-colonial, todo ele perpassado por uma mentalidade religiosa.

Por fim, esta coletânea traz o que há de mais atual, produzido pela historiografia brasileira concernente à história colonial, na expectativa que, os artigos aqui apresentados, possam ser consultados, discutidos e, sobretudo, inspiradores de novas pesquisas.

Com umas palavras finais, se registra sincera homenagem ao saudoso colega Francisco Carlos Cosentino, – falecido semanas após este Encontro –, mas deixando seu precioso texto, talvez o último escrito, o qual se publica agora em sua memória.

Boa leitura a todos/as,

Os organizadores

Parte I
ARTES, LETRAS E IDENTIDADES

FAZER HISTÓRIA USANDO MANUSCRITOS:
as vilas pombalinas do século XVIII

Maria Helena Ochi Flexor

Com esse título participo da mesa-redonda, como coordenadora e palestrante, atendendo ao convite dos historiadores amigos, – amizade selada em função do próprio EIHC –, Suzana Severs e Eduardo Borges, professores da Universidade do Estado da Bahia (UNEB), *campus* Santo Antônio de Jesus e Conceição de Coité, respectivamente. Ao contrário das demais mesas-redondas, esta atendeu ao pedido desses organizadores, reconhecendo antecipadamente a importância da utilização dos manuscritos, dos conhecimentos de paleo, – ou neografia –, para resgatar a História do Brasil, metodologicamente conhecida como "Colonial", do Brasil.

Para eliminar fantasias e achismos históricos, os manuscritos, como os do século XVIII, são fontes privilegiadas de informações, que levam os estudiosos a ver os séculos pretéritos com olhos, menos generalizantes e mais perto da realidade, daqueles tempos. A verdade, dificilmente será espelhada, mas os papéis velhos, manuscritos, dão acesso a numerosas informações que podem gerar artigos e que contribuem para preencher lacunas da historiografia brasileira.

Os manuscritos, hoje mais acessíveis, são encontrados em CD, do Projeto Resgate, organizado por Esther Bertoletti, para a Biblioteca Nacional, – em comemoração aos 500 anos do Descobrimento do Brasil. São as digitalizações dos documentos, do próprio Arquivo

Histórico Ultramarino, em Lisboa,[1] que guarda, impecavelmente bem conservados, os conhecidos como documentos avulsos. O Arquivo Nacional e a Biblioteca Nacional, do Rio de Janeiro, têm em seus acervos documentos enviados, a partir da Metrópole, ou das providências dadas pelas autoridades locais, na segunda capital do Brasil. O Arquivo Público do Estado da Bahia guarda o mesmo gênero de documentos, no período que antecedeu a mudança da capital para o Rio de Janeiro, e mais as ordens expressamente remetidas, ou redigidas e endereçadas à Corte, referentes à Capitania da Bahia. Arquivos das outras antigas capitanias nem todos sobreviveram, dado ao desprezo, que se tem pela memória brasileira.[2]

Vilas pombalinas do século XVIII, como as denominei no início, foram os marcos que deram origem aos estudos, que exponho a seguir. Provocaram pesquisas na longa duração, nos moldes da *École des Annales*,[3] quanto longos anos de estudos. O mote desse tema foi revelado durante o período em que realizava pós-graduação, em História Social, na Universidade de São Paulo, em São Paulo.

Buscando elementos no Arquivo do Estado de São Paulo, para fundamentar uma tese sobre o trabalho livre na Capitania de São Paulo, nos setecentos, deparei-me, várias vezes com ordens do então Governador e Capitão-General, D. Luiz Antônio de Souza Botelho Mourão, o 4º Morgado de Mateus (1765-1775). Nos seus dez anos de governo da Capitania de São Paulo, vez por outra, ordenava a seu ajudante de ordens que fosse verificar se, em várias partes do

---

[1] Documentos que foram destacados do conjunto, com a organização documental do Conselho Ultramarino, podem ser encontrados, ainda, no Arquivo Nacional da Torre do Tombo, no Arquivo Nacional de Lisboa ou no Arquivo Nacional da Ajuda, em Lisboa.

[2] Deve-se destacar o cuidado que o Arquivo do Estado de São Paulo tem dedicado aos documentos desde sua criação.

[3] Criada por Lucien Febvre e Marc Bloch, na França, a partir de 1938. Fiz meus estudos, na graduação e na pós-graduação da Universidade de São Paulo, cujos fundadores tiveram a colaboração de professores franceses e brasileiros aficionados a sua metodologia de pesquisa.

seu território,[4] haveria possiblidades de elevar povoações a vilas. Um pré-requisito inicial para isso era, dependendo de sua situação geográfica, a povoação ter certo número de habitantes e condições mínimas de sobrevivência, especialmente a presença de água. De volta a Salvador, e retornando às minhas pesquisas no então CEAB, – Centro de Estudos de Arquitetura na Bahia da UFBA –, no qual era encarregada de levantamento de documentação, deparei-me com transcrições de manuscritos, publicados nos Anais da Biblioteca Nacional, assinados pelo ouvidor de Porto Seguro, José Xavier Machado Monteiro. Este fazia referências ao antigo ouvidor, ao qual sucedeu no cargo, o bacharel Tomé Couceiro de Abreu, e dava notícias das duas vilas que este criara, Belmonte e Prado (1765), mas não levara o projeto adiante, e ele próprio fazia menção àquelas que, por sua vez, criou e instalou, com todas as cerimônias de costume, como Vila Viçosa (1769), Portalegre (1769), Alcobaça (1772).

Ao constatar as datas do governo do Morgado de Mateus e das ações de Machado Monteiro, verifiquei que eram coincidentes e que as finalidades eram as mesmas. Aprofundando as leituras, a partir das coincidências de datas, busquei a mesma coincidência de fatos e de outros objetivos. Eram os mesmos. Com os resultados publiquei um primeiro artigo, auxiliando a compor a revista RUA, do Programa de Pós-Graduação em Arquitetura, da Faculdade de Arquitetura da Universidade Federal da Bahia (1988), com o título "Núcleos urbanos planejados do século XVIII".[5] Comparando as duas capitanias, foram mapeadas as vilas criadas em ambas, acompanhando notícias históricas retiradas dos documentos.

---

[4] Como São José do Paraíba, Faxina, Mogi Mirim, Mogu Guassu, Sabaúna, Nossa Senhora dos Prazeres, Apiai, Guaratuba e Lages, esta fora do atual Estado, cujas fronteiras se estendiam até Santa Catarina transformadas em vilas, entre 1767 e 1774.

[5] FLEXOR, Maria Helena Ochi. Núcleos urbanos planejados do século XVIII. *Rua*, Salvador, v. 1, n. 2, p. 89-114, 1988.

As instruções passadas para as duas capitanias, limitadas, ainda, àquelas recebidas pelo capitão-general, governador de São Paulo e as relatadas pelo ouvidor e corregedor geral da capitania de Porto Seguro,[6] suscitaram outras questões. Além de buscar documentos no APEB (Arquivo Público do Estado da Bahia), fiz algumas viagens a Lisboa em busca de outros manuscritos, no Arquivo Histórico Ultramarino (AHU), que trouxessem respostas a algumas dessas questões. Na medida em que levantava essa documentação, esclarecia também, milimetricamente, os fatos que dariam origem a vários outros artigos e/ou comunicações, que foram apresentados em eventos específicos ou aproximados, como no Comitê de História da Arte, nos Seminários de História das Cidades e do Urbanismo (SHCU) ou, ainda, publicados em revistas científicas, uns com referência às vilas planejadas e, outros, já com

---

[6] Deve-se esclarecer que o ouvidor e corregedor de comarca cuidava das diversas vilas, nela contidas, e "corrigia" os erros praticados pelos juízes ordinários ou vereadores, além de ver a situação das povoações e seus habitantes. Cabia ao ouvidor executar todo o cerimonial de criação das vilas, obedecendo às ordens dos governadores ou do rei, quando já reconhecidas as possibilidades de ascender a essa categoria urbana.

sentido mais amplo de repovoamento e reurbanização do Brasil,[7] no Brasil e em Portugal.

A busca de documentos em Lisboa permitiu ampliar o repertório de vilas criadas, na Bahia, como Olivença (1758), Santarém (1758), Soure (1759), Pombal (1758), Mirandela (1760), Távora (1758).[8] Ainda foram criadas Trancoso (1759), Vila Verde (1759), Abrantes (1758), Benavente e Almeida, estas duas no território do Espírito Santo. As criações, quase simultâneas de vilas

---

[7] FLEXOR, Maria Helena Ochi. E o ouvidor da comarca também planejava... In: SEMINÁRIO DE HISTÓRIA DO URBANISMO E DA CIDADE, 6., 2000, Natal. *Anais*... Natal: UFRN, 2000. v. 1. Disponível em: <unuhospedagem.com.br/revista/rbeur/index.php/shcu/article/download/769/744>; FLEXOR, Maria Helena Ochi. Repovoamento e reurbanização do Brasil no século XVIII. In: PESSOTTI, Luciene; RIBEIRO, Nelson Pôrto. *A construção da cidade portuguesa na América*. Rio de Janeiro: PoD, 2011. p. 69-90; FLEXOR, Maria Helena Ochi. As vilas pombalinas na região amazônica. In: SEMINÁRIO DE HISTÓRIA DA CIDADE E DO URBANISMO, 11., 2010, Vitória. *Anais*... Vitória: UFES, 2010; FLEXOR, Maria Helena Ochi. A rede urbana brasileira: meados do século XVIII. *Revista Cátedra Jaime Cortesão*, São Paulo, v. 1, p. 161-211, 2006; FLEXOR, Maria Helena Ochi. Vilas pombalinas. In: SEMINÁRIO LANDI E O SÉCULO XVIII NA AMAZÔNIA. *Anais*... Belém: UFPA; Museu Paraense Emilio Goeldi, 2003; FLEXOR, Maria Helena Ochi. Bahia: criação de rede urbana no século XVIII. In: CONGRESSO DE HISTÓRIA DA BAHIA, 4., 2001, Salvador. *Anais*... Salvador: Instituto Geográfico e Histórico da Bahia; Fundação Gregório de Mattos, 2001. v. 2. p. 567-584; FLEXOR, Maria Helena Ochi. A criação de vilas e o povoamento do Brasil no século XVIII. In: COLÓQUIO LUSO-BRASILEIRO DE HISTÓRIA DA ARTE, 4., 2000, Salvador. *Anais*... Salvador: Edufba, 2000. v. 2, p. 559-571; FLEXOR, Maria Helena Ochi. As vilas pombalinas no século XVIII, estratégias de povoamento. In: SEMINÁRIO DE HISTÓRIA DA CIDADE E DO URBANISMO, 5., 1998, Campinas. *Anais*... Campinas, SP: PUC, 1998; FLEXOR, Maria Helena Ochi. Núcleos urbanos criados por Pombal no Brasil do século XVIII. *Seminário de História da Cidade e do Urbanismo*, v. 4, n. 3, p. 109-111, 1996; FLEXOR, Maria Helena Ochi. Cidade e vilas pombalinas no Brasil do século XVIII. In: REUNIÃO DA SOCIEDADE BRASILEIRA DE PESQUISA HISTÓRICA, 1., 1996, Curitiba. *Anais*... Curitiba: SBPH, 1996. p. 109-115; FLEXOR, Maria Helena Ochi. Núcleos urbanos planejados do século XVIII. In: FABRIS, Annatereza; BATISTA, Marta Rossetti (Org.). *V Congresso Brasileiro de História da Arte*. São Paulo: Comitê Brasileiro de História da Arte; FAPESP; ECA-USP, 1995. v. 1, p. 75-82; FLEXOR, Maria Helena Ochi. Núcleos urbanos planejados do século XVIII e a estratégia de civilização dos índios do Brasil. In: SILVA, Maria Beatriz Nizza da. *Cultura portuguesa na Terra de Santa Cruz*. Lisboa: Estampa, 1995. p. 79-88.

[8] Esta última, criada no território de Sergipe, teve seu nome mudado para Tomar, devido ao envolvimento do nome dos Távoras na tentativa de assassinato de D. José I.

tão distantes, foram feitas por ouvidores, mas também por juízes de fora e ouvidores de outras comarcas, com licença especial, dada pelo Conselho Ultramarino instalado na Bahia.

A essa altura, as pesquisas e o conteúdo dos trabalhos publicados, geraram um convite para participar de evento, na Universidade de Coimbra, em 1998, o Colóquio Internacional Universo Urbanístico Português, 1415-1822, cujos resultados foram publicados, sob o patrocínio da Comissão Nacional para as Comemorações dos Descobrimentos Portugueses.[9] Essa participação me permitiu conhecer o arquiteto e estudioso do urbanismo luso-brasileiro, Manuel C. Teixeira, que veio à Bahia para conhecer a Vila de Abrantes.

Esse encontro foi muito profícuo e resultou em dois convites. O primeiro foi para expor meus trabalhos, um no evento sobre "A praça na cidade portuguesa",[10] e o segundo para comparecer aos Cursos da Arrábida, realizados num antigo convento, na serra desse mesmo nome, na Península de Setúbal, Portugal. Este evento, organizado pelo mesmo professor arquiteto, reuniu portugueses, argentinos, brasileiros, os nomes mais destacados, como Nuno Portas, Murillo Marx, Margarida Valla, Benedito Lima de Toledo, Beatriz Bueno, Ramon Gutierrez, entre outros. O tema do evento estava voltado para "A Construção da Cidade Brasileira", no qual

---

[9] FLEXOR, Maria Helena Ochi. Planejamento, história e memória. In: SILVA, Sylvio Bandeira de Mello e. *Estudos sobre dinâmica territorial, ambiente e planejamento.* João Pessoa: Grafset, 2011. p. 165-181.

[10] FLEXOR, Maria Helena Ochi. A Praça Municipal da cidade do Salvador. In: TEIXEIRA, Manuel C. (Org.). *A praça na cidade portuguesa.* Lisboa: Livros Horizonte, 2001. p. 103-120. Esse trabalho foi feito em parceria com o professor arquiteto Marcos Paraguassu, que fez os desenhos das diversas etapas de transformação pelas quais a Praça Municipal passou em quatro séculos.

apresentei o trabalho sobre "A rede urbana brasileira setecentista: a afirmação da vila regular".[11] Contrariando a visão de Sérgio Buarque de Holanda que atribuiu, aos castelhanos, à qualidade de "ladrilhadores" e aos portugueses de "semeadores" no ato de estabelecer núcleos urbanos em seus respectivos territórios, o título, do próprio, deste último artigo apresentado na Arrábida, mostra outra faceta dos portugueses que, a partir das instruções, repassadas pelas Cartas Régias e Alvarás, recomendando ordem, boa perspectiva, uniformização das construções, na segunda metade do século XVIII, passou a utilizar o plano ortogonal, com ruas retas mais largas, com transversais em ângulo reto, de largura menor e uniformização das fachadas das casas, uma praça religiosa, – para construção da matriz –, e outra civil, esta para instalação da Casa de Câmara e Cadeia.

Em alguns casos, como nas vilas criadas no Baixo Sul da Bahia, o próprio ouvidor, Machado Monteiro, se desculpava pela sua falta de conhecimento, ao desenhar as plantas das vilas que criara como Vila Nova de Alcobaça, porém, as plantas mais bonitas, existentes no Arquivo Histórico Ultramarino, se devem a essa autoridade.[12] O traçado, com o grande terreiro dos aldeamentos jesuíticos, foi mantido, – onde não se podia contar com engenheiros, ou arquitetos –, para estabelecer novos traçados, como se fez em Nova Barcelos, na Capitania de São José do Rio Negro.

Nesses trabalhos foram acrescentadas, além daquelas vilas criadas na capitania da Bahia, à qual faziam parte Sergipe e parte do Espírito Santo, – bem como, dei notícias à única cidade, ereta em

---

[11] FLEXOR, Maria Helena Ochi. O. A rede urbana brasileira setecentista: a afirmação da vila regular. In: TEIXEIRA, Manuel C. *A construção da cidade brasileira*. Lisboa: Livros Horizonte, 2005. p. 203-240.

[12] Loc. cit.; FLEXOR, Maria Helena Ochi, E o ouvidor..., op. cit.

Oeiras, na povoação de Moucha, no Piauí, por conta do caminho do gado, entre Maranhão e Bahia. Estendi a busca de outras vilas na região que pertencia ao Estado do Maranhão e Grão-Pará, incluindo a Ilha de Marajó, ou a elevação da vila de Barcelos e a criação da Capitania São José do Rio Negro, na região equivalente, hoje, à região Amazônica. Complementei informações sobre outras regiões, como Paraíba e Pernambuco, Rio de Janeiro, Paraná, Santa Catarina, Rio Grande do Sul e Colônia do Sacramento, Mato Grosso[13] e Goiás.

Nos lugares, onde não existia população suficiente, para elevar o núcleo de pessoas à vila, criaram-se povoados e lugares e usou-se a divisão eclesiástica de paróquia e freguesias,[14] para que o pároco fosse a referência de autoridade.[15] Nos lugares em que havia grande criminalidade, foram criados os julgados, isto é, não havia a composição do Senado da Câmara, com os três poderes, – o judiciário, o legislativo e o executivo –, mas apenas o judiciário. Nos julgados se colocava o juiz, denominado "meio-ordinário", apenas para combater a criminalidade.

Paralelamente às informações sobre os núcleos urbanos levantados, notei o discurso recorrente de combate à ociosidade, à vadiagem e à preguiça, já presente nos documentos paulistas e que se repetiam na Bahia, fazendo entender que o iluminismo e o liberalismo mudavam os conceitos e comportamentos dos europeus,

---

[13] A maior parte de Mato Grosso foi conquistada para o Brasil, ocupando os territórios de Chacos e Chiquitos, que pertenciam ao Reino do Peru.
[14] Como São José da Barra, Nossa Senhora de Nazareth (das Farinhas), Santana do Tucano, Santo Antônio de Caetité, Santo Estevão do Jacuípe, São João Batista de Sento Sé, Santo Antônio das Caravelas, Santana do Camisão, Nossa Senhora da Conceição da Vila de Soure, Santa Tereza de Pombal, Nossa Senhora da Escada de Olivença, Nossa Senhora das Candeias de Barcelos, Santo Antônio de Jacobina, entre os anos de 1753 e 1758.
[15] Como Grão-Mestre da Ordem de Cristo, e titular do Padroado, resultante de um acordo com o Papado, os Reis portugueses é quem administrava as igrejas na Metrópole e nas suas conquistas. Cabia a ele nomear os párocos, que recebiam um pagamento real, a côngrua.

– que amadureceriam e culminariam com a Revolução Francesa –, nos finais do século XVIII.

O mesmo discurso se fortalecia com o intuito de valorizar o ato de trabalhar, incluindo os nobres que, em grande maioria, vivia das mercês reais. A ociosidade era um privilégio a que os nobres tinham direito institucional. Os componentes das bandeiras, – que eram convocados oficialmente pelas câmaras –, ou os promotores de entradas para o sertão, eram os identificados como vadios; os que andavam vadiando pelos sertões a busca de metais, pedras preciosas ou salitre, e os preguiçosos os índios, que, na incompreensão dos brancos, acerca da maneira do viver indígena, não trabalhavam com continuidade e nem produziam excedentes e nem praticavam o comércio. Um artigo sobre esse tema foi publicado na Revista do Instituto Geográfico e Histórico da Bahia.[16]

O objetivo era criar as vilas, povoá-las e promover o modo civilizado de viver, como os europeus. A fixação dos habitantes aos novos lugares fazia parte do acordo do Tratado de Madrid, porque seria a forma de tomar posse real dos territórios conquistados. D. João V, que faleceu em 1750, já tinha começado essa campanha, proibindo os "sítios volantes", – a utilização de terras e abandono depois de esgotadas para busca de outros terrenos –, e apontando a necessidade de fazer os habitantes viverem em "sociedade civil", – viver no meio urbano, em comunidade.[17] Isso foi continuado no reinado seguinte, como se está narrando.

---

[16] FLEXOR, Maria Helena Ochi. A ociosidade, a vadiagem e a preguiça no século XVIII. In: REUNIÃO DA SBPH, 18., 1998, Curitiba. Anais... Curitiba: SBPC, 1998. p. 157-164; FLEXOR, Maria Helena Ochi. A ociosidade, a vadiagem e a preguiça: um conceito de trabalho no século XVIII. Revista do Instituto Geográfico e Histórico da Bahia, Salvador, v. 95, p. 73-89, 2000.
[17] Loc. cit.

De fato, a partir do momento em que a criação de vilas foi liberada por D. José I, e seu Secretário dos Negócios de Marinha e Ultramar, – o então Conde de Oeiras (1759), depois Marquês de Pombal (1769) –, foi terminantemente proibida a mudança das pessoas de vilas, sem autorização, ou mesmo a mudança da vila para lugar diverso daquele que tinha sido determinado. Quem saísse, sem prévia licença, era preso, retornado à vila de origem e condenado a pagar as correntes e bola de ferro de seu transporte.

Tomava-se essa providência para evitar o esvaziamento das vilas criadas, como acontecia a qualquer boato de que se tinha descoberto uma nova mina em algum lugar. A ideia principal era povoar todo o litoral, criando vilas a cada seis léguas, e a beira-mar ou beira-rio para que, os núcleos bem povoados defendessem toda a costa do Brasil. Na falta de povoadores, se lançaram editais e se assinaram contratos para transportar casais açorianos, madeirenses e minhotos, que se concentraram mais em Santa Catarina e Rio Grande do Sul, mas foram distribuídos um pouco em cada capitania de Norte a Sul. Para que os núcleos urbanos novos vingassem, por isso mesmo, era proibida a mudança de uma vila para outra.

Como forma de aumentar o número de habitantes, – depois de descumpridas muitas leis que davam liberdade aos indígenas –, e sob influência de teses de Jean-Jacques Rousseau, defendidas em Dijon, Sua Majestade deu liberdade aos índios que, entretanto, ficaram sujeitos ao "Directorio que se deve observar nas provoaçoens dos índios do Pará, e Maranhão enquanto Sua Majestade não mandar o contrário", de 1758,[18] e que se tornou extensivo a todo o Brasil e que já estava incluso nos Alvarás de 6 e 7 de junho de 1755.

---

[18] DIRECTORIO que se deve observar nas povoaçoens dos índios do Pará, e Maranhão enquanto Sua Majestade não mandar o contrário, 1758. *Boletim de Pesquisa da CEAM*, Manaus, v. 3, n. 4, p. 85-126, jan./dez. 1984.

O "Directorio" aplicava, entre os nativos do Brasil, a prática usada em alguns lugares da Europa, e mesmo em Portugal, estabelecida pelas Ordenações Filipinas, que transformava a liberdade dos índios em ação fictícia. Por essa norma, os filhos órfãos de pais mecânicos, ou pais vivos dementes, deviam aplicar-se aos ofícios mecânicos ou "trabalhar à soldada".[19] "O mesmo parece justo que se observe com os filhos de índios ainda que tenham pays vivos, porque por dementes e pródigos se reputam governados por Directores como seus tutores", dizia o "Directorio".

Os índios foram transformados em vassalos, mas os premiados eram os portugueses que casassem com índias. Eram condecorados com a Ordem de Cristo, isentando-os do serviço militar e, ainda ganhavam um dote para se estabelecer. Prometia-se que não ficariam "com infâmia", por se misturarem aos indígenas, além de ser proibido chamar seus filhos de "caboclos", igualando-os em tudo, teoricamente,[20] aos outros vassalos brancos.

O "Directorio" nada mais era que um manual para civilizar os índios, obrigando-os a agir como os brancos, morando em casas unifamiliares, com divisão de sexos, a aprender a religião da igreja romana, a trabalhar com afinco para produzir excedentes para o comércio, etc. ou, a se aplicar nos ofícios mecânicos. Até que os indígenas fossem capazes de se inserir na sociedade civilizada, deviam ter um diretor em cada vila, ou aldeamento, com funções

---

[19] Recebendo jornais, ou pagamento, por serviços prestados.
[20] Se diz teoricamente, porque, embora libertos, os índios ficaram sob o jugo de diretores que, em muitos casos foram acusados de defender os seus próprios interesses. A discriminação voltou no século XIX e até o presente os índios são considerados como cidadãos de segunda categoria, sujeitos à FUNAI.

"mais de orientação e instrução" do que de administração. "Bondade" e "brandura" foram insistentemente recomendadas.[21] Essas expressões "bondade" e "brandura" foram tiradas da obra, escrita por Juan de Solórzano Pereyra,[22] que foi Ouvidor das Audiências de Lima, no Reino do Peru, nos finais do século XVII. Essa obra serviu de modelo, tomado por Francisco Xavier de Mendonça Furtado, o autor do referido "Directorio" que, comprovadamente, fez uso da obra de Solórzano.[23] Ainda, para aplicação de novas normas no Brasil, Pombal fez editar a Lei da Boa Razão, em 18 de agosto de 1769, considerando os costumes dos índios diversos dos europeus e a aplicação das Leis no Brasil, a partir de então.

---

[21] FLEXOR, Maria Helena Ochi, Vilas pombalinas, op. cit.; FLEXOR, Maria Helena Ochi. O diretório dos índios do Grão-Pará e Maranhão e o direito indiano. *Politeia: História e Sociedade*, Vitória da Conquista, v. 2, n. 1, p. 168-183, 2002; FLEXOR, Maria Helena Ochi. O diretório dos índios do Grão-Pará e Maranhão e o direito indiano. In: REUNIÃO DA SBPH, 21., 2002, Curitiba. *Anais...* Curitiba: SBPC, 2002. p. 215-223; FLEXOR, Maria Helena Ochi. As relações entre o Diretório dos Índios do Grão-Pará e Maranhão e o direito indiano: sua ausência na historiografia brasileira. *Seminário de História da Cidade e do Urbanismo*, v. 7, n. 2, 2002; FLEXOR, Maria Helena Ochi. As relações entre o Diretório dos Índios do Grão-Pará e Maranhão e o direito indiano. *Direito UNIFACS – Debate Virtual*, Salvador, fev. 2003. Disponível em: <http://www.unifacs.br/revistajuridica/arquivo/edicao_fevereiro2003/principal.htm>.

[22] Trata-se da obra *Política Indiana*, de sua autoria, publicada nos finais do século XVII. SOLÓRZANO PEREYRA, Juan. Recedencia del Consejo de Indias sobre el de Flandres, politica indiana sacada em lengua castelhana de los dos tomos del Derecho y gobierno municipal de las Indias Ocidentales. Madrid, 1629 (t. 1), 1693 (t. 2). Comumente conhecida como *Política Indiana* teve segunda edição em 1647. Usei uma edição de 1996, indicada nas referências. Ele permaneceu no Peru por 17 anos; foi fiscal do Conselho da Fazenda, Conselheiro do Conselho das Índias, Fiscal do Conselho de Castela.

[23] FLEXOR, Maria Helena Ochi, O diretório dos índios do Grão-Pará e Maranhão e o direito indiano, op. cit.; FLEXOR, Maria Helena Ochi, As relações..., op. cit.; FLEXOR, Maria Helena Ochi. A "civilização" dos índios e a formação do território do Brasil. *Revista HISTEDBR On-line*, Campinas, 2007. Disponível em: <http://www.histedbr.fe.unicamp.br/navegando/artigos_pdf/Maria_Helena_Flexor1_artigo.pdf>; FLEXOR, Maria Helena Ochi. O diretório dos índios do Grão-Pará e Maranhão, de 1758, e o projeto pombalino. In: SIMPOSIO INTERNACIONAL SOBRE RELIGIOSIDAD, CULTURA Y PODER, 3., 2010, Buenos Aires. *Anales...* Buenos Aires: Patricia Fogelman, 2010.

Em função disso, fiz alguns artigos, esperando grandes discussões com os juristas, mas tive grande decepção. Só mais recentemente verifiquei que uns poucos advogados, tratam desses dois temas, mas de forma descontextualizada, visto que não se pode entender, nem o "Directorio", nem a "Lei da Boa Razão", sem ampliar os conhecimentos sobre toda a política resultante do Tratado de Madrid. Diz o documento, sobre a Lei da Boa Razão que, a partir de sua decretação, a lei "se funda nas outras Regras, que de universal consentimento estabeleceu o Direito das Gentes para a direcção, e governo de todas as Nações civilizadas" e não mais, só no "Direito romano"[1].

Como os lugares, passíveis de se transformarem em vilas, ficavam muito distantes e houvesse necessidade de uma descrição minuciosa de várias circunstâncias, - como número de habitantes, índios ou brancos, atividades exercidas e divisão por idade e sexo, situação geográfica e presença de água, tipo de cultivo e criação de animais domésticos, entre outras coisas.

Até que chegassem as descrições, - de qualquer maneira, foi o primeiro censo feito no Brasil -, escolheu-se a aldeia do Espírito Santo, nas proximidades de Salvador,[2] para verificar se as normas, - estabelecidas por Mendonça Furtado, através de seu "Directorio" inspirado em Solórzano -, dariam certo na criação das vilas e instalação dos habitantes nas mesmas. A ideia original era separar os índios dos brancos. As sesmarias, menos as de casas nobres,

---

[1] As chamadas "Leis Pátrias", que levava em consideração os costumes não europeus. Essa Lei da Boa Razão foi o último recurso,- utilizado pelo advogado dos quatro personagens da Conspiração dos Alfaiates, datado de 1798, condenados à morte -, para tentar convencer Sua Majestade de que eles deveriam ser julgados por ela e não pelas Ordenações Filipinas, que considerava a pseudoconspiração como crime de lesa majestade, castigado com a morte por enforcamento e cabeça e mãos cortadas.

[2] Distante cerca de 40 km.

seriam confiscadas e redistribuídas entre os diferentes habitantes, preferentemente índios. Solórzano Pereira separou os indígenas dos espanhóis, respeitando as culturas locais. Tentou-se repetir o seguir o exemplo do Reino do Peru, em Abrantes.

Elevou-se a aldeia[3] do Espírito Santo à vila,[4] em 1758, com o nome de Vila Nova de Abrantes[5] e, para tanto, contou-se com a presença de dois desembargadores conselheiros, José Mascarenhas Pacheco Pereira Coelho de Melo e Manuel Estevão de Almeida de Vasconcelos Barberino, vindos de Portugal que, sob a presidência do conde dos Arcos, D. Marcos Noronha, vice-rei do Brasil e com o desembargador da Relação da Bahia, Antônio de Azevedo Coutinho formaram o Tribunal do Conselho de Ultramar na Bahia, para superintender a criação das vilas, já ordenadas em 1755 e 1758. A carta, datada deste último ano, comunicava ao Arcebispo, que os desembargadores Barberino e Pacheco, traziam jurisdição para constituir, também na Bahia, o Tribunal da Mesa de Consciência e Ordens para os negócios relativos ao provimento de párocos nas novas paróquias das vilas de índios.

Abrantes foi o campo de experimentação da aplicação do "Directorio", conforme se tinha idealizado. Os conselheiros, desembargadores e o Governador-Geral – ou seja, o Conselho Ultramarino instalado na Bahia – chegaram, no entanto, à conclusão que não deviam separar os índios dos brancos, considerando o grau de civilização dos primeiros. Seria melhor continuarem misturados

---

[3] Leia-se aldeamento, pois era formada por índios de origens diversas, reunidos pelos jesuítas. Aldeia era o lugar original criado pelos índios.

[4] Deve-se considerar que o título de vila não tinha o mesmo valor urbano hierárquico de hoje, em que se considera vila de menor importância que a cidade, tanto que, em mais de uma centena de vilas criadas nesse período se deu nome de cidade apenas a uma povoação, como se faz referência no texto, Oeiras no Piaui.

[5] Os nomes das vilas foram tirados do território português, em homenagem aos Braganças, com o acréscimo do qualificativo "nova".

com os brancos para que aqueles aprendessem a trabalhar com continuidade e produzindo excedentes para comercialização. Também aprenderiam mais rapidamente a língua portuguesa e se tornariam cristãos pelo exemplo e prática dos portugueses. Os índios não entendiam como deveriam habitar em espaços tão escassos. Solicitavam continuamente mais terras. Os portugueses, por sua vez, não entendiam porque os indígenas precisavam de tanta terra. Vários índios, que já sabiam ler e escrever, foram indicados como vereadores do Senado da Câmara, da Nova Vila de Abrantes, que se instalou no pequeno hospício dos jesuítas,[6] junto à igreja dedicada ao Espírito Santo. Apesar disso, inconformados com o espaço limitado a ocupar, os índios terminaram por fugir para Massarandupió.[7]

Ao contrário da maior parte das novas vilas, que obedeceram ao determinado pela Metrópole, de seguir o plano ortogonal, foi aproveitado o desenho do terreiro jesuítico, em forma de retângulo, com a igreja e hospício[8] na cabeceira, e com as casas nas outras três faces. Pelo menos em torno do terreiro e na saída principal da vila, a sua estrutura original se manteve. E continuou assim até cerca do ano de 2003, quando, agora a Vila de Abrantes foi transformada em distrito de Camaçari, viu-se o antigo terreiro ser urbanizado, com equipamentos modernos, como quadra de esportes, pergolados, bancos, espelhos d'água e jardins, entre outros.

O ouvidor Machado Monteiro, no seu relatório de 1772, descreveu como se dava o ensino, para meninas e meninos que

---

[6] Os jesuítas se opuseram à criação das vilas, além de serem acusados de estar envolvidos na tentativa de assassinato de D. José I, entre outras coisas. Terminaram por ser expulsos no ano seguinte à criação da Vila Nova de Abrantes.
[7] Hoje praia em Entre Rios, na conhecida Costa de Sauipe.
[8] Hospício era um pequeno convento, que servia de hospedaria ou temporadas dos religiosos em trânsito. Essa parte do conjunto já não existe mais.

estavam frequentando a escola de Porto Seguro, mostrando que o ensino não se extinguiu com a expulsão dos jesuítas. A descrição se aproxima de um documento que encontrei em meio a um processo da Capitania de Pernambuco. Trata-se de uma cartilha, feita por um religioso não identificado, a pedido do seu Governador e Capitão-General, Luiz Diogo Lobo da Silva, datada de c. 1759, a "Breve instrucção, para ensinar a Doutrina christãa, Ler e escrever aos Meninos, e ao mesmo tempo os principios da Lingua Portugueza e sua Orthografia".[9]

O documento retrata bem o espírito civilizatório e catequético, ainda presente nos meados dos setecentos. A cartilha mistura educação, – valorizando muito os "Mestres das Escholas" –, seu conceito e objetivos, além de ensinar as principais orações aos meninos, – como o Padre Nosso, Ave Maria, o Credo, discorrendo sobre os sacramentos, artigos da fé, além do respeito ao Cristo e sua Cruz e horários de orações ou como se conduzir para a escola, com o melhor aluno conduzindo a Cruz.

Em meio a essa instrução religiosa, aparecem ensinamentos de ortografia e regras gramaticais, a partir do "beaba", incluindo declinações dos nomes e, no fim, as quatro conjugações dos verbos, apresentam todos os tempos, ainda existentes, e outros que já não são mais utilizados ou que se transformaram em expressões idiomáticas isoladas, independentemente dos tempos verbais. Bons exemplos são os tempos presente e imperfeito do optativo, cuja primeira pessoa do singular se conjugava "Oxalá fora eu, ou fosse"[10] ou o pretérito perfeito, que se dizia "Queira Deus que fosse eu ou estivesse", supino que se conjugava "amar para amar: a ser para Ser amado, De ser

---
[9] AHU, Pernambuco, c. 1759.
[10] Oxalá teve influência persa e árabe: o "Xá ou Shah + Alá" ou Allah".

amado para se amar", etc".[11] Nessa época se obrigou a população de todo o Brasil a falar a língua portuguesa e abandonar o uso da língua geral.[12] Esse trabalho foi apresentado em outros eventos de linguística.[13]

Todos esses feitos faziam parte do programa, traçado para a execução do Tratado de Madrid, de 1750, estabelecido entre Portugal com Castela e Leão, na atual Espanha. Não sabendo por onde realmente passava a Linha de Tordesilhas, os assinantes acertaram utilizar o princípio do *ut possedetis*, segundo o qual, quem ocupasse efetivamente o território seria o proprietário. Francisco Xavier de Mendonça Furtado, irmão do Marquês de Pombal, foi enviado como governador do Estado do Maranhão e Grão-Pará, – que mudou a capital para Belém –, invertendo o nome da capitania para Grão-Pará e Maranhão (1751-1759).

A partir de Belém, esse governador buscou promover a criação de vilas e ordenar a nova administração. Veio como Ministro Plenipotenciário da Missão de Demarcação das Fronteiras na região Norte. Chegado ao Maranhão, após as primeiras providências, recebeu a Carta Régia, de 1752, que permitia depois que voltasse do Amazonas, transformar os aldeamentos jesuíticos e povoações, em vilas. Entrou rio Amazonas acima, onde criou a Capitania São José do Rio Negro,[14] instalando a vila de Barcelos, no lugar de Maruiá e,

---

[11] FLEXOR, Maria Helena Ochi. Aprender a ler, escrever e contar no Brasil do século XVIII. *Filologia e Linguística Portuguesa*, São Paulo, v. 4, p. 97-157, 2001.

[12] Língua criada nos contatos entre, especialmente os jesuítas, e diferentes tribos indígenas, grafadas pelo som das palavras. Esse som e diferenças tribais deu origem a vocábulos com significados diversos. Na ausência de palavra indígena, corresponde a algum conceito português, adotava-se este último.

[13] FLEXOR, Maria Helena Ochi, Aprender..., op. cit; FLEXOR, Maria Helena Ochi. Cartilha para educar, fazer o índio aprender a ler e a escrever no século XVIII. In: SEMINÁRIO DE ESTUDOS FILOLÓGICOS: filologia e estudos de linguagem: o léxico em questão: anais 4 SEF. Salvador: Quarteto, 2009. v. 1, p. 204-239.

[14] Com intenção de chegar a Cuiabá por via fluvial.

acompanhado de um ouvidor, no retorno a Belém foi criando outras vilas, especialmente nos aldeamentos jesuíticos, mantendo esses religiosos até 1759 quando, por diversas razões, eles foram expulsos. A meu ver foi a época em que realmente Portugal se voltou para este lado do Atlântico, se interessou pelo Brasil, conservando Angola e Goa e abandonando suas possessões no Oriente. Com todas essas informações, meu objetivo é levantar todas as vilas criadas no Brasil,[15] no período pombalino, entre 1752 e 1780, entretanto, a implantação do Tratado de Madrid, acarretou uma reorganização econômica, social, administrativa, judicial, religiosa, militar e, sobretudo política em todo o Reino, que não se pode ignorar. Foram feitas reformas substantivas e tomadas muitas providências para que Portugal se modernizasse, servindo-se das experiências colhidas por Pombal, como embaixador na Inglaterra, no Arquiducado da Áustria e no Sacro Império Romano-Germânico.

Listo algumas dessas ações, cujas notícias estão registradas nos documentos consultados, que mostram a regularidade administrativa do tempo de D. José I e do Conde de Oeiras ou Marquês de Pombal. Entre 1750, do Tratado de Madrid, até 1777, com o Tratado de Santo Ildefonso, várias ações foram levadas a efeito, tanto no Reino quanto nas conquistas. Assim, além da formação da comissão de demarcação dos limites, especialmente no Norte e no Sul, onde os conflitos estavam presentes, foi criado o Tribunal da Relação do Rio

---

[15] Deve-se esclarecer que Portugal promoveu, também, a criação da Capitania Geral dos Açores, em 1766, foi criada a Nova Goa, na Índia. e a Nova Oeiras em Angola, Santo Antônio, na Ilha do Príncipe e a reforma feita por João de Almada e Melo, no Porto, além do estabelecimento da Real Vila de Santo Antônio, às margens do rio Guadiana, nos Algarves, cortando a passagem aberta entre Castela e Portugal, esta em 1769. Todas seguiam o modelo proposto, já por D. João V, ao criar Vila Bela da Santíssima Trindade, por 1742, na atual região do Mato Grosso. D. José I e o Marquês de Pombal seguiram a política de ordenar e modernizar a administração do reino português.

de Janeiro, foi mudada a capital da Bahia para o Rio de Janeiro, em 1763, para cuidar da segurança do Centro-Sul.

Foram feitas várias conquistas e construção de fortificações no Norte e no lado Oeste, introduziram sementes não nativas e se fomentou a "indústria" extrativa na região Amazônica; promoveu-se a melhoria das técnicas agrícolas, como uso de estrume e arado, a importação de pretos para a região Norte e proibição de sua exportação. Incentivou-se mais, a introdução de casais açorianos, madeirenses e minhotos em várias partes do Brasil, incentivou-se o boicote ao contrabando e desvios dos quintos, com a reforma da arrecadação da Fazenda Real, promoveu-se a moralização na venda dos ofícios.

Houve o incentivo ao comércio com as criações da Companhia Geral do Grão-Pará e Maranhão, Companhia Geral de Pernambuco e Paraíba e Companhia de Pesca da Baleia nas costas do Brasil. Recriou-se a aula de Engenharia no Pará e foram criadas comarcas, ouvidorias e julgados, somados às Juntas de Justiça, anexas às Ouvidorias, bem como se reformaram as tropas regulares, auxiliares de milícias, com reforço e reorganização das ordenanças. Instalaram-se as mesas de inspeção dos portos, abertura de caminhos e estradas para o comércio e intensificação deste entre as capitanias, como entre o Pará, Goiás e Mato Grosso, através dos rios amazônicos, foram introduzidas as medidas padrão de Lisboa e foi dada permissão para o comércio direto com Portugal.

Por outro lado houve restrições, como a proibição da busca do ouro, do exercício dos ourives do ouro e da prata,[16] cujos instrumentos foram confiscados, interditou-se a fabricação de sedas e algodões. Com a expulsão dos jesuítas procedeu-se à secularização dos

---

[16] Não houve decadência do ouro, mas proibida a sua busca para evitar os desertores que poderiam fazer falta nas vilas recém-criadas.

aldeamentos, com o estabelecimento de côngruas para missionários seculares, com função de vigários. Além da mudança da capital para o Rio de Janeiro, foram incorporadas algumas capitanias à Coroa ou anexadas a outras capitanias, como foi o caso da junção das capitanias de Porto Seguro e Ilhéus à capitania da Bahia. Foram feitos recenseamentos, visando o conhecimento real do número de habitantes e quantidade de homens válidos para o serviço real. Extinguiu-se a Companhia de Privilegiados da Nobreza, mas criou-se a Escola de Nobres, no Pará, para educação dos filhos de caciques, cuja autoridade continuou a ser reconhecida.

Todas essas iniciativas se viram frustradas, devido ao terremoto por que Lisboa sofreu em 1755. Todas as conquistas, e mesmo os pobres índios de Porto Seguro, segundo informação de Machado Monteiro, não foram isentados da contribuição forçada para a reconstrução de Lisboa. D. Maria I retomaria a política de aumentar a criação de vilas, mas se ateve mais à região que ligava Rio de Janeiro a São Paulo.[17]

Já no presente século, o professor arquiteto Manuel C. Teixeira retornou à Bahia e quis visitar Abrantes novamente. Ambos ficamos chocados com o desrespeito a um patrimônio tão importante quanto era a antiga Vila Nova de Abrantes. Com tanto espaço no território, do hoje distrito da cidade de Camaçari, a prefeitura desta cidade houve por bem urbanizar o antigo terreiro jesuítico. Como uma forma de mostrar o desrespeito ao patrimônio baiano, publiquei trabalhos, resgatando a história de Abrantes, a que os funcionários da citada cidade de Camaçari, certamente, não deram importância. Publiquei, entre outras, o artigo "Uma memória apagada: Abrantes/

---

[17] Correspondente ao atual Vale do Paraíba.

Bahia"[18] e "Planejamento, história e memória".[19] Mais recentemente, como complemento, ressaltei a importância dos "Terreiros jesuíticos no Brasil".[20]

---

[18] FLEXOR, Maria Helena Ochi. Uma memória apagada: Abrantes/Bahia. In: SEMINÁRIO DE HISTÓRIA DA CIDADE E DO URBANISMO, 8., 2004, Niterói. *Anais...* Niterói, RJ: UFF, 2004.
[19] FLEXOR, Maria Helena Ochi, Planejamento..., op. cit.
[20] FLEXOR, Maria Helena Ochi *et al.* Terreiros jesuíticos no Brasil. In: FRADE, Gabriel (Org.). *Antigos aldeamentos jesuíticos.* São Paulo: Loyola, 2016. p. 83-108.

TRADUZIR PARA INSTRUIR: as traduções para a língua portuguesa no século XVIII e seu papel de construção da ilustração – o caso dos livros de Medicina[1]

Cláudio DeNipoti

Em um estudo sobre o conhecimento médico e o desenvolvimento das línguas vernáculas na monarquia Austro-Húngara do século XVIII, Teodora Sechel propõe a tese de que "o esforço para construir uma administração médica centralizada e uma rede de escolas médicas alimentaram uma iniciativa de garantir uma educação médica uniforme".[2] Como parte do empreendimento, passou a existir um "programa" de incentivos para a escrita e tradução de textos de medicina para as línguas vernáculas faladas naquela monarquia, destinadas ao treinamento dos escalões mais baixos das práticas médicas, a saber: cirurgiões, parteiras e apotecários. Segundo a autora, no processo, os autores e tradutores precisaram "construir um vocabulário capaz de transmitir o significado científico" em linguagem vernácula, fazendo com que os autores e tradutores "emprestassem novas palavras, ou importassem um vocabulário codificado da língua vernácula como era falada pelos camponeses", assegurando assim a fixação do vernáculo como

---

[1] Pesquisa realizada com apoio da CAPES (Estágio Sênior na Universidade de Lisboa), CNPq e Fundação Araucária.

[2] SECHEL, Teodora Daniela. Medical knowledge and the improvement of vernacular languages in the Habsburg monarchy: a case study from Transylvania (1770-1830). *Studies in History and Philosophy of Science Part C: Studies in History and Philosophy of Biological and Biomedical Sciences*, v. 43, n. 3, p. 720-729, 2012. p. 720.

língua "nacional" (ou, neste caso, multinacional, com grupos étnicos distintos utilizando o romeno, o húngaro ou o alemão para seus textos).[3]

É possível traçar paralelos deste raciocínio para o Império Português do mesmo período (a segunda metade do século XVIII)? Houve um programa (ou programas) de "valorização" oficial da língua portuguesa em detrimento do Latim e do Francês para textos científicos (ou quaisquer outros)? Ou se tratou apenas do mesmo processo de expansão do vernáculo verificado em outras nações do período final do Iluminismo? E, neste tocante, as traduções de fato contribuíram para uma fixação do vernáculo entre a população, como Sechel afirma ter acontecido com os Romenos da Transilvânia? Gostaria de pensar estas questões relacionando-as com o trabalho dos tradutores para a língua portuguesa no período 1770 a 1810, fazendo um recorte adicional – para fins analíticos – nos livros médicos de forma geral, e um cruzamento adicional com o que os censores portugueses disseram sobre tais traduções.

De modo autoevidente, não se trata de comparar o incomparável devido às diferenças intrínsecas entre os Impérios Austro Húngaro e o Português nesse período. Em Portugal e seus domínios, o sistema educacional construído após a expulsão dos jesuítas não teve que optar por vernáculos distintos, dada a supremacia da língua portuguesa como língua administrativa, jurídica e literária.[4] Da mesma forma, a centralização do poder em Portugal foi muito mais marcante que na Europa central e as concessões a grupos étnicos distintos foram praticamente inexistentes, ainda que se possa falar em negociações e concessões entre distintos núcleos de poder em Portugal e seus domínios.

---

[3] Ibid., p. 722.
[4] FONSECA, Thais Nivea de Lima. E. (Org.). *As reformas pombalinas no Brasil*. Belo Horizonte: Mazza Edições; Fapemig, 2011.

Vale ressaltar, porém, que este estudo não procura perceber as alterações nos processos médicos e científicos do século XVIII em si, uma vez que outros historiadores já o fizeram com mais propriedade e competência, como, por exemplo, o estudo de Jean Luiz Neves Abreu no qual são feitas classificações dos textos médicos do século XVIII, entre os tratados médicos, os manuais práticos e as traduções portuguesas de obras de medicina feitas em outras partes da Europa, visando perceber a produção do saber médico do período sobre "o corpo, a saúde e a doença".[5] Também não se perseguirão os desenvolvimentos nas diversas hierarquias do conhecimento médico do período, expressas nas diferenças entre médicos, cirurgiões, barbeiros etc; sobre o que também a historiografia especializada já se debruçou.[6]

O mesmo pode ser dito sobre uma historiografia das traduções para a língua portuguesa, que se consolidou em torno da ideia central de um incremento sensível no processo tradutório no período em foco, em detrimento da edição ou circulação em Latim e Francês. Esta historiografia específica mostra o incremento das edições traduzidas ou já escritas nos idiomas "pátrios". No caso da língua portuguesa, podemos citar os estudos de Antônio Gonçalves Rodrigues, João Luís Lisboa e Luís António de Oliveira Ramos, entre

---

[5] ABREU, Jean Luiz Neves. Os estudos anatômicos e cirúrgicos na medicina portuguesa do século XVIII. *Revista da SBHC*, v. 5, n. 2, p. 149-172, jul./dez. 2007.

[6] ABREU, Jean Luiz Neves. Nos domínios do corpo: o saber médico luso-brasileiro no século XVIII. *Cadernos de Saúde Pública*, Rio de Janeiro, v. 77, n. 9, p. 1864-1867, set. 2011; ABREU, Jean Luiz Neves. Tratados e construção do saber médico: alguns aspectos dos paratextos nos impressos de medicina luso-brasileiros: século XVIII. *Revista Territórios & Fronteiras*, Cuiabá, v. 6, n. 2, p. 22-34, jul./dez. 2013; FURTADO, Junia Ferreira. Barbeiros, cirurgiões e médicos na Minas colonial. *Revista do Arquivo Público Mineiro*, Belo Horizonte, v. 41, p. 88-105, jul./dez. 2005; FIGUEIREDO, Betânia Gonçalves. Os manuais de medicina e a circulação do saber no século XIX: mediação entre o saber acadêmico e o saber popular. *Educar*, n. 25, p. 59-73, 2005.

outros.[7] Segundo João Paulo Silvestre, os séculos XVI e XVII não foram particularmente fecundos em traduções para o português em qualquer categoria editorial, havendo sim uma forte circulação, em Portugal de obras em espanhol e latim (verificável nos catálogos das bibliotecas ou de impressores portugueses), mas "o espaço das traduções do francês é lentamente conquistado à medida que o século XVIII avança".[8] Rodrigues indica que a primeira metade do século XVIII viu surgirem 442 traduções publicadas em Portugal, contra 266 em todo o século anterior.[9]

Dificilmente poderemos afirmar sem sombra de dúvidas que houve um programa, ou programas, oficiais de valorização da língua portuguesa, exceto talvez pelas encomendas específicas de traduções, como foi o caso dos livros sobre feitiçaria traduzidos como parte dos embates com o pensamento jesuítico, mesmo depois da saída de Pombal do poder, ou o esforço editorial verificado no empreendimento da Tipografia do Arco do Cego.[10] É possível, porém, verificar o incremento do uso da língua portuguesa nos escritos – neste caso, de ciência – à medida que se avança para o fim do século XVIII.

---

[7] RODRIGUES, A. Gonçalves. *A tradução em Portugal*. Lisboa: INCM, 1992; LISBOA, João Luis. *Ciência e política*: ler no antigo regime. Lisboa: Instituto Nacional de Investigação Científica, 1991; RAMOS, Luís A. de Oliveira. *Sob o signo das "luzes"*. Lisboa: Imprensa Nacional-Casa da Moeda, 1986.

[8] SILVESTRE, João Paulo. A tradução do discurso enciclopédico para a língua portuguesa: barreiras linguísticas e culturais no início do século XVIII. In: MIGUEL, Maria Augusta C. et al. *Actas do I Colóquio de Tradução e cultura*. Ponta Delgada: Universidade dos Açores, 2006. p. 247-255.

[9] RODRIGUES, A. Gonçalves, op. cit.

[10] Ver: DENIPOTI, Cláudio; PEREIRA, Magnus Roberto de Mello. Feitiçaria e iluminismo: traduções e estratégias editoriais em Portugal no século XVIII. *Revista Maracanan*, v. 10, n. 10, p. 48-63, jan./dez. 2014; CURTO, Diogo Ramada et al. *A Casa Literária do Arco do Cego (1799-1801)*. Lisboa: Imprensa Nacional-Casa da Moeda, 1999.

Algumas pistas iniciais sobre a relevância das traduções – neste caso, restringindo-nos à medicina – podem ser dadas pela *Taboa Bibliographica, Chronologico-Medica Portugueza – Seculo XVIII*, que apresenta uma lista de 124 livros de medicina ou temas conexos, que foram publicados em Portugal ou por autores portugueses durante o século, com um visível crescimento do total de publicações nas duas décadas finais, após um declínio na metade do século. Esta fonte reproduz as imprentas dos livros e fornece pistas sobre a importância que as traduções adquiriram uma vez que informações sobre se a obra, era ou não uma tradução, só aparecem a partir da década de 1770.

Tabela 1 – Livros de medicina publicados em Portugal ou por autores portugueses no século XVIII

Década	Traduções (indicativo na imprenta)	Total de publicações
1700-1709	–	8
1710-1719	–	14
1720-1729	–	15
1730-1739	–	16
1740-1749	–	15
1750-1759	–	10
1760-1769	–	3
1770-1779	3	7
1780-1789	8	18
1790-1800	15	33
Total	**26**	**124**

Fonte: Taboa bibliographica, chronologico-medica portuguesa do seculo XVIII. *Jornal de Coimbra*, Lisboa, v. 8, n. 40, parte 1, p. 166-174, 1815.

Do mesmo modo, uma análise dos idiomas e locais de publicação dos livros de medicina listados na *Taboa* mostra uma situação cambiante. Se, nas primeiras décadas do século, quase um terço das obras de medicina foram escritas em latim, e 20% foram publicadas em cidades fora do Reino (Roma, Verona, Amsterdã, Londres, Paris etc.), nas décadas finais, a língua portuguesa respondia por mais de 90% das obras ali listadas, e não há nenhuma referência a publicações fora de solo lusitano a partir de 1770.

Para este estudo, que faz parte de um trabalho mais amplo (e em andamento) sobre a cultura escrita e seus agentes no Império Português, o recorte sobre as traduções de livros médicos é adicional ainda à perspectiva de buscar as vozes dos tradutores e censores sobre o processo de disseminação de ideias e livros, no qual eles são agentes, conjuntamente com autores, censores, editores e leitores. A perspectiva geral adotada é aquela exposta por Ana Cristina Araújo de compreender "as mediações instauradas ao nível da cultura escrita, destacando sempre que possível, o lugar e a função de que os livros e demais produtos culturais ocuparam entre os gestos e objectos da vida social".[11] Assim, dentro do universo de traduções para o português realizadas no período, foram selecionadas as traduções de obras médicas (e algumas farmacêuticas) de modo genérico, e nelas, os paratextos de seus tradutores, para serem estudados em conjunção com os discursos dos censores da Real Mesa Censória sobre os livros de medicina.

Sobre o primeiro grupo documental, os prefácios, prólogos, prefações preliminares, discursos, dissertações, advertências prévias, notícias e avisos aos leitores, incluídos nas obras traduzidas por seus tradutores, já foram objeto de estudos sistemáticos – inclusive sobre um dos corpos documentais aqui analisados: aquele das traduções organizadas no âmbito do empreendimento da Tipografia do Arco

---
[11] ARAÚJO, Ana Cristina. *A cultura das luzes em Portugal*: temas e problemas. Lisboa: Livros Horizonte, 2003. p. 9.

do Cego, entre 1799 e 1801. Os estudos de Alessandra Ramos de Oliveira Harden sobre o Frei José Mariano da Conceição Veloso e Manoel Jacinto Nogueira da Gama a partir dos paratextos incluídos nas traduções publicadas, são exemplos de estudos realizados a partir deste tipo de fonte documental. Segundo ela, os "paratextos [dos tradutores do Arco dos Cegos] funcionaram como instrumentos para a aceitação dos princípios científicos iluministas, pois as ideias progressistas eram apresentadas aos leitores portugueses por discursos comprometidos com as tradições do antigo regime português e com a retórica escolástica".[12] Esta autora também problematiza as fontes, apontando os limites que também se apresentam para o presente trabalho:

> Há uma aparente contradição discursiva na relação entre paratexto e texto principal, já que textos prefaciais com alto grau de subjetividade são empregados para apresentar traduções de obras científicas fundamentadas nos princípios do Iluminismo. Os dois conjuntos de textos envolvidos nesse jogo, os paratextos dos tradutores, de um lado, e as obras traduzidas, de outro, foram redigidos de acordo com tradições textuais que se opõem. Enquanto os cientistas (ou filósofos naturalistas), autores dos textos originais, usavam a língua em conformidade com um paradigma de experimentalismo, racionalidade e objetividade característico do Iluminismo, os tradutores brasileiros escreviam seus textos seguindo um modelo de eloquência derivado da retórica escolástica, criticada pelos iluministas por sua dependência da chamada *auctoritas* e pelo uso de

---

[12] HARDEN, Alessandra Ramos de Oliveira. Os tradutores da Casa do Arco do Cego e a ciência iluminista: a conciliação pelas palavras. *Trabalhos em Linguística Aplicada* [online], Campinas, n. 50, n. 2, p. 301-320, jul./dez. 2011. p. 301.

linguagem pomposa e ornamentada supostamente em detrimento da argumentação racional.[13]

O segundo grupo documental já foi objeto de diversos estudos, desde os mais abrangentes, sobre a atuação complexa da censura em Portugal e no Brasil até os que especificamente lidaram com as estratégias intelectuais dos censores e os seus métodos de convencimento, persuasão e coerção.[14] Nestes trabalhos percebe-se que as estratégias (e conivências) dos censores giravam em torno da manutenção dos princípios estabelecidos no regimento da Real Mesa Censória, de 1768, no qual se verifica que o foco da censura deu-se principalmente em torno do enraizamento "de uma teoria e uma prática absolutista providencialista", agindo contra as teorias corporativas do poder, que "advogavam a soberania popular e [tinham como] principais defensores os jesuítas", e contra os milenarismos e as ideias ilustradas radicais.[15] Tendo em vista, portanto, esses dois conjuntos discursivos – os paratextos dos tradutores, e as censuras

---

[13] Ibid., p. 307. Ver também: HARDEN, Alessandra Ramos de Oliveira. Brasileiro tradutor e/ou traidor: Frei José Mariano da Conceição Veloso. *Cadernos de Tradução*, Florianópolis, v. 1, n. 23, p. 131-148, 2009; HARDEN, Alessandra Ramos de Oliveira. *Brazilian translators in Portugal 1795-1808*: ambivalent men of science. 2010. Tese (Doutorado em Estudos Hispânicos e Lusófonos) – University College Dublin, Dublin, 2010.

[14] MARTINS, Maria Teresa Esteves Payan. A censura literária em Portugal nos séculos XVII e XVIII. Lisboa: Fundação Calouste Gulbenkian, 2005; VILLALTA, Luiz Carlos. *Reformismo ilustrado, censura e práticas de leitura*: usos do livro na América Latina. 1999. 442 f. Tese (Doutorado em História) – Faculdade de Filosofia e Ciências Humanas, Universidade de São Paulo São Paulo, 1999; ABREU, Márcia. *Trajetórias do romance*: circulação, leitura e escrita nos séculos XVIII e XIX. São Paulo: Mercado de Letras; Fapesp, 2008; ARAÚJO, Ana Cristina. O filósofo solitário e a esfera pública das luzes. In: RIBEIRO, Jorge Martins; SILVA, Francisco Ribeiro da; OSSWALD, Helena. *Estudos em homenagem a Luís Antonio de Oliveira Ramos*. Porto: Faculdade de Letras, Universidade do Porto, 2004. p. 197-210; TAVARES, Rui. Lembrar, esquecer, censurar. *Estudos Avançados*, São Paulo, v. 13, n. 37, p. 125-154, dez. 1999; TAVARES, Rui. *Le censeur éclairé*: (Portugal, 1768-1777). 2013. Tese (Doutorado) – École des Hautes Études em Sciences Sociales, Paris, 2013.

[15] VILLALTA, Luiz Carlos, op. cit., p. 203.

dessas traduções – podemos buscar algumas das respostas às questões acima colocadas.

Este estudo localizou 46 obras de medicina traduzidas para o português, de originais franceses, ingleses e em latim, (ou ainda a partir de traduções francesas das obras originais) no período em foco. Este número resultou de um levantamento amplo, ainda que sem pretensões de abarcar todo o universo possível de obras publicadas ou apresentadas em manuscrito à Censura. No conjunto de obras verificadas (cerca de 300 traduções), este total representa aproximadamente 15% das traduções para a língua portuguesa no período, colocando o tema geral da medicina logo após os temas religiosos e obras literárias, como prioridade dos tradutores e editores.

Isto posto, podemos começar a investigar os discursos sobre a tradução em torno de eixos meramente instrumentais, cuja função é simultaneamente abrir o debate e suscitar novas questões. Primeiramente, por que traduzir? Em um primeiro esboço feito exclusivamente sobre os paratextos dos tradutores (de todos os assuntos) quanto aos motivos que os impulsionaram ao esforço tradutório, constatou-se que este esforço era realizado fundamentalmente em nome de uma certa "utilidade" das traduções, que permeia as justificativas dos tradutores para a execução de seu trabalho.[16]

Assim, por exemplo, o tradutor anônimo do primeiro volume da *Miscellanea curioza e proveitoza*, publicado em 1782 afirmou ter levado a tradução a cabo para "promover de todo modo que posso, tudo quanto puder concorrer para o desabuso, augmento, e perfeição desta Nação", o que contribuiria, segundo ele, para a utilidade da Pátria.[17] De modo semelhante, João Rosado de Villalobos e

---

[16] GENETTE, Gérard. *Paratextos editoriais*. Cotia, SP: Ateliê Editorial, 2009.
[17] MISCELLANEA curioza e proveitoza, ou, Compilação tirada das melhores obras das naçõens estrangeiras. Lisboa: Na Typographia Rollandiana, 1782. [Trad. anon.].

Vasconcelos, professor de Retórica em Évora e profícuo tradutor e autor ao longo da década de 1780, traduziu os *Elementos da Polícia Geral de hum Estado* (que dedicou, convenientemente, ao poderoso Intendente Geral de Polícia, Diogo Ignacio de Pina Manique), afirmando fazer a tradução "em beneficio da utilidade, e honra da Patria, e propagando-se as luzes por todas as partes" com o intuito de deixar tais conhecimentos fermentarem e produzirem, "por muitos modos, e meios a felicidade pública de hum Estado".[18]

Uma segunda ordem de motivações e justificativas está no cerne da história do livro e da palavra impressa: a notoriedade de determinadas obras, tanto em suas versões originais, quanto em traduções em outras línguas. Esta notoriedade tem demandas típicas das interconexões complexas que se estabelecem entre os diversos agentes do processo de criação, publicação e circulação de livros e, consequentemente, ideias que ficam expressas nos textos dos tradutores – eles mesmos agentes no circuito de comunicação que se persegue ao estudar o livro e a palavra impressa no passado.[19] Foi por causa desta notoriedade que Gaspar Pinheiro da Câmara Manuel, brasileiro que assinou sua tradução como "Hum homem do mar", decidiu-se por traduzir o *Elogio de Renato Duguay Trouin* de M. Thomaz. Na sua "Advertência Proemial" ele disse que "[a] estimação, que na Europa tem logrado os Elogios do célebre Thomaz, me excitou a traduzir hum delles no idioma da minha Patria, parecendo-me que na língua Portugueza não ficaria menos pomposo".[20] A mesma

---

[18] FÉLICE, Fortuné Bhartélemy de. *Elementos da policia geral de hum estado*. Lisboa: Na Offic. Patr. de Francisco Luiz Ameno, 1786. [Trad. João Rosado de Villalobos e Vasconcelos] - Prefação.

[19] DARNTON, Robert. "What is the history of books?" revisited. *Modern Intellectual History*, v. 4, n. 3, p. 495-508, 2007. p. 502.

[20] THOMAZ, M. *Elogio de Renato Duguay Trouin*. Lisboa: Na Regia Officina Typographica, 1774. [Trad. "Hum homem do mar" Gaspar Pinheiro da Câmara Manuel] - Advertencia Proemial.

lógica, em conjunção com os tópicos trabalhados no item anterior, aparece no prefácio que José Amaro da Silva fez para sua tradução de *A morte de Abel* de Salomão Gessner:

> E vendo eu a boa opinião que estas duas Nações [Alemanha e França] tão eruditas tinham feito delle, encantado não só do estilo, mas também da materia, me resolvi a traduzillo tambem na nossa Lingua Portugueza pela utilidade que julgo de sua leitura a todas as pessoas curiosas de similhantes obras; e suposto que a lingua, ou o idioma Frances se veja hoje tão estendido e conhecido em quasi todas as partes do mundo, não é contudo bastante commum, para que todos se possão facilmente aproveitar delle, principalmente aquelles, que se não tem versado em Letras, para os quaes se encaminha mais a minha intenção.[21]

A terceira série de justificativas, dentre as muitas possíveis, é relativa aos princípios clientelistas de organização do Antigo Regime português. Convém relembrarmos que a sociedade portuguesa do período em foco sofria influências do Iluminismo – ou da Ilustração – de formas diversas, em especial nas camadas que circulavam em espaços de sociabilidade científica, criados a partir dessas influências: a Academia Real de Ciências, a Real Academia dos Guardas-Marinha, a universidade de Coimbra depois de sua reforma etc.[22] Ao mesmo tempo, essa sociedade mantinha estruturas sociais, políticas e culturais, típicas do Antigo Regime. Isto criava um território particular no qual, por um lado, "clientes" se esforçavam

---

[21] GESSNER, Salomão. *A morte de Abel*. Lisboa: Na officina, que foi de Antonio Alvarez Ribeiro Guimaraens, 1785. [Trad. Jozé Amaro da Silva] - Prefacio do traductor.

[22] PEREIRA, Magnus Roberto de Mello; CRUZ, Ana Lúcia Barbalho da. Ciência e memória: aspectos da reforma da universidade de Coimbra de 1772. *Revista de História Regional*, v. 14, n. 1, p. 7-48, Verão 2009.

por oferecer dádivas, na forma de palavra impressa, recompensadas por mercês dos "patronos" na forma de funções políticas, acadêmicas ou militares.[23] Isto fazia, por outro lado, que a ciência, a literatura, as artes, não fossem "apenas impulsionadas pela voga europeia, pela difusão francesa das academias e pelo costume aristocrático de cultivar as letras e a história natural. A ciência tornou-se instrumento estatal para consolidar suas possessões, dinamizar o comércio entre o reino e o ultramar".[24] Estas afirmações podem, com facilidade, serem expandidas para o ato de traduzir e de oferecer uma tradução ao rei ou rainha, ou a algum outro nobre influente (como o Marquês de Pombal, ou D. Rodrigo de Souza Coutinho, em tempos distintos abrangidos nesta pesquisa).

O já citado João Rozado de Villalobos e Vasconcelos demostrou estas relações na dedicatória ao frei José de Jesus Maria Mayne, da tradução de *Os costumes dos israelitas*, de Fleury:

> Vossa Senhoria mo entregou, & logo protestei fazer a traducção para gloria, honra & utilidade da minha Patria, muito particularmente para oferecer a Vossa Senhoria. Com effeito, tendo a honra de servir a minha Nação a tenho tambem de offerecer a Vossa Senhoria a Traducção do Illustre Fleury para servir de hum documento publico da minha obediencia & fidelidade ás insinuaçõens de V. Senhoria.[25]

Que respostas podemos obter se colocarmos agora às fontes a pergunta "por que traduzir obras de medicina?" De modo geral,

---

[23] MAZLISH, Bruce. Invisible ties: from patronage to networks. *Theory, Culture, Society*, v. 17, n. 2, p. 1-19, 2000.

[24] RAMINELLI, Ronald. *Viagens ultramarinas*: monarcas, vassalos e governo à distância. São Paulo: Alameda, 2008. p. 94.

[25] FLEURY, M. *Os costumes dos israelitas*. Lisboa: Na Tipografia Rollandiana, 1778. [Trad. João Rozado de Villalobos e Vasconcellos] - Prefácio.

os três eixos de justificações se mantêm para os tradutores de livros de medicina, encontrando eco nos pareceres dos censores. A notoriedade da obra traduzida era um importante fator de legitimação do esforço tradutório. Por exemplo, o tradutor do *Tractado das operaçoens de cirurgia* de Samuel Sharp[26] afirmou que a única prova necessária do grande serviço que ele fez "á Cirurgia Portugueza na Traducção desta obra" eram as justificativas feitas por um médico de Paris, de cujas palavras ele se apropriou em seu prefácio: "que havendo o Tratado das Operações de Cirurgia de Mr. Sharp encontrado huma taõ universal estimação em Inglaterra, que em tão poucos annos se fizerão tres impressoens da mesma Obra, lhe pareceo que fazia serviço ao publico [...] em traduzila na sua lingoa [francesa]". A fama da obra entre os médicos portugueses também era enfatizada, como na tradução que Manoel Joaquim Henriques de Paiva (um profícuo tradutor, escritor e censor) fez do *Aviso ao povo acerca da sua saude* de Tissot:

> O Merecimento do Aviso ao povo de Mr. Tissot, cuja traducção offereço ao publico, he tão conhecido, que julgo superfluo demorar-me em o mostrar, e ainda quando houvesse alguém, que duvidasse delle, bastava para ficar convencido olhar não só para as repetidas edições, que em pouco tempo se fizerão desta Obra, e para as elegantes traducções feitas em quasi todas as línguas, mas sobre tudo, para os sabios traductores que Mr. Tissot teve a sorte de ter. [...].[27]

---

[26] Trata-se (provavelmente) de uma reedição não creditada da tradução que Jacob de Castro Sarmento fez do *Tratado das operaçoes de cirurgia, com as figuras e descripção dos instrumentos de que nella se faz uso, e uma introducção sobre a natureza e methodo de tractar as feridas, abcessos e chagas*, publicada em Londres em 1756.

[27] TISSOT. *Aviso ao povo acerca da sua saude*. Lisboa, Na Offic. De Filippe da Silva e Azevedo, 1786. [Trad. por Manoel Joaquim Henriques de Paiva] - Prologo do traductor.

O editor Francisco Rolland contribuiu para este campo de justificações ao prefaciar a *Medicina domestica ou tratado completo dos meios de conservar a saude*, de Guilherme Buchan, traduzido por Francisco Pujol de Padrell. Rolland afirmava que a obra era tão estimada em função de seu objetivo, que "sete vezes tem sido impressa em Inglaterra, e as nações cultas da Europa a trasladáraõ em sua linguagem, e reiteradas vezes a tem dado a luz com universal acceitação, e utilidade pública".[28] Em sua censura da tradução portuguesa do "tratado das febres", do médico escocês Willian Cullen (cuja edição não nos foi possível localizar) e do *Tratado da influência da lua nas febres* de Francisco Belfor,[29] Manoel Joaquim Henriques de Paiva aprovou as obras por elas terem "sido bem recebidas em toda a Europa",[30] reforçando a ideia de que demandas editoriais baseadas em conhecimento prévio de obras eram uma das bases do esforço tradutório também no tocante às obras de medicina.

Nesta perspectiva, a justificação de uma tradução pela utilidade que poderia ter também é recorrente nos prefácios e censuras dos livros de medicina. Assim, o médico irlandês Galter Wade, censurou as *Breves instruções sobre os partos*, de Raulin,[31] decidindo que "como o livro pode servir de grande utilidade nas Provincias & a traducçam parece fiel, julgo que merece ser imprimido [...]".[32] O censor/tradutor Manoel Joaquim Henriques de Paiva (aqui no segundo papel)

---

[28] BUCHAN, Guilerme. *Medicina domestica ou tratado completo dos meios de conservar a saúde*. Lisboa: Na Typographia Rollandiana, 1788. [Trad. Francisco Pujol de Padrell] - Prólogo do editor.

[29] BELFOR, Francisco. *Tratado da influencia da lua nas febres*. Lisboa: Regia Off. Typographica, 1790. [Trad. Antonio Felis Xavier de Paulo].

[30] ANTT, Real Mesa Censória, cx 14, 1789.

[31] RAULIN. *Breves instruções sobre os partos* a favór das parterias das províncias. Lisboa: Regia Oficina tipografica 1772. [Trad. Luis Carlos Muniz Barreto ou Manoel Rodrigues de Almeida].

[32] ANTT, Real Mesa Censória, cx 8, 1772.

introduziu sua versão da *Doutrina das Enfermidades Venereas*, de José Jacob Plenk[33] em termos dos benefícios para o Estado que o combate ao mal gálico (sífilis) trazia em si, ou seja, a preservação de muitos "vassalos quase sempre na flor da idade, [que] quando menos os decepa, e inabilita para as ações mais importantes". Henrique Xavier Baeta apresentou sua tradução do *Resumo do systema de medicina* de Erasmo Darwin para "facilitar o conhecimento da Philosophia Medica, tão pouco entendida antes da publicação do systema de Darwin" aos médicos e cirurgiões portugueses que não dominavam a língua inglesa, e para "ao mesmo tempo instruir os outros homens, tanto quanto he necessario para que elles evitem certas causas de molestias, e possão mais acertadamente fazer a escolha de hum Medico capaz de dirigir sua saude"[34] e o *Vade Mecum*, que Francisco Rolland publicou em 1804, trazia a seguinte "advertência" sua:

> Este pequeno Compendio, approvado já por hum celebre Pratico, pareceo-me digno de chegar á noticia dos Medicos Francezes, (e tambem Portuguesez). A concisaõ, com que o Author anonymo tratou as principaes maximas da Medicina Pratica, o faz digno de recommendar-se aos que ocupados em cuidar de hum grande numero de doentes, naõ tem vagar para buscallas em Obras volumosas.[35]

Além da utilidade ou notoriedade das obras, apregoada por esses agentes da palavra impressa, havia questões relacionadas ao estatuto social do Antigo Regime que justificavam as traduções. Do

---

[33] PLENCK, Joze Jacob. *Doutrina das enfermidades venereas*. Lisboa: Na Officina de Filippe da Silva e Azevedo, 1786A. [Trad. Manoel Joaquim Henrique de Paiva].

[34] DARWIN, Erasmo. *Resumo do systema de medicina*. Lisboa: na Offic. De João Rodrigues Neves, 1806. [Trad. Henrique Xavier Baeta] - Prologo.

[35] *VADE Mecum* do medico ou breve resumo de medicina pratica. Extrahido das Obras dos mais celebres Medicos. Lisboa: na Typografia Rollandiana. 1804. [trad. anon.] - Advertencia.

mesmo que a historiografia já consagrou uma prática pombalina relacionada à escrita e publicação de livros com objetivos de Estado, como foi o caso da *Relação Abreviada* ou dos *Estatutos* da Universidade de Coimbra reformada por Pombal, diversas figuras de poder ao longo do fim do século XVIII, costumeiramente incluíam a escrita ou tradução como ações encomendadas.[36] Este certamente era o caso do Intendente Geral de Polícia da Corte, Diogo Ignacio de Pina Manique, que encomendou a Manuel Joaquim Henriques de Paiva um "tratado completo d'Asfyxia ou morte apparente, das suas causas, e dos meios de a remediar" que o médico e professor em Coimbra, nascido em Castelo Branco em 1752 (e morto na Bahia, em 1829) se esforçou por ampliar, com a tradução do *Methodo de restituir a vida às pessoas apparentemente mortas por affogamento ou suffocação*, devidamente dedicado a Pina Manique. Assim, o motivo da tradução foi atender "o pensamento aquelle zelozo Magistrado á carencia, que em nossa linguagem ha de huma instrucção facil e breve, a qual em taes acontecimentos possa servir de guia a todas as pessoas ainda que não sejam da Faculdade Medica [...]".[37]

Um segundo eixo de compreensão diz respeito às idealizações das traduções feitas pelos agentes em foco, ou seja, como alguns tradutores do *corpus* descrito pensavam qual devia ser sua atuação, buscando definir as características ideais de um tradutor ou de uma tradução. Abarcando um *corpus* mais amplo de traduções, João Rosado de Villalobos e Vasconcelos em sua "prefação" de tradutor aos *Costumes dos cristãos,* do Abade Fleury, dizia que o tradutor deveria ter "hum conhecimento exacto das duas linguas o que não he vulgar em muitos traductores: muita critica, e hum espirito filosofico

---

[36] PEREIRA, Magnus Roberto de Mello; CRUZ, Ana Lúcia Barbalho da, op. cit.
[37] PAIVA, Manuel Joaquim Henriques de, 1752-1829. *Methodo de restituir a vida às pessoas apparentemente mortas por affogamento ou suffocação*. Lisboa: na Typografia Nunesiana, 1790.

para conhecer o genio do Author, ainda mesmo depois de inventar os pensamentos do Livro". Além disso, ele dizia ser necessária uma "grande affeição ao Author, que se traduz, huma grande paciencia; e em fim, huma necessaria humildade de coração, e total esquecimento do amor proprio" para não modificar o "o methodo, os pensamentos e a frase do Livro" com imposições, acréscimos ou diminuições. Adicionalmente, era "preciso hum grande conhecimento da materia que se traduz, o que certamente não he facil de unir em um só sujeito".[1]

Relativizando a definição de Villalobos e Vasconcelos, Miguel Tiberio Pedegache Brandão Ivo, coronel do segundo regimento de cavalaria da praça de Elvas, no prefácio à sua tradução da *Arte da Guerra* de Frederico II, escreveu:

> Que importa que o Traductor possua a fundo o conhecimento dos dous idiomas, que conheça a energia das suas frases, a graça, e a variedade da sua locução, senão possuir o raro talento de combinar o genio, e caracter de duas linguas, em as quaes se annuncião de differente modo as idéas, e os conceitos, porque são differentes os termos, differentes as metaforas, e muitas vezes o que em huma he trivial, na outra he sublime? a maior difficuldade, quanto a mim, consiste em certos termos technicos das Artes e das Sciencias, que muitas vezes huma das linguas não tem, dos quaes porém nasce a elegancia em hum idioma, e na traducção huma tibieza, que mata o original.[2]

Há aqui, em uma visão retrospectiva, a ideia do tradutor como antropólogo, que interpreta o texto em suas múltiplas

---

[1] FLEURY, M. *Os costumes dos christãos*. Lisboa: na Tipografia Rollandiana, 1782. [Trad. João Rozado de Villalobos e Vasconcellos] - Prefação.

[2] FREDERICO II. *A arte da guerra*. Lisboa: Regia Officina Typografica, 1792. [Trad. Miguel Tiberio Pedegache Brandão Ivo].

facetas para uma cultura distinta, ao mesmo tempo que um literato. Antonio Martins Vidigal, ao traduzir a "Descripção das infermidades dos exercitos" de Van Switen, reafirmou esta ideia no seu "Prologo do Traductor", ao afirmar que "se hum traductor se revestir de fidelidade, e simplicidade; se na sua traducção se deixarem ver todas aquellas precisas circunstancias, que a podem inculcar por clara, e correcta, se elle exprimir fielmente todos os pensamentos, e ainda as mesmas palavras do Original [...]", ele terá satisfeito suas obrigações.[3] Oferecendo uma visão com menor concessão às diferenças culturais (ainda que provavelmente elaborada em período anterior, mas reproduzida nas diversas reedições da obra), o tradutor anônimo da obra de Jean Croiset, *Retiro espiritual para hum dia de cada mês* afirmava ter "[a]ssim assentando commigo, que quem traduz, he [...] como hum pintor, que se sugeita a copiar, o que tem feito tudo, quando chega a assemelhar a sua copia ao objecto, que se propoem, e que não faz nada, quando faz tudo ao seu gosto".[4]

O que era, para estes tradutores, uma tradução perfeita? A resposta, naturalmente parcial, é contraditória à medida que cada tradutor se filiava a tradições próprias, a mais comum das quais – mas não a única – seguindo as *Observations sur l'art de traduire* de D'Alembert.[5] Custódio José de Oliveira no prefácio de sua tradução do *Tratado do sublime* de Dionísio Longino, acreditava em uma pedagogia da imitação que deveria permear a tradução dos "[e]

---

[3] VAN-SWITEN. *Descripção das infermidades dos exercitos*. Lisboa: na Typografia Rollandiana, 1786. 4. ed. [Trad. Antonio Martins Vidigal] - Prologo do traductor.

[4] CROISET, Jean. *Retiro espiritual para hum dia de cada mez*. Coimbra: na Real Imprença da Universidade, 1783. 5. ed. [Trad. anon.].

[5] [D'ALEMBERT, Jean le Rond], *Mélanges de littérature, d'histoire, et de philosophie*. A Amsterdam, chez Zacharie Chatelain & fils, MDCCLXIII.

scritores que nos podem servir de seguros Mestres, em cujas Obras hum sólido engenho pode encher a sua alma das virtudes" a serem imitadas pelo tradutor, "transportando-se a fazer própria na sua língua a producção dos pensamentos, expressões, frase, e teor da obra estranha" que devem conter as mesmas qualidades de "naturalidade, força, viveza, graça, majestade, que se encontra na língua, que traduz" equilibrando uma fidelidade ao estilo original do autor traduzido, e uma independência relativa à língua pátria, uma vez que o tradutor deve evitar a ordem original do texto "o que todavia mostra servidão, e esterilidade de genio".[6] Já João Rozado de Villalobos e Vasconcellos refutava um "methodo do tempo", baseado em paráfrases e utilizando um estilo "alheio do Author, da Obra, e do caracter da nossa Lingua", afirmando ter se esforçado para seguir o autor original "sem nunca alterar a frase, a figura, nem ainda a pontuação; e por conservar em tudo o seu mesmo estilo, o seu mesmo genio, e o seu proprio caracter" sem galicismos, palavras "sesquipedalias[7] ou estrepitosas". Segundo ele, "Quanto seja custoso este methodo de traduzir, que entendo ser o melhor, só o podem conhecer aquelles, que tem tomado este exercicio".

Embora forneçam ideias vagas sobre as exigências impostas aos tradutores, os paratextos deixam entrever embates que acompanham a história da tradução – fidelidade ao original ou adequação ao "espírito" da língua; adoção de termos estrangeiros (galicismos, anglicismos, tecnicismos) ou adaptação de termos conhecidos na língua traduzida; paráfrase, versão ou tradução literal. Para contrabalançar essa variedade de ideias, vejamos o que os censores tinham a dizer sobre o tema.

---

[6] LONGINO, Dionysio. *Tratado do sublime*. Lisboa: Regia Officina Typografica, 1771. [Trad. Custodio José de Oliveira].

[7] Palavra contendo muitas sílabas. Literalmente, significa ter um pé e meio de comprimento.

Frei Mathias da Conceição, por exemplo, na censura que fez da tradução do Capitão Manoel de Sousa de *A história de Theodozio o Grande* de Flechier,[8] lida por ele em 1776 e publicada dez anos depois, escreve que nesta tradução, embora completa, ao tradutor faltou "aquella força, aquele espirito, ou aquella elegancia, que no proprio original lhe deu o seu Autor". Segundo este censor, faltava também ao tradutor um conhecimento da "elegancia propria e natural da lingua Portugueza".[9] Conceição, no mesmo dia de 1776, censurou também uma tradução dos "sermões, que em Frances pregou e imprimio o Abade Comnedatario de la Fourdupin" nos mesmos termos:

> [...] não porque lhe falte alguma parte substancial; mas sim porque lhe falta aquelle espirito, aquella força e aquella unção que no original lhe deo o sue Autor, e que o tradutor poderia m.to bem verter no nosso idioma, se fora perfeitamente instruido nas eloquencias do pulpito, e na elucução propria e natural da Lingoa Portugueza, que de tudo he capaz.[10]

Frei Luis do Monte Carmelo, ao censurar a tradução que José da Silveira Lara fizera do livro de Dupuy *Instruções de hum pai a sua filha* seguiu os mesmos preceitos ao afirmar que o tradutor foi fiel "no que pertence aos conceitos, ainda que não seguio em tudo o sentido Literal; porque muitos Gallicismos não se podem reduzir Literalmente ás nossas Frazes".[11] Um último exemplo do que este

---

[8] FLÉCHIER, M. *Historia de Theodosio o grande*. Lisboa, Na Typografia Rollandiana, 1786. [Trad. Capitão Manuel de Sousa].
[9] ANTT, Real Mesa Censória, cx 9, 1776.
[10] Loc. cit.
[11] ANTT, Real Mesa Censória, cx 11, 1779.

censor considerava uma boa tradução pode ser visto na censura da tradução do *Paraíso Perdido* de Milton,[12] na qual afirmava que

> Esta he a obra q aqui se apresenta traduzida em Portuguez, com bastante fidelid.e e exação, que nao deixará de ser bem aceita, util e agradavel a que nao tiver intelig.a da lingoa Franceza em q se acha traduzida, ou da Tradução em verso Latino, de Guilherme Hog, escocez. Os Leitores de bom gosto terão certam.te a vantagem de entender hum Poema que enserra nno seu Plano as mais vivas imagens e belezas da Poezia.[13]

Aqui é necessário fazermos uma consideração sobre a diferente natureza das fontes, pois os paratextos editoriais, submetidos junto às traduções à análise dos censores, são acessíveis principalmente em obras que foram devidamente revisadas para serem publicadas, ao passo que muitas das censuras em que as traduções são consideradas ruins jamais ganharam o aval oficial para serem impressas. Nota-se, contudo, que enquanto os tradutores imaginavam oferecer trabalhos bem-acabados, nos seus limites intelectuais, que poderiam – ou deveriam – colaborar para uma melhoria geral do estado da arte nos campos ou disciplinas em que as obras se inseriam, os censores focavam uma norma gramatical culta, além de suas preocupações tradicionais com a lei, a fé e o rei. Isto fica patente no caso específico do professor Rosado de Vilalobos e Vasconcelos, cujas traduções despertavam reações distintas entre os censores. A censura de Lobo da Cunha das *Seis orações de ouro*, feita for Vilalobos, é quase cartorial, ao dizer que "[d]ezempenha o Traductor nesta obra as obrigações da sua Profissão, propondo o caracter do milhor orador, e os argum.

---

[12] MILTON, J. *O paraíso perdido*. Lisboa, Na typografia Rollandiana, 1789. [Trad. José Amaro da Silva].

[13] ANTT, Real Mesa Censória, cx 14, 1784.

tos q formaram as orações mais eminentes da eloquencia Romana".[14] Já o censor Francisco Xavier de Santana e Fonseca, censurando o *Plano de huma obra Pia, geralmente util no Reyno de Portugal*, escrito em espanhol por Bernando Ward,[15] dizia de Vilalobos que "não se esquece do louvor proprio lembrando-se frequetem,te do grande trabalho das suas composições, e inculcando o seu prestimo para esta e outras semilhantes materias". Mas, mesmo assim, decidiu-se por conceder a licença solicitada, "não se fazendo caso desta jactancia".[16]

Manoel Joaquim Henriques de Paiva censurou diversas traduções de textos médicos em termos de uma norma gramatical culta. A tradução do latim que Antonio Rodrigues Portugal fez do *Novo sistema de tumores* de José Jacob Plenk,[17] foi censurada em termos da adulteração e depravação que o tradutor fizera do original, faltando "á clareza, e discrepta adopção de termos novos, que em obras taes se requer".[18] Sobre a tradução dos *Elementos de medicina prática*, de Cullen,[19] (obra publicada somente em 1791) o mesmo censor escreveu, em 1788:

> Assim que, para sujeitar-se qualquer idioma estrangeiro ao seu estilo laconico, cumpriria ter-se alem do perfeito conhecimento da linguagem deste escritor, o dos vocabulos equivalentes da [ileg.] e da discreta adopção dos termos facultativos e didaticos, e sobretudo possuir-se, e entender-se completamente a sua doutrina, afim de exprimi-la com igual clareza,

---

[14] ANTT, Real Mesa Censória, cx 9, 1777.
[15] WARD, Bernard. *Plano de huma obra pia, geralmente util ao Reino de Portugal*. Lisboa: na Off. Patr. de Francisco Luiz Ameno, 1782. [Trad. Joao Rosado de Villalobos e Vasconcellos].
[16] ANTT, Real Mesa Censória, cx 12, 1782.
[17] PLENCK, Joze Jacob. *Novo sistema dos tumores*. Porto: of. Antonio Alvaro Ribeiro 1786B. [Trad. António Rodrigues Portugal].
[18] ANTT, Real Mesa Censória, cx 13, 1784.
[19] CULLEN, Guilherme. *Elementos de medicina pratica*. Lisboa: na Tipografia Nuneliana, 1791.

e representar o referido estilo com a mesma concisão.
[...]

Porem este traductor em vez de satisfazer aos ponderosos requisitos acima lembrados, falta ás condições que se requerem em traducções de Obras elementares [ileg.] ora adoptando muitos termos escusados, havendo aliás outros, que bem lhes correspondem, ora Legitimando alguns Latinos e Francezes sem nelles observar a desinencia, nem o caracter geral das alterações ou modificações analogicas, com que os nossos bons autores aportuguezaram outas expressões de que elle podéra usar: por isso, e pela falta de observancia da collocação Portuguez [sic.] em que as vezes na a sua traducção, não he absolutamente leviano nem livre daquelle ar barbaro e horridamente pedantesco, que afeia os livros didaticos da faculdade, e da que justamente são enredados os Medicos em geral. [...].[20]

Vale à pena dedicarmos uma atenção particular às opiniões e ideias de Henriques de Paiva, por ser um nome recorrente em ambos os papéis de tradutor e censor, além de sócio da Academia de Ciências (até 1787) e das academias de medicina de Madrid e de Estocolmo, professor em Coimbra e em Lisboa (e exilado para o Brasil em 1808, por acusações de maçonaria e jacobinismo).[21] No universo da palavra impressa, foi também um profícuo autor na área de medicina e redator do *Jornal Enciclopédico*, a partir de 1788.[22] Embora seus prefácios não contribuam para sabermos o que

---

[20] ANTT, Real Mesa Censória, cx 14, 1788.
[21] SILVA, Innocencio Francisco da. *Diccionario bibliographico portuguez*. Lisboa: Na Imprensa Nacional, 1862, tomo 6, p. 12-18.
[22] UNIVERSIDADE DE COIMBRA. História da Ciência na UC. *PAIVA, Manuel Joaquim Henriques de (1752-1829)*. Disponível em: <http://www.uc.pt/org/historia_ciencia_na_uc/autores/PAIVA_maneljoaquimhenriquesde>. Acesso em: 31 mar. 2016.

ele considerava uma boa tradução, no *Aviso* de Tissot ele aproveitou para destacar que sua tradução era superior àquela "traducção Portugueza que corre já impressa, cheia de infinitos erros".[23] Ao censurar os tomos seguintes dos *Elementos* ... de Cullen, ele insistiu na má qualidade da tradução, que tinha "as mesmas falhas e erro, que acerca do primeiro tomo da mesma obra expuz a V.a mag.de em Informação de 26 de fevereiro passado, e por isso não a julgo digna de Licença".[24] Na função de tradutor, Henriques de Paiva também sofreu censura, no mesmo ano de 1788, desta feita pelo médico Manoel de Moraes Soares, censor bastante ativo (que, por sua vez, traduziu e publicou as *Fábulas de Fedro* em 1785). Moraes Soares afirmou que o terceiro tomo da *Medicina Doméstica* de Buchan, traduzido por Henriques de Paiva "satisf[e]z todos os preceitos da boa Traducção",[25] e com isso podemos supor que ele se referia àquelas virtudes enunciadas por outros tradutores da época (como Villalobos e Vasconcelos, citado acima). Um desses preceitos parece ter sido a ideia de fidelidade (da tradução para com o texto original). Mesmo aceitando a necessidade de transposição linguística, tradutores e censores enfatizam a importância da tradução ser fiel. Este foi o caso da tradução de Henriques de Paiva da obra de Tissot, referida acima, na qual o tradutor confessa que "a [...] traducção não he elegante, [ileg.] assaz polida, mas he fiel, e em estilo accomodado á capacidade daquelles a quem a dirijo". Do mesmo modo, o tradutor anônimo da *Arte de tratar a si mesmo nas enfermidades venereas*, de Bourru em sua "prefacção" afirmou:

> [...] Não tenho que dizer da Traducção, ella foi feita com fidelidade, q he o que se requer mais nas obras

---

[23] TISSOT, 1786, p. 29.
[24] ANTT, Real Mesa Censória, cx 14, 1788.
[25] Loc. cit.

de Medicina; não desprezei as demais qualidades que esta devia ter para ser boa, porém se com tudo lhe faltarem alguns accidentes, minha boa intenção me servirá de desculpa, e a humanidade pública nunca deixará de ser servida.[26]

Os censores, por sua vez, também valorizavam a fidelidade acima de outras virtudes nas traduções. Gualter Wade prezada esta qualidade nas *Breves instruções sobre os partos* de Raulin,[27] "por ser o original excellente & a traducção fiel e exacta".[28] Antonio Martins Vidigal, mencionado acima como tradutor, também atuou como censor das traduções das obras de José Plenck elogiando-as por terem sido feitas de forma "[...] tão fielm.te [ileg.] sobre os originais destas excelentes obras, como são necessárias as composições e traducções e as [ileg.] aos cirurgiões de Portugal, na falta que padecem de authores nacionais que os possam instruir, com methodo nas materias da sua profeçam".[29] O onipresente Henriques de Paiva recomendou a licença de impressão para a "fiel e literal traducção dos Elementos de Fysiologia do Dr. Guilherme Collen e dos de Medicina do Dr. Francisco Stone",[30] e atacou a tradução dos *Elementos de Farmacia* de Baumé, por ser:

> [...] como he, infiel e adulterada com infinitos vocabulos barbaros que depravam o sentido do original, se ao menos elle nas receitas guardasse a exação e fidelidade que se requer em obras deste toque, e aos nomes francezes dos remedios, posesse os Portuguezes [ileg]. E porem nestas obras as faltas

---

[26] BOURRU, Mr. *Arte de tratar a si mesmo nas enfermidades venereas.* Coimbra, Na Real Officina da Universidade, 1777. [Trad. anon.] - Prefacção do Traductor, p. 38.
[27] RAULIN, 1772.
[28] ANTT, Real Mesa Censória, cx. 8, 1772.
[29] ANTT, Real Mesa Censória, cx 14, 1787.
[30] ANTT, Real Mesa Censória, cx 14, 1789.

desses [?] poiderosos requisitos, e o pouco escrupulo, são sempre faltas e pernicioza ao Público, acho que naõ merecer a Licença que pede.[31]

É interessante notar que a edição eventualmente publicada da obra traz ilustrações e notas de Henriques de Paiva.[32] Sobre a mesma tradução, escrevendo a censura em 1788 (o que nos leva a imaginar que os textos iam e voltavam da censura para serem corrigidos) Manoel Moraes Soares, aprovando a obra, escreveu em sua censura que "he verdade que encontrei na sua Lição muitos termos alheios e improprios da Lingoa Portugueza".[33]

Henriques de Paiva, como os seus colegas médicos censores, era bastante cioso sobre as traduções que analisava, apontando aquilo que percebia como defeitos e erros. Sobre a tradução citada acima do *Novo sistema de tumores* de Plenck, três anos antes de Antonio Martins Vidigal recomendar a tradução, Paiva acusou o tradutor de "adulterar e depravar em muitos lugares o sentido do original", de faltar à clareza, e à "discrepta adopção de termos novos" e de ter uma confusão de estilo que privaria os leitores a quem era destinada, mesmo que a tradução tivesse tido a aprovação da Faculdade de Medicina de Coimbra.[34] Henriques de Paiva delineou o papel do tradutor na sua censura dos *Elementos de Medicina Pratica*, afirmando que:

> [...] cumpriria ter-se alem do perfeito conhecimento da linguagem deste escritor, o dos vocabulos

---

[31] ANTT, Real Mesa Censória, cx 14, 1790.
[32] LEAL, José Francisco. *Instituições ou elementos de farmacia extrahidos dos de Baumé*, e reduzidos a novo methodo pelo Doutor Jozé Francisco Leal, lente de materia medica, e de instituições medico-cirurgicas na universidade de Coimbra, para uso das suas prelecções academicas...: illustradas e acrescentadas com a vida do sobredito professor / e publicadas por Manoel Joaquim Henriques De Paiva. Lisboa: na Officina de Antonio Gomes, 1792.
[33] ANTT, Real Mesa Censória, cx 14, 1788.
[34] ANTT, Real Mesa Censória, cx 13, 1784.

equivalentes da [ileg.] e da discreta adopção dos termos facultativos e didaticos, e sobretudo possuir-se, e entender-se completamente a sua doutrina, afim de exprimi-la com igual clareza, e representar o referido estilo com a mesma concisão. Porem este traductor em vez de satisfazer aos ponderosos requisitos acima lembrados, falta ás condições que se requerem em traducções de Obras elementares[ileg.] ora adoptando muitos termos escusados, havendo aliás outros, que bem lhes correspondem, ora Legitimando alguns Latinos e Francezes sem nelles observar a desinencia, nem o caracter geral das alterações ou modificações analogicas, com que os nossos bons autores aportuguezaram outas expressões de que elle podéra usar: por isso, e pela falta de observancia da collocação Portuguez [sic.] em que as vezes pna a sua traducção, não he absolutamente leviano nem livre daquelle ar barbaro e horridamente pedantesco, que afeia os livros didaticos da faculdade, e da que justamente são enredados os Medicos em geral. [...][35]

Os temas recorrentes dos francesismos e barbarismos são uma indicação clara da fonte de informação para os médicos portugueses. As obras escritas em francês ou traduzidas naquela língua são, em geral, as matrizes dos livros traduzidos – frequentemente sem a habilidade preconizada por Henriques de Paiva, que faz eco à crítica das palavras sesquipedálias de Vilalobos e Vasconcelos citadas anteriormente. Manoel de Moraes Soares também foi pouco condescendente com Francisco Puyol de Padrell, tradutor da *Medicina doméstica* de Guilherme Buchan que segundo ele "est[ava] fielmente [concebida] e [...] não differe em ponto algum substancial.", mas que "[t]em alguns solecismos e barbarismos por

[35] ANTT, Real Mesa Censória, cx 14, 1788.

mutação ou [ileg] de palavras de q me pareção indispensavel dar conta a V. Mag.e", acompanhando a censura com uma tabela de erros e correções sugeridas, para que o tradutor revisasse seu trabalho.[36] O mesmo censor critica a tradução que Antonio Felix Xavier de Paula fez do já citado *Tratado da influência das luas nas febres* tanto em termos do conteúdo (segundo ele, inadequado) da obra, quanto pela tradução propriamente dita: "E para q não aconteça q alguns dos nossos Nacionais menos illuminados cheguem a adoptar cegamente estas perjudiciais chimeras, alem do estilo, abstruso e ininteligivel da Traducção, sou de voto q se não de ao Publico".[37]

O que resulta da análise dos paratextos dos editores e dos epitextos dos censores sobre as traduções, é uma noção generalizada do que *deveria* ser uma tradução, sem que nenhum deles entrasse em maiores detalhes que os exemplos citados aqui. De modo geral, a crítica mais estabelecida é a de importação de termos estrangeiros – quase sempre franceses – na composição das obras sobre medicina em língua portuguesa. Barbarismos, francesismos, latinismos ou arcaísmos são combatidos em favor de um vernáculo em busca de uma norma culta – moldada pelos debates internos da censura, em especial ao analisar e censurar gramáticas, ortografias e manuais de escrita.[38]

As traduções de fato contribuíram para uma fixação do vernáculo – ao menos entre as elites ilustradas – em Portugal no

---

[36] ANTT, Real Mesa Censória, cx 14, 1788.
[37] Loc. cit.
[38] CARVALHO, Pedro Eduardo Andrade. As normas do Rey e as normas do gramático na Real Mesa Censória Portuguesa em 1771. *Revista Eletrônica Cadernos de História*, v. 7, ano 4, n. 1, p. 130-141, 2009; LEITE, Marli Quadros. A construção da norma linguística na gramática do século XVIII. *Alfa: Revista de Linguística (São José Rio Preto)*, São Paulo, v. 55, n. 2, p. 665-684, dez. 2011. Disponível em: <http://www.scielo.br/scielo.php?script=sci_arttext&pid=S1981-57942011000200014&lng=en&nrm=iso>. Acesso em: 9 abr. 2016; MOURA, Teresa Maria Teixeira de. *As ideias linguísticas portuguesas do século XVIII*. Vila Real: Universidade de Tras-os-Montes e Alto Douro, 2012.

século XVIII? Dificilmente esta questão será respondida só por estas fontes, mas nelas podemos investigar se os agentes em foco pensavam que isto pudesse acontecer, na medida que aderiam e reforçavam ideias canônicas sobre o uso da língua portuguesa e as diferentes "virtudes" buscadas nos textos traduzidos. Contudo, temos também que levar em consideração as relações entre a literatura em geral, e os textos de medicina, uma vez que as discussões médicas do século XVIII serviram frequentemente de motivo literário, como foi, por exemplo, o caso dos debates sobre a varíola, discutidos em tratados especializados, mas também encontrados na obra de Rousseau e Sade.[39] Essas relações vão além do fornecimento de temas e assuntos ligados ao exercício da medicina ou à doença, tocando "a produção [e] a difusão dos saberes".[40] Em resumo, os debates médicos do século XVIII (sobre a varíola, a higiene, a medicina vitalista, etc..) extrapolaram o âmbito exclusivamente médico, tendo sido transportados para a literatura, como consequência do processo de controle das representações identitárias que os médicos construíram de si, o que demanda dos historiadores uma "atenção renovada [...] às formas, à retórica e aos gêneros de escrita médicos na construção dos saberes sobre a saúde e das relações destes saberes com outros" como a literatura e a própria história.[41]

Aqui parece residir uma chave de entendimento para os textos médicos (e científicos) do período em foco. Os pontos de encontro entre as áreas de conhecimento eram muito menos distintos e, portanto, mais fluidos entre si. No momento da reafirmação da

---

[39] WENGER, Alexandre. Médecine, littérature, histoire. *Dix-Huitième Siècle*, v. 46, p. 323-336, 2014. p. 327.
[40] Ibid., p. 324.
[41] Ibid., p. 325.

linguagem científica, a literatura parece fornecer as bases identitárias. Isto certamente explica a demanda pelo uso "nacional" nas traduções para o português, junto às condenações dos "estrangeirismos", francesismos e etc. Auxilia também a compreensão dos rigores impostos (ou autoimpostos) pelos agentes da palavra impressa em análise aqui. Tradutores e censores médicos, ao buscarem estabelecer e cumprir as regras de uma "boa tradução" estabelecem, simultaneamente, regras para a escrita e para a ciência médica.

Do mesmo modo, é importante enfatizar que, embora alguns projetos, que envolveram a medicina de forma indireta, foram levados a cabo a partir de centros de poder – de matriz pombalina ou posteriores – não se pode falar em projetos de fixação de uma regra culta do vernáculo. Pode-se, porém, verificar os significados e definições que esta regra assume na ação censória e nos diversos esforços de tradução e publicação levados a cabo no período. É neste complexo jogo entre projetos, esforços, censuras e recompensas, em que a tradução assume a mesma função do feito heroico ou da descoberta científica, que se pode perceber os agentes da palavra escrita em ação,[42] assumindo um papel fundamental na construção da ilustração portuguesa da segunda metade do século XVIII.

---

[42] RAMINELLI, 2008.

PAISAGEM POLÍTICA & IDENTIDADES:
um périplo visual pelos antecedentes iconográficos dos desenhos de Frans Post

Daniel de Souza Leão Vieira

O presente trabalho é uma versão escrita de minha comunicação feita no dia 13 de setembro de 2016, na cidade do Salvador, como parte da mesa redonda intitulada "A construção do 'Brasil holandês' na literatura de viagem: diários, relações e outros roteiros possíveis", coordenada pelo Professor Doutor Bruno Romero Ferreira Miranda.

O objetivo desta comunicação é demonstrar que os desenhos de Frans Post, 1645, feitos para as gravuras do livro *Rerum per octennium in Brasilia*, 1647, de Caspar Barlaeus, sobre o governo de João Maurício, Conde de Nassau-Siegen, no Brasil, foram compostos de acordo com as séries de gravuras com paisagens dos arredores da cidade de Haarlem nos anos 1610, feitas por Claes Jansz. Visscher, Esaias van den Velde, Willem Buytewech e Jan van den Velde. Para tanto, irei aqui considerar especificamente a série *Plaisante Plaetsen*, de Visscher, e a série conhecida como "as paisagens numeradas", de Esaias van den Velde.

Após a retomada espanhola da cidade de Antuérpia, a parte de sua população que se identificava com a causa da Reforma, migrou para os Países Baixos do norte. A maioria desse fluxo migratório dirigiu-se para Amsterdã, embora uma parte dessa corrente tivesse seguido para as cidades fabris de Leiden e Haarlem. Foi nesta última que vários artistas gráficos se instalaram, possibilitando que toda uma tradição visual já associada ao "realismo" corroborasse a constituição de um mercado editorial sólido no norte. Tradição esta, que pode ser exemplificada através do caso da série que Hieronymus Cock publicou em Antuérpia, ainda em 1559 e, depois, em 1561, e que ficou conhecida pela expressão "Pequenas Paisagens".[1]

Nesse sentido, teóricos, como Karel van Mander, e artistas, como Hendrick Goltzius, de origem flamenga, contribuíram para tornar a Guilda de São Lucas, em Haarlem, o cerne de uma escola de representação imagética de paisagem. Não foi coincidência que ainda no início do século, em 1603, Goltzius compôs um desenho com vista panorâmica da região de Haarlem. Tida como inauguradora da paisagem "realista" holandesa, essa composição aliava os temas paisagísticos a um modo de construir a espacialidade figurativa de forma que o espectador pudesse associá-la com o aspecto visível da localidade representada.[2]

De acordo com essa tradição nascente, ainda em 1607, Claes Jansz. Visscher compôs um desenho que retomou a linguagem visual dos desenhos de Goltzius, mas em outra escala de representação da paisagem observada: ao invés da distância panorâmica, Visscher escolheu o *close up* de um aspecto de um caminho em curva, com casas e árvores ao lado, tal como na "pequena paisagem" flamenga do século XVI. A composição foi retomada posteriormente, entre os anos de 1612-13, para integrar a série de impressos *Plaisante Plaetsen*. Algumas figuras humanas foram adicionadas e uma

---

[1] GIBSON, Walter. *Pleasant places*: the rustic landscape from Brueghel to Ruisdael. Berkeley: University of California Press, 2000.

[2] BROWN, Christopher. *Dutch landscape*: the early years: Haarlem and Amsterdam, 1590-1650. London: The National Gallery Publications, 1986. Catálogo de exposição, The National Gallery.

legenda ajudava o espectador a situar a localidade: *Aende Wegh na Leyden* [no caminho para Leiden].[3]

Visscher usava a estratégia visual de representação topográfica a fim de construir uma imagem de identificação com os lugares pátrios. Esse processo, já iniciado antes mesmo do início do século XVII, tomou mais corpo, engajando a sociedade e seus artífices, durante o período da Trégua dos Doze Anos, de 1609 a 1621. Pausado o conflito com o inimigo estrangeiro, os neerlandeses se viram diante da tarefa de, diante do "espelho do tempo", se perguntar "quem eram", como na expressão de Simon Schama.[4] A produção de imagens, sobretudo a paisagística e a cartográfica, tornou-se o lugar imaginário privilegiado para essa construção simbólica.

A série *Plaisante Plaetsen* é composta por doze páginas impressas, sendo a primeira para a página título e as onze subsequentes contendo vistas de localidades no entorno da cidade de Haarlem.[5] Assim, surgem cenas como a de pescadores à beira mar, em Zantvoort; uma carroça transportando produtos pelo caminho do Lazareto, ao norte de Haarlem; e, por último, as ruínas da *Huis te Kleef*.

Catherine Levesque[6] chamou a atenção para o fato de que há uma dupla operação discursiva associada à criação visual dessa identificação de localidades representadas como lugares pátrios. Por

---

[3] LUIJTEN, Ger *et al*. *Dawn of the Golden Age*: Northern Netherlandish Art, 1580-1620. Amsterdam: Rijksmuseum; Zwolle: Waanders Uitgevers, 1994. Catálogo de Exposição, 1994, Rijksmuseum.

[4] SCHAMA, Simon. *O desconforto da riqueza*: a cultura holandesa na época de ouro, uma interpretação. São Paulo: Companhia das Letras, 1992.

[5] DE GROOT, Irene. *Landscape*: etchings by the Dutch masters of the seventeenth century. Maarssen: Gary Schwartz, 1979.

[6] LEVESQUE, Catherine. *Journey through landscape in seventeenth-century Holland*: the Haarlem print series and Dutch identity. University Park, Pennsylvania: The Pennsylvania State University Press, 1994.

um lado, tratava-se de construir uma representação de topografia ao evocar, através dessa linguagem visual do "realismo", os *topoi* discursivos de paz, trabalho e prosperidade. Por outro lado, essa constituição imagética da paisagem se fundamentava como representação de lugares pátrios ao fazer também referência à história recente da revolta contra os espanhóis. Como o castelo *Huis te Kleef* foi usado pelos espanhóis como sede e quartel militar durante as operações do cerco a Haarlem, em 1573, na interpretação dessa autora, tratou-se da concepção de uma retórica visual de persuasão com o fim pedagógico de alertar a nova geração, que via e se identificava com a paisagem pátria de abundância, para o fato de que essa paz havia sido conquistada com o sangue da geração passada. E, nesse sentido, o lembrete histórico servia como admoestação para o futuro: a paz próspera só poderia continuar existindo mediante uma paz vigilante.

Não tardou para que, depois de Visscher, outros artistas criassem também suas séries de desenhos paisagísticos ao longo dos anos 1610, como Esaias van den Velde, Willem Buytewech e Jan van de Velde; alguns dos quais tiveram seus desenhos impressos pelo próprio Visscher.

Esaias van den Velde, por exemplo, também se serviu do tema das localidades em torno de Haarlem que foram palco das manobras militares durante o cerco de 1572-73. Um exemplo é a gravura sobre Spaarnwoude. Nela, vemos a recorrência das mesmas estratégias visuais para fazer o espectador remeter a imagem representada às localidades observadas. A triangulação entre o observador, o vilarejo de Spaarnwoude e a igreja de St. Bavo, em Haarlem, à distância, no desenho de Esaias van de Velde, criando o efeito de uma espacialidade figurativa que coincidia com a espacialidade geográfica das localidades em questão, estava novamente a serviço da retórica de persuasão pela lembrança. Spaarnwoude, uma pequena localidade nos pôlderes adjacentes ao dique que levava de Haarlem a Amsterdã, fora rota de passagem das tropas espanholas na década de 1570. O mesmo vilarejo era visto, no entanto, no desenho de 1616, com a tranquilidade dos pastos e das plantações.

Em todas as séries, abundavam as referências a ruínas, sobrevivências tornadas alegoricamente em testemunhas oculares de uma história patriótica escrita com sangue. Foi mesmo Esaias van de Velde quem introduziu, em meio a uma série de impressos que representava os arredores de Haarlem, uma prancha com o motivo de uma fortaleza em Tholen, na Zelândia. A suposta incongruência da inserção de localidade geográfica tão distante das que eram objeto das paisagens da série era já o deslocar do motivo alegórico da vigilância para sugerir que a paisagem do pôlder fértil e próspero, tornada típica da Holanda, só podia ser pacífica e diligentemente cultivada porque as fronteiras longínquas eram vigiadas. Eram essas fronteiras que constituíam os baluartes que mantinham a liberdade adquirida no centro do país.

Destaquemos aqui dois aspectos dessa construção de sentido histórico, pelos contemporâneos neerlandeses de início do século XVII, para os eventos em curso. O primeiro deles, e o mais circunstancial, foi o de chamar a atenção para o debate político em torno do futuro da trégua: se haveriam de conduzir as negociações aos termos de uma paz duradoura ou, se retomariam as hostilidades contra o inimigo, retomando a guerra. E um dos problemas cruciais aqui foi exatamente o das fronteiras. Os imigrados, e parte da sociedade do norte, queriam a inclusão das províncias sulistas no interior da soberania da república, o que implica a existência de um grupo, relativamente numeroso, descontente com a decisão política da assinatura da trégua com a Espanha.[7] Daí porque a cartografia do período também se tornou palco de embate dessa definição de uma territorialidade no interior da paisagem política. Mapas murais eram confeccionados para fazer ver a totalidade das Dezessete Províncias dos Países Baixos, inclusive em arranjos próprios dos mesmos elementos iconográficos e escritos de que se compunham as paisagens. Assim, era comum que em torno da representação cartográfica central viessem dispostas vistas topográficas, tipos humanos representando as populações locais de cada província, cartuchos decorativos com alegorias e textos contendo narrativas com alusões históricas. Foi o caso de mapas elaborados por Pieter van der Keere e Abraham Goos. E aqui, novamente, Claes Jansz. Visscher teve participação importante, pois sua gráfica e sua editora tornaram-se um centro de publicações cartográficas e de impressos paisagísticos.

O que nos traz ao segundo aspecto dessa construção de sentido histórico para o problema da definição da paisagem política: não somente as fronteiras militares, mas a natureza do Estado e de sua relação com a sociedade no interior dessas mesmas fronteiras. Nesse sentido, se, por um lado, o período da Trégua dos Doze Anos aliviou as pressões externas às fronteiras; por outro, foi uma época de tensão e ansiedade internas.

As divergências religiosas que se iniciaram em torno do debate teológico no interior da Universidade de Leiden terminaram por se associar a questões ideológicas e políticas. O que começou como divergência nos púlpitos terminou como confrontos armados nos anos de 1616 a 1618. De um lado, os seguidores de Jacobus Arminius

---

[7] ISRAEL, Jonathan I. *The Dutch Republic*: its rise, greatness and fall, 1477-1806. Oxford: Oxford University Press, 1995.

defendiam uma visão mais humanista e heterodoxa da doutrina de Calvino, aproximando-se da ideia de que a salvação era para todos. Havia aí, então, um lugar central para a sugestão de que o cristão deveria se diferenciar por condutas morais, aproximando assim os "remonstrantes" de outros grupos confessionais, como menonitas, anabatistas e mesmo dos católicos. De outro, os seguidores de Frans Gomarius contra-atacavam com uma veemente defesa da teologia da predestinação. A implicação ideológica de tal desavença tornou-se também política quando entrou em debate a questão da natureza da relação entre a Igreja Reformada Neerlandesa e o Estado que se criava então. Novamente as trincheiras se ergueram: de um lado, os arminianos defendiam preceitos espirituais mais brandos, desde que a instituição religiosa estivesse mais submetida ao Estado; e, do outro lado, os gomaristas vociferavam em favor da autonomia da Igreja desde que sob as bases de uma teologia socialmente mais rígida.

Essa clivagem religiosa amplificou uma heterogeneidade social e cultural, dificultando, embora ao mesmo tempo tornando mais ainda necessária a construção simbólica das identidades. Nesse sentido, a cartografia e a paisagística seriam não só iconografias úteis em representar um corpo político que não estava baseado na imagem do corpo físico de um soberano monárquico; mas também formaram repertórios visuais que permitiram a construção de um lugar simbólico que articulava valores e sentimentos comuns em meio à diversidade de posições nas relações de poder. De um lado ou de outro da clivagem religiosa, ou da ideológica, fossem adeptos ou críticos da paz com os espanhóis, muito provavelmente todos se veriam identificados com suas comunidades civis. Assim, enquanto as vistas nas séries paisagísticas constituíam de perto essa recepção através da construção do sentimento pátrio pela identificação com o lugar da comunidade civil, a inclusão das vistas das principais cidades provinciais nos mapas murais que representavam a proposta da unificação política era já a fabricação de uma comunidade nacional que respeitava a base cívica das soberanias provincial e municipal.

Foi importante que esse processo social de construção das identidades fosse tornado viável por uma circulação de imagens, ampla o suficiente, para que se atingisse um mercado consumidor formado por uma classe média baixa de artesãos e mesmo de jornaleiros especializados. Daí que um editor como Claes Jansz. Visscher tenha preferido investir na técnica de impressão por água-forte, e não tanto por gravura. Mesmo a gravação de imagens por buril em placas de cobre era mais lenta do que a gravação pela agulha através do processo químico. Assim, com placas mais rapidamente obtidas e de maior versatilidade técnica a serviço da composição, Visscher conseguiu colocar no mercado de arte uma produção mais barata e mais impactante. Os estereótipos da paisagem pátria, em linguagem realista e articulando a topografia à ideia de paz próspera e vigilante, terminaram por ocupar uma demanda simbólica por um repertório visual que instituiu um imaginário popular.

E se esse tipo de estratégia visual, própria da retórica de imagens dispostas como uma série interativa, era sutil e muitas vezes só indiretamente cognoscível, então era o caso de usar outra estratégia combinada, a de personificações, onde os conteúdos alegorizantes eram mais explícitos. Foi o caso da página-título do *Merckt de Wysheyt* [O Mercado da Sabedoria], de Willem Buytewech. Nela, a topografia cedia espaço a uma paisagem alegórica visualizada como o *Hollandse Tuin* [Jardim Holandês], alegoria que dramatizava a espacialidade figurativa para designar a paisagem política através do ideário do "bom governo". O jardim era delimitado por uma cerca e tinha o *Leo Belgicus* a defender-lhe o portão. Em seu interior, a Dama da Holanda recebia as mesuras tanto da nobreza local quanto das lideranças civis. Nos canteiros, a laranjeira ostentava um galho partido e outro, verdejante, com duas laranjas, representando o falecido Guilherme I e seus dois filhos, Maurício e Frederik Hendrik, respectivamente. Do lado de fora, com duas caras, ladeada pelo traiçoeiro jaguar e por tropas armadas, a personificação da Espanha.

Nessa imagem, vemos a tentativa de Buytewech em propor, frente à ameaça constante dos espanhóis, uma conciliação dos diversos grupos em jogo. Assim, para que o jardim continuasse a dar frutos copiosos, era preciso que o Leão Neerlandês unisse as províncias mediante o comum acordo das facções holandesas, sem se esquecer de dar destaque central ao *stadhouderschap* [lugar-tenência] dos Orange-Nassau.

Mas não era exatamente isso que se via nos tensos anos de meados da década de 1610. Apesar de tentar a conciliação, era óbvio que as posições tanto do líder civil – Oldenbarneveld – quanto de sua base de sustentação política – a plutocracia das cidades mercantis holandesas – estavam mais para o lado dos "remonstrantistas" arminianos. Ademais, tentando se desvencilhar das limitações institucionais que Oldenbarneveld lhe impusera, Maurício de Nassau procurou então se aliar aos "contra-remonstrantistas" gomarianos, de um lado, e ao apelo popular de outro.

Nesse sentido, o *stadholder* aglutinou junto à sua causa, no interior dos Estados Gerais, o assim chamado Partido da Guerra, o grupo confessional mais próximo da ortodoxia calvinista e as cidades e as províncias descontentes com a hegemonia das cidades holandesas comerciais, dentre as quais a principal era, de longe, Amsterdã. Nesse sentido, para combater a força desses grupos através da preponderância econômica e política dos Estados da Holanda, a alternativa política de Maurício de Nassau foi a do discurso de respeito às diferentes comunidades civis e provinciais, propondo o próprio posto de *stadholder* como mediação para a conciliação desses particularismos, unindo a multifacetada soberania das províncias em torno de sua própria prerrogativa aristocrática. Para tanto, a utilização do repertório de vistas topográficas era crucial. Sem fazer alusão à soberania de um nobre, mas enfatizando o lugar de cada comunidade civil, assim amalgamando geralmente as diferenças no interior das clivagens de interesses diversos, bastava ao orangismo se associar a essa iconografia para se difundir como imagem do país como um todo, apagando, no entanto, o rastro de que essa associação era tão construída como qualquer outra.[8] Nesse sentido, artistas como Visscher, que, sabidamente orangista e notório "contra-remonstrantista", tiveram um papel social preponderante na criação de produtos culturais que ajudaram a usar a imaginação da paisagística para naturalizar um projeto ideológico de Estado.

A associação entre a topografia pátria e o orangismo passou a ser mais reforçada quando da subida, ao poder, de Maurício de Nassau, com o golpe de Estado que pôs fim aos conflitos religiosos nas ruas e depôs o Advogado da Holanda, Oldenbarneveld, em 1618. Com o novo regime, as vistas topográficas não só continuaram a ser usadas com a identificação pátria como engendraram toda uma nova escola de pintura de paisagem, a partir da década de 1620. Eis a fórmula ideológico-imaginária que possibilitou a mediação simbólica para a construção cultural das identidades nos Países

---

[8] ADAMS, Ann Jensen. Competing communities in the 'Great Bog of Europe': identity and seventeenth-century Dutch landscape painting. In: MITCHELL, W. J. T. (Org.). *Landscape and power*. Chicago: The University of Chicago Press, 1994. p. 35-64; PRICE, J. L. *Holland and the Dutch republic in the seventeenth century*: the politics of particularism. Oxford: Clarendon, 1994.

Baixos, tendo as guildas de artistas holandeses um papel importante nesse processo social.

Assim, quando os quadros de Van Goyen ou de De Molijn – que a historiografia da arte louva como o surgimento da pintura de paisagem holandesa da idade de ouro – apareceram na década de 1620, com suas espacialidades amplas, em cenas de traseuntes em meio às dunas, os gravados paisagísticos e cartográficos de Visscher já circulavam pelo mercado, de forma que os compradores dos quadros já estavam familiarizados com os motivos do "homem" e da "terra" neerlandeses e sua inserção num imaginário de paisagem política.

Nesse sentido, os desenhos de Frans Post foram feitos nos moldes das vistas topográficas de lugares pátrios, relativas à cultura visual neerlandesa do século XVII. Estruturados a partir de uma iconografia de vistas topográficas presente tanto na cartografia quanto na paisagística, motivos como os de fortalezas aparecem lado a lado com outros de trabalho e de comércio em meio à tranquilidade, sugerindo cenas de uma paz vigilante capaz de trazer prosperidade, como no desenho sobre a boca do rio Paraíba.

Em outra composição, como no desenho sobre Igaraçu, por exemplo, é possível identificar duas estratégias visuais oriundas das paisagens de Haarlem da década de 1610. A primeira constitui a triangulação de localidades, como ocorreu na gravura de Esaias van de Velde sobre Spaarnwoude. Em *Garasu*, Post triangulou em uma mesma vista a vila de Igaraçu, no plano médio, e Vila Velha, em Itamaracá, tal como sugerida, à distância, pelos coqueiros do terreiro, divisos em silhueta no plano de fundo. O segundo elemento é a inclusão do motivo da ruína, como na *Huis te Kleef*, de Visscher. Da ruína do Estado português, materializado no prédio arruinado da antiga câmara municipal da vila, a abundância da Nova Holanda brota exuberante, simbolizada pelo mamoeiro que cresce altivo em meio aos destroços.

Tratou-se, portanto, da estruturação de uma visão da Nova Holanda através de uma retórica visual associada à paisagem política, operando a visibilidade do projeto político orangista do *stadhouder* [lugar-tenente] Frederik Hendrik para a legitimação de poder dos neerlandeses no Brasil.

Representar a terra do Brasil através de um repertório de vistas topográficas associadas à paisagem política neerlandesa teve, então, o efeito de incluir a Nova Holanda no interior da soberania neerlandesa. No entanto, houve um duplo desdobramento nessa atitude.

O primeiro foi o de chamar a atenção para o fato de que o território açucareiro da Nova Holanda seria um novo baluarte na guerra contra os ibéricos. A sua manutenção era a condição para a permanência da prosperidade e da paz doméstica nos Países Baixos. Como se a paz vigilante, associada àquele forte em Tholen, representada por Esaias van de Velde nos anos 1610, tivesse sido levada agora para os rincões ultramarinos das fronteiras da Nova Holanda.

Ao mesmo tempo, representar o Brasil dessa maneira era também reforçar o imaginário desse projeto para a própria sociedade neerlandesa. Era manter esse imbricar de interesses provinciais diversos numa síntese entre a elite civil e a pequena nobreza, a ortodoxia calvinista e a heterodoxia dos outros grupos confessionais, todos apoiados no apelo popular do orangismo.

Como afirmara J. L. Price,[9] os anos de 1618 e de 1650 foram críticos para o corpo político da República dos Países Baixos Unidos. E ambos foram precedidos pela criação visual de representações de paisagem em séries de impressos com temática topográfica. Porém, houve uma assimetria dupla em relação aos dois conjuntos caros aqui a este trabalho. Os impressos dos anos 1610 enfocavam os lugares pátrios holandeses, sobretudo em torno de Haarlem, enquanto os desenhos de Frans Post tinham como tema central o território da Nova Holanda. Ademais, por um lado, o primeiro conjunto, relacionando-se à ideologia de Estado orangista-nassoviano, tal como aventada a partir do *coup d'état* de Maurício, Príncipe de Orange-Nassau, em 1618, marcou o advento da identificação da iconografia emergente a uma paisagem política específica. Por outro, o segundo conjunto foi uma última defesa dessa ideologia durante a crise que terminou por pender a balança política da república a favor do governo civil e da ideologia do livre comércio, sobretudo porque com a morte do *stadhouder* em 1647 e o crescimento da liderança civil em favor da paz com a Espanha, a posição orangista-nassoviana terminou por se enfraquecer.

[9] PRICE, J. L., op. cit.

INJURIOSAS PALAVRAS: dimensões da cultura do escrito nos pasquins afixados em Calambau, Minas Gerais, no ano de 1798

Álvaro de Araujo Antunes

Este capítulo trata, de forma ampla, da "cultura do escrito" em Minas Gerais, na virada do século XVIII para o século XIX.[1] Essencialmente, o termo cultura do escrito quer ressaltar a dimensão da difusão, apreensão e cultivo de um saber especializado (a escrita) como parte de um processo dinâmico e múltiplo de registro da memória e de comunicação. Embora fosse uma ciência e uma destreza limitada socialmente, isto é, restrita à parcela da população, a escrita era um instrumento comum de registro e transmissão de informações, utilizado, corriqueiramente, pela administração secular e religiosa. Acredita-se que a recorrência a essa forma de comunicação contribuía para o cultivo da escrita, a qual seria apreendida em diversos níveis e por diversos expedientes, alguns deles independentes das formalidades do saber ler ou escrever.

O tema da cultura do escrito será abordado por meio da análise de uma devassa e de um processo judicial abertos para apurar a autoria de um conjunto de três pasquins afixados em Calambau ou

---

[1] O presente capítulo é fruto do projeto "O saber das letras: condições, agentes e práticas de ensino nas Minas Gerais (1750-1834)" financiado pela Fundação de Amparo à Pesquisa de Minas Gerais (Fapemig), por meio de projeto de Demanda Universal e pelo Programa Pesquisador Mineiro.

Calambao, termo de Mariana, Minas Gerais, no ano de 1798.[2] Nesses instrumentos judiciais, a partir das declarações das testemunhas e do próprio pasquim, é possível identificar índices diversos de oralidade e de familiaridade com a escrita. Registros que extrapolam a simples constatação da capacidade do ler e escrever e avançam por aspectos que envolvem a forma visual do escrito, seus usos, o espaço da circulação, formas de apropriação, enfim, relações diversificadas e cotidianas com a escrita.

A cultura do escrito, o cultivo das letras

O termo "cultura escrita" é mais usual do que o termo "cultura do escrito". Em uma primeira aproximação, a cultura escrita evidencia uma condição da cultura, qual seja a de estar escrita. Essa condição, porém, guarda um sentido qualitativo que se revela, com frequência, em contraste e/ou em complemento com a oralidade. Nesta relação, o meio de difusão e registro da informação é utilizado para qualificar e especificar uma cultura. A função qualificadora do adjetivo "escrita" resulta, portanto, na limitação polissêmica ou de abrangência do próprio conceito de cultura. Especificações como esta levam à multiplicação de categorias taxonômicas, bem como de campos de estudos. Assim, as investigações sobre a cultura tornam-se tão diversas quanto os sentidos e adjetivos a ela atribuídos.

---

[2] Esses documentos foram utilizados e analisados em outros estudos, porém com enfoques e resultados distintos dos que aqui se apresenta. Dentre os trabalhos que recorrem ao pasquim, tem-se: SOUZA, Laura de Mello e. *Norma e conflito*: aspectos da história de Minas no século XVIII. Belo Horizonte: Ed. UFMG, 1999; ANTUNES, Álvaro de Araujo. Considerações sobre o domínio das letras nas Minas setecentistas. *Locus - Revista de História*, Juiz de Fora, v. 6, n. 2, jul./dez. 2000; FIGUEIREDO, Luciano Raposo de Almeida. Escrito pelas paredes. *Revista do Arquivo Público Mineiro*, Belo Horizonte, v. 50, n. 1, p. 42-59, jan./jun. 2014.

Normalmente, as investigações nesta área consideram o público ao qual se destina ou para o qual se fomenta a cultura, como é o caso dos estudos sobre as culturas de massa, popular, universitária etc. Também são conhecidos os estudos que privilegiam a dinâmica constitutiva de expressões culturais, como aqueles que estudam a contracultura, a cultura das periferias etc. Outros estudos privilegiam o suporte e os mecanismos de transmissão do conhecimento, nomeadamente a escrita, a oralidade, as imagens etc. Em torno desses tipos tende-se a constituir nichos de pesquisa, com suas metodologias e problemas mais ou menos originais ou compartilhados.

Para além das especificidades dos objetos estudados, alguns referenciais conferiram certa unidade aos estudos da história cultural. Dentre as influências, a antropologia contribuiu com um grande manancial de inspiração para os estudos mais atuais de história cultural.[3] No âmbito da antropologia, a escrita serviu para caracterizar as sociedades "pré-alfabéticas" distinguindo-as das alfabetizadas, quando não entre formas de pensamento "selvagem" e "civilizado". Inevitável observar que tais classificações traziam incutidos valores que permitiam identificar sociedades mais ou menos avançadas, dentro de uma lógica evolutiva e eurocêntrica. Considerados e escoimados os juízos de valor, a classificação de sociedades letradas ou orais continua sendo um referencial analítico de especialistas sociais. Para o cientista social e antropólogo, Jack Goody a escrita não é uma "entidade monolítica" e suas potencialidades dependem do tipo de sistema (oral ou escrito) que prevalece em cada sociedade.[4] Assim, a

---

[3] Segundo Lynn Hunt: "em lugar da sociologia, as disciplinas influentes hoje em dia são a antropologia e a teoria da literatura [...]". HUNT, Lynn. *A nova história cultural*. Tradução de Jefferson Luiz Camargo. São Paulo: Martins Fontes, 1992. p. 14.

[4] GOOD, Jack (Comp.). *Cultura escrita en sociedades tradicionales*. Traducción de Gloria Vitale y Patrícia Willson. Barcelona: Editorial Gedisa, 2003. p. 13.

categorização de uma sociedade – no passado ou no presente – como oral ou escrita dependeria do grau de difusão do conhecimento escrito. Mas como determinar a familiaridade de uma sociedade com a escrita? Ainda é plausível deduzir um nível de alfabetização a partir da capacidade de escrever o próprio nome? Como verificar, de forma abrangente, o grau de letramento de sociedades pretéritas?

Não é fácil responder a essas questões, especialmente para as investigações históricas que ressentem a ausência de fontes seriadas para o período anterior ao século XIX, muito embora alguns estudos mais pontuais apresentem bons resultados qualitativos. Do mesmo modo, são promissores alguns avanços metodológicos que reconsideraram as formas pelas quais estão relacionadas a escrita e a oralidade, rompendo com os limites da simples oposição. Existe entre a escrita, especialmente a fonética, e a oralidade uma clara relação de origem, de concepção. O mesmo Jack Goody entende a escrita como uma forma de conferir à linguagem oral um caráter material.[5] Para Walter Ong, "sem a escrita, as palavras não possuem uma presença visual, mesmo que os objetos que elas representam sejam visuais". E Ong arremata: "as palavras escritas são sons, bem como ocorrências e eventos."[6]

Se há uma oposição entre escrita e oralidade, existe também uma complementaridade, o que permite suspeitar das categorias muito estanques que qualificam as sociedades, especialmente as modernas e ocidentais, enquanto orais ou escriturárias. Em outros termos, afora a oposição entre o oral e o escrito, que serve às categorizações duras e de limitados resultados, talvez seja apropriado e frutífero pensar a natureza da escrita e da oralidade reconhecendo

---

[5] Ibid., p. 15.
[6] ONG, Walter. *Oralidade e cultura escrita*: a tecnologização da palavra. Campinas, SP: Papirus, 1998. p. 47.

sua mútua implicação, mas também seus diferentes usos, alcances e formas de manifestação e apropriação.

De modo geral, é possível considerar a expressão oral como um meio evanescente e limitado de linguagem que depende da vocalização, da audição, da repetição e da memória para se transmitir e se fixar o conhecimento. A oralidade carece da concretude das situações que colocam, frente a frente, o emissor e o receptor. A escrita, por sua vez, consiste em um conjunto de signos visíveis capazes de separar o conhecido do conhecedor, o que permite ampliar a transmissão e a conservação de informações, espacial e temporalmente.[7] Tal invento teve implicações mais imediatas no campo administrativo e das comunicações em geral, mas também atingiu instâncias mais vastas da memória, da lógica e da cultura de uma sociedade.[8] Isso porque, antes mesmo de transmitir ou conservar, a escrita tem a função de representar uma coisa ou evento ausente ou anteriormente percebido conforme uma lógica específica de ordenamento e de construção linguística. Assim caracterizadas, a escrita e oralidade ampliam o rol das problematizações avançando sobre os liames estabelecidos entre a memória e a imaginação, entre o ocorrido e sua representação, entre a literatura e a história. Retomar todos os debates suscitados por essas interseções seria demasiado e despropositado diante do que importa mais diretamente aqui, muito embora a menção dos mesmos sirva para dimensionar a extensão das implicações que a invenção escriturária trouxe às sociedades e, consequentemente, às pesquisas que tratam desse tema.

---

[7] FISCHER, Steven Roger. *História da leitura*. Tradução de Claudia Freire. São Paulo: Ed. Unesp, 2006. p. 14.
[8] RICOUER, Paul. *A memória, a história, o esquecimento*. Tradução de Alain Francoise. Campinas, SP: Ed. Unicamp, 2007. p. 27 et segs. GALVÃO, Ana Maria de Oliveira et al. (Org.). *História da cultura escrita*: século XIX e XX. Belo Horizonte: Autêntica, 2007. p. 29.

Feita essa breve explanação sobre escrita e a oralidade, resta o problema de como averiguar a extensão das formas de contato e apreensão da escrita. Dele decorre uma série de questões. Não seria limitador, se não presunçoso, considerar que o domínio da escrita se restrinja à capacidade de manejar um punhado de traços para assinar o próprio nome? A decodificação dos signos seria a única forma de interagir com o grafado? Frente à escrita, qual seria a percepção valorativa ou mesmo estética daqueles que não sabiam ler e escrever? Como avaliar o nível e as formas de contato das sociedades com as letras? Quais dinâmicas e interações são possíveis de se estabelecer entre a escrita e a oralidade?

Mais uma vez, o esforço para responder a essas questões pode iniciar-se com maior precisão dos termos utilizados. Nesse sentido, uma vez apresentado, ainda que ligeiramente, o que se entende por escrita e oralidade, importa enfrentar a amplitude das concepções de cultura. Um caminho possível para explorar esse vasto tema é recorrer às derivações da raiz latina *colo*. Desta raiz decorrem: culto (*cultus*, particípio passado de *colo*), e cultura (*culturus*, particípio futuro de *colo*). Essas duas temporalidades dimanadas de *colo* são evidenciadas na ação do colono, aquele que habita e cultiva a terra. O colono se insere em um presente que articula o passado e o futuro. O colono reedita tradições quando planta sob a terra as sementes que traz consigo e tem nessa cultura uma promessa futura de manter-se vivo e perpetuar suas gerações. Assim compreendida, a cultura se traduz em um "conjunto de práticas, técnicas, símbolos e de valores que se devem transmitir às novas gerações para garantir uma reprodução de um estado de consciência social."[9] Para esse fim, evidentemente, contribuiriam a oralidade e a escrita.

---

[9] BOSI, Alfredo. *Dialética da colonização*. 3. ed. São Paulo: Companhia das Letras, 1992. p. 16.

Cultura pressupõe, portanto, a difusão e o cultivo de um conjunto de conhecimentos ao longo dos tempos, das gerações, das sociedades. Pode-se questionar a disposição "reprodutivista" da definição apresentada por Alfredo Bosi, a qual, certamente, não deixa de contemplar o aspecto simbólico remarcado pelos trabalhos mais contemporâneos que entendem a cultura como "teia de significados". A despeito de eventuais discordâncias, o que se pretende marcar com a definição de cultura oferecida por Bosi é a sua dimensão de cultivo. A cultura tem clara uma promessa de futuro, uma inserção, em certa medida, consciente no devir proporcionado pelo fluxo dos acontecimentos, presentes e passados. Isso se observa nas práticas de cultivo da terra, no culto aos mortos, na educação das gerações e, para o que importa aqui, na cultura do escrito.

A investigação da cultura do escrito permite deslindar a escrita enquanto um objeto, como um qualitativo da cultura e, principalmente, enquanto um processo ativo que envolve mecanismos e práticas diversas de difusão, apreensão e cultivo do escrito. A cultura do escrito recorre ao acontecimento passado representado, dentre outras formas, pela memória redigida, significada e lembrada; pelo "culto" ao passado e ao próprio escrito. Uma dimensão de culto que pode ser discernida não apenas na valoração sagrada da palavra divina, mas também na reverência ao escrito e aos livros como substrato do saber e poder simbólicos, bem como objetos de distinção social atrelados aos letrados, aos sacerdotes, aos detentores de um saber especializado. Um "saber passado" – passado porque transmitido, passado porque pretérito – que é atualizado e projetado pelo ato do cultivo, pela difusão visando um futuro.

Passar o conhecimento é um dos propósitos da educação na sua ampla acepção, o que, seguramente, extrapola sua forma escolar e disciplinar e se dilata nos mais distintos meios de acesso ao conhecimento. Mesmo quando se trata da educação dos códigos escritos, um dos objetivos precípuos das escolas, há de se considerar que as formas e competência de compor os signos alfabéticos e silábicos, bem como as habilidades para decifrá-los, poderiam vir: da instrução autodidata, da educação familiar, da experiência no trabalho, do contato com os livros, da administração da casa ou da loja etc. A escrita se cultiva em diversos solos; sua cultura é múltipla e seu consumo diverso.

Sem se restringir a categorização de um tipo de cultura (a escrita) em função de outra (a oral) – seja na sua negação, seja na sua complementaridade afirmativa –, o termo "cultura do escrito" objetiva resgatar: as temporalidades de *colo*; os processos de conservação, difusão, apreensão e de formação do conhecimento que envolvem a escrita; suas funções, seus usos, suas formas simbólicas e materiais; os agentes, os tempos e os lugares semeados pela escrita; as lutas travadas em razão e em torno do escrito; as relações entre a escrita, a oralidade e o poder; dentre outros objetivos.

Neste capítulo a cultura do escrito será abordada recorrendo-se a um exemplar de pasquim que foi afixado em um pequeno arraial no interior de Minas Gerais, no ano de 1798. A intenção principal é proporcionar um ensaio investigativo das variadas formas de relação e apropriação do escrito expressas em dois registros judiciais para apurar a autoria de três pasquins, de "mesmo teor e mesma letra", que foram afixados em lugares públicos do arraial de Calambau, termo de Mariana.

Desabridas infâmias: "Senhores que me leem, não me botem fora, deixem para todos verem"

Como mencionado, uma devassa e um processo judicial foram abertos para se conhecer a autoria dos pasquins afixados pelos lugares de maior circulação do arraial de Calambau, termo da cidade de Mariana, Minas Gerais. Nomeadamente os pasquins foram pregados "em um esteio na esquina da entrada deste arraial vindo de Guarapiranga", na porta das casas que pertenciam à irmandade de Nossa Senhora do Rosário e outro no largo atrás da capela destinada à mesma santa. Todas as 30 testemunhas da devassa reconheceram esses lugares como sendo públicos.[10] De fato, a publicidade era um dos aspectos característicos dos pasquins e das pasquinadas, definidos nos dicionários de época como sendo: "sátiras por escrito pregadas nas portas e ruas" ou como "dito picante posto em papel e publicamente exposto."[11]

Produzidos sob o anonimato, pseudônimo ou falsa autoria, os pasquins eram afixados à vista de todos para atacar ou injuriar pessoas ou instituições. A obscuridade da autoria soltava as peias das palavras que ganhavam a força da injúria e, por vezes, da obscenidade. Era usual que os pasquins lançassem mão da forma satírica, um subgênero do cômico, promovendo o riso e, sobretudo,

---

[10] O número de 30 testemunhas era regular e definido legalmente para os casos de devassas. As referências das fontes são: Arquivo Histórico da Casa Setecentista de Mariana (AHCSM) - 2o Ofício. Códice 224, Auto 5565; 2o Ofício. Códice 204, Auto 5102.

[11] MORAIS E SILVA, António. Pasquim. *Dicionário da língua portuguesa*. São Paulo: Biblioteca Brasiliana Guita e José Mindlin, [s.d.]. v. 2, p. 405. Disponível em: <http://dicionarios.bbm.usp.br/pt-br/dicionario/2/pasquim>; BLUTEAU, Raphael. Pasquim. *Dicionário português & latino*. São Paulo: Biblioteca Brasiliana Guita e José Mindlin, [s.d.]. v. 6, p. 296. Disponível em: <http://dicionarios.bbm.usp.br/pt-br/dicionario/1/pasquim>.

a maledicência de base moralizante.[12] Ao atacar a reputação de uma pessoa ou instituição, os panfletos satíricos e anônimos reafirmavam valores morais e buscavam constituir uma espécie de opinião pública ou alheia acerca dos supostos desvios que ameaçavam a ordem social e/ou aos interesses de alguns indivíduos.[13]

Em um estudo sobre as pasquinadas na América portuguesa, Luciano Figueiredo destaca que esses papéis manuscritos e/ou desenhados eram expostos em lugares públicos com evidentes objetivos políticos. Ainda segundo o autor, os pasquins foram muito comuns nos levantes coloniais brasileiros, mas nem de contínuo tinham como alvo as autoridades ou o governo, da mesma maneira que nem sempre eram injuriosos ou satíricos. Mordazes ou não, as pasquinadas promoviam desordens sociais, de onde a necessidade de criminalizar legalmente a prática.[14] As cartas anônimas subvertiam os canais de comunicação regulares do Estado com a população, ocupando espaços públicos normalmente destinados à divulgação de bandos e ordenamentos legais, ou seja, de locais destinados ao cultivo do escrito e da ordem.[15]

> Essas práticas da cultura escrita oferecem condições para que no domínio público documentos cívicos, textos políticos e religiosos se mostrem mais visíveis a toda sociedade. A partir dessa forma de comunicação, os poderes buscam adesão ao projeto político e a seus princípios normativos. Mas no coração do

---

[12] FERNANDES, Renata Duarte. *A sátira setecentista*: a intimização do pasquim no espaço público. In: SEMANA DE HISTÓRIA DA UNIVERSIDADE FEDERAL DE JUIZ DE FORA, 29., 2012, Juiz de Fora. Anais... Juiz de Fora, MG: UFJF, 2012. p. 65-80.

[13] HANSEN, João Adolfo. *A sátira e o engenho*. São Paulo: Ateliê Editorial, 2004. p. 296.

[14] O crime era definido no capítulo 84 do livro V das Ordenações Filipinas. Cf. LARA, Silvia Hunold (Org.). *Ordenações filipinas*: livro V. São Paulo: Companhia das Letras, 1999. p. 265.

[15] OLIVARI, Michele. *Avisos, pasquines y rumores*: los comienzos de la opinión pública em la España del siglo XVII. Madrid: Ediciones Cátedra, 2014. p. 30-31.

espaço público cabem também a protestos, à crítica, à sátira [...].¹⁶

A linguagem escrita era utilizada em prol do ordenamento social e, por diversos meios, a população tinha acesso às informações e às normas que eram estabelecidas e afixadas a mando das câmaras, dos governadores, dos bispos, dos visitadores. Tanto na Europa, quanto na América portuguesa havia espaços destinados à exposição e à leitura, em altas vozes, de textos normativos.¹⁷ Estes meios de comunicação, próprios do que se vem nomeando de cultura do escrito, permitem considerar um contato mais intenso e diversificado da população com os signos gráficos e manuscritos. Um contato regrado pelas autoridades, controlado pelas condições, limitado por horizontes de conhecimentos dos agentes em comunicação, mas que poderia ser viabilizado por mecanismos formais, anódinos ou mesmo subversivos.

Os instrumentos judiciais destinados a apurar a autoria dos pasquins afixados em Calambau são evidências dos recursos administrativos da escrita e de como as autoridades lidavam com os usos perturbadores da mesma. De um lado, esses documentos são resultados de atividades escriturárias da administração da justiça, da construção de uma realidade jurídica, de um enredo formal e legal, de poder. Os processos judiciais trazem os registros da mediação dos conflitos sociais, nos quais, por meio de um ritual escriturário, os envolvidos eram transformados em "autores", "réus", patronos, procuradores, testemunhas etc. De outro lado, pelos processos judiciais é possível averiguar a familiaridade dos escrivães, dos juízes

---

¹⁶ FIGUEIREDO, Luciano Raposo de Almeida, op. cit., p. 56.
¹⁷ OLIVARI, Michele, op. cit., p. 214-215.

e dos advogados com a cultura escrita e letrada.[18] Em alguns casos, faculta-se, ainda, conhecer como os autores, réus e testemunhas lidavam com a escrita, ao assinarem os papéis ou mesmo ao revelarem sua familiaridade com a arte de escrever e ler.

O processo e a devassa envolvendo as sátiras de Calambau se destacam por trazerem um dos poucos exemplares conhecidos de pasquins do período colonial brasileiro, mas também por manifestarem as distintas experiências das testemunhas com a escrita.[19] Os depoentes não se restringiram a assinar o próprio nome e declararam se leram ou não os pasquins, descreveram seu conteúdo, compararam o exemplar do papel difamatório com outros escritos do suposto autor e deixaram pistas sobre como apreendiam e compreendiam a escrita.[20] Além disso tudo, o próprio pasquim é um registro precioso de uma redação não administrativa, cotidiana e poética que revela parte das práticas e usos do escrito no período colonial brasileiro.

Na manhã do dia 14 de junho de 1798, foram encontrados afixados nos lugares "mais públicos daquele arraial" três pasquins, os quais, com "desabridas infâmias", visavam "injuriar e infamar" a

---

[18] Para dar um exemplo do que se destacar, recorre-se a um trecho da articulada do advogado Antônio da Silva e Souza, patrono do autor do processo judicial em foco. Em sua articulada lê-se: "Eu falo e escrevo, cingindo-me com as Leis do Reino, que é todo o nosso direito, afastando-me do comum e dos romanos. Escrevo com especioso Direito Pátrio, com que doutissimamente escreveu e sustentou estas nossas questões o grande senador João Pinto Ribeiro nas suas jurídicas relações [...]". AHCSM - *2o Ofício*. Códice 204, Auto 5102. No trecho em questão nota-se a proximidade da escrita e da oralidade (falo e escrevo), bem como o uso das leis e livros, com os quais o advogado se cingia. Mais detalhes sobre esse advogado e outros advogados de Minas Gerais, suas bibliotecas, formação escolar e universitária e sobre suas atuações nos auditórios, ver: ANTUNES, Álvaro de Araújo. *Fiat justitia*: os advogados e a prática da justiça em Minas Gerais (1750-1808). 2005. 376 f. Tese (Doutorado em História) – Instituto de Filosofia e Ciências Humanas, Universidade Estadual de Campinas, Campinas, 2005.

[19] Uma reprodução do pasquim pode ser vista em: SOUZA, Laura de Mello. (Org.). *História da vida privada no Brasil*: cotidiano e vida privada na América portuguesa. São Paulo: Companhia das Letras, 1997. p. 404-405.

[20] AHCSM. *2o Ofício*. Códice 224, Auto 5565.

honra do sargento-mor Manoel Caetano Lopes de Oliveira e de "toda sua geração".[21] Segundo o advogado do sargento-mor, Dr. José dos Santos Azevedo Melo, e conforme diversas testemunhas, os pasquins seriam "da própria mão e punho de Raimundo Penafort", morador do arraial de Calambau. Penafort era caixeiro do alferes Domingos de Oliveira Alves, o qual teria encomendado a manufatura da obra.[22] Ainda que algumas testemunhas e o próprio advogado de defesa dos réus colocassem dúvidas sobre a capacidade literária do caixeiro, Raimundo Penafort, por necessidade de ofício, sabia ler e escrever.[23] A bem da verdade, alguns versos do pasquim lamentavam a falta de destreza do articulista para a confecção da carta satírica, o que pode ser entendido muito mais como uma falsa modéstia ou afetação do que propriamente a consciência da sua inabilidade:

> Mais de bom dias/ senhores que me lerem/ não me bote fora/ deixe todos verem// Abata-se a Soberba/ abata-se assim/ declaro-me agora/ que me chamo pasquim// eu quero falar/ mas não posso dizer/ falta-se a inteligência/ para esta obra fazer// a obra vou fazer/ por ser obrigado/ quero agora dar princípio/ para isso fui convidado//valha-me a virgem maria/

---

[21] Críticas que até "o mais rústico não pudesse ignorar que a própria pessoa do Autor sua ascendência e descendência se dirigia aquela sátira", arrematava o advogado do autor, Dr. José dos Santos de Azevedo e Melo. AHCSM - *2o Ofício*. Códice 204, Auto 5102.

[22] Dias antes da afixação dos pasquins, em 4 de junho de 1798, o alferes Domingos de Oliveira Alves teria se indisposto com o sargento-mor Manoel Caetano por conta de uma construção em terreno que aquele alferes considerava ser sua propriedade. Na ocasião, a frente de diversas testemunhas, Domingos chamara o sargento-mor de ladrão, régulo e levantado, termos que estavam presentes nos pasquins. AHCSM. *2o Ofício*. Códice 224, Auto 5565.

[23] Segundo o advogado de defesa, Dr. António da Silva e Souza, os presumidos autores de semelhantes pasquins "são sujeitos rústicos e ignorantes para fazerem versos, trovas, nem sabem o que elas são ou sejam e o que quer dizer". AHCSM - *2o Ofício*. Códice 204, Auto 5102.

> Valha-me as Santa Tereza/ o homem lendo este papel/ cai por debaixo da mesa// [...].[24]

Por meio de trovas, o pasquim relata o diálogo entre o sargento-mor Manoel Caetano e um general que o interroga sobre sua participação na conhecida Inconfidência Mineira. Manoel Caetano era irmão de Francisco Antônio Lopes de Oliveira que foi condenado à morte pelo crime de lesa majestade de primeira cabeça, pena comutada para degredo perpétuo para Angola.[25] Ao contrário do irmão e apesar dos laços que tinha com diversos inconfidentes, incluindo Tiradentes, Manoel Caetano não foi culpado judicialmente pelo crime. O pasquim, entretanto, recorre ao evento da conjuração mineira, dando mostras de como a "fama pública" era constituída, lembrada, revivida, reinventada.[26] Ao menos na versão fantasiosa apresentada pelo pasquim, Manoel Caetano reconhece sua participação na inconfidência:

> [...] Sou eu Manoel Caetano/ sargento mor da companhia/ de Calambao e travessias/ e mais contorno e freguesias// Disse o General você/ era

---

[24] Por uma questão de espaço, optou-se por marcar as mudanças nos versos com uma barra (/) e utilizou-se a barra dupla (//) para marcar a mudança na quadra. A transcrição modernizou a escrita do documento com a finalidade de facilitar a leitura.

[25] Aproveito aqui para retratar de um erro que cometi ao afirmar que Manoel Caetano Lopes de Oliveira era filho de Francisco Antônio de Oliveira Lopes. Francisco e sua esposa Hipólita Jacinta não tiveram filhos. O pasquim, contudo, indica que Manoel Oliveira seria filho de um "jumento chamado come-los-milhos", apelido dado a Francisco pela sua dimensão robusta, de onde a confusão apresentada em: ANTUNES, Álvaro de Araujo. *Espelho de cem faces*: o universo relacional de um advogado setecentista. São Paulo: Annablume; Ed. UFMG, 2004. p. 50. Ainda sobre o assunto ver: JARDIM, Márcio. *A Inconfidência Mineira*: uma síntese factual. Rio de Janeiro: Biblioteca do Exército, 1989. p. 149 et segs. Ver ainda: RODRIGUES, André Figueiredo. *Estudo econômico da Conjuração Mineira*: análise dos sequestros de bens dos inconfidentes da Comarca do Rio das Mortes. 2008. 354 f. Tese (Doutorado em História Social) – Faculdade de Filosofia, Ciências e Letras, Universidade de São Paulo, São Paulo, 2008.

[26] Sobre a questão da fama pública ver o excelente trabalho: SILVEIRA, Marco Antonio. *Fama pública*: poder e costume nas Minas setecentistas. São Paulo: Hucitec, 2015.

dos da Manqueira [Mantiqueira?]// Saberá a vossa eminência que não/ eu fui dos confidentes/ e por ser falso a nossa monarca/, padeci grandes tormentos// Disse o general/ Isso é o que eu queria saber/ essas causas eu embaraço/ tire já a suas botas, aponha-se já descalço// A ti e a descendência tua/ ficara vil e abatido/ para não servir em republica/ ser de todos rebatido// diz-me já falso traidor/ diz-me contra ti irado/, és vil e desalmado/, mariola excomungado// diz-me com pena de morte/ patifão, inzoneiro/ os castigos que tiveste/ em o Rio de Janeiro// disse a Manoel Caetano/ para a sua excelência// Oh Céus que espanto/ eu confesso o meu delito/ de ser falso a soberana/ e o meu Deus infinito// fortes injurias eu passei/ e todos os meus parentes/ e te todos nós padecemos/ enforcado o Tiradente// Estas desordem fica/ como aboroca [buraco?] do rato/ cheguei no rio de Janeiro/ e ser enforcado em estátua// [...].[27]

Os pasquins eram compostos por 41 quadras, dispostas em três colunas na primeira página e duas na segunda, ao verso da folha. Contudo, como se pode ver na transcrição acima, nem sempre a quadra era a única estrutura poética utilizada. Por vezes, parcelas da sátira eram compostas por duas linhas e no final da obra encontra-se um verso em décima. Ao longo da sátira foram dispostas marcações que visavam nortear a leitura. Ao fim da quarta coluna, por exemplo, há uma inscrição reveladora de como o autor do pasquim esperava que sua obra fosse fruída: "torne para a banda de cima e leia com atenção". Outra referência anunciava o fim do poema aos leitores, chamando-os de amantes: "acabou-se, acabou-se/ acabou-se, meus amantes/ aqui findo esta obra/ para os homens do levante". Ou ainda, no final da primeira página, lê-se: "vire para trás que ainda tem

---

[27] AHCSM – *2o Ofício*. Códice 224, Auto 5565.

mais".[28] Esta instrução e o formato do pasquim indicam a necessidade de manejar a folha, retirando-a do lugar onde fora afixada. Estes e outros aspectos formais estariam intimamente ligados à prática da leitura dos escritos aqui analisados.

A julgar pelo exemplar apenso ao processo, os pasquins tinham as dimensões de um quarto de fólio. A escrita apresenta letras com pequenas firulas e algumas palavras estão abreviadas, o que poderia indicar alguma familiaridade com a arte da escrita. Porém, na composição das palavras, as letras, com muita frequência, são redigidas sem ligação entre si, o que pode sugerir: um domínio limitado da escrita, uma tentativa de dissimular a autoria do pasquim ou ainda uma estratégia para facilitar a leitura do mesmo. Ainda sobre o aspecto visual do pasquim, entre as quadras foram utilizadas separações, feitas por traços ou hachuras. Para cada uma das quadras havia um número correspondente de 1 a 41. Todos esses detalhes visuais e formais são relevantes quando se almeja investigar as formas amplas de contato e apreensão do escrito. Assim como as orientações diretas do autor, as hachuras e numerações também buscavam ordenar a sequência da leitura, ao mesmo tempo em que conferiam uma espécie de identidade visual.

Uma pista de como os aspectos formais do pasquim intervinham nas práticas de leitura pode ser encontrada no depoimento de Leandro da Silva, pardo e proprietário de uma venda de molhados, que reconheceu não apenas a letra dos pasquins, mas também os algarismos como sendo de Raimundo Penafort Lopes. Vale lembrar que para o reconhecimento da autoria do pasquim a justiça utilizou-se do expediente de exibir outros papéis escritos pelo caixeiro e, de forma comparativa, as testemunhas ofereciam suas

---

[28] AHCSM – *2o Oficio*. Códice 224, Auto 5565.

impressões. Entretanto, muitos dos depoentes, como o comerciante Leandro da Silva, mostravam-se familiarizados com a letra de Penafort, por o terem visto escrever ou por tomarem contato com recibos e registros feitos pelo caixeiro. Foi este o caso do capitão Dionísio da Silva Ribeiro, homem branco que vivia do seu "negócio de fazenda". Já Damião Ribeiro reconheceu autoria do pasquim como sendo do caixeiro Penafort, que tinha "letras muito próprias". O pardo e músico Luiz José da Costa afirmou "ter pleno conhecimento da letra", apesar do autor do pasquim buscar modificá-la. Outro pardo, de nome José da Silva Ribeiro, que vivia do ofício de carpinteiro e da sua roça, testemunhou que o pasquim era escrito pela própria mão do Raimundo, por ter pleno conhecimento da sua letra, apensar de ser "feita com diligência para desfigurar a sua talha".[1]

Tais declarações comprovam não apenas a circulação do escrito nessa sociedade, como também, revelam certa familiaridade dos depoentes com aspectos formais do mesmo. De fato, tratava-se de uma relação que não se limitava à capacidade de decodificar os signos, mas sim de reconhecer a particularidade da letra. Observa-se, ainda, a presença significativa de pardos, comerciantes e oficiais mecânicos entre as testemunhas que reconhecem a autoria do pasquim, indicando certa difusão da capacidade de leitura entre pessoas de diversas qualidades sociais. Pessoas que demonstravam saber ler confirmaram a autoria dos pasquins por meio da comparação entre os escritos e assinaram seus depoimentos com relativa desenvoltura.

Trinta pessoas testemunharam no caso dos pasquins. Dentre os homens, 11 eram descritos como brancos, dez como pardos, um como crioulo e quatro não tiveram a cor determinada, sendo muito

---

[1] AHCSM – *2o Ofício*. Códice 224, Auto 5565.

provavelmente homens brancos. Cada uma das quatro mulheres interrogadas foi classificada pelo escrivão nas categorias de branca, parda, crioula e preta. Deste conjunto de homens e mulheres, observou-se que a totalidade dos brancos assinou os nomes, o que também ocorreu entre aqueles que não tiveram a cor especificada. Escreveram seus nomes 89% dos pardos e 50% entre crioulos e nenhum preto. A maioria dos depoentes que assinaram os nomes era composta por pessoas brancas, enquanto que entre crioulos apenas um deixou seu autógrafo. Tal diferença sugere uma distribuição desigual da capacidade de assinar, mas que não chegava a representar um domínio exclusivo da "elite" branca, já que foi considerável o número de pardos que assinaram o nome. No geral, 90% dos depoentes subscreveram os testemunhos, o que é uma quantidade muito alta, mas que deve ser compreendida com cautela, sem se deduzir desses indicadores uma ampla educação escrita, como será ponderado a seguir.[2]

Apesar das limitações metodológicas, alguns historiadores se esforçaram por confeccionar índices de assinaturas para determinadas localidades de Minas Gerais.[3] Nas devassas feitas em Vila Rica, entre os anos de 1750 e 1769, Marco Antonio Silveira constatou que a porcentagem de pessoas que assinaram os testemunhos foi de 86,4%

---

[2] Corroborando com essa ideia, tem-se o caso, ainda que extremado, do escravo de nome Cosme Teixeira Pinto. Conforme Eduardo França Paiva, o escravo tentava pagar sua coartação com seu trabalho de "escrever nos cartórios [...] para o que tem inteligência". O escravo, portanto, tinha ciência da escrita e ainda trabalhava em um cargo que, normalmente, era ocupado por um branco. PAIVA, Eduardo França. *Escravos e libertos nas Minas Gerais do século XVIII*: estratégias de resistência através dos testamentos. São Paulo: Annablume, 1995. p. 84-85. AHCSM – *2o Ofício*. Códice 224, Auto 5565.

[3] VENÂNCIO, Renato Pinto. Migração e alfabetização em Mariana Colonial. In: CASTILHO, Ataliba T. (Org.). *O português brasileiro*. São Paulo: Humanitas, 1998; VILLALTA, Luiz Carlos. O que se fala e o que se lê: língua, instrução e leitura. In: SOUZA, Laura de Mello. (Org.). *História da vida privada no Brasil*: cotidiano e vida privada na América Portuguesa. São Paulo: Companhia das Letras, 1997.

das 206 testemunhas residentes em Vila Rica. Para os inquiridos que moravam nas freguesias o percentual de assinaturas caía para 64,5%, o que indicaria uma frequência maior do contato com o escrito entre os habitantes das vilas e cabeças de comarca.[4] Frente às altas taxas de assinaturas, Silveira conjeturou: "o acesso ao aprendizado das letras parece ter sido amplo".[5]

A despeito do que se poderia explanar acerca das oportunidades de aprendizado das letras na América portuguesa, a sugestão do autor merece um comentário quanto às condições sociais dos depoentes.[6] Como o próprio Silveira revelou, as testemunhas eram, em sua maioria, homens livres e brancos que, muito provavelmente, tinham condições de se dedicarem ao aprendizado da escrita e da leitura.[7] Seguramente, os percentuais indicariam uma menor difusão do conhecimento das letras se os depoentes não fossem pessoas de razoável condição social. Assim sendo, as limitações próprias dos documentos que servem de base para a quantificação das assinaturas podem sugestionar condições muito distintas de uma realidade passível de ser entrevista de forma muito mais complexa quando consideradas outras fontes, como, por exemplo, a listagem de moradores de Calambau, confeccionada em 1838.

Para o século XVIII, em Minas Gerais, são escassas e pouco precisas as chamadas listas populacionais, bem como são praticamente inexistentes estatísticas dos homens e mulheres que sabiam ler e escrever. Entretanto, para o século seguinte, é possível encontrar diversas listas nominativas e algumas estatísticas, em meio as quais

---

[4] SILVEIRA, Marco Antônio. *O universo do indistinto*. São Paulo: Hucitec, 1997. p. 87.
[5] Ibid., p. 96.
[6] Sobre a quantidade de professores particulares e régios no termo de Mariana para o período de 1750 a 1834, ver: ANTUNES, Álvaro de Araujo. First lines of schooling: regius and private teachers in Brazil, 1759-1834. *Sisyphus - Journal of Education*, v. 4, n. 1, p. 120-143, 2016.
[7] SILVEIRA, Marco Antônio, op. cit., p. 88.

existe um precioso documento. Trata-se de um mapa de população de Calambau, produzido em agosto de 1838, onde constam: o nome dos moradores de cada um dos 194 fogos da localidade, suas qualidades (branco, pardo, crioulo, preto), condições (cativo, livre ou liberto), sexo, idade, laço matrimonial (casado, solteiro, viúvo), emprego (ferreiro, alfaiate, tropeiro, feitor etc.) e, o que é surpreendente, se sabiam ler.[8] Essa última e valiosa informação permite dimensionar, segundo critérios de época, aqueles que, em Calambau, sabiam ler, 40 anos depois do processo aberto para apurar a autoria dos pasquins afixados na mesma localidade.

Conforme informa o autor do mapa de população, em 1838, Calambau contava com 1677 habitantes. Destes, cerca de 29,7% eram brancos, 34,3% pardos, 21% crioulos e 15% pretos. Entre os pretos, a grande maioria era composta por escravos, condição compartilhada por parcela dos crioulos e pardos. No total, 37,7% da população de Calambau era cativa, 32,6% era de livres ou libertos e para 29,7% dos registros não consta a condição, mas, evidentemente, se trata de um percentual referente ao contingente de brancos, logo de homens e mulheres livres. Do montante total, apenas 155 pessoas foram identificadas como leitores e apenas um como sabendo escrever, distinção que poderia indicar a exclusiva capacidade de assinar o próprio nome. Destes 156 casos, 140 (89,7%) eram homens e 16 (10,3%) mulheres. Dentre as mulheres, quatro (25%) eram pardas/livres e 12 (75%) brancas. Entre os homens leitores, 97 (69,3%) foram classificados como brancos, 40 pardos (28,6%) e três crioulos (2,1%).

---

[8] Agradeço a historiadora Maria Gabriela Souza de Oliveira pela localização do mapa de população de Calambau, bem como pela contabilização e sistematização dos dados deste documento. A Gabriela agradeço ainda a transcrição de trechos do processo e da devassa envolvendo os pasquins de Calambau. Arquivo Público Mineiro (APM) – Coleção Mapa de População, Calambau, MP - Cx 02 – Doc 10.

Os números permitem concluir que, nas primeiras décadas do século XIX, a maioria dos leitores de Calambau era formada por homens brancos, ainda que fosse significativa a participação numérica dos pardos, mesma situação encontrada entre os depoentes no caso dos pasquins. Observe-se, entretanto, que o percentual dos indivíduos pardos e leitores do mapa populacional era menos da metade do encontrado entre os pardos leitores que testemunharam na devassa para apurar a autoria dos pasquins. De um modo geral e na conformidade dos critérios adotados pelo juiz de paz responsável pela confecção do mapa de população, é possível afirmar que a capacidade de ler era apanágio de poucos. As 155 referências de pessoas que sabiam ler somadas a um caso designado como "sabe escrever" perfaziam apenas 9,3% da população total de Calambau. Este percentual é bem inferior aos 90% da amostragem composta pelas 30 testemunhas que prestaram depoimento na devassa para apurar a autoria dos pasquins, em 1798. Tal diferença ratifica as considerações feitas sobre as especificidades das fontes no que tange a um estudo quantitativo mais rigoroso sobre a capacidade de ler e escrever.

A grande parte dos estudos quantitativos sobre a capacidade de escrita na América portuguesa recorre a fontes pouco sistematizadas e lacunares. Normalmente, a partir destes registros documentais são contabilizadas as assinaturas, o que também consiste em uma estratégia metodológica limitada. Assim como identificado na devassa aqui analisada, os estudos de outras devassas, de inventários e, em menor medida, dos registros de casamento, têm constatado altos percentuais de assinaturas. Como já foi demonstrado, tais índices são frutos das especificidades documentais e contrastam com outras fontes mais seriadas do século XIX. Mais além, é passível de questionamento a potencialidade das assinaturas para comprovar níveis de circulação das letras.

À bem da verdade, os historiadores vêm conferindo importâncias distintas às subscrições que quantificaram em suas pesquisas. Prudentemente, Luiz Carlos Villalta não inferiu da habilidade de assinar o nome a certeza da capacidade de ler por parte do assinante, uma vez que ler e escrever eram atividades que podiam estar dissociadas uma da outra.[9] Ao mesmo tempo, é possível supor que a capacidade de assinar o nome poderia ser o máximo que um indivíduo poderia ter no manejo das letras. Em um estudo sobre as Minas Gerais setecentistas, Renato Pinto Venâncio observou tais nuanças, distinguindo aqueles que assinaram daqueles que "desenharam" o próprio nome.[10]

Embora a assinatura possa ser considerada um indicativo da arte de escrever, os altos índices de subscrições não representavam uma ampla difusão do aprendizado das letras e de instrução escolar, como conjecturou Silveira.[11] As fontes adotadas para as pesquisas quantitativas das subscrições podem conduzir às conclusões que superestimam o domínio das letras. Há uma larga distância entre

---

[9] Algumas pessoas poderiam saber ler e não dominar a prática da escrita, ou, ao contrário, saber escrever e desconhecer a leitura. Baseando-se no trabalho de François Furet e Jacques Ozouf, intitulado *Lire et écrire. L'alphabétisation des Français de Calvin...*, Certeau observou que as capacidades de ler e escrever "estiveram por muito tempo separadas no passado, até durante bom trecho do século XIX", quando teriam sido unidas pela escola. CERTEAU, Michel de. *A invenção do cotidiano*: artes de fazer. Petrópolis, RJ: Vozes, 1994. p. 263; VILLALTA, Luiz Carlos, op. cit., p. 356.

[10] VENÂNCIO, Renato Pinto, op. cit.

[11] Certamente, da firma é possível estabelecer índices de desenvoltura e familiaridade com a escrita, mas isso não prova uma ampla difusão do aprendizado e muito menos dá conta de todas dimensões que envolvem a cultura do escrito. Entretanto, seria um equívoco ignorar ou subestimar a capacidade de escrever o próprio nome, especialmente quando se reconhece que essa habilidade é parte de um amplo e diversificado processo de contato e apropriação dos signos escritos. Uma discussão acurada sobre o tema pode ser encontrada em: MAGALHAES, Justino. *Ler e escrever no mundo rural do antigo regime*. Braga: Instituto de Educação, Universidade do Minho, 1994.

manejar um punhado de letras e conferir sentido aos impressos e manuscritos. Mesmo as estatísticas baseadas em mapas populacionais não dão conta de um universo da escrita, que extrapola a capacidade de decodificar os signos.

Os sentidos atribuídos aos escritos são mais vastos do que saber as letras, formar sílabas, palavras e sentenças. Os amplos e sutis aspectos que envolvem a cultura do escrito demandam mais do que se pode apurar em uma investigação quantitativa de subscrições ou de indicações pontuais daqueles que sabem ou não sabem ler. Nesse sentido, novamente, o processo aberto para apurar a autoria do pasquim dedicado a difamar o sargento-mor Manoel Caetano Lopes de Oliveira contribui com a discussão em tela.

Quando perguntado se reconhecia a letra da pessoa suspeita de ser a autora dos pasquins, o pardo e carpinteiro Caetano Pinto da Motta respondeu que não "por saber ler e escrever muito mal". Com dificuldade que Caetano Motta "desenhou" seu nome nos autos, dando indícios de seu precário domínio das letras.[12] O mesmo ocorreu com Manoel Lopes Francisco, homem branco que tinha o ofício de carpinteiro, que reconheceu o pasquim, mas não as letras do mesmo, pois "não era perito no ler e escrever", o que se confirmava na tremida e espaçada assinatura. Em ambos os casos, as assinaturas sugeriam uma baixa habilidade com a escrita, o que foi confirmado pelos próprios subscreventes.[13] Já Manoel da Costa Nogueira, homem branco, reconheceu com segurança o conteúdo do pasquim, mas assinou com dificuldade seu depoimento, o que poderia ser explicado por sua avançada idade de 75 anos. Como se vê, as assinaturas são apenas indícios falíveis de uma ampla e variada relação com o escrito.

---

[12] AHCSM. *2o Ofício*. Códice 224, Auto 5565.
[13] Loc. cit.

Alguns depoentes possuíam mais intimidade com as letras do que a simples capacidade de subscrever o próprio nome. O carpinteiro José Silva Ribeiro, pardo de seus 22 anos, reconheceu o "talho" do pasquim como de Raimundo Penafort, suspeito da autoria das sátiras. Esta e outras testemunhas usaram a expressão "talho", própria do ofício manual, para designar o aspecto formal da escrita de Penafort. A utilização desse termo pode revelar a maneira pela qual estas pessoas compreendiam a destreza do escrever. Para o carpinteiro Silva Ribeiro e para outras testemunhas, o ato da escrita poderia se aproximar ao de esculpir, ao de talhar a madeira e não necessariamente seria uma habilidade própria dos letrados, dos intelectuais. Com efeito, em muitos casos escrever era um ofício.

Ao contrário daqueles que demonstraram familiaridade com o "talho" do suspeito autor, outras testemunhas não confirmaram as suspeitas, alegando não se sentirem seguras quanto à semelhança da grafia do pasquim, mesmo quando a comparavam com outros escritos de Penafort. O mesmo ocorria quando se desconhecia a linguagem escrita, como no caso de Francisco de Freitas Santos, pardo forro, que ignorava quem fizera as sátiras e que, "por não saber ler, nem escrever, não reconhecia as letras do pasquim."[14] Francisco, entretanto, assinou seu depoimento, com uma cruz.

Já a preta forra e fiadeira de algodão Ana Lopes, nem sequer rabiscou uma cruz no seu depoimento, no qual declarava desconhecer a letra e a autoria dos pasquins. Também não assinaram seus depoimentos Ana Moreira e Vicência Alves. Ana Moreira, parda forra que vivia em companhia do seu pai, disse ao juiz Lizardo Coelho Martins que nada sabia sobre os pasquins, por não saber ler e escrever; justificava-se. Já Vicência, crioula que tinha uma venda

---

[14] AHCSM. *2o Ofício*. Códice 224, Auto 5565.

de molhados, embora não soubesse ler e escrever, espantosamente reconhecera o pasquim, dando mostras das amplas relações que podiam ser estabelecidas com o escrito. Em seu testemunho, Vicência confirmou os termos usados nos panfletos que vieram a público, não porque soubesse ler, mas sim porque "leram para ela". Seu depoimento deixa à mostra o importante papel desempenhado pela oralidade, bem como as formas paliativas que poderiam intervir nas relações com a linguagem escrita.[15]

Se, por um lado, pode-se entender a oralidade como um recurso anódino que franqueia acesso ao conteúdo escrito, por outro lado, pode-se considerar a escrita como a materialização da oralidade. Esta deixava sua marca na própria forma pela qual os pasquins foram compostos, em cujos versos as rimas serviam à memorização dos convícios. Uma memória musical era reforçada nas pilhas (semelhante/galante, filho/milho, amante/alevante etc.), normalmente disposta nos segundos e quartos versos das quadras. Nas fronteiras porosas entre a oralidade e a escrita, o pasquim ainda recorria às referências e aos personagens bíblicos, conhecidos da população por meio de sermões e leituras das missas. Referindo-se a essa tradição bíblica, o autor anônimo do pasquim nomeava Manoel Caetano Lopes Oliveira, de centurião, judeu, mouro e judas, para além de outras alcunhas menos bíblicas e mais indecentes.

Apesar de pouco poder se concluir dos 30 testemunhos dados à devassa destinada a apurar a autoria dos pasquins que circularam em

---

[15] Vicência teria um contato com a cultura do escrito, embora limitado por sua condição de forra e mulher. Era de tal forma patente o distanciamento das mulheres para com os escritos que, quando essas deixavam de assinar os nomes, se justificava: "não assinou por ser mulher e não saber ler e escrever", como se o desconhecimento da escrita fosse próprio da condição feminina. Entre as quatro mulheres que apresentaram seus testemunhos, apenas uma, Joana de Jesus, mulher branca e casada com Manoel da Silva Durão, assinou o próprio nome. AHCSM. 2o Ofício. Códice 224, Auto 5565.

Calambau, o registro desses depoimentos oferece pequenos indícios que, cruzados com outros estudos e fontes, auxiliam a compor um quadro, ainda obscuro, do cultivo da escrita em meio à sociedade mineira. Sinais que sugerem uma relação com as letras mais intensa entre os homens do que entre as mulheres, bem como uma difusão ampla, porém, desigual da escrita entre os segmentos sociais. Uma desigualdade que não implicava em um domínio exclusivo por parte de uma elite branca. A escrita era acessada por distintas maneiras e por diversos segmentos sociais como revelam os índices do mapa de população de 1838 e casos como o da crioula Vicência. Pardos, crioulos ou brancos, muitos trabalhadores que exerciam ofícios manuais ou eram donos de vendas demonstravam ter relações com a escrita, o que seria útil em suas atividades.

O processo para apurar a autoria dos pasquins tem a revelar índices de familiaridade com a escrita que eram próprios de um ambiente urbano de contato limitado, porém cotidiano, com os signos escritos. São pequenos indicativos que sugerem questões, muito mais do que permitem conclusões definitivas sobre a cultura do escrito em Minas Gerais. Mas isso não minimiza sua importância. As interrogações suscitadas por esses raros documentos explorados neste capítulo permitem: adensar os estudos que têm se embasado na quantificação de assinaturas com o objetivo de elucidar os graus de alfabetização, sopesar as separações entre as expressões escritas e orais e, sobretudo, instigar uma percepção mais ampla de relações com o escrito para além da capacidade de decodificar os signos.

Parte II
ELITES, GOVERNANÇA E RELAÇÕES DE PODER

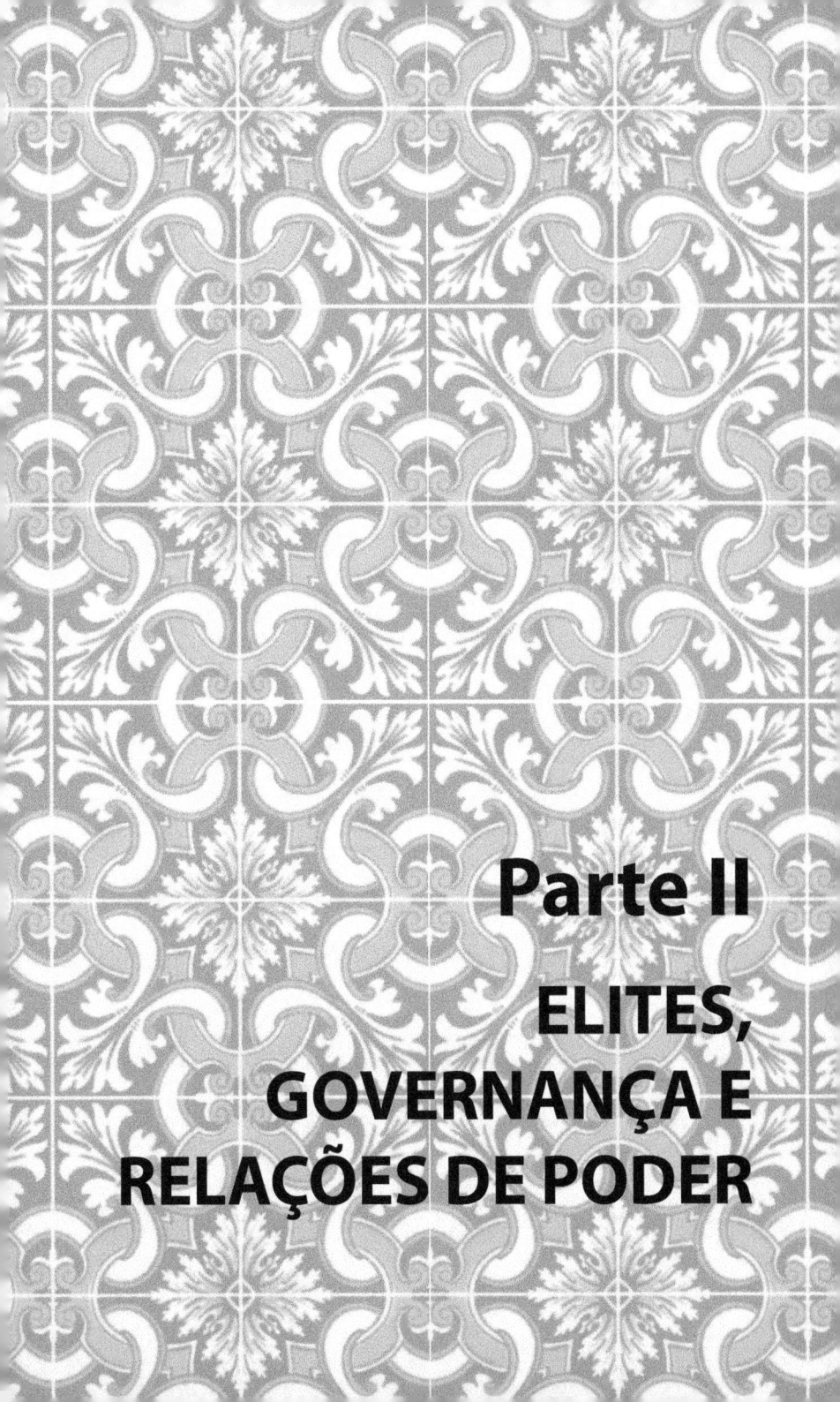

O SOL E A LUA: governo e representação do Ultramar (Portugal e Castela, séculos XVI a XVIII)

Maria Fernanda Bicalho

Nas últimas décadas, os historiadores que se dedicam ao estudo das monarquias ibéricas e dos domínios ultramarinos de Portugal e de Castela nos tempos modernos não raro se interrogam sobre o estatuto jurídico e político de seus diferentes territórios. Certamente esse interesse corresponde a um movimento de renovação historiográfica no qual as histórias nacionais deixaram de ser totalidades paradigmáticas. Já faz algum tempo desde que John Elliott publicou o artigo a "Europa de monarquias compósitas", em que cita o jurista espanhol, Juan de Solórzono y Pereyra (1575-1655), segundo o qual existiam duas maneiras de união dos territórios recém-incorporados por outros domínios reais. Numa delas, denominada *aeque principaliter*, os reinos continuariam sendo tratados, depois da união, como entidades distintas, mantendo suas próprias leis, foros e privilégios. A outra, designada por união acessória, levava a que um reino, unido a outro, passasse a ser considerada juridicamente como parte integral deste último, possuindo seus membros os mesmos direitos e estando sujeitos às mesmas leis. O melhor exemplo desse tipo de união é representado pelas Índias de Castela, ou seja, pelos territórios americanos incorporados juridicamente e de forma privativa à coroa de Castela.[1]

---

[1] PEREYRA, Juan de S. Y. Obras póstumas. Madrid, 1776 apud ELLIOTT, John H. A Europe of composite monarchies. *Past and Present*, n. 137, p. 48-71, Nov. 1992.

Mais recentemente os historiadores Pedro Cardim e Susana Münch Miranda, em capítulo publicado no segundo volume do livro *O Brasil Colonial*, analisam o estatuto político dos territórios sob o domínio da coroa portuguesa. Segundo os autores, um dos fenômenos que caracteriza a história da Europa ocidental no início da época moderna é a aparição de unidades políticas muito mais extensas e complexas do que as existentes nos tempos medievais. Mesmo que os reinos de Castela e Aragão, assim como o de Portugal, tivessem experiência prévia na incorporação de novos territórios – inclusive em função da Reconquista –, no interstício de poucas décadas, entre os séculos XV e XVI, aprofundou-se numa escala planetária sua extensão territorial, como resultado de modalidades diversas de agregação de novos espaços, tanto continentais, quanto insulares e ultramarinos.

Três eram, segundo os autores, as principais modalidades de incorporação: 1ª) por via dinástica, ou seja, por meio do matrimônio de pessoas reais ou pela herança de um determinado patrimônio territorial; 2ª) por meio da cessão voluntária de soberania, em geral regida por um pacto; 3ª) mediante o ato de conquista. Embora nem sempre fosse simples ou evidente a distinção entre territórios herdados, pactuados ou conquistados, as duas primeiras modalidades, tanto a união dinástica (como ocorreu entre as coroas de Castela e Aragão), quanto a versão pactual (que regeu, em 1581, a incorporação de Portugal à monarquia hispânica) constituíram processos que resultaram, *grosso modo*, na preservação da individualidade de cada um dos territórios – ou reinos – que se uniam.

Por outro lado, verificaram-se também situações de expansão que combinaram duas das modalidades anteriormente indicadas: a conquista, por exemplo, foi frequentemente complementada por soluções pactuadas de integração territorial. Exemplos disso são as trajetórias dos reinos de Nápoles e de Navarra: "em ambos os casos, após a conquista por parte da coroa castelhano-aragonesa, procedeu-se à integração pactuada, através da qual os dois reinos mantiveram o essencial do seu ordenamento e suas elites nobiliárquicas e urbanas viram seus direitos reconhecidos e até reforçados".[2]

No caso específico da União Ibérica (1580-1640), Jean-Frédéric Schaub, superando as interpretações "nacionalistas" – algumas delas baseadas no discurso articulado pela própria Restauração portuguesa – afirma não ser possível compreender a incorporação de Portugal à monarquia hispânica insistindo apenas no argumento da conquista territorial. Sem descartar as diferentes estratégias utilizadas por Filipe II para consumar o seu intento – a diplomacia, o reconhecimento de seus direitos à sucessão do trono português, a coação pelas armas e o domínio militar – Schaub recupera a importância do acordo contratual entre o rei de Castela e os súditos portugueses reunidos nas Cortes em Tomar, quando Filipe II se comprometeu a respeitar a imunidade jurisdicional da coroa lusa.[3]

Porém, além da união dinástica, da herança ou do pacto, e de situações em que ambos coexistiram ou se sucederam, também a conquista ganhou novas configurações com a expansão ultramarina das monarquias ibéricas. De acordo com Cardim e Miranda, e baseando-se nos estudos de Antônio Vasconcelos de Saldanha, sobre

---

[2] CARDIM, Pedro; MIRANDA, Susana Münch. A expansão da Coroa portuguesa e o estatuto político dos territórios. In: FRAGOSO, João; GOUVÊA, Maria de Fátima (Org.). *O Brasil colonial (1580-1720)*. Rio de Janeiro: Civilização Brasileira, 2014. v. 2, p. 58.
[3] SCHAUB, Jean-Frédéric. *Portugal na monarquia hispânica (1580-1640)*. Lisboa: Livros Horizonte, 2001. p. 21.

o *Justum Imperium*,⁴ a conquista nos séculos XV e XVI podia ser definida como:

> [...] uma modalidade de ampliação tendencialmente integracionista, pois o território conquistado ficava em condições de ser despojado, em parte ou no todo, de seu dispositivo jurídico-institucional, uma vez que à luz do direito bélico (*ius belli*) este era um direito que assistia ao senhor legítimo e vitorioso, que poderia fazer *tábula rasa* dos direitos prévios, por ter sido vencedor numa guerra qualificada como "justa", ou como castigo aplicado a vassalos que se rebelaram contra um senhor ao qual haviam jurado fidelidade.⁵

Certamente a grande maioria dos territórios, quer castelhanos, quer portugueses fora da Europa foram incorporados por meio da conquista, legitimada, no caso do Novo Mundo, por doações pontifícias e por tratados diplomáticos entre as coroas ibéricas, estabelecendo assim as bases para que prevalecessem instituições e ordenamento jurídico europeu, apesar da ocorrência de pactos com as autoridades indígenas, incluindo a confirmação e/ou atribuição de alguns direitos ou o reconhecimento de situações prévias à chegada dos conquistadores. Também no Oriente, no que viria a se tornar o Estado da Índia, foram inúmeras as formas de pactuação que se sucederam em cada um dos territórios ocupados, ao ato da conquista, como tão bem analisa Luís Filipe Thomaz.⁶

---

⁴ SALDANHA, A. Vasconcelos de. *Justum imperium*: dos tratados como fundamento do império dos portugueses no Oriente. Lisboa: Fundação Oriente; Instituto Português do Oriente, 1997.

⁵ CARDIM, Pedro; MIRANDA, Susana Münch. Virreyes y gobernadores de las posesiones portuguesas en el Atlántico y en el Índico (siglos XVI-XVII). In: CARDIM, Pedro; PALOS, Joan-Lluís (Org.). *El mundo de los virreyes en las monarquias de España y Portugal*. Madrid: Iberoamericana; Frankfurt am Main: Vervuert, 2012. p. 177.

⁶ THOMAZ, Luís Filipe F. R. Estrutura política e administrativa do Estado da Índia no século XVI. In: THOMAZ, Luís Filipe F. R. *De Ceuta a Timor*. Lisboa: Difel, 1994. p. 207-243.

É preciso sublinhar que, embora os termos "conquista" e "conquistadores" sejam mais usuais ou utilizados pela historiografia no caso da América hispânica, também no caso português eles são recorrentes na documentação, quer aquela produzida no centro da monarquia, sob a égide do rei, que se referia aos "meus domínios" ou às "minhas conquistas" ultramarinas; quer pelos vassalos em terras do ultramar, que nas diferentes capitanias dos Estados do Brasil e do Maranhão e Grão-Pará autodenominavam-se "conquistadores", "primeiros povoadores" e "principais", e não "colonos", negociando em inúmeras ocasiões com a coroa sua posição de protagonistas na "conquista" e incorporação do território à soberania do rei de Portugal. Certamente a experiência da conquista, tal como apropriada pelos conquistadores em sua negociação por mercês régias, encerrava alguma ambiguidade se confrontada ao conceito jurídico de conquista, como fruto de doações pontifícias e tratados diplomáticos entre as coroas ibéricas. Em Pernambuco, por exemplo, como demonstra Evaldo Cabral de Mello, a elite açucareira, como forma de minorar o sentido negativo que a ideia de conquista poderia encerrar, tentou redefinir os termos de sua incorporação à monarquia portuguesa evocando a ideia de pacto, depois da expulsão dos holandeses.[7]

O que importa reter é que os distintos processos de adesão, agregação, conquista ou assimilação – e para as diferenças entre estes termos remetemo-nos a um dos muitos ensaios do historiador

---

[7] MELLO, Evaldo Cabral de. Às custas do nosso sangue, vidas e fazendas. In: MELLO, Evaldo Cabral de. *Rubro veio*: o imaginário da restauração pernambucana. Rio de Janeiro: Topbooks, 1997. p. 105-151.

catalão Xavier Gil Pujol[8] – irão gerar uma sensível hierarquia entre os respectivos territórios, que se tornarão portadores de diferentes identidades e dignidades políticas. Não é aqui necessário recordar que o Antigo Regime foi um espaço não só de polissinodia, mas também de profundas desigualdades. Como tão bem argumentam Óscar Mazín e José Javier Ruiz Ibáñez, nenhuma pessoa, nenhum território, nenhuma cidade, nenhuma entidade política e nenhuma instituição tiveram, ou poderiam ter, exatamente, a mesma dignidade que outra. Não é à toa que elas experimentaram um conflito permanente por definir jurisdições, hierarquias e precedência.[9] No entanto, se se pode afirmar que os territórios americanos tinham uma projeção menor na arquitetura política da monarquia dos Áustria, é preciso considerar que seu estatuto jurídico fazia com que tivessem uma posição hierárquica e uma dignidade menores que os outros reinos que a compunham, por serem territórios conquistados.

Outros dois fatores corroboravam para sua posição subalterna: o fato de não serem reinos cristãos e de se constituírem em senhorios ou domínios incorporados mais tardiamente à coroa de Castela e, portanto, com menor "tradição histórica" em relação aos demais reinos peninsulares. Isso não significa, no entanto, que as Índias de Castela careçam de direitos ou de capacidade de representação, como veremos a seguir, e sim que deviam circular na esfera que lhes correspondia originalmente, ou seja, desde a sua posição de origem.[10]

---

[8] PUJOL, Xavier Gil. Integrar un mundo: dinámicas de agregación y de cohesión en la monarquia de España. In: MAZÍN, Óscar; IBÁÑEZ, José Javier R. (Org.). *Las Índias Occidentales*: procesos de incorporación territorial a las monarquías Ibéricas. México: El Colégio de México, 2012. p. 69-108.
[9] MAZÍN, Óscar; IBÁÑEZ, José Javier R. (Org.). *Las Índias Occidentales*: procesos de incorporación territorial a las monarquías Ibéricas. México: El Colégio de México, 2012. p. 11.
[10] Ibid., p. 17.

Esse estatuto político diferenciado levou a que as formas de governo destes territórios fossem também distintas. Distintas eram ainda as estratégias de representação dos interesses de suas elites no centro da monarquia. E é disso que trataremos a seguir: do governo e da representação dos interesses das elites ultramarinas. No primeiro caso podemos como exercício e exemplo, refletir sobre o estatuto dos governadores e vice-reis no âmbito do império português, tecendo uma comparação dos respectivos ofícios nos Estados da Índia e do Brasil, só pontualmente referindo-nos aos vice-reis da monarquia dos Áustria, quer nos reinos europeus, quer nas Índias de Castela.

Em segundo lugar, pretende-se discutir de forma comparativa duas estratégias de representação e de negociação das elites ditas "coloniais" com o centro da monarquia: o envio (ou não) de procuradores às Cortes (e não à Corte, pois também os houve) de Portugal e de Castela.[11]

Conselhos e Cortes

Deixaremos também de lado dois outros temas fundamentais se quisermos pensar o governo, seja do reino, seja do ultramar. Um deles relativo a uma das manifestações mais contundentes da polissinodia ibérica durante o Antigo Regime: o governo por conselhos. Quer sejam os conselhos criados no interior de um único reino, e que atuavam no aconselhamento do rei, como eram em Portugal o Conselho de Estado, o Desembargo do Paço, a Mesa de Consciência e Ordens, o Conselho da Fazenda, o da Guerra, e,

---

[11] Cf. o trabalho já publicado sobre o tema, em CARDIM, Pedro; BICALHO, Maria Fernanda; RODRIGUES, José Damião. Representação política na monarquia pluricontinental portuguesa: cortes, juntas, procuradores. *Locus: revista de história*, Juiz de Fora, v. 20, n. 1, p. 83-109, 2014.

em especial o Ultramarino, que tem interessado a muitos de nós historiadores e sido objeto de nossos estudos;[12] quer os Conselhos de Portugal, de Itália, de Flandres, que, em função do absenteísmo régio próprio do governo dos Áustria, atuavam junto ao rei, em geral em Madri, representando os diferentes reinos que compunham a sua monarquia.

Sobre a polissinodia espanhola, além de trabalhos mais específicos, Feliciano Barrios publicou em 2015, o livro *La gobernación de la monarquia de España: Consejos, Juntas y Secretários de la administración de Corte (1556-1700)*, no qual descreve de que forma o regime governativo de conselhos se consolidou no reinado de Carlos V, como resultado lógico no plano administrativo da configuração plural da monarquia, dada a obrigação do monarca – herdada por seus sucessores – de respeitar os ordenamentos jurídicos de cada uma das partes que a integravam, situação que impedia a instalação na Corte de uma única instituição em que residisse a administração central e unitária da monarquia no seu conjunto.[13]

---

[12] CAETANO, Marcelo. *O Conselho Ultramarino*: esboço de sua história. Lisboa: Agência Geral do Ultramar, 1967; BARROS, Edval de Souza. *"Negócios de tanta importância"*: o Conselho Ultramarino e a disputa pela condução da guerra no Atlântico e no Índico (1643-1661). Lisboa: Centro de História do Além-Mar, 2008; MYRUP, Erik Lars. *To rule from afar:* the Overseas Council and the making of Brazilian West, 1642-1807. 2006. Tese (Doutorado) – Yale University, New Haven, 2006; CRUZ, Miguel Dantas. *Um império de conflitos*: o Conselho Ultramarino e a defesa do Brasil. Lisboa: Imprensa de Ciências Sociais, 2015; LOUREIRO, Marcello J. G. *Iustitiam dare:* a gestão da monarquia pluricontinental: conselhos superiores, pactos, articulações e o governo da monarquia portuguesa (1640-1668). 2014. Tese (Doutorado) – Programa de Pós-Graduação em História Social da Universidade Federal do Rio de Janeiro, Rio de Janeiro, em cotutela com a École de Hautes Études en Science Sociale, Paris, 2014..

[13] SCHÄFER, Ernesto. *El Consejo Real y Supremo de las Indias*: historia y organización del Consejo y de la Casa de Contratación de las Indias. Madrid: Junta de Castilla y Léon; Marcial Pons, 2003. 2 v.; BARRIOS, Feliciano. *Consejos, juntas y secretários de la administración de Corte (1556-1700)*. Madrid: Boletín Oficial del Estado; Centro de Estudios Políticos y Constitucionales; Fundación Rafael del Pino, 2015. Cf. também BARRIOS, Feliciano. (Ed.). *El gobierno de un mundo*: virreinatos y audiencias en la América hispánica. Cuenca: Ediciones de la Universidad de Castilla-La Mancha, 2004.

A segunda questão, importantíssima no que diz respeito à temática que vimos abordando, tanto para o governo do reino – ou reinos e conquistas de ultramar –, quanto para a representação das elites, no caso das monarquias compósitas e dos impérios ultramarinos, é a da Corte, régia ou vice-reinal. Sobre a primeira – a Corte régia – é consenso que o trabalho mais significativo, mesmo que dedicado à França, e não à Espanha, é o de Norbert Elias.[14] Mas há também um belíssimo estudo comparativo de John Elliott sobre a sociedade cortesã em Madri, Bruxelas e Londres no século XVII.[15]

Nos últimos anos as cortes vice-reinais, tanto nos reinos europeus que compunham a monarquia dos Áustria, quanto nas Índias de Castela, têm sido objeto de inúmeros congressos e coletâneas. Exemplo disso são os livros organizados por Francesca Cantù, *Las cortes virreinales de la Monarquía española: América e Italia*; por Feliciano Barrios, *El gobierno de un mundo: virreinatos y audiencias en la América hispánica*; por Pedro Cardim e Joan-LLuís Palos, *El mundo de los virreyes en las monarquias de España y Portugal*.[16] Por isso não nos deteremos sobre o tema das cortes régias e vice-reinais, o que já fizemos, aliás, em outro momento.[17]

---

[14] ELIAS, Norbert. *A sociedade de corte*. Rio de Janeiro: Jorge Zahar, 2001.

[15] ELLIOTT, John H. La sociedad cortesana en la Europa del siglo XVII: Madrid, Bruselas, Londres. In: ELLIOTT, John H. *España en Europa*: estudios de historia comparada. València: Universitat de València, 2002. p. 117-140.

[16] CANTÙ, Francesca (Ed.). *Las cortes virreinales de la Monarquía española*: América e Italia. Roma: Viella, 2008; BARRIOS, 2004, em especial os capítulos de LATASA, Pilar. La corte virreinal peruana: perspectivas de análisis (siglos XVI y XVII). CARMAGNANI, Marcello. El virrey y la corte virreinal em Nueva España. In: CARDIM, Pedro; PALOS, Joan-Lluís (Org.). *El mundo de los virreyes en las monarquias de España y Portugal*. Madrid: Iberoamericana; Frankfurt am Main: Vervuert, 2012.

[17] BICALHO, Maria Fernanda. Cultura política e sociedade de corte: o vice-reinado no Rio de Janeiro: um estudo de caso (1779-90). In: SOIHET, Raquel et al. (Org.). *Mitos, projetos e práticas políticas*: memória e historiografia. Rio de Janeiro: Civilização Brasileira, 2009. p. 375-392.

Passemos, portanto, à reflexão sobre o estatuto dos vice-reinados e dos vice-reis.

Vice-Reis

Em relação aos domínios peninsulares e europeus dos Áustria, com a fixação da residência do rei e da corte em Madri em meados do século XVI (cerca de 1561), impôs-se o problema da articulação interna de uma monarquia constituída por Aragão, Valência, Catalunha, Sardenha, Nápoles, Milão, Países Baixos, e, a partir de 1580, por Portugal. Muitos destes reinos foram governados por vice-reis que representavam ao próprio rei, como imagem da majestade, cabeça da república, espelho da nobreza, necessitando-se, em alguns desses territórios, como em Nápoles, de um aristocrata de primeira grandeza.[18] Quem talvez tenha melhor definido coetânea e metaforicamente esta relação entre rei e vice-rei foi Juan de Solórzano y Pereira, de quem, aliás, tomei emprestado o título desta reflexão: "O Sol e a Lua". Solórzano utiliza uma metáfora que toma emprestado de Plutarco. Compara o rei ao sol e o vice-rei à lua. Da mesma forma que a lua vai se tornando maior e mais resplandecente na medida em que se distancia do sol, que é o que lhe confere em última instância o seu resplendor, a importância dos vice-reis cresce na medida em que se distanciam do príncipe.[19]

---

[18] BELENGUER, Ernst. De virreinatos indianos a virreinatos mediterráneos: una comparación contrastada. In: BARRIOS, Feliciano. *El gobierno de un mundo*: virreinatos y audiencias en la América hispánica. Cuenca: Ediciones de la Universidad de Castilla-La Mancha, 2004.

[19] PEREYRA, Juan de Solórzano. *Politica indiana*: sacada en lengua castellana de los dos tomos del derecho i governo municipal de las Indias Occidentales. Madrid: Por Diego Diaz de la Carrera, 1648. Livro V, cap. XII, p. 863. Disponível em: <http://fondosdigitales.us.es/media/books/3552/pages/0381-00925.jpeg>. Acesso em: 22 mar. 2017.

No que diz respeito à agregação de Portugal à monarquia hispânica, e de acordo com o pacto firmado nas cortes de Tomar, se o rei se afastasse do reino – o que foi uma constante – o governo só poderia ser exercido por um vice-rei de sangue real, ou por uma junta de governadores portugueses.[20] Ao discutir "A 'saudade' dos reinos e a 'semelhança' dos reis" Fernando Bouza Alvarez afirma que a instituição do modelo de vice-reinados levava a que se adotasse "um novo perfil menos administrativista e mais representativo, que expressava de forma apropriada a vinculação da figura real a cada um dos seus domínios diferenciados, algo que estava, na realidade, em consonância com o sentido tradicional que pareciam expressar os termos de lugar-tenente ou de *alter nos*".[21]

Para o autor, tanto a instituição de vice-reinados, quanto a dos conselhos representativos dos interesses de cada reino junto ao rei traduziam algo do particularismo dos diferentes agregados que formavam a monarquia dos Áustria: "Por exemplo, a mera declaração da existência de um vice-rei de Portugal e de um Conselho de Flandres significava, por si só, que estes mantinham, respectivamente, relações particularizadas com o rei, as quais não decorriam, apenas, da reunião dos três estados nas Cortes portuguesas ou dos Estados Gerais flamengos".[22]

Certamente a monarquia espanhola recorreu a esta fórmula com mais frequência que a portuguesa. A prática de designar vice-reis começou muito cedo na Catalunha, em 1285. Ela se estendeu, no início do século XV às duas ilhas mediterrâneas de Aragão: Sicília em

---

[20] SCHAUB, Jean-Frédéric, op. cit., p. 21.
[21] BOUZA ÁLVAREZ, Fernando. A 'saudade' dos reinos e a 'semelhança do rei': os vice-reinados de príncipes no Portugal dos Filipes. In: BOUZA ÁLVAREZ, Fernando. *Portugal no tempo dos Filipes*: política, cultura, representações (1580-1668). Lisboa: Edições Cosmos, 2000. p. 116-117.
[22] Ibid., p. 117.

1415, e Sardenha em 1417. Durante as primeiras décadas do século XVI aplicou-se a Nápoles (1504) e Navarra (1512), assim como ao próprio reino de Aragão (1517) e Valência (1520). Nas Índias de Castela, embora Cristóvão Colombo tenha sido investido com o título simbólico de vice-rei, o cargo ou ofício só se institucionalizou de fato em 1535 na Nova Espanha e em 1544 no Peru. Na primeira metade do século XVIII foi a vez de Nova Granada (1719, consolidando-se em 1740), e na segunda, do Rio da Prata (1777).[23]

Nas Índias de Castela o vice-rei também encarnava o *alter ego* do rei distante. García Gallo considera que o que em princípio eram dois ofícios diferenciados, o de vice-rei e o de governador, acabaram por se fundir em um só, fazendo o primeiro uma referência à dignidade do titular e o segundo ao efetivo exercício governativo. O vice-rei na Nova Espanha ou no Peru presidia a Audiência, era a cabeça do sistema fazendário, capitão-general de todo o território. Desfrutava de consideráveis poderes de patrocínio e de formação de clientela, possuía a jurisdição e o poder de designar cargos civis e eclesiásticos. Era escolhido entre as famílias nobres da monarquia (em geral os filhos segundos), e fazia-se acompanhar por um grande séquito de familiares e criados. Sua chegada ao Novo Mundo e seu itinerário desde o porto de desembarque até a capital dos vice-reinados eram meticulosamente ritualizados, como se fosse o próprio monarca que protagonizasse a entrada em seus domínios. Assim que jurasse o cargo e que se instalasse no palácio vice-reinal,

---

[23] CARDIM, Pedro; PALOS, Joan-Lluís (Org.). *El mundo de los virreyes en las monarquias de España y Portugal*. Madrid: Iberoamericana; Frankfurt am Main: Vervuert, 2012. p. 16-17.

encontrava-se no centro de uma Corte na qual a etiqueta e o ritual eram uma réplica, em miniatura, da Corte real em Madri.[24]

Muito diferente foi não só a cronologia, mas também a "realidade" dos vice-reinados nas conquistas portuguesas. Em primeiro lugar, temos que levar em conta que entre 1580 e 1640, Portugal foi ele próprio um vice-reinado da monarquia hispânica. No entanto, como mantinha plena jurisdição sobre seus domínios ultramarinos, adotou desde muito cedo a mesma fórmula para o Estado da Índia, designando em 1503 o primeiro vice-rei em Goa. Porém, para o Estado do Brasil o primeiro vice-rei seria apenas nomeado mais de 100 anos depois, em 1640, sob a égide dos Áustria. Uma segunda nomeação, já sob os Bragança, se daria em 1663; uma terceira no século XVIII, em 1714, e somente em 1720 o título de vice-rei seria atribuído a todos os que viessem governar, de Salvador da Bahia ou do Rio de Janeiro, o Estado do Brasil.

Cabe ressaltar que nenhum dos governadores do Estado do Maranhão e Grão-Pará ou Grão-Pará e Maranhão foi agraciado com o mesmo título, o que por si só já nos faz refletir sobre seu estatuto – não do Estado, e sim do ofício ou "título" de vice-rei – no império português. Além disso, os reis de Castela, uma vez decididos pelo governo vice-reinal, como na Nova Espanha e no Peru, nunca enviaram governadores que os substituíssem, como aconteceu muitas vezes, quer em Goa, quer no Brasil, onde vice-reis e governadores não raro se alternaram.

---

[24] GALLO, Alfonso García. Los orígenes de la administración territorial de las Índias apud BERMÚDEZ, Agustín. La implantación del régimen virreinal em Indias. In: BARRIOS, Feliciano. *El gobierno de un mundo*: virreinatos y audiencias en la América hispánica. Cuenca: Ediciones de la Universidad de Castilla-La Mancha, 2004; cf. também ELLIOTT, John. *Imperios del mundo Atlántico*: España y Gran Bretaña en América (1492-1830). Madrid: Taurus, 2006. p. 200-202.

Pode-se também argumentar, para voltarmos à questão do estatuto jurídico-político dos territórios ultramarinos das coroas de Castela e de Portugal que, embora os primeiros tenham recebido a designação de "reinos", os últimos foram denominados "Estados". Porém, não entraremos nesta discussão aqui. Mas antes de voltarmos aos vice-reis seria interessante mencionar que de todos os territórios ultramarinos de Portugal, o único que obteve, senão o estatuto, mas ao menos a designação de "reino" foi o de Angola (além obviamente o do Algarve, desde o século XIII, e o do Brasil, somente a partir de 1815, quando a rainha e sua Corte estavam no Rio de Janeiro). O estatuto de reino atribuído a Angola, de forma distinta dos Estados da Índia, do Brasil e do Maranhão e Grão-Pará, talvez possa ser explicado pelo reconhecimento de uma entidade política preexistente no território, já que a conquista e cristianização do reino do Ndongo se deu de forma bem específica, por meio da instituição de um pacto de vassalagem entre o rei de Portugal e a dinastia local.[25]

Na Índia foram também diferentes os pactos, e já nos remetemos ao estudo de Luís Filipe Thomaz. Catarina Madeira dos Santos, em artigo sobre o papel dos vice-reis na formação do imaginário imperial português, afirma que num primeiro momento seu poder no Estado da Índia se exerce sobre pessoas – sobre todos aqueles que se encontravam sob sua jurisdição e que tinham sido convertidos ao cristianismo – e não sobre territórios, pois de fato não os havia para além das fortalezas e feitorias instaladas nos portos e cidades subordinadas a uma autoridade local. No Oriente, a instituição do vice-reinado decorria de três circunstâncias específicas: 1ª) o rei natural não podia estar fisicamente presente para a tomada de decisões, nem sequer poderia se comunicar tão

---

[25] CARDIM, Pedro; MIRANDA, Susana Münch, *Virreyes y gobernadores...*, p. 180-181.

facilmente ou com a brevidade necessária, com suas conquistas; 2ª) o desconhecimento das realidades locais impunha um tipo de "administração experimental"; 3ª) o perfil preponderantemente mercantil da presença portuguesa no Índico só admitia a solução das fortalezas-feitorias, como, aliás, ocorria também no norte da África. Para a autora, os dois primeiros aspectos estão inter-relacionados. A questão do absenteísmo régio, da distância e das dificuldades na comunicação entre Lisboa e as conquistas na Ásia devia ser resolvida mediante a delegação de atribuições a um oficial dotado de uma dignidade quase real. Até porque os vice-reis na Índia tinham que tratar diretamente com os reis e régulos locais, e as Cortes asiáticas, além de luxuosas, eram ciosas de seus simbolismos, hierarquias e rituais. Muitos dos dirigentes asiáticos só aceitavam se relacionar com alguém que não só estivesse dotado de dignidade real, mas que fosse capaz de exibir externamente sua posição majestática. Inúmeras foram as embaixadas e os acordos diplomáticos que exigiram um alto grau de importância do representante máximo do rei de Portugal.

Todas estas circunstâncias determinavam a concessão de poderes extraordinários ao vice-rei do Estado da Índia e o reconhecimento de uma grande autonomia na tomada de decisões e iniciativas. Embora seu mandato estivesse delimitado – ao menos regimentalmente – pelo tempo de três anos, ao vice-rei foi transferida grande parte da *regalia maiora*, como se do próprio rei se tratasse. Podiam fazer uso da justiça suprema em matérias civis e criminais, competência exclusiva do monarca, incluindo a condenação à morte, sem que a sentença estivesse sujeita à apelação ao rei. Podiam conferir mercês, cunhar moeda, impor tributos, criar ofícios. Em suma, foram concedidos aos vice-reis da Índia direitos majestáticos, considerados inseparáveis da pessoa do rei. Não é à toa que em

Goa, cidade-capital do Estado da Índia, onde residia o vice-rei, se estabeleceram, em sua órbita, ou em sua Corte, vários dos conselhos palatinos e organismos de cúpula da monarquia portuguesa, ligados à guerra, à justiça e à fazenda, mas também à religião, como o único Tribunal do Santo Ofício da Inquisição instalado fora de Portugal.[26]

Vice-Reis no Brasil

Creio que nada parecido pode ser constatado deste lado do Atlântico. O ofício de vice-rei no Estado do Brasil tem sido objeto pouco estudado, o que faz do trabalho de Dauril Alden, *Royal Government in Colonial Brazil*, publicado em 1968, uma referência para os que se dedicam ao tema. Contrariamente a uma plêiade de historiadores que defendia o ilimitado poder dos vice-reis na América portuguesa, Alden afirma que, durante todo o século XVIII, quando o título passou a ser sistematicamente concedido, sua autoridade não se exercia além dos limites da capitania para a qual eram nomeados.[27]

Foi, durante muito tempo, comum na historiografia brasileira atribuir o frágil poder dos governadores-gerais e, posteriormente, dos vice-reis do Estado do Brasil à superposição de jurisdições entre os diferentes oficiais régios no ultramar.[28] Contrariando em parte este

---

[26] SANTOS, Catarina Madeira dos. Los virreyes del Estado de la India em la formación del imaginario imperial português. In: CARDIM, Pedro; PALOS, Joan-Lluís (Org.). *El mundo de los virreyes en las monarquias de España y Portugal*. Madrid: Iberoamericana; Frankfurt am Main: Vervuert, 2012. p. 71-117.

[27] ALDEN, Dauril. *Royal government in colonial Brazil*. Berkeley; Los Angeles: University of California Press, 1968.

[28] PRADO JÚNIOR, Caio. Administração. In: PRADO JÚNIOR, Caio. *Formação do Brasil contemporâneo*. 15. ed. São Paulo: Brasiliense, 1977. p. 298-340.

argumento, referindo-se às várias regiões constituintes do ultramar português, John Russell-Wood afirma que

> [...] enquanto, em teoria, se tratava de uma estrutura altamente centralizada e dependente de Lisboa, com Goa e Salvador (Rio de Janeiro, a partir de 1763) a actuarem como centros subordinados respectivamente no Estado da Índia e no Brasil, e com todas as nomeações feitas pela Coroa ou sujeitas à aprovação real, a realidade era uma extraordinária descentralização da autoridade que podemos atribuir a vários factores.[29]

Um deles era a distância, que incutia uma excepcional responsabilidade aos governadores-gerais e vice-reis que, para tomarem decisões, não raro consultavam os oficiais régios, civis, militares, judiciais e religiosos, e, ainda, os meros "cidadãos", simples vassalos do rei nas longínquas paragens ultramarinas. O resultado não era apenas a descentralização "sistêmica" do governo, mas uma limitação da autoridade efetiva dos representantes máximos do rei no ultramar, independentemente dos poderes de jurisdição concedidos pela Coroa e do fato de lhes caber a responsabilidade pela administração de várias instâncias do governo.

Uma nova perspectiva analítica da administração colonial por parte da historiografia brasileira baseou-se amplamente nos trabalhos de António Manuel Hespanha e em sua crítica à ideia de uma ferrenha centralização aplicada ao império ultramarino português. Hespanha insiste no argumento de um estatuto colonial múltiplo, baseado num direito pluralista, que autorizava, sobretudo

---

[29] RUSSELL-WOOD, A. J. R. Governantes e agentes. In: BETHENCOURT, Francisco; CHAUDHURI, Kirti (Dir.). *História da expansão portuguesa*. Lisboa: Círculo dos Leitores, 1997. v. 3, p. 171.

no Estado da Índia, governadores e vice-reis a criarem direito, ou, pelo menos, a dispensarem o direito existente. Em suas palavras:

> Nos regimentos que lhes eram outorgados, estava sempre inserida a cláusula de que poderiam desobedecer às instruções régias aí dadas sempre que uma avaliação pontual do serviço real o justificasse. Daí que, apesar do estilo altamente detalhado das cláusulas regimentais e da obrigação de, para certos casos, consultarem o rei ou o Conselho Ultramarino, os vice-reis e governadores gozavam, de fato, de grande autonomia.[30]

Embora a instituição do ofício de vice-rei no Estado da Índia tenha se baseado no propósito de dotar os governantes ultramarinos de uma dignidade quase real, o mesmo não se deu em relação aos governadores-gerais e vice-reis no Brasil, cuja jurisdição era mais limitada. Em outras palavras, não se transpôs na pessoa, quer dos governadores-gerais, quer dos vice-reis do Estado do Brasil, o conjunto de *regalia maiora* ou direitos majestáticos considerados inseparáveis do rei, como ocorreu no Estado da Índia.

Foram, ao todo, cinco os regimentos atribuídos aos governadores-gerais do Brasil ao longo dos séculos XVI e XVII, minuciosamente estudados por Francisco Cosentino. O regimento de Francisco Giraldes, de 1588, autorizava-o a conceder tenças até o valor de mil cruzados; enquanto o de Gaspar de Souza, de 1612, permitia-lhe a dispensa do processo devido nos casos civis e criminais, o lançamento de fintas, a atribuição de tenças, o direito de conceder ofícios em propriedade ou em serventia, embora não

---

[30] HESPANHA, António Manuel. A constituição do império português: revisão de alguns enviesamentos correntes. In: FRAGOSO, João; BICALHO, Maria Fernanda; GOUVÊA, Maria de Fátima (Org.). *O antigo regime nos trópicos*. Rio de Janeiro: Civilização Brasileira, 2001. p. 174-175.

pudesse criar novos ofícios ou aumentar os salários dos já existentes. Note-se, no entanto, que os regimentos destes governadores são do período filipino.[31] O último regimento foi o de Roque da Costa Barreto, datado de 1677. Todos os demais governadores-gerais e vice-reis, até o início do século XIX, se orientaram por ele.[32]

O que vimos discutindo até aqui nos remete a duas interessantes questões: a primeira refere-se à pouca diferença entre o ofício e as jurisdições dos governadores gerais e dos vice-reis no Brasil, uma vez que o estatuto de vice-rei substituiu literalmente o de governador-geral, sem que as competências respectivas se tenham alterado. A segunda é sobre a esfera de jurisdição ou do poder efetivo do vice-rei que, de acordo com o seu exercício no século XVIII a partir da cidade do Rio de Janeiro, foi diminuindo. Em outras palavras, ao longo do século XVII os governadores-gerais tiveram muito mais jurisdição e poder, inclusive sobre os governadores das capitanias régias e donatariais a eles subordinados – apesar das múltiplas resistências[33] – do que os nobres vice-reis nomeados no século XVIII quer para a Bahia, quer para o Rio de Janeiro.

Se nos perguntarmos, então, o porquê da denominação de vice-rei, uma das respostas possíveis é que embora não se tenha notícia de nenhum alvará que tenha elevado o Estado do Brasil à condição de vice-reino, a atribuição do título de vice-rei aos sucessivamente nomeados para o seu governo a partir de 1720 demonstra uma significativa alteração no perfil dos homens que passaram a ocupar

---

[31] Ibid., p. 167.
[32] COSENTINO, Francisco C. *Governadores gerais do Estado do Brasil (séculos XVI-XVII)*: ofício, regimentos, governação e trajetórias. São Paulo: Annablume, 2009.
[33] BICALHO, Maria Fernanda; LIMA, Daiana T. Governo, governadores e a construção da centralidade territorial e atlântica da cidade do Rio de Janeiro nos séculos XVII e XVIII. *Promontoria: revista de História, Arqueologia e Património da Universidade do Algarve*, v. 11, n. 11, p. 11-31, 2014.

o cargo, egressos cada vez mais da nobreza titulada; assim como do reconhecimento da importância econômica e política que o Brasil conquistou no conjunto da monarquia portuguesa no século XVIII, importância transfigurada no título e na qualidade dos que passaram a assumir o ofício de vice-rei, sistematicamente arregimentados no interior da nobreza titulada de Portugal.[34]

Vale ainda mencionar um dado significativo: se faltava aos governadores-gerais nomeados para o Brasil no século XVII, experiência ultramarina anterior, o mesmo não se pode dizer dos vice-reis que serviram na centúria seguinte. Em sua grande maioria, haviam governado outras capitanias na América, ou passado pelos governos de Angola e da Índia. De acordo com Nuno Monteiro, no Brasil, o que parece ter sido um ponto distintivo no *curriculum* dos escolhidos para o cargo de vice-rei, era o possuírem anterior experiência administrativa em outras partes do império. Casos paradigmáticos são os de Vasco Fernandes César de Meneses, que depois de três anos na Índia, esteve 15 como vice-rei na Bahia; de André de Melo e Castro, que permaneceu 14 anos vice-rei, depois de três anos nas Minas; de António Álvares da Cunha, que passou sucessivamente pelos governos de Mazagão, Angola, e Brasil; de António Rolim de Moura, que depois do governo do Mato Grosso, tornou-se vice-rei; do 2º Marquês do Lavradio, que, depois de dois anos na Bahia, permaneceu por mais de uma década vice-rei no Rio de Janeiro.[35]

---

[34] GOUVÊA, M. F. S. Poder político e administração na formação do complexo atlântico português (1645-1808). In: FRAGOSO, João; BICALHO, Maria Fernanda; GOUVÊA, Maria de Fátima (Org.). *O antigo regime nos trópicos*. Rio de Janeiro: Civilização Brasileira, 2001. p. 303.

[35] Cf. MONTEIRO, Nuno G. Trajetórias sociais e governo das conquistas: notas preliminares sobre os vice-reis e governadores gerais do Brasil e Índia nos séculos XVII e XVIII. In: FRAGOSO, João; BICALHO, Maria Fernanda; GOUVÊA, Maria de Fátima (Org.). *O antigo regime nos trópicos*. Rio de Janeiro: Civilização Brasileira, 2001. p. 266-267.

Cortes, Congressos, Juntas, Assembleias de Câmaras

Retomamos, no último ponto desta reflexão, um argumento que longe de ser inédito,[36] tem tido cada vez mais desdobramentos: a representação dos interesses das elites ultramarinas no centro da monarquia e sua capacidade de negociação da gestão imperial. Se relativo era o poder dos vice-reis no Brasil, ao menos no século XVIII quando o ofício ou o título de fato se consolidaram, os poderes das elites locais – apesar do incremento da centralização monárquica durante os reinados de D. João V e de D. José I[37] – mantiveram-se ativos, e elas foram à miúde consultadas diante da implementação de novas políticas, inclusive fiscais.

Propomos uma reflexão, que já afirmamos não ser totalmente inédita, sobre o envio de procuradores de cidades e vilas ultramarinas portuguesas às Cortes; e sobre a convocação de reuniões, assembleias ou juntas de câmaras nos territórios de além-mar, tanto nas Índias de Castela, quanto nos Estados do Brasil e do Maranhão e Grão-Pará.

De um modo geral, o que motivava a participação dos procuradores das vilas e cidades nas Cortes – assembleias convocadas pelo rei para decidir assuntos relevantes para o reino, como eram os tributos, a declaração de guerra, a aclamação de um novo rei – era a forte tradição de governo participativo em toda a

---

[36] Cf. CARDIM, Pedro; BICALHO, Maria Fernanda; RODRIGUES, José Damião, op. cit., p. 83-109.

[37] Cf., entre outros, ALMEIDA, Luís Ferrand de. O absolutismo de D. João V. In: ALMEIDA, Luís Ferrand de. *Páginas dispersas*: estudos de história moderna de Portugal. Coimbra: Instituto de História Económica e Social, Faculdade de Letras da Universidade de Coimbra, 1995. p. 183-207; MONTEIRO, Nuno Gonçalo F. Identificação da política setecentista: notas sobre Portugal no início do período joanino. *Análise Social*, v. 35, n. 157, p. 961-987, 2001; MONTEIRO, Nuno Gonçalo F. A consolidação da dinastia de Bragança e o apogeu do Portugal barroco: centros de poder e trajetórias sociais (1688-1750). In: TENGARRINHA, José (Org.). *História de Portugal*. São Paulo: UNESP, 2001. p. 127-148; MONTEIRO, Nuno. *D. José*: à sombra de Pombal. Lisboa: Círculo dos Leitores, 2006.

península ibérica. Durante um longo período as Cortes de Portugal não contaram com qualquer representante de câmaras ultramarinas. Porém, a partir de 1640, a nova dinastia passou a convocar as Cortes com redobrada frequência, tendo em vista consolidar sua posição política junto aos três estados que compunham o reino. Nas Cortes de 1642 compareceram, pela primeira vez, representantes de uma das câmaras dos Açores, a de Angra do Heroísmo.[38]

Da assembleia de 1645 fizeram parte dois procuradores da câmara de Goa, aos quais foi concedido assento na primeira fila da sala, além de figurarem entre os chamados "definidores", o restrito número de procuradores selecionados para participar em todas as sessões das Cortes, desempenhando um papel de relevo na tomada das principais decisões, chegando a fazer parte de reuniões restritas com o Secretário de Estado e o próprio rei. Alguns anos mais tarde, em 1653, um representante da América portuguesa tomou parte, pela primeira vez, nas Cortes de Portugal: trata-se de Jerónimo Serrão de Paiva, representante de Salvador, ao qual foi atribuído o estatuto de "procurador do Brasil". Também Serrão de Paiva foi nomeado "definidor". Pela mesma altura, a câmara do Funchal, na Madeira, recebeu o direito de enviar dois procuradores às Cortes. Em janeiro de 1674 D. Pedro concedeu o mesmo direito à câmara de São Luís do Maranhão.

A escolha destas três câmaras – Goa, Salvador e São Luís – parece estar relacionada ao fato de serem cidades-cabeça de seus respectivos Estados. A Coroa continuou a convocar seus representantes ao longo do século XVII, demonstrando ser estratégico, para uma dinastia recém-entronizada como a dos Bragança, contar com a presença de súditos ultramarinos em decisões importantes para a monarquia.

---

[38] RODRIGUES, José Damião Rodrigues. *Poder municipal e oligarquias urbanas*: Ponta Delgada no século XVII. Ponta Delgada: Instituto Cultural de Ponta Delgada, 1994. p. 235.

Por outro lado, a presença em Cortes não deixou de ser valorizada pelas elites locais. No caso de Salvador, as atas das reuniões do Senado da Bahia mostram que suas elites lutaram por um incremento do lugar de sua representação na sala de Cortes. Numa carta de 9 de março de 1673 os vereadores em exercício reivindicavam um assento no primeiro banco. Para justificar tal pretensão, alegavam que

> [...] concorrem nela todas as razões de merecimento para esta honra que podem pedir-se e não serem maiores as da Cidade de Goa, a quem se concedeo, porque este Estado do Brazil he da grandeza e importância ao Serviço de Vossa Alteza, e esta cidade é cabeça delles e de lealdade tão nascida de seu amor como se vio na promptidão e alegria com que aceitou e celebrava a felice aclamação de El Rei Dom João quarto [...].[39]

Para além destas razões, os homens bons de Salvador lembraram o dispêndio que haviam feito nos 40 anos de luta contra os holandeses, bem como os gastos na guerra ao gentio bárbaro. Recordaram, mais uma vez, que sustentavam havia anos o corpo de infantaria e pagavam o donativo para o dote da rainha D. Catarina e paz da Holanda. Depois de reiterar a sua disposição para continuar a servir lealmente à Coroa, o Senado da Bahia encerrou sua representanção afirmando que outro sinal de sua preeminência era o facto "de Vossa Alteza se imortular Príncipe do Brazil (desde 1645) que parece que obriga Vossa Alteza a que o honre com o maior lugar a que pedimos".[40]

---

[39] DOCUMENTOS HISTÓRICOS DO ARQUIVO MUNICIPAL (DHAM). *Cartas do Senado (1638-1673)*. Salvador: Prefeitura do Município de Salvador, 1951. v. 1, p. 118.
[40] Loc. cit.

No caso das possessões extraeuropeias da Coroa de Castela, o seu ordenamento jurídico começou por não admitir a participação de *cabildos* americanos nas Cortes castelhanas. Todavia, e como assinalou Demétrio Ramos em artigo sobre o tema, logo em 1518 uma assembleia de municípios de Santo Domingo manifestou a intenção de enviar um "procurador geral da ilha" às Cortes de Castela reunidas em Valhadolid. Era sabido que a participação nestas assembleias era vedada àqueles que não tivessem sido convocados pelo rei, e de fato esse procurador não foi autorizado a viajar à Europa.

Pouco depois da criação do *Consejo de Indias,* o *cabildo* da cidade do México incumbiu o seu *regidor,* que estava para partir de viagem à Castela, de obter *"voz y voto en las cortes que el emperador y sus sucesores ordenaren celebrar".* Por aqui se vê que, à medida que as instituições municipais do continente americano se consolidavam, suas pretensões políticas alargaram-se consideravelmente e algumas chegaram mesmo a reivindicar o direito de tomar parte na assembleia representativa de Castela, lembrando que o rei havia concedido esse direito a várias cidades dos territórios conquistados no sul da Península Ibérica, como Jaén, Sevilha, Granada e Múrcia, cidades que, embora conquistadas, tinham sido admitidas nas Cortes castelhanas com o estatuto de *cabeza de reyno.* Da mesma maneira, a cidade do México apresentava-se como "cabeça da Nova Espanha".[41]

Embora esta representação não tenha sido acatada, quer pelo imperador, quer por seus sucessores, durante o valimento de Olivares, Felipe IV, tendo em vista reforçar o laço de ligação entre o rei e seus súditos ultramarinos, tomou a iniciativa de chamar representantes de cidades americanas às Cortes de Castela. Numa cédula real de maio de 1635 dirigida ao vice-rei da Nova Espanha

---

[41] RAMOS, Demetrio. Las ciudades de Indias y su asiento en Cortes de Castilla. *Revista del Instituto de Historia del Derecho Ricardo Levene*, Buenos Aires, n. 18, p. 170-185, 1967. p. 170.

colocou-se a possibilidade de que quatro procuradores, sorteados entre as províncias integrantes daquele vice-reinado, acorressem às reuniões das Cortes de Castela e Leão, mas apenas àquelas nas quais fossem jurados os príncipes herdeiros da coroa. Previa-se também que esses representantes aproveitassem a ida à Europa para tratar de outros assuntos. Contudo, as cidades hispano-americanas jamais enviaram procuradores às Cortes de Castela.

A coroa acabou resolvendo de forma muito diferente a demanda por representação de seus vassalos americanos. A Cédula Real de 25 de junho de 1530, dispunha que:

> *En atención a la grandeza y nobleza de la ciudad de México, ya que en ella reside el Virrey, Gobierno y Audiencia de la Nueva España, y fue la primera ciudad poblada de Cristianos: es nuestra merced y voluntad, y mandamos que tenga el primer voto de las ciudades y villas de la Nueva España, como lo tiene en estos nuestros Reynos la Ciudad de Burgos, y el primer lugar, después de la Justicia, en los Congresos que se hicieren por nuestro mandado, por que sin él no es nuestra intención ni voluntad que se puedan juntar las ciudades y villas de las Indias.*[42]

Repare-se que nesta cédula real há o cuidado de qualificar a reunião de cidades e vilas na América não como Cortes, e sim como congressos, posto que sua função não podia ser equiparável, já que é óbvio que tais reuniões não haviam de abarcar os mesmos negócios ou temas que se resolviam nas Cortes de Castela. Por outro lado, ao não estar prevista a presença do rei, a distinção entre Cortes e congressos fica patente. Em suma, o que se regula por esta cédula real é a reunião de assembleias municipais. E embora Cortes e

---

[42] Ibid., p. 176-177.

congressos não sejam equiparáveis, tampouco são excludentes, do que forçosamente se depreende que não cabia descartar a presença das cidades americanas nas Cortes de Castela.

Nova cédula real de 14 de abril de 1540, renovada por outra de Felipe II em 5 de maio de 1593, determinava que "é nossa vontade e ordenamos que a cidade de Cuzco seja a mais principal, e primeiro voto; possa falar por si, ou seu procurador nas coisas e casos que se oferecerem, concorrendo com as outras cidades e vilas da dita província, antes e primeiro que nenhuma delas, e que lhe sejam guardadas todas as honras, preeminências, prerrogativas e imunidades que por esta razão se lhe deverem guardar". Observemos que no texto deste último documento não se chega nem mesmo a empregar o termo "congresso". Também se omitiu a prévia convocatória do monarca, o que, segundo Demétrio Ramos, devia-se ao cálculo ou ao interesse em evitar qualquer equiparação a uma reunião de Cortes.[43]

Em diversas partes de Espanha também se realizaram, periodicamente, juntas de cidades. Tal sucedeu, por exemplo, na Galiza, território onde existia uma assembleia que congregava as cidades (Santiago, Coruña, Betanzos, Orense, Mondoñedo, Lugo e Tuy) que iam rotativamente participar nas Cortes de Castela. Solução similar se adotaria na Extremadura na década de 1650.

Também no caso de Portugal, a celebração de juntas de câmaras, tanto no reino como nos espaços ultramarinos, está documentada, pelo menos, desde o século XVI. Em geral essas juntas eram convocadas e presididas pelo representante nomeado pelo rei para o governo do território onde elas tinham lugar, como era o caso de vice-reis ou de governadores; ou pelos senhores das

---

[43] RAMOS, Demetrio. Las ciudades de Indias y su asiento en Cortes de Castilla. *Revista del Instituto de Historia del Derecho Ricardo Levene*, Buenos Aires, n. 18, p. 170-185, 1967. p. 178.

terras, como em São Miguel, nos Açores. Em Goa estas assembleias foram designadas como "reunião de claustro pleno"; em outros lugares usou-se também a expressão "junta geral". Não tinham uma periodicidade regular, bem pelo contrário, eram convocadas em função de necessidades governativas conjunturais, e tampouco tinham uma composição predefinida, pois cabia ao vice-rei ou ao governador que as convocava decidir as instituições a chamar.

Em relação à Bahia no século XVII é possível que o "contrato" do que ficou conhecido como o "conchavo da farinha", realizado entre o Governo-Geral e as câmaras de Salvador, de Cairu, de Camamu e de Boipeba, tenha sido precedido por uma junta das referidas câmaras. Contudo, a historiografia sobre o tema não nos permite afirmá-lo.[44] No entanto, ao longo do século XVIII a região de Minas foi palco de várias juntas de câmaras. No contexto mineiro as juntas foram o instrumento fundamental do qual resultaram decisões mais ou menos consensuais, para além de terem servido para as câmaras articularem sua ação e melhor protegerem seus interesses. Joaquim Romero Magalhães refere-se à convocação de juntas de câmaras em Minas, entre 1734 e 1735, para avaliar o projeto de capitação elaborado por Alexandre de Gusmão. Em suas palavras:

> Prudente, mandava o rei no Regimento que antes de ser adotada fossem ouvidas as Câmaras das vilas cabeças de comarca (Vila Rica, Vila Real de Nossa Senhora da Conceição de Sabará, São João d'El-Rei e Vila do Príncipe) "e os mais, que for costume chamar em tais ocasiões para que ouvindo o que representarem, e fazendo as conferências necessárias, se escolha meio, que pareça mais conveniente a meu real serviço". Não

---

[44] Cf. PUNTONI, Pedro. O conchavo da farinha: espacialização do sistema econômico e o governo geral na Bahia do século XVII. In: SIMPÓSIO DE PÓS-GRADUAÇÃO EM HISTÓRIA ECONÔMICA, São Paulo, 2008.

se tratava apenas de conseguir que a tributação fosse lançada com suavidade, o que sempre se pretendia. É que a imposição de novas contribuições deveria ser aprovada pelos povos – era doutrina aceite. E a alta burocracia régia exigia respeito pela legislação e pelas velhas práticas – mesmo se já há muito que se não reuniam Cortes. Assim, houve que ficcionar que não se tratava de um tributo novo mas de uma simples mudança de forma de cobrança.[45]

Na primeira reunião, em 24 de março de 1734, sob a presidência do Conde das Galveias, as câmaras se recusaram a aceitar a capitação, o que fez com que o regimento elaborado por Gusmão fosse parcialmente reformulado.

Conclusão

O que podemos concluir é que, do ponto de vista das câmaras, sua participação nestas juntas era motivada pela forte tradição de governo participativo que existia em toda a península ibérica e nas suas extensões territoriais ultramarinas. Os municípios assentaram, desde sempre, em formas colegiais de decisão, e a situação de autogoverno em que muitos viviam ainda mais contribuiu para enraizar tais procedimentos de decisão. Ao mesmo tempo em que se desenvolvia esta tradição de governo participado, as instituições municipais garantiram aos seus membros e àqueles que representavam uma série de prerrogativas e de privilégios, tornando-os de fato protagonistas

---

[45] MAGALHÃES, Joaquim Romero. A cobrança do ouro do rei nas Minas Gerais: o fim da capitação: 1741-1750. *Revista Tempo*, v. 14, n. 27, p. 118-132, jul./dez. 2009. p. 119. Cf., do mesmo autor, As Câmaras Municipais, a Coroa e a cobrança dos quintos do ouro nas Minas Gerais (1711-1750). In: MAGALHÃES, Joaquim Romero. *Labirintos brasileiros*. São Paulo: Alameda, 2011. p. 85-171.

ativos de um governo imperial compartilhado, embora isso não contradiga nem exclua a dominação e, sobretudo, a singularidade irredutível dos espaços ultramarinos como territórios conquistados. Em suma, "o sol e a lua" do título deste capítulo conviveram, como em todo "sistema" solar, ou toda constelação, com planetas e estrelas menores que, embora menores hierarquicamente, foram fundamentais para a manutenção da hierarquia e da dinâmica das monarquias compósitas e pluricontinentais ibéricas – castelhana e portuguesa.

HIERARQUIAS E PODERES: as capitanias e o Governo-Geral no Estado do Brasil

Francisco Carlos Cosentino

Esta comunicação trata-se de apontamentos iniciais vinculados a uma investigação em andamento[1] com a qual pretendemos contribuir para o entendimento da situação das capitanias no Estado do Brasil ao longo dos Seiscentos e suas relações com o Governo-Geral. Pretendemos refinar a compreensão da submissão das capitanias hereditárias ao poder régio após 1548, sem que elas deixassem de ser hereditárias, e, o aprofundamento dessa subordinação no período pós-Restauração. Analisaremos os diversos regimentos elaborados na segunda metade do século XVII e, o papel que esses documentos desempenharam na monarquia pluricontinental portuguesa de Antigo Regime, na ordenação política das hierarquias de poder que demarcaram os poderes de governo desses espaços de poder no Estado do Brasil nos Seiscentos.

As capitanias hereditárias no Estado do Brasil: breve caracterização

A divisão das terras das partes da América encontrada pelos portugueses em 1500 em capitanias hereditárias significou o começo do povoamento, do aproveitamento econômico e da organização de uma ordem política nas terras do Brasil, estendendo para esse

---
[1] Pesquisa financiada pelo Edital de Demanda Universal da Fapemig 2014.

território o ordenamento político praticado em Portugal, consoante a conjuntura vivida pela monarquia pluricontinental portuguesa. Nas palavras de Antonio de Castilho, em trecho de crônica de época, afirma ele que D. João III repartiu "o Estado de Santa Cruz, chamado vulgarmente Brasil, em diferentes capitanias"[2] e que estas eram "gouuernaçõis na forma que os Reis primeiros fizerão pouoar as Ilhas achadas no mar Oceano".

A criação das capitanias hereditárias nas terras do Brasil teve três motivações: "a recompensa do mérito próprio ou herdado do súbdito beneficiado, a prossecução de estratégias oficiais de ordem política e económica, e a satisfação de obrigações à defesa e progresso da Fé"[3] e seguiu a lógica das mercês remuneratórias dadas aos fidalgos em troca dos serviços prestados.[4] Conforme Gândavo, o monarca escolheu "pêra o gouerno de cada hua delas vassallos seus de sangue & merecimento em que cabia esta confiança".[5]

A instituição das capitanias hereditárias foi caracterizada por diversos autores, filiados a diversas concepções historiográficas, como uma forma feudal de organização da colonização portuguesa das terras do Brasil. Varnhagem chamou-a de "meios feudais", Calmon titulou o capítulo do seu estudo sobre elas de "solução feudal" e, Eulália Maria Lahmeyer Lobo afirmou "o seu caráter feudal" para citar alguns respeitáveis historiadores. Por trás dessa discussão, no nosso entendimento, existe a confusão entre duas instituições

---

[2] "Vida del Rey Dom João III de Portugal tirada da chronica de seu tempo, scripta por António de Castilho – do Conselho del Rey nosso s.ᵒʳ MDLXXXIX" (RAU, Virgínia; SILVA, Maria Fernanda Gomes da. *Os manuscritos do Arquivo da Casa de Cadaval respeitantes ao Brasil*: 1 v. Coimbra: Ed. da Universidade de Coimbra, 1955. p. 4).

[3] SALDANHA, António Vasconcelos de. *As capitanias do Brasil*: antecedentes, desenvolvimento e extinção de um fenômeno Atlântico. Lisboa: CNCDP, 2001. p. 96.

[4] OLIVAL, Fernanda. *As ordens militares e o estado moderno*. Lisboa: Estar Ed., 2001.

[5] GANDAVO, Pero de Magalhães. *História da Província de Sãcta Cruz*. Lisboa: Officina de Antonio Gonsalues, 1576. p. 11v.

medievais europeias – o feudo e o senhorio – que, apesar de diferentes, na maioria das vezes, na Europa medieval, existiam unidos e, em Portugal, apresentou um desenvolvimento bem particular.[6] Por isso, entendemos as capitanias hereditárias constituídas na América colonial portuguesa como António Vasconcelos de Saldanha. Segundo ele, as capitanias se caracterizavam como "senhorios eminentemente jurisdicionais"[7] e, em decorrência dessa natureza, a autoridade do donatário,

> englobava, para além de funções de mera administração da propriedade particular, a arrecadação das rendas, a nomeação ou confirmação – quando concedida – de funcionários concelhios, o servir de elo máximo de contacto com o monarca, e, num período primário, específicas funções de comando militar. No somatório destas atribuições tem também um inegável peso a faculdade de distribuir terras em 'sesmarias'.[8]

A doação da capitania estabeleceu entre o monarca e os donatários uma ligação que tinha o formato do relacionamento existente entre um senhor e um vassalo fruto da concessão "a título precário ou perpétuo, de bens ou proventos acompanhados da concessão de poderes públicos"[9] impondo-se ao donatário laços de obediência que sujeitam qualquer vassalo, além de determinados serviços e obrigações. Por isso, essas doações estavam enquadradas "na categoria de bens das 'grandes regalias', inalienáveis pelo Monarca e unicamente susceptíveis de delegação ou doação".[10] A dupla face

[6] Ver MATTOSO, José; SOUSA, Armindo. Solidariedade: a vassalagem. In: MATTOSO, José; SOUSA, Armindo. *História de Portugal*: a monarquia feudal (1096-1480). Lisboa: Editorial Estampa, 1997. v. 2, p. 162.
[7] SALDANHA, António Vasconcelos de, op. cit., p. 49.
[8] Ibid., p. 49-50.
[9] Ibid., p. 57-58.
[10] Ibid., p. 47.

das capitanias hereditárias – senhorio territorial e jurisdicional – obtidos por meio de doação régia, envolvia,

> faculdades de natureza pública, em que se avantaja a do exercício da justiça nas suas duas facetas civil e criminal e com um largo espectro de faculdades inerentes, como seja a nomeação de magistrados e oficiais, bem como a percepção de uma série de réditos derivados do exercício daquela mesma jurisdição.[11]

A natureza senhorial e jurisdicional das capitanias transparece nas cartas de doação e, uma vez doada a sua governança, era transferida toda jurisdição, poder e alçada. Além disso, como mercê régia, fruto da confiança do monarca, na capitania, não podia entrar, em tempo algum, corregedor, nem alçada, pois, pela doação, o donatário não poderia ser "suspenso da dita capitania e governança e jurisdição dela" só podendo ser impedido ou julgado por quem lhe fez a doação e mercê, o monarca português.

A doação da capitania se fazia na forma de "juro e de herdade para todo sempre pelo dito capitão e governador e seus descendentes"[12] começando e privilegiando os filhos e filhas, com preferência dos herdeiros homens e, na sua falta, os parentes, alcançando até os bastardos. O donatário estava impedido de "cambiar, espedaçar, nem em outro modo nem alhear, nem em casamento a filho ou filha, nem a outra pessoa dar" a capitania, e, a sua governança, pois, segundo a carta de doação, foram "dadas hão de ser sempre juntas e se não partam nem alienem em tempo algum". Sendo assim, aquele que a dividir, alienar ou desmembrar perde a "capitania e governança, e passe diretamente àquele a que houvera de ir pela ordem do suceder".

---

[11] SALDANHA, António Vasconcelos de, op. cit., p. 55.
[12] TAPAJÓS, Vicente Costa Santos. *A política administrativa de D. João III*. Brasília, DF: Ed. UnB; FUNCEP, 1983. p. 158. Também as citações seguintes desse parágrafo.

A doação em juro e herdade garante que, mesmo que o donatário perca a "capitania, governança, jurisdição e rendas dela, a não perca seu sucessor, salvo se for traidor à Coroa destes reinos". Por fim, os direitos que eram transferidos aos donatários pelas doações das capitanias, davam a eles de três tipos de rendimento:

> [...] as rendas derivadas do próprio exercício da autoridade ou faculdades dos capitães (como as pensões dos tabeliães, p. ex.) e as pensões fixas cobradas sobre actividade de serras de água, e os chamados direitos exclusivos, como o dos fornos ou da venda do sal; as rendas directamente calculadas e cobradas em função dos réditos reais, como a 'redízima'; as rendas de carácter meramente territorial, decorrentes da exploração das terras próprias dos capitães.[13]

As capitanias eram regulamentadas pela Carta de doação e pelo Foral, documentos fundamentais para o entendimento do seu funcionamento, dos direitos e das obrigações do donatário. As cartas de doação eram os diplomas constitutivos das capitanias e estabeleciam o conjunto dos direitos transferidos pela Coroa portuguesa aos donatários.[14] Era um documento padrão, que, como observou um jurista português do final do século XVIII, repetia as mesmas cláusulas: "um formulário de chavão que inseriu em todas"[15] um mesmo e "redundante formulário acomodado ao Fidalgo ou não Fidalgo, sem outra diferença do que ser Baía ou Pernambuco,

---

[13] SALDANHA, António Vasconcelos de, op. cit., p. 50.
[14] A que se ressaltar que a transferência dos direitos se fazia de juro e herdade para todo sempre, ou seja, perpetuamente e para os sucessores, conforme SALDANHA, António Vasconcelos de, op. cit., p. 106.
[15] Ibid., p. 71.

Francisco ou Duarte".[16] Os Forais completavam as cartas de doação e eram concedidos simultaneamente. O Foral era uma "Escritura authentica ou livro, em que estão registrados os direitos, & tributos Reaes"[17] como podemos ver no Foral dado a Duarte Coelho onde está dito que "por ser muito necessário haver aí foral dos direitos, foros e tributos e coisas, que se na dita terra hão de pagar, assim do que a mim e à coroa de meus reinos pertencerem, como do que pertencerem ao dito capitão".[18]

Poucos são os estudos atuais sobre as capitanias criadas na América lusa. Nos trabalhos elaborados no século XIX surgiram as críticas ao formato adotado pela monarquia portuguesa para a realização inicial da ocupação do seu espaço americano. Por trás dessas críticas, com ênfases diferentes, ganha corpo a ideia de que a descentralização do modelo das donatarias era um mal, resolvido em 1548, com a centralização e a criação do Governo-Geral. Nessa direção também vão os trabalhos de Varnhagen e Pedro Calmon que, ao abordarem a criação do Governo-Geral, atribuem à decisão da monarquia portuguesa de "delegar parte de sua autoridade em todo o Estado do Brasil num governador-geral que pudesse coibir os

---

[16] Loc. cit. As cartas de doação apresentavam no seu início os objetivos da divisão das terras em capitanias anunciando, a pretensão de "ser a minha costa e terra do Brasil mais povoada do que até agora foi assim para se nela haver de celebrar o culto e ofícios divinos e se exaltar a nossa santa fé católica". Em seguida, indicavam o "muito proveito que se seguirá a meus reinos e senhorios e assim naturais e súditos deles de se a dita terra povoar e aproveitar". Por fim, era apresentada uma vaga delimitação geográfica da capitania pelo pouco conhecimento do território e a concessão dos títulos do donatário "e todos seus herdeiros e sucessores que a dita terra herdarem e sucederem se possam chamar e chamem capitães e governadores" (TAPAJÓS, 1983, p. 153).

[17] BLUTEAU, D. Raphael. *Vocabulario portuguez e latino*. Rio de Janeiro: Universidade do Estado do Rio de Janeiro, [s.d.]. v. 4, p. 166. CD-ROM.

[18] TAPAJÓS, 1983, p. 161. Todas as citações feitas a seguir entre aspas, são retiradas desses dois trabalhos.

abusos e desmandos dos capitães-mores donatários",[19] nas palavras de Varnhagen. Ou, conforme Pedro Calmon, ao "insucesso de várias capitanias, que se perdiam para os donatários",[20] atuou o governo português para "edificar uma fortaleza, posta sob as ordens de governador, que fosse igualmente das outras terras do Brasil".[21]

A organização política das conquistas portuguesas da América na forma de capitanias hereditárias, nos espaços em que, com diferentes abrangências e profundidades, a colonização se estabeleceu, sofreu suas primeiras alterações com a criação do Governo-Geral em 1548, que passamos a analisar a seguir.

Restringindo poderes e ampliando a colonização: o Governo-Geral e as capitanias

A criação do Governo-Geral em 1548 ocorreu quando já estavam instituídas as capitanias hereditárias[22] cuja existência nas terras do Brasil, implicou na concessão de jurisdição a particulares que, "efectivamente nunca contradisse em absoluto o exercício da suprema jurisdição do Monarca",[23] determinando que, o poder "dos capitães-donatários, se exerceu em clara consonância e patente subordinação ao mando real".[24] Assim sendo, pelas leis e pela vontade régia, as capitanias hereditárias foram enquadradas e submetidas,

---

[19] VARNHAGEN, Francisco Adolfo. *História geral do Brasil*: tomo primeiro. São Paulo: Edições Melhoramentos, 1975. p. 232.
[20] CALMON, Pedro. *História do Brasil*: v. 1. Rio de Janeiro: José Olympio, 1959. p. 216.
[21] Loc. cit.
[22] COSENTINO, Francisco Carlos. Construindo o Estado do Brasil: instituições, poderes locais e poderes centrais. In: FRAGOSO, João; GOUVÊA, Maria de Fátima (Org.). *O Brasil colonial, 1443-1580*: v. 1. Rio de Janeiro: Civilização Brasileira, 2014. p. 528-542.
[23] SALDANHA, António Vasconcelos de, op. cit., p. 364.
[24] Loc. cit.

quando da criação do Governo-Geral, como podemos entender da carta-patente de Tomé de Sousa.

Quando da nomeação de Tomé de Sousa, em sua carta-patente, a monarquia portuguesa revogou os poderes concedidos aos donatários. Na patente de Tomé de Sousa o monarca informa aos "capitães e governadores das ditas terras do Brasil ou a quem seus carregos tiverem e aos oficiais da justiça e de minha fazenda em elas e aos moradores das ditas terras e a todos em geral e a cada hum em especial"[25] que reconheçam Tomé de Sousa como "capitão da dita povoação e terras da Baya e governador-geral da dita capitania e das outras capitanias e terras da dita costa"[26] e que o "obedeção e cumprão e fação o que lhes o dito Thomé de Sousa de minha parte requerer e mandar segundo forma dos regimentos e provisões minhas que pêra isso leva e lhe ao diante forem enviadas".[27]

Até 1640, as cartas-patente dos governadores mantiveram esses termos. Entretanto, deve ser ressaltada a argumentação empregada pelos reis para restringir os direitos delegados aos donatários. Utilizando cartas diferentes para apresentar essa situação, observamos que o monarca, depois de listar os poderes que detinham os donatários, explica que, por quanto "muitas e justas causas e respeitos que me a isso movem o hei ora por bem de minha certa ciência por esta vez e nestes casos pera haver efeito todo o conteúdo na alçada regimentos e provisões que [o governador] leva e ao diante lhe mandar",[28] concluindo que derrogava, "como de efeito hei por derrogadas as ditas doações e todo o conteúdo nelas

---

[25] ANTT – Chancelaria de D. João III – Livro 55, fol. 120v.
[26] Loc. cit.
[27] ANTT – Chancelaria de D. João III – Livro 55, fol. 120v.
[28] Carta-patente de Gaspar de Sousa (1612), ANTT - Chancelaria Felipe II. Livro 29. O conteúdo e os termos usados nas cartas são praticamente os mesmos, por isso, vamos usar patentes diversas.

enquanto forem contra as cousas declaradas nesta carta e na dita alçada regimentos e provisões"[29] que os governadores levam. Em todas as patentes se repetia a capacidade régia de revogar os poderes concedidos recorrendo ao direito e as ordenações que indicava que se fizesse "expressa menção em especial derrogação às quais hei por expressas e declaradas como se de verbo ad verbum fossem nesta carta incorporadas sem embargo de quaisquer direitos leis e ordenações que aja em contrario e da ordenação do 2º Lº tittº 44".[30]

A carta-patente do Marques de Montalvão (1640)[31] não trouxe os argumentos apresentados pelas anteriores. A derrogação dos poderes concedidos aos donatários, presente até então, foi substituída por uma fórmula na qual todos estavam submetidos ao poder do governador-geral.[32] Por toda a sua carta-patente à fórmula utilizada é a de poder superior sobre todos no que diz respeito às questões militares, de fazenda e de justiça, sem menção direta aos direitos

---

[29] Carta-patente de Diogo de Mendonça Furtado. ANTT - Chancelaria Felipe III. Livro 2, fol. 157v.

[30] Loc. cit. A lei que consta da Ordenação, "diz que se não entenda ser pro mim derogada ordenação algua se da sustanciadella se não fizer expressa menção e declaração". Ver ORDENAÇÕES MANUELINAS. *Ordenaçoens do Senhor Rey D. Manuel*. Coimbra: Real Imprensa da Universidade, 1797. Livro II, p. 242; e, ALMEIDA, Cândido Mendes de (Ed.). *Código Philippino ou ordenações e leis do Reino de Portugal recopiladas por mandado d'el rey d. Philippe I*. Tomo II. Rio de Janeiro: Typographia do Instituto Philomathico, 1870. p. 467.

[31] ANTT - Chancelaria Felipe III. Livro 28, fol. 297.

[32] Montalvão foi enviado como vice-rei e tem-se dito que trouxe esse título para negociar em igualdade com Maurício de Nassau. Acreditamos que os Felipes pretendiam instituir o vice-reinado no Estado do Brasil. Sua carta-patente – "e tudo o que por ele de minha parte vos for mandado cumprais e façais intrªmente com aquella diligencia e cuidado que de vos confio como fizereis se por mim em pessoa vos fosse mandado" (ANTT - Chancelaria Felipe III. Livro 28, fol. 297) – utilizava a mesma fórmula empregada para os vice-reinados espanhóis: "nossa Real pessoa" (RECOPILACION de leyes de los reynos de las Índias. Tomo I, libro III, tit. II. Madrid: INBOE, 1998. p. 543). Os mesmos termos da patente de Montalvão estão na patente do conde de Óbidos: "como o fizeres se por mim em pessoa vos fora mandado" (BNRJ – SM. 1, 2, 5). Óbidos veio como vice-rei, pois, como havia sido no Estado da Índia, não poderia vir com um cargo menor conforme a hierarquia social dessa época.

desfrutados pelos donatários hereditários, como nas patentes dos governadores anteriores.

Esse foi o conteúdo seguido pelas cartas-patente posteriores a Restauração: reconhecendo a proeminência dos governos oriundos de nomeação régia e a crescente secundarização da autoridade governativa dos donatários hereditários. Esse foi o formato e o conteúdo da carta-patente de António Teles da Silva, primeiro governador-geral enviado pelo governo bragantino, onde estava dito que ele podia usar da "jurisdição, alçada, poderes, proeminências, liberdades & prerrogativas que lhe tocam & que tiveram & que usaram os outros governadores do dito Estado do Brasil seus antecessores",[33] em seguida, depois de afirmar que o governador poderá "usar dos mesmos regimentos & provisões de q' eles usaram [os outros governadores] e dos mais q eu lhe mandar dar",[34] indica que "todos capitães & governador das capitanias do dito Estado & aos mestres de campo sargentos mores Capitães de infantaria soldados & gente de guerra oficiais de justiça e de minha fazenda q' hora nele me estão servindo & ao diante servirem"[35] devem obediência ao governador-geral e "cumpram & guardem inteiramente seus mandados & ordens como devem & são obrigados".[36]

Concluindo, as cartas-patente do Governo-Geral do Estado do Brasil, ao longo do século XVII, indicam que os donatários

---

[33] ANTT – Chancelaria de D. João IV, Livro 10, 354v.

[34] Loc. cit. O conteúdo das cartas dos governadores que o sucederam é o mesmo até Roque da Costa Barreto. Esse governador trouxe um novo regimento, empregado até 1808, e a forma e conteúdo da sua carta-patente é diferente, como veremos a seguir. Sobre esse regimento ver: COSENTINO, Francisco Carlos. *Governadores gerais do Estado do Brasil (séculos XVI-XVII)*: ofício, regimentos, governação e trajetórias. São Paulo: Annablume; Fapemig, 2009. p. 245-303.

[35] Carta-patente de António Teles de Meneses – BNRJ – SM. 1, 2, 5. Estou mesclando trechos de cartas de governadores diferentes para demonstrar ser o conteúdo absolutamente o mesmo.

[36] Carta-patente de D. Jerônimo de Ataíde – ANTT – Chancelaria de D. João IV, Livro 26, fol. 23.

hereditários não eram mais figuras proeminentes na ação de governo das capitanias ou os seus locotenentes, mesmo que alguns desses senhorios continuassem a existir e os seus donatários, algumas vezes, interferiam no provimento de ofícios e recebessem seus rendimentos.[37] Todas as cartas-patente afirmam a supremacia da autoridade dos governadores-gerais sobre todos os outros servidores providos ou não pela monarquia portuguesa no Estado do Brasil, como bem está expresso na patente de Roque da Costa Barreto, que indicava aos governadores e capitães-mores e demais servidores da monarquia que "lhe obedecerão e guardarão suas ordens assim no militar como no civil e político", assim como, "os ministros e oficiais de justiça guerra e fazenda, chanceler, desembargadores, e governadores do Rio de Janeiro, e Pernambuco e das mais capitanias subordinadas ao governador-geral tudo na forma de meus regimentos".[38]

Dessa forma, a tendência manifestada desde o período filipino de marginalizar das tarefas governativas os donatários das capitanias do Estado do Brasil, se aprofundou com os primeiros monarcas bragantinos nas cartas-patente emitidas e ganhou forma mais elaborada com os regimentos elaborados ao longo dos Seiscentos. Foram regimentos produzidos para ordenar os governos ultramarinos. Reproduziram a subordinação ao Governo-Geral das capitanias principais e das anexas, das capitanias reais e das de donatário, num esforço organizador realizado pela monarquia portuguesa e seus oficiais maiores no Estado do Brasil. Foram esses regimentos: o dos capitães mores elaborado no governo do conde de

---

[37] A monarquia portuguesa assumiu algumas capitanias hereditárias passando a considera-las como reais. Os diversos donatários iniciaram uma longa pendenga judicial com a monarquia e tiveram seus direitos reconhecidos, obrigando a monarquia portuguesa a indeniza-los de formas diversas até o período pombalino que aboliu esses senhorios. Ver: SALDANHA, António Vasconcelos de, op. cit., p. 134-138, 387-435.

[38] ANTT – Registro Geral das Mercês. Chancelaria de Afonso VI. Livro 29, fol. 116v-117.

Óbidos (1663); e, aqueles elaborados pela monarquia bragantina para o Governo-Geral (o regimento de Roque da Costa Barreto, 1677), e para o governo das capitanias principais (capitania de Pernambuco, 1670; capitania do Rio de Janeiro, 1679).

No governo do vice-rei D. Vasco de Mascarenhas, conde de Óbidos, foi feito o "Regimento que se mandou aos Capitães-mores das Capitanias deste Estado"[39] porque eram "grandes os inconvenientes que resultam de os Capitães-mores das Capitanias deste Estado não terem Regimento que sigam".[40] A submissão das capitanias fossem elas, reais ou de donatários, e a autoridade do governador-geral está presente em várias passagens e, explicitamente no seu parágrafo 3º, encontramos: "Terá o Capitão-mor entendido, que nenhuma Capitania das do Estado, ou seja Del-Rei meu Sr ou Donatario é subordinada ao Governo de outra Capitania de que seja vizinha: e todas são imediatas e sujeitas a este geral: por cujo respeito só dele há de aceitar o Capitão-mor as ordens".[41]

Por sua vez, os regimentos do Governo-Geral, desde o primeiro, o de Tomé de Sousa, estabeleceram a supremacia do Governo-Geral e a submissão dos governos das capitanias. Essa supremacia pode ser percebida na instrução que dizia que, se "algum Capitão das Capitanias daquelle Estado cometa alguma força violencia, ou extorsão publica e notória",[42] deve o governador-geral prover "logo na governança e guarda das Capitanias pessoas de confiança enquanto assim estiverem suspensos os capitaens e me

---

[39] DOCUMENTOS HISTÓRICOS DA BIBLIOTECA NACIONAL DO RIO DE JANEIRO, v. 5, p. 374.
[40] Loc. cit.
[41] Ibid., p. 375-376.
[42] Regimento de Diogo de Mendonça Furtado (1621). APEB, S.C., estante 1, caixa 146, livro 264, fol. 106.

avisareis de tudo o que nisto se fizer".[43] Era explícita a orientação para que o governador-geral controlasse a jurisdição dos donatários, preocupação que ganhou forma no regimento de Gaspar de Sousa e se repetiu, com pequenas alterações, até o Regimento de Roque da Costa Barreto. No de Diogo de Mendonça Furtado instruía,

> Assim como convém a meo serviço não deixardes de tomardes Donatários mais jurisdição da que lhe pertencer por suas doaçoens e terdes nella muita vigilância e advertencia assim mesmo hei por bem que vos não tomeis a sua nem consintaes que os meos Officiaes de Justiça lhe tomem nem quebrem seos privilegios e doaçoens antes em tudo o que lhe pertencer lhe fareis cumprir e guardar.[44]

O regimento de Roque da Costa Barreto (1677), síntese dos regimentos anteriores, empregado para ordenar o Governo-Geral e os vice-reinados até 1808, apresentava, quanto aos donatários, capítulos com conteúdo semelhante. Esse foi um momento no qual a ordem política administrativa se tornou mais complexa, com um maior número de capitanias e, entre elas, a proeminência das capitanias de Pernambuco e do Rio de Janeiro. Era necessário ordenar e esse regimento definiu o relacionamento do Governo-Geral com as diversas capitanias. Conforme era estilo da prática jurisdicional da época, o regimento de Roque da Costa Barreto incorporou os regimentos dos capitães-mores e dos governadores de capitanias (Rio de Janeiro e Pernambuco) e isso pode ser constatado na passagem que indicava, conforme "o disposto nos mais Regimentos dos Governadores e Capitães-Mores seus subordinados".[45]

---

[43] Loc. cit.
[44] Ibid., fol. 108.
[45] MENDONÇA, Marcos Carneiro de. *Raízes da formação administrativa do Brasil*. Rio de Janeiro: IHGB, Conselho Federal de Cultura, 1972. p. 753.

Quanto aos donatários, esse regimento aborda sua submissão com um formato mais preciso e adequado a uma conquista ultramarina que cresceu, tornou-se mais complexa e caminhava para se tornar a principal parte da monarquia pluricontinental portuguesa. Por isso, assim era tratada essa questão,

> Assim como convém a meu serviço não deixar tomar aos Donatários mais jurisdição que a que lhes pertence, por supor suas doações, e ter-se nela muita vigilância e advertência, assim mesmo, hei por bem que o Governador lhes não tome a sua, nem consinta que os Ministros da Justiça, Fazenda, e Guerra, lh'a tomem, nem quebrem seus privilégios, nem doações, antes em tudo, o que lhes pertencer, fará o dito Governador cumprir e guardar; porém, terá entendido que mandará observar inviolavelmente o que se dispõe no capítulo 25º deste Regimento sobre a jurisdição dos Donatários e forma em que devem ser providas suas Capitanias.[46]

A instrução refinou a orientação para manutenção dos espaços próprios da jurisdição dos donatários e governadores das capitanias, preservando a jurisdição real. Ressaltou o controle do governador sobre os oficiais da fazenda, justiça e guerra, como também demarcou certos poderes dos governantes das capitanias. Na prática o regimento de 1677 reconheceu as particularidades existentes entre as capitanias principais e as anexas e estabeleceu, na hierarquia de autoridade entre as capitanias, que as principais de Pernambuco e do Rio de Janeiro podiam prover a serventia de ofícios por um tempo: "de Pernambuco por três meses somente, e o do Rio de Janeiro por seis".[47] Por sua vez, era o regimento explícito quanto

---
[46] Ibid., p. 802.
[47] Ibid., p. 803.

à autoridade dos governadores-gerais sobre os governadores das capitanias principais do Rio de Janeiro e Pernambuco e estabelecia que "os ditos governadores são subordinados ao Governador Geral, e que hão de obedecer a todas as ordens que ele lhes mandar, dando-lhe o cumpra-se, e executando-as", da mesma forma que "aos mais Ministros de Justiça, Guerra, ou Fazenda".[48]

O que estava indicado no regimento dos capitães-mores e do Governo-Geral quanto à subordinação dos governos das capitanias do Estado do Brasil, também estava registrado no regimento do governador de Pernambuco (Fernão de Sousa Coutinho, 1670)[49] e no do Rio de Janeiro (Manuel Lobo, 1679).[50] Utilizando como exemplo o regimento do governador da capitania do Rio de Janeiro, com a exceção já assinalada anteriormente a respeito do provimento de ofícios, que o governador dessa capitania poderia fazer por seis meses para "não parar o curso dos negócios pertencentes à Justiça e Fazenda",[51] deveria o governador da capitania dar "conta ao Governador Geral do Estado, tanto que vagarem, e provendo ele os tais ofícios nas pessoas que vos apresentarem os tais Provimentos, lhes poreis o cumpra-se".[52] Deveria também o governador do Rio de Janeiro, segundo seu regimento, enviar "informação dos sujeitos beneméritos que houver no [...] governo, para que sendo tudo presente ao Governador, me proponha três pessoas que lhe parecer,

---

[48] MENDONÇA, Marcos Carneiro de, op. cit., p. 804.

[49] RAU, Virgínia; SILVA, Maria Fernanda Gomes da, op. cit., p. 200-207.

[50] MENDONÇA, Marcos Carneiro de, op. cit., p. 901-910. Quanto ao regimento do governo da capitania de Pernambuco seguimos as afirmações de Veríssimo Serrão que o regimento dado ao governador do Rio de Janeiro, Manuel Lobo, em 1679 foi elaborado com as mesmas preocupações ordenadoras e perenes que nortearam o regimento de Barreto, assim como, o regimento dos governadores de Pernambuco (SERRÃO, Joaquim Veríssimo. *História de Portugal*: a restauração e a Monarquia Absoluta (1640-1750). 2. ed. Lisboa: Editorial Verbo, 1982). v. 5.

[51] MENDONÇA, Marcos Carneiro de, op. cit., p. 905.

[52] Loc. cit.

para o dito posto"⁵³ de guerra, além de, quando sucediam "algumas cousas que por este Regimento não vão providas e cumprir fazer-se nele obra",⁵⁴ deveria dar conta do que foi feito ao governador-geral e ao monarca.

Hierarquia política entre as capitanias

O relacionamento entre o Governo-Geral e os governos das capitanias do Estado do Brasil é um tema pouco frequentado pela historiografia e por isso, apresentam um conjunto de lacunas a respeito do estatuto das diversas capitanias dessa parte do ultramar. É sobre essas lacunas que pretendemos tratar a seguir, caracterizando as capitanias hereditárias e régias, as capitanias principais e anexas e as relações entre elas.

Criadas como hereditárias, senhorios doados pelos monarcas para realização inicial da atividade de povoamento e colonização, poucas capitanias foram ocupadas pelos seus donatários e, com isso, continuaram hereditárias.⁵⁵ Após 1640, outras capitanias hereditárias foram criadas, como a de Cabo Frio e da Paraíba do Sul/Campos dos Goitacazes. As capitanias que continuaram hereditárias, após a Restauração passaram a desfrutar de estatutos diversos. Algumas tiveram sua condição de senhorios mantidos enquanto outras, como a capitania de Pernambuco, passaram unilateralmente para controle

---

⁵³ MENDONÇA, Marcos Carneiro de, op. cit., p. 905.
⁵⁴ Ibid., p. 908.
⁵⁵ COSENTINO, Francisco Carlos. Hierarquia política e poder no Estado do Brasil: o Governo-Geral e as capitanias, 1654-1681. *Topoi*, Rio de Janeiro, v. 16, n. 31, p. 515-543, jul./dez. 2015.

régio, sob o argumento de terem sido retomadas aos estrangeiros invasores pelo monarca e pelos seus vassalos.[56]

A existência desses senhorios, como disse anteriormente, não excluía seus donatários da subordinação ao poder dos monarcas, consoante os princípios do direito em vigor no Portugal do Antigo Regime.[57] Com o Governo-Geral, a Coroa interveio na vida interna das capitanias "seja na sua faceta política, como na económica ou jurisdicional em termos que não admitem dúvidas quanto a limitação profunda que sofreu a ação dos donatários".[58] Tornaram-se essas capitanias um senhorio de "contentamento do Donatário",[59] conforme a posição do Procurador da Coroa a respeito dos direitos dos marqueses de Cascais sobre a capitania de Itamaracá e que repercutiu nas incorporações das outras donatarias do Estado do Brasil. Eram terras que propiciavam "renda por sua doação e pelo estado da terra, acrescentando-se também o que podia valer

---

[56] As capitanias que tiveram seu estatuto hereditário ignorado, como Pernambuco, os seus donatários e herdeiros sustentaram ações na justiça contra o monarca visando recuperar seus direitos. Nos argumentos expostos na representação feita pelos condes do Vimioso, donatários de Pernambuco, contra a monarquia, alguns dos argumentos utilizados em favor dos seus direitos pela capitania. Listando 10 argumentos, o documento diz, em alguns, que "[...] Em o sexto, que o Principe he obrigado a observar a dita Doaçam, como nelle se contem, e não só a não pode alterar, mas a deve mandar cumprir não só pela rezam da justiça, conveniencia publica, rezão de estado, mas pela obrigaçam da promessa, e concessam, que obriga nam só ao Snôr Rey, que a fez; mas a todos seus successores. Em o Septimo, q' os Senhores Condes Authores são verdadeiros successores destes bens, e Capitania, ainda que a Sra Condeça seja femea. Em o Octavo, que o Principe he obrigado a mandar restituir estes bens a os Senhores Condes Authores, ainda que os recuperasse do inimigo Olandes" (BIBLIOTECA NACIONAL DE LISBOA. FG 1034. *Allegaçam de dereito por parte dos senhores condes do Vimiozo sobre a svccessam da capitania de Pernambvco....* Officina da Universidade, Évora, 1671, fol. 5).

[57] "[...] foram dezoito as donatarias aqui instituídas no século XVI e apenas quatro as da Coroa. No século XVII criaram-se doze donatárias nos Estados do Brasil e do Maranhão (seis em cada um), e apenas mais cinco Capitanias reais" (VIANA, Hélio. Liquidação das donatarias. *Revista IHGB*, v. 273, p. 147-156, out./dez. 1966. p. 148).

[58] SALDANHA, António Vasconcelos de, op. cit., p. 365.

[59] Ibid., p. 409.

o jurisdicional e honorífico".[60] Com a Restauração, passamos a ter aquilo que Felisbello Freire chamou de "transformação do regime das donatarias em capitanias políticas".[61] Ou seja, permaneceram as capitanias como senhorios de seus donatários, governadas e administradas, porém, por provimento régio, com capitães-mores indicados pelos donatários em lista tríplice para escolha régia, e, na ausência da manifestação senhorial e confirmação régia, os provimentos eram feitos pelos governadores-gerais.

Os territórios que não foram ocupados pelos seus donatários, inclusive à Bahia, adquirida aos herdeiros do donatário quando da criação do Governo-Geral, tornaram-se capitanias régias. Esses eram os territórios onde os objetivos "que presidiram aos actos régios constitutivos das capitanias: distribuição da terra, colonização, propagação da fé",[62] não foram realizados pelos seus donatários, mas pela iniciativa dos monarcas e seus representantes.

Nas capitanias de donatários ou nas do monarca, o provimento dos diversos ofícios para os governos – governadores para Pernambuco e Rio de Janeiro e capitães-mores para as restantes – era feito pelo rei, de acordo com as Ordenações do reino e como produto dos poderes advindos da regalia.[63] Os governadores das capitanias foram sempre nomeados pelo rei e, os capitães mores, majoritariamente nomeados pelo monarca. Como ofícios de governo,

---

[60] SALDANHA, António Vasconcelos de, op. cit., p. 409.
[61] FREIRE, Felisbello. *História territorial do Brasil*: 1º v. (Bahia, Sergipe e Espírito Santo). Salvador: Secretária da Cultura e Turismo; Instituto Geográfico e Histórico da Bahia, 1998. p. 10.
[62] SALDANHA, António Vasconcelos de, op. cit., p. 364.
[63] Ver Código Filipino ou Ordenações e Leis do Reino de Portugal, Segundo Livro, Título XXVI, Dos Direito Reais. Brasília: Edições do Senado, 2004, p. 440-443. De acordo com Bluteau, a palavra Rei, "quando se refere a dignidade Real, denota jurisdição sobre todos os que vivem no seu reyno" (BLUTEAU, [s.d], v. 7, p. 208), inclusive quanto ao provimento dos ofícios, inclusive os mais elevados, como eram o de governador das partes ultramarinas.

os capitães-mores exerciam um cargo hierarquicamente cimeiro na sua capitania e detinham poderes de governo que os sujeitavam ao *pleito & menagem*,[64] por isso, na sua grande maioria, eram providos pelo monarca. Entretanto, na sua ausência, podiam os governadores-gerais emitir carta-patente para esse ofício até que a nomeação régia acontecesse.

Nas capitanias de donatário, após a Restauração, os capitães-mores eram nomeados pelo monarca a partir de lista tríplice apresentada pelo donatário, prática que foi seguida até a extinção das donatarias no século XVIII. Segundo António Vasconcelos de Saldanha, foi a partir de 1640 que se colocou na alçada régia a nomeação dos capitães-mores das capitanias de donatário. Conforme reza uma certidão do Conselho Ultramarino de 23 de Outubro de 1677, pedida à Secretaria desse órgão pelo Marquês de Cascais, capitão de S. Vicente, podemos identificar quando esse procedimento passou a ser adotado. A certidão do Conselho indicava que,

> por conveniência de serviço e outras razões particulares que o moveram mandou por resolução do 1º de Fevereiro de 1649 que os ditos Donatários das tais Capitanias nomeassem três sujeitos, apresentando a nomeação no Conselho Ultramarino donde por consulta subia a S. Majestade que aprovava um dos ditos sujeitos e sempre era o que ia em primeiro lugar, por serem estes os mais capazes, e em virtude da dita nomeação se lhe passava patente assinada pela mão

---

[64] Sobre essa cerimônia essencial no provimento dos cargos detentores de poder no Portugal do Antigo Regime ver: COSENTINO, Francisco Carlos. O ofício e as cerimônias de nomeação e posse para o Governo-Geral do Estado do Brasil (séculos XVI e XVII). In: BICALHO, Maria Fernanda; FERLINI, Vera Lúcia Amaral (Org.). *Modos de governar*: ideias e práticas políticas no Império português: séculos XVI a XIX. São Paulo: Alameda, 2005. p. 137-155.

real e o Capitão nomeado dava homenagem na forma do estilo, o que desde então até o presente se observa."⁶⁵

O provimento de capitães-mores para a capitania de São Vicente, donataria dos marqueses de Cascais, exemplifica os procedimentos de provimento desse ofício. Em 28 de maio de 1656, em razão da morte do capitão-mor Gonçalo Couraça de Mesquita, D. Jerônimo de Ataíde, conde de Autoguia, nomeia Miguel Quavedo de Vasconcelos "para que como tal o seja, use, e exerça [o cargo de capitão mor] enquanto Sua Majestade o houver assim por bem, ou eu não mandar outra cousa"⁶⁶ com todas "as honras, jurisdição, graças, franquezas, privilégios, preeminências, isenções, e liberdades que lhe tocam, podem e devem tocar a todos os Capitães-mores das Capitanias deste Estado, e de que gozou o dito seu antecessor".⁶⁷ Em 23 de novembro de 1656, a Rainha regente, por sugestão do donatário da capitania, proveu Manuel Sousa da Silva como capitão-mor.⁶⁸ Dois anos depois, em outubro de 1658, o governador Francisco Barreto de Meneses emitiu carta-patente para Jerônimo Pantoja Leitão para que ele pudesse "suceder no Governo da mesma Capitania em caso que o referido Capitão-mor faltasse"⁶⁹ enquanto "Sua Majestade o houver assim por bem, ou eu não ordenar outra cousa, para que como tal o seja, use, e exerça com todas as honras, graças, jurisdição, poder e mais preeminências".⁷⁰ Em 12 de dezembro de 1658, D. Luísa de Gusmão, rainha regente, atendendo a indicação em lista tríplice para

---

[65] SALDANHA, António Vasconcelos de. *As capitanias*: o regime senhorial na expansão ultramarina portuguesa. Coimbra; Madeira: Centro de Estudos de História do Atlântico, 1991. p. 113.
[66] BIBLIOTECA NACIONAL DE LISBOA, v. 31, p. 189-190.
[67] Loc. cit.
[68] AHU - Consultas Mistas, Códice 15, fol. 257v.
[69] BIBLIOTECA NACIONAL DE LISBOA, v. 31, p. 237-238.
[70] Loc. cit.

o governo da capitania de São Vicente, escolheu Manuel de Almeida Falcão.[71]

Essa sequência esclarece os procedimentos para a nomeação dos capitães-mores para as capitanias de donatários. Nomeação régia por três anos, por indicação de lista tríplice apresentada pelo donatário[72] e, na falta de nomeação feita pelo rei, provimento feito pelo governador-geral que, pelo caráter provisório da medida, estabelecia como prazos até que uma nomeação fosse feita pelo monarca,[73] ou então, por nova escolha do governador-geral.

Na América lusa as capitanias eram hierarquizadas em principais e subalternas ou anexas. Caio Prado Junior, um dos poucos a tratar disso,[74] afirmou:

> As capitanias que formavam o Brasil são de duas ordens: principais e subalternas. Estas são mais ou menos sujeitas aquelas; muito, como as do Rio Grande do Sul e Santa Catarina ao Rio de Janeiro, ou

---

[71] AHU – Consultas Mistas, Códice 15, fol. 304v.

[72] Esse é o caso do provimento feito por D. Afonso VI de João Corrêa de Faria, em outubro de 1667, para capitão-mor de São Vicente conforme a indicação do Marquês de Cascais que propôs "para Capitão dela três pessoas na forma de minhas ordens para eu escolher, e nomear a que for servido". A nomeação régia valia "pelo tempo de três anos assim e da maneira que a serviram os mais Capitães seus antecessores na forma das doações do dito donatário", com todos os "proes e percalços que diretamente lhe pertencerem, e gosará de todas as honras, privilégios, isenções preeminências, franquezas, e liberdades que em razão do dito cargo lhe tocarem" (BIBLIOTECA NACIONAL DE LISBOA, v. 23, p. 176).

[73] Na mesma patente citada na nota anterior, o provimento régio indicava que "á pessoa que estiver servindo de Capitão da dita Capitania, e em sua falta, aos oficiais da Câmara dela lhe dem a posse da mesma Capitania, e lhe deixem servir na forma referida" (Ibid., p. 177). O que significa dizer que o provimento régio anulava qualquer outro feito anteriormente.

[74] Encontradas na documentação, Caio Prado Junior, afirma sua existência e diferença, sem entrar em detalhes. O trabalho de António Vasconcelos de Saldanha sobre as capitanias não abordou essa questão.

a do Rio Negro ao Pará; pouco, como a do Ceará, e outras subalternas de Pernambuco.[75]

No Estado do Brasil durante o século XVII tínhamos três capitanias principais, Pernambuco, Bahia e Rio de Janeiro, que eram os territórios de colonização e povoamento mais antigos e de maior desenvolvimento econômico, político e cultural. Foram também, particularmente a capitania de Pernambuco e a da Bahia, os espaços a partir dos quais a colonização e o povoamento dos seus entornos se realizaram e se mantiveram, inclusive, do ponto de vista militar. As capitanias nascidas e, de certa forma, mantidas, por esses três espaços jurisdicionais principais, são as anexas dessas três principais.

A identificação da posição hierárquica, principais e anexas, consta de documentação diversa. Em março de 1654, em consulta do Conselho Ultramarino a D. João IV sobre o governo da capitania de Pernambuco após a expulsão dos holandeses, a sua posição superior é reconhecida ao afirmar-se que, a "dita capitania, que he a principal". Mais importante, pela natureza do documento, são as cartas-patente dos governadores, como a que nomeou Bernardo

---

[75] PRADO JÚNIOR, Caio. *Formação do Brasil contemporâneo*. São Paulo: Brasiliense; Publifolha, 2000. p. 314. O autor trata de Brasil como se apenas essa unidade política existisse – conforme percepção de cunho nacionalista vigente no seu tempo – ignorando as particularidades existentes entre o Estado do Brasil e do Estado do Maranhão, da mesma forma que outros autores. Entretanto, apesar de incompletas, eles nos servem como uma referência. Esse é o caso do trabalho de Sousa que afirma que na véspera da independência, governadas por Capitães-Generaes existiam: "Pernambuco, Bahia, Rio de Janeiro, S. Paulo, Rio-Grande do Sul (compreendendo o governo das Missões do Uruguay), Minas Gerais, Matto-Grosso e Goyaz" (SOUSA, Augusto Fausto de. Estudo sobre a divisão territorial do Brasil. *Revista IHGB*, t. 43, v. 61, 2. pt., p. [29]-113, 1880. p. 44). Além delas, administrados por simples Governadores ou Capitães-móres: "[...] Ceará, Rio-Grande do Norte, Parayba, Alagôas, Sergipe, Espírito-Santo e Santa Catharina" (SOUSA, 1880, p. 42-44). Hélio Viana diz que as capitanias gerais (principais) foram: Pernambuco, Bahia de todos os Santos, Rio de Janeiro e São Paulo e as subalternas: Rio Grande do Norte, Paraíba (autônoma desde 1799), Espirito Santo, Santa Catarina (VIANA, Hélio, op. cit., p. 148).

de Miranda Henriques, governador de Pernambuco em 1667 que indicava ser o provimento para o governo da "capitania de Pernambuco e das mais anexas exceto a da Paraíba e Rio Grande por estarem sujeitas ao governo do Brasil".[76] No regimento de Fernão de Sousa Coutinho, que, como já indicamos anteriormente, ordenou o governo dessa capitania, a fórmula utilizada é "Governador da Capitania de Pernambuco e das mais de sua jurisdição",[77] apesar de, em outras passagens encontrarmos "nessa praça e suas anexas".[78] Também na capitania do Rio de Janeiro encontramos essa situação indicada seja, quando os governadores se apresentavam como governantes do Rio de Janeiro e demais capitanias da Repartição Sul,[79] mesmo quando esta não mais existia ou, como na carta de D. Pedro a Mathias da Cunha, onde, diz o rei: "Mathias da Cunha governador da cidade do Rio de Janeiro e mais terras da jurisdição dessa capitania [...]".[80]

Como já indicamos anteriormente, os governadores das capitanias principais e os capitães-mores das anexas, fossem elas hereditárias ou régias, eram nomeados sempre pelos monarcas, no caso das principais e majoritariamente, no caso das anexas. Os governadores das capitanias principais prestavam o *pleito & menagem* na corte, muitas vezes nas mãos do rei, enquanto a posse

---

[76] ANTT – Chancelaria de D. Afonso VI, Livro 20, fol. 172v.
[77] ABNRJ, v. 28, 1908. p. 121.
[78] Ibid., p. 125.
[79] Ver: RIBEIRO, Mônica da Silva. Divisão governativa do Estado do Brasil e a Repartição do Sul. In: ENCONTRO REGIONAL DE HISTÓRIA ANPUH, 12., 2006, Niterói. *Anais...* Niterói: ANPUH, 2006.
[80] ANRJ – Códice 60, Vol. 2, fol. 61v.

do governo acontecia na capitania, diante da Câmara e principais da localidade.[81]

Nas capitanias anexas, conforme a documentação encontra-se diversas cartas- patente com provimento de capitães-mores que deveriam prestar *pleito & menagem*, assumindo o governo a eles atribuído, nas mãos dos governadores das capitanias principais aos quais estavam sujeitos. Essa é uma das diferenças entre os governadores das capitanias principais e das anexas, eram os primeiros originários de Portugal e para lá retornavam ao final do exercício do governo, eram também fidalgos, detentores de cargos e privilégios no reino, inclusive comendas. Ao passo que, eram os capitães-mores, em número expressivo, indivíduos que viviam na América lusa e aqui fizeram sua carreira, muitos tendo servido na guerra em Pernambuco. Eram pessoas honradas, mas nem sempre fidalgos.

Finalizando, esses são apontamentos iniciais a respeito de uma questão pouco analisada pela historiografia. Suas conclusões iniciais permitem estabelecer parâmetros para continuar a investigação e aprofundar as caracterizações sobre as relações entre o Governo-Geral e os governos das capitanias, sejam elas principais ou anexas e, em trabalhos vindouros, resultado das investigações que estamos fazendo, poderemos identificar elementos mais consistentes a respeito da hierarquia de poder existente entre os governos do Estado do Brasil.

---

[81] Exemplificamos com a carta-patente de Francisco Gomes Ribeiro, provido capitão-mor de Cabo Frio por D. Pedro, príncipe regente em 14 de dezembro de 1678 onde o monarca que mandava "ao meu governador das capitanias do Rio de Janeiro lhe de posse delle e lho deixe servir e exercitar por dito tempo de três anos com mais enquanto lhe não for sucessor" (ANTT – Chancelaria de D. Afonso VI, Livro 32, fol. 198v.-199v). Ou então, a carta-patente de António Botelho da Silva, provido capitão-mor de Itamaracá por D. Pedro, príncipe regente em 13 de janeiro de 1681, onde estava instruído que o monarca mandava que "governador de Pernambuco lhe de posse da dita capitania e o deixe servir e exercitar pelo tempo de três anos [...]" (ANTT – Chancelaria de D. Afonso VI, Livro 39, fol. 361v.).

ENTRE SÃO LUÍS E BELÉM: um estudo da dinâmica de governo no Estado do Maranhão e Grão-Pará (1673-1751)

Fabiano Vilaça dos Santos

Após uma divisão em dois governos independentes, um no Pará e outro no Maranhão, de 1652 a 1654, o Estado do Maranhão e Grão-Pará foi reunificado sob a administração de André Vidal de Negreiros. Pelo regimento de 14 de abril de 1655 ficou estabelecido que "este dito Estado estivesse a cargo de um governador separado, e independente como de antes", a bem do comércio, da conquista e ocupação das terras, da segurança contra inimigos externos e da conversão do gentio.[1] Essa questão da separação e da reunificação do Estado do Maranhão, no entanto, ainda não recebeu a devida atenção da recente historiografia sobre a administração colonial.

Pelo breve intervalo de dois anos, portanto, a capitania do Maranhão teve "um capitão mor igual ao do Pará com jurisdições separadas e isentas um do outro",[2] pois desde o início do século XVII, quando da criação do Estado do Maranhão e Grão-Pará, o governador e capitão-general permanecia em São Luís, cabeça do Estado, enquanto em Belém servia um capitão-mor subalterno. Autor dos *Anais históricos do Estado do Maranhão* (1749), Bernardo Pereira de Berredo anotou que o primeiro governador e capitão-general, Fran-

---

[1] Arquivo Histórico Ultramarino (AHU). Códice 2107[1107], fls. 1-2.
[2] Arquivo Nacional da Torre do Tombo (ANTT). Chancelaria de D. João IV. Livro 22, fl. 175. Carta-patente de Capitão-mor do Maranhão passada a Baltazar de Sousa Pereira em 16 de abril de 1652.

cisco Coelho de Carvalho (1626-1636), partiu de São Luís em 15 de abril de 1627, deixou Belém em fins de setembro, e retornou à capital do Maranhão em 26 de outubro. Conforme o seu regimento,[3] devia visitar a sua jurisdição, e a julgar confiável a estimativa de que a jornada entre as cidades durava mais de 25 dias, Francisco Coelho de Carvalho permaneceu cerca de quatro meses em Belém.[4] Fez pelo menos mais uma viagem no final do seu governo e, em outras ocasiões, enviou o filho, Feliciano, como seu loco-tenente ao Pará.[5]

Não é fácil acompanhar essa dinâmica de governo após a morte de Francisco Coelho de Carvalho, em 1636. Os seus sucessores também podem ter nomeado loco-tenentes para representá-los no Pará, embora a Coroa continuasse recrutando capitães-mores para a capitania. Depois da restauração da unidade do Estado sob André Vidal de Negreiros, em 1655, a administração ficou centralizada em São Luís. Por isso, não houve capitão-mor de governo no Maranhão, de 1654, quando Baltazar de Sousa Pereira deixou o posto, até os idos de 1670. A esta altura, por determinação régia, os governadores e capitães-generais passaram a se deslocar sistematicamente para Belém, dando início a uma dinâmica administrativa, típica do Estado do Maranhão e Grão-Pará, vigente até meados do século XVIII.

---

[3] Biblioteca Nacional de Portugal (Reservados). Fundo Geral de Manuscritos. Códice 7627, fls. 145-147v. "Cópia do Regimento de alguns capítulos do Governador do Maranhão, que se passou a Francisco Coelho de Carvalho". Aparentemente é uma compilação fora de ordem de capítulos do Regimento do primeiro governador e capitão-general do Estado do Maranhão e Grão-Pará. Não foi localizado o capítulo referente ao dever de inspecionar os distritos sob sua jurisdição. Essa prerrogativa foi reafirmada no capítulo 26 do "Regimento dos capitães-mores do Pará", de 1669. Cf. Arquivo da Universidade de Coimbra (AUC). Col. Conde dos Arcos (Pará). VI-III-1-1-30. Liv. Regimentos do Estado de Maranhão e Pará, 1688-1764. Fólios não numerados.

[4] BERREDO, Bernardo Pereira de. *Annaes historicos do Estado do Maranhão...* 2. ed. São Luiz: Typographia Maranhense, 1849. v. 1, p. 241-268. Sobre a duração da viagem, ver p. 272. Bernardo Pereira de Berredo e Castro foi governador e capitão-general do Estado do Maranhão de 1718 a 1722.

[5] Ibid., p. 261-269.

A dinâmica de governo do Estado do Maranhão e Grão-Pará (1672/73-1751)

Em 1673, após breve estadia no ano anterior, "transferiu [...] Pedro César de Meneses a sua residência do Maranhão para a cidade de Belém, onde a continuaram os seus sucessores".[6] Como Inácio Coelho da Silva (1678-1682), que também recebeu ordens para assistir no Pará. A carta régia de 1º de dezembro de 1677 determinou aos oficiais da Câmara de São Luís que tão logo fosse empossado, o governador devia se dirigir à capitania subalterna e, posteriormente, informar a Coroa "das conveniências que há de se passar o governo desse Estado ao Pará".[7] Àquela altura, as principais razões para a assistência de Inácio Coelho da Silva no Pará eram a continuação das obras de fortificação iniciadas por Pedro César de Meneses, a instalação dos casais de colonos que chegavam das Ilhas de Cabo Verde e dos Açores, e os que ainda viriam povoar "aquelas terras, por serem firmes e muito dilatadas, capazes de toda a agricultura", especialmente a do cacau e da baunilha.[8]

Para conhecer melhor a extensão de sua jurisdição e precaver-se de possíveis descontentamentos dos moradores e dos camaristas de São Luís, Inácio Coelho da Silva chegou a sugerir em consulta ao Conselho Ultramarino, sua permanência por seis meses no

---

[6] Cf. BAENA, Antônio Ladislau Monteiro. *Ensaio corográfico sobre a província do Pará*. Brasília, DF: Edições do Senado Federal, 2004. p. 113. No final do trecho, Baena afirmou: "menos Gomes Freire de Andrade", o que não é correto, pois o governador e capitão-general também passou à cidade de Belém. Ver também Biblioteca da Ajuda (BA). 54-XI-27, n. 17, fl. 10v. "Memória das pessoas que desde o princípio da conquista governaram as duas capitanias, do Maranhão e Grão-Pará". 1783.

[7] AHU. Códice 268, fls. 19v-20, 22v.

[8] AHU. Projeto Resgate. Pará (avulsos). Cx. 5, D. 621. Sobre o povoamento do Estado do Maranhão por colonos oriundos das ilhas do Atlântico, entre a segunda metade do século XVII e o início do século XVIII, ver CHAMBOULEYRON, Rafael. A Amazônia colonial e as ilhas atlânticas. *Canoa do Tempo*, Manaus, v. 2, n. 1, p. 187-204, jan./dez. 2008.

Maranhão e outros seis no Pará, no primeiro ano de governo.[9] Na mesma consulta ficou acertado que a decisão de "alterar por ora a assistência do governador do Maranhão na cidade de São Luís e passar ao Pará e fazer ali cabeça do governo" era circunstancial e, por isso, não anularia a resolução régia de 13 de agosto de 1650, pela qual "os governadores façam sua assistência no Maranhão e não passem ao Pará". O conselheiro Feliciano Dourado propôs que Inácio Coelho da Silva se orientasse pelo capítulo 19 do regimento de André Vidal de Negreiros (1655) e partisse munido de uma carta "em que Vossa Alteza lhe ordene que vá assistir no Pará, enquanto se põem com efeito a cultura do cacau e baunilhas para que tudo se execute com bom sucesso, e acabada a forma daquela cultura, se tornará para o Maranhão". Isso era necessário, segundo o conselheiro, porque "sem a assistência ordinária dos governadores no Maranhão se arrisca aquele Estado a uma grande ruína".[10]

No final do século XVII e ao longo da primeira metade do século XVIII, a exploração das drogas do sertão; a organização das tropas de resgate e dos descimentos de índios, segundo a nova legislação consignada no Regimento das Missões (1686); o combate ao gentio de corso; a busca de minas; e o comércio com Caiena e Quito foram alguns dos fatores que mobilizaram a atenção e o interesse de autoridades coloniais e da Coroa portuguesa para a posição geográfica de Belém, porta de entrada de vastos sertões. No mesmo período, a questão da fronteira norte foi o ponto nevrálgico da política colonial no Estado do Maranhão. Mesmo depois da

---

[9] AHU. Projeto Resgate. Pará (avulsos). Cx. 5, D. 621.

[10] AHU. Projeto Resgate. Pará (avulsos). Cx. 5, D. 621. O capítulo 19 do regimento de André Vidal de Negreiros (1655) dizia que o Pará "se tem por conquista de grandes esperanças assim pala grandeza da capitania como pela bondade das terras, e comodidades para engenho de açúcar de açúcar, e criações de gado vacum, e que tem grandes matas de árvores de cravo, e noz moscada como a da Índia". AHU. Códice 2107[1107], fls. 9v-10.

assinatura do Tratado de Utrecht, em 1713, os franceses continuaram a transitar em território luso, praticando contrabando com os índios, como os Aruans do Marajó.[11]

As demandas da colonização transformaram Belém, ocasionalmente, em cabeça do Estado do Maranhão, pois o lugar da assistência do governador e capitão-general era também o da representação do seu poder como loco-tenente do rei. Aos poucos, a rotina dos deslocamentos e a permanência cada vez mais dilatada dos governadores no Pará (Tabela 1) consolidaram a existência de uma administração subordinada no Maranhão, responsável pela execução das ordens do capitão-general ausente, desempenhada pelo capitão-mor e, em alguns momentos, por um sargento-mor ou pela Câmara de São Luís.

Esse trânsito dos governadores e capitães-generais entre as principais cidades do Estado do Maranhão e a dinâmica governativa no interior da repartição foram assim descritos por Antônio Ladislau Monteiro Baena, no século XIX: "na ausência do governador e capitão-general substituía-o na administração pública o capitão-mor da cidade [São Luís ou Belém] em que o mesmo não assistia".[12] Consequentemente, quando o governador deixava a cabeça do Estado para se instalar no Pará, o capitão-mor do Maranhão assumia o seu lugar, enquanto o do Pará tinha suas competências sobre assuntos administrativos temporariamente anuladas pela presença do superior na capitania e restauradas quando da sua volta para São Luís.[13]

---

[11] Em recente tese de doutoramento, Joel Santos Dias analisou em profundidade a delicada situação da fronteira norte, envolvendo o eixo formado pela Ilha Grande de Joanes (Marajó), a vila de Gurupá e as terras do Cabo do Norte. DIAS, Joel Santos. *"Confuso e intrincado labirinto"*: fronteira, território e poder na Ilha Grande de Joanes (séculos XVII e XVIII). 2016. 622 p. Tese (Doutorado em História Social da Amazônia) – Instituto de Filosofia e Ciências Humanas, Universidade Federal do Pará, Belém, 2016. p. 205-252.

[12] BAENA, Antônio Ladislau Monteiro, *Ensaio...*, op. cit., p. 113.

[13] Loc. cit.

Os poderes e atribuições dos capitães-mores do Pará estavam consignados em um regimento próprio, de 5 de junho de 1669. Segundo Francisco Cosentino, por meio desse instrumento jurídico de natureza política e administrativa, o rei delegava aos oficiais que o serviam poderes e jurisdição para governar em seu nome.[14] No entanto, com a assistência dos governadores e capitães-generais em Belém, iniciada poucos anos depois da elaboração do regimento de 1669 e estendida até meados do século XVIII, a sua aplicação ficou reduzida. De acordo com os *Anais* de Berredo, ao assumir pela segunda vez o governo do Pará, em 1674, Marçal Nunes da Costa

> [...] levava regimento, que lhe declarava a jurisdição do seu ministério; mas sendo o primeiro que se passou aos capitães-mores, teve pouco exercício [...] porque só podendo praticá-lo na ausência dos governadores, que faziam até aquele tempo a sua residência na cidade de São Luís do Maranhão, a tinha mudado Pedro César [de Meneses] para aquela de Belém do Pará.[15]

E sempre que se instalaram em Belém, os sucessores de Pedro César levaram consigo todos os poderes e prerrogativas jurisdicionais definidos no regimento de 1655 e nas respectivas cartas-patente.[16] Diante disso, os capitães-mores do Pará ficavam restritos ao exercício de funções militares, explicitadas nos capítulos 2 e 3 do seu regimento.[17]

---

[14] COSENTINO, Francisco Carlos. *Governadores gerais do Estado do Brasil (séculos XVI-XVII)*: ofício, regimentos, governação e trajetórias. São Paulo: Annablume; Fapemig, 2009. p. 72 ss.
[15] BERREDO, Bernardo Pereira de, op. cit., v. 2, p. 544.
[16] Segundo Francisco Cosentino, "no texto das cartas patentes, definiam-se a delegação régia e a limitação dos poderes transferidos". Cf. COSENTINO, Francisco. O ofício e as cerimônias de nomeação e posse para o Governo-Geral do Estado do Brasil (séculos XVI e XVII). In: BICALHO, Maria Fernanda; FERLINI, Vera Lúcia Amaral (Org.). *Modos de governar*: ideias e práticas políticas no império português (séculos XVI a XIX). São Paulo: Alameda, 2005. p. 143.
[17] AUC. Col. Conde dos Arcos (Pará). VI-III-1-1-30. Liv. Regimentos do Estado de Maranhão e Pará, 1688-1764. Fólios não numerados.

O governador ausente: comunicação política e administração no Maranhão

Até o final do século XVII, em momentos distintos, a administração da capitania do Maranhão ficou a cargo da Câmara de São Luís, de sargentos-mores e de capitães-mores, estes últimos nomeados por patente dos governadores e capitães-generais. Sobre os capitães-mores, vale ressaltar, antes de tudo, a advertência de Caio Prado Júnior: "não confundir com capitão-mor de ordenanças"[18] aqueles incumbidos do governo de uma capitania. No Maranhão, por se tratar da principal do Estado, ficava o governador e capitão-general. Por isso, na sua ausência, os capitães-mores que governavam a capitania acabaram não sendo relacionados como seus administradores. Seus nomes encontram-se dispersos na correspondência oficial, em antigos compêndios de história local e na fragmentada comunicação política entre a Câmara de São Luís e o governador assistente em Belém.[19] Nesta pesquisa, foram

---

[18] PRADO JÚNIOR, Caio. *Formação do Brasil contemporâneo*. 14. ed. São Paulo: Brasiliense, 1976. p. 306.

[19] Biblioteca Pública de Évora (Reservados). CXV/2-14, nº 16, fls. 205-207. "Catálogo dos Governadores do Maranhão digo dos Capitães Mores do Maranhão". S.d. Levando-se em conta a provável autoria dos jesuítas, o registro do último capitão-mor em 1745 – o que fato está correto – e a expulsão da Companhia de Jesus de Portugal e seus domínios em 1759, o manuscrito deve ser de meados do século XVIII. Apresenta inconsistências de datas e de nomes, omitindo, por exemplo, o capitão-mor Pascoal Pais Parente, anterior a Vital Maciel Parente. Entretanto, parece ser a única lista de capitães-mores do Maranhão, algo não encontrado em nenhum compêndio ou obra de referência sobre administração colonial, mesmo de caráter local. A omissão desses governantes pode ser notada, por exemplo, na *História Geral do Brasil*, de Francisco Adolfo de Varnhagen, em que há apêndices com os titulares da Paraíba, do Ceará etc. É compreensível que o historiador só tenha relacionado os governadores e capitães-generais do Estado do Maranhão e Grão-Pará, e suas subdivisões, além dos capitães-mores subalternos do Pará. Afinal, por que haveria um capitão-mor – aquele que governa, e não o capitão-mor das fortalezas ou das ordenanças – na cabeça do Estado, para onde era nomeado o governador e capitão-general? Cf. VARNHAGEN, Francisco Adolpho de. *História Geral do Brazil*. Rio de Janeiro: E. H. Laemmert, 1857. t. 2, p. 456-458.

identificados 13 indivíduos (Tabela 2),[20] os quatro primeiros providos por patente dos governadores: Pascoal Pais Parente; Vital Maciel Parente;[21] o sargento-mor do Estado Baltazar Fernandes;[22] e o capitão de infantaria Baltazar de Seixas Coutinho.[23]

---

[20] Não se sabe ao certo quem substituiu Pedro César, em 1672, nos cerca de três meses em que assistiu pela primeira vez no Pará. Um "Termo de juramento que se dá aos dois vereadores e procurador do Conselho que hão de servir este presente ano de 1672", de 6 de janeiro, menciona certo "capitão maior Francisco Pais Parente", sem fazer-lhe atribuição do governo da capitania. Cf. Arquivo Público do Estado do Maranhão (APEM). Acervo Digital. Câmara Municipal de São Luís. Livro de Acórdãos da Câmara de São Luís (1657-1673). Livro (?), fls. 53-53v. Uma queixa dos camaristas de São Luís sobre uma medida improcedente tomada "pelo capitão-mor Pascoal Pais Parente que governa esta praça por ausência do governador geral Pedro César de Meneses". APEM. Acervo Digital. Câmara Municipal de São Luís. Livro de Acórdãos da Câmara de São Luís (1675-1683). Termo de vereação de 18 de abril de 1676. Livro 7, fls. 56-57. Citação à fl. 56v. Obtive a importante informação da existência de Pascoal Pais Parente, que não é mencionado em nenhuma obra de referência consultada, no trabalho de CORRÊA, Helidacy Maria Muniz. "Para aumento da conquista e bom governo dos moradores": a Câmara de São Luís e a política da monarquia pluricontinental no Maranhão. In: FRAGOSO, João; SAMPAIO, Antônio Carlos Jucá de (Org.). *Monarquia pluricontinental e a governança da terra no Ultramar Atlântico luso, séculos XVI-XVIII*. Rio de Janeiro: Mauad X, 2012. p. 44.

[21] BERREDO, Bernardo Pereira de, op. cit., v. 2, p. 553. Berredo aponta que Vital Maciel Parente era filho natural do antigo governador e capitão-general do Estado do Maranhão e Grão-Pará, Bento Maciel Parente (1638-1641).

[22] Cf. ROCHA, Rafael Ale. *A elite militar no Estado do Maranhão*: poder, hierarquia e comunidades indígenas (século XVII). 2013. 331 f. Tese (Doutorado em História Social) – Instituto de Ciências Humanas e Filosofia, Universidade Federal Fluminense, Niterói, 2013. p. 271. Cezar Augusto Marques reputou-o "apenas um soldado da fortuna, irresoluto e pusilânime". Cf. MARQUES, Cesar Augusto. *Diccionario histórico-geographico da provincia do Maranhão*. São Luiz: Typographia do Frias, 1870. p. 255. Descontada a pecha de "irresoluto e pusilânime", se Baltazar Fernandes não tinha distinção de nascimento, possuía reconhecido tirocínio militar, ambas características dos soldados da fortuna. Foi destituído e preso no princípio da Revolta de Beckman, sem que se tenha conhecimento até o presente de quem o substituiu até o provimento de Baltazar de Seixas Coutinho.

[23] Cf. ROCHA, Rafael Ale, op. cit., p. 83-84, 274. Era filho do capitão-mor do Pará Francisco de Seixas Pinto (1662-1665).

Tabela 1 – Assistência (em anos e meses) dos governadores e capitães-generais do Estado do Maranhão e Grão-Pará em São Luís e Belém

Governante / Período	Tempo médio de governo					Assistência (aprox.)			
	Início	Fim	Tempo		S. Luís		Belém	
			A	M	A	M	A	M
Pedro César de Meneses* (1671-1678)	9 jun.	17 fev.	6	8	1	5	5	3
Inácio Coelho da Silva (1678-1682)	17 fev.	27 maio	4	3	–	3	4	–
Francisco de Sá de Meneses (1682-1685)	27 maio	16 maio	3	–	–	4	2	8
Gomes Freire de Andrade (1685-1687)	16 maio	26 mar.	1	10	–	10	1	–
Artur de Sá e Meneses (1687-1690)	26 mar.	16 maio	3	2	–	8	2	6
Antônio de Albuquerque C. de Carvalho (1690-1701)	17 maio	11 jul.	11	1	5	10	5	3
D. Manuel Rolim de Moura (1702-1705)	8 jul.	13 set.	3	2	–	3	2	11
Cristóvão da Costa Freire (1707-1718)	12 jan.	18 jun.	11	5	6	3	5	2
Bernardo Pereira de Berredo e Castro (1718-1722)	18 jun.	19 jul.	4	1	1	–	3	–
João da Maia da Gama (1722-1728)	19 jul.	14 abr.	5	9	–	7	5	2
Alexandre de Sousa Freire (1728-1732)	14 abr.	16 jul.	4	3	1	4	2	10
José da Serra (1732-1736)	16 jul.	20 mar.	3	8	–	6	3	2
João de Abreu Castelo Branco (1737-1747)	19 set.	14 ago.	9	11	4	7	5	5
Francisco Pedro de Mendonça Gorjão (1747-1751)	14 ago.	24 set.	4	1	1	10	2	3

Fontes: BAENA, Antônio Ladislau Monteiro. *Compêndio das eras da província do Pará*. Belém: Typographia de Santos e Santos Menor, 1838. p. 132-234; BERREDO, 1849, v. 2, p. 536-631; BOSCHI, Caio C. *Catálogo de documentos manuscritos avulsos relativos ao Maranhão existentes no Arquivo Histórico Ultramarino*. São Luís: FUNCMA; AML, 2002; BOSCHI, Caio C. *Catálogo de documentos manuscritos avulsos da capitania do Pará existentes no Arquivo Histórico Ultramarino de Lisboa*. Belém: SECULT; APEP, 2002. 3 v.

Nota: * Recebeu patente de governador. ANTT. RGM. D. Afonso VI. Livro 19, fls. 327-328.

Tabela 2 – Capitães-mores do Maranhão de 1673 a 1751

	Capitão-mor	Período	Provimento
1	Pascoal Pais Parente	[1673-1678]	Patente do governador Pedro César de Meneses
2	Vital Maciel Parente	1678-1682	Patente do governador e capitão-general Inácio Coelho da Silva
3	Baltazar Fernandes	1682-1684	Patente do governador e capitão-general Francisco de Sá de Meneses
4	Baltazar de Seixas Coutinho	1686-1687	Patente do governador e capitão-general Gomes Freire de Andrade
5	João Duarte Franco	1693-1704	Patente régia
6	Mateus de Carvalho de Siqueira	1704-1710	Patente régia
7	José da Cunha d'Eça	1710-1714	Patente régia
8	Pedro da Costa Rayol	1714-1718	Patente régia
9	Francisco Manuel da Nóbrega e Vasconcelos	1718-1721	Patente régia
10	D. Francisco Ximenes de Aragão	1721-1727	Patente régia
11	Damião de Bastos	1728-1732	Patente régia
12	João Álvares de Carvalho	1732-1745	Patente régia
13	Domingos Duarte Sardinha	1745-1751	Patente régia

Fontes: Biblioteca Pública de Évora (Reservados). CXV/2-14, n° 16, fls. 205-207; CATÁLOGO dos Governadores do Maranhão digo dos Capitães Mores do Maranhão, [s.d.]; BERREDO, 1849, v. 2I, p. 553, 562, 600, 635; MARQUES, 1870, p. 251-272. AHU. Livro de registo de consultas mistas. Cód. 19 (fls. 446v-447); Cód. 20 (fls. 249-252 e 428v-429); Cód. 21 (fls. 188v-190v e 371-371v); Cód. 22 (fls. 224v-225v); Cód. 23 (fls. 245-245v) e Cód. 24 (fls. 138 e 189-191v).

A nomeação de capitães-mores foi interrompida, temporariamente, após uma consulta de Artur de Sá e Meneses (1687-1690) ao Conselho Ultramarino, em que pretendia saber se o capitão-mor do Maranhão precisava ser soldado e receber um soldo. Os conselheiros afirmaram: "até agora nunca houve ali capitão-mor que fosse pago; e quando se ausentavam daquela cidade [São Luís] para o Pará, os governadores do Estado nomeavam um paisano que ficasse em seu lugar governando, cuja jurisdição e autoridade cessavam quando se tornavam a restituir àquele lugar". Por se tratar de uma consulta do final de 1686, concluiu-se que os conselheiros se referiam aos quatro primeiros capitães-mores, nomeados a partir de 1673 para o governo do Maranhão, na ausência do titular do Estado. Teriam eles, então, atuado sem soldo específico para tal função? Exerciam algum posto na tropa regular? Viviam de rendimentos pessoais e integravam as forças auxiliares da capitania? Baltazar Fernandes e Baltazar de Seixas Coutinho, por exemplo, eram militares pagos. Os quatro também eram reputados naturais da terra pelos conselheiros, aspecto que continua a ser investigado.[24]

O Conselho Ultramarino foi contrário à criação do posto de capitão-mor pago para o governo do Maranhão, atrelando essa decisão a um parecer anterior, sobre a iniciativa de Gomes Freire de Andrade de abrir um caminho pelo sertão, ligando São Luís a Bahia e a Pernambuco, para facilitar o giro do comércio e a comunicação do Estado do Maranhão com aquelas partes, dada a dificuldade da navegação costeira. Artur de Sá e Meneses foi encarregado de continuar esse projeto, considerado vital.[25] Por isso,

---

[24] AHU. Livro de registo de consultas mistas do Conselho Ultramarino (1684-1696). Cód. 18, fl. 88v. "Sobre se declarar se o capitão-mor da capitania do Maranhão que se cria de novo há de ser soldado, e que soldo se lhe há de dar". O mesmo documento encontra-se em AHU. Projeto Resgate. Maranhão (avulsos). Cx. 7, D. 759.

[25] AHU. Projeto Resgate. Maranhão (avulsos). Cx. 7, D. 762.

> A assistência do governador do Estado do Maranhão é conveniente que seja na cidade de São Luís por ser cabeça dele, e por ser o porto de todo o comércio para os mais portos do dito Estado como pelas notícias do novo descobrimento do sertão, que principiou o governador Gomes Freire de Andrade; e na cidade de São Luís se criará um sargento-mor pago, pessoa capaz de exercitar a infantaria, que houver na praça, e de abrir as entradas do sertão que forem necessárias com tal autoridade que possa ficar governando a cidade nas ausências do governador quando for em visita a outras praças, e principalmente, ao Pará; e assim se escusa a nomeação de capitão-mor e se evitam outros inconvenientes que dela podiam resultar. Lisboa, 11 de dezembro de 1686.[26]

A resolução do Conselho Ultramarino, levando em conta as demandas do Estado, ponderou ser mais conveniente um oficial pago que já servia no Estado (o sargento-mor) fazer as vezes do governador e capitão-general, do que se nomear outro militar de patente superior (o capitão-mor) e soldo mais elevado para desempenhar, *pro tempore*, a função governativa no Maranhão.

Como se guiavam na administração esses loco-tenentes, fossem eles capitães-mores, sargentos-mores ou mesmo a Câmara? Por instruções enviadas de Belém pelo governador e capitão-general. Um livro que provavelmente serviu ao expediente da Secretaria de Governo[27] no tempo de Francisco de Sá de Meneses (1682-1685) traz

---

[26] AHU. Livro de registo de consultas mistas do Conselho Ultramarino (1684-1696). Cód. 18, fl. 88v. AHU. Projeto Resgate. Maranhão (avulsos). Cx. 7, D. 759.

[27] Quando o governador e capitão-general se deslocava, o secretário de governo do Estado do Maranhão, responsável pelo registro do expediente administrativo (como as reuniões das Juntas das Missões), o acompanhava. Isso mostra que no período em que Francisco de Sá de Meneses se correspondeu com o capitão-mor no Maranhão, a Secretaria de Governo estava sediada no Pará. Cf. MELLO, Márcia Eliane Alves de Souza e. *Fé e império*: as Juntas das Missões nas conquistas portuguesas. Manaus: EDUA, 2009. p. 179-180.

alguns registros da sua correspondência com o capitão-mor Baltazar Fernandes. Na carta de 26 de março de 1683, por exemplo, Sá de Meneses demonstrou conhecimento das dificuldades na arrematação dos dízimos no Maranhão, mas a temática indígena prevaleceu. E dela surgiu a oportunidade para o governador dar uma advertência ao seu subordinado no Maranhão: "Quanto aos índios da Aldeia de São José, e ao mais que contém o regimento de Vossa Mercê, execute o que nele lhe deixei expressado, sem respeito às inconveniências destas, ou daquelas pessoas, porque o Serviço de Deus e o de Sua Alteza está primeiro que tudo".[28] A mencionada carta de 1683 indica a existência de um circuito de informações entre o capitão-mor em São Luís e o governador e capitão-general, em Belém, mas não foi possível recuperá-lo. Demonstra, ainda, que os capitães-mores do Maranhão, bem como os sargentos-mores e a municipalidade, administravam a capitania estritamente debaixo das ordens e instruções do seu superior, então no Pará.

A comunicação política envolvendo a Câmara de São Luís fornece outros indícios da condução à distância do governo do Maranhão. Percebeu-se, por exemplo, que os sargentos-mores transitavam de uma capitania para outra, levando, trazendo e cumprindo ordens, como organizar em São Luís a muda da tropa de Belém ou transportar índios cativos desta cidade para os engenhos e lavradores da outra. Por volta de 1689, o sargento-mor Antônio de Barros Pereira estava incumbido do estabelecimento da vila de Icatu, no Maranhão. De lá se correspondia com a Câmara de São Luís, encarregada do governo da capitania por provisão do governador e capitão-general, de providenciar remessas de índios e provisões para a vila, além de despachar para Artur de Sá e Meneses, no Pará, as

---

[28] BA. Cód. 51-V-44, fl. 67.

cartas que para ele eram enviadas de Icatu, via São Luís, pelo sargento-mor, assim como as remetidas para este pelo capitão-general.[29]

Nesse circuito governativo, as autoridades não apenas prestavam contas do andamento de projetos, como o da vila de Icatu, como manifestavam ao governador ausente os conflitos surgidos entre as diferentes instâncias às quais ele havia delegado poderes e atribuições no Maranhão, como o sargento-mor, incumbido de uma missão específica, e a Câmara de São Luís, investida na função governativa na falta de Antônio de Barros Pereira. Em carta de 1º de março de 1689, os camaristas queixaram-se a Artur de Sá e Meneses de que "o sargento-mor tem blasonado muito sobre Vossa Senhoria lhe não poder tirar o governo que lhe deu Sua Majestade; e debaixo deste pretexto mui pesadamente se tem havido conosco".[30]

A julgar fidedigna a declaração, a postura atribuída ao sargento-mor é interessante por indicar que sua autoridade estava diretamente subordinada ao rei, e não ao governador e capitão-general, que o teria provido na função governativa. As cartas-patente nomeavam os sargentos-mores para um posto militar e não para o governo de uma capitania. No entanto, não se pode esquecer que Antônio de Barros Pereira e um seu sucessor, Gonçalo de Lemos Mascarenhas, foram designados para o governo do Maranhão após o parecer do Conselho Ultramarino citado anteriormente. O provimento do governador e capitão-general pode ter sido confirmado por patente régia (não localizada para os capitães-mores nomeados entre 1673 e 1693), que atribuía aos referidos sargentos-mores do Estado, em caráter excepcional, poderes de governo, embora as cartas-patente seguissem um modelo bem definido. Como se trata de uma investigação em curso resta averiguar indícios que esclareçam essa questão.

---

[29] APEM. Acervo Digital. Câmara Municipal de São Luís. Copiador de cartas (1689-1720), fls. 2-6.
[30] APEM. Acervo Digital. Câmara Municipal de São Luís. Copiador de cartas (1689-1720), fl. 6.

Por ora, pode-se inferir que à Câmara competia a função governativa nos intervalos das viagens dos sargentos-mores e secundar as suas ações quando se encontravam em São Luís. Quando Antônio de Barros Pereira faleceu, na passagem do Rio Itapecuru, levava uma carta de Artur de Sá e Meneses para entrar novamente no governo da capitania, como esclareceram os próprios camaristas:

> [...] e se pelo dito falecimento tivemos o devido sentimento, este Senado obrou com a ordem que Vossa Senhoria lhe mandava de que viesse para esta cidade aliviar-nos do peso do governo que com particular gosto lho entregaríamos sem que entre nós e ele houvesse desunião alguma porque sempre o tratamos com todo o afeto.[31]

Essa forma de conduzir os negócios do governo ficou explícita em carta a Antônio de Albuquerque Coelho de Carvalho (1690-1701): "Não havemos perdido um átimo de tempo depois que Vossa Senhoria se ausentou na aplicação do que foi servido encarregar-nos, assistindo o sargento-mor em nossa companhia com não menos desejo de se ver posto em marcha" um carregamento de farinhas solicitado pelo governador:

> Neste particular e nos mais recomendados por Vossa Senhoria em vários regimentos e ordens suas; nós não descuidamos uma mínima enquanto o capitão-mor não chega; que haja de tirar-nos de nossos fracos ombros esta carga, e a passe aos seus tão suficientes.[32]

---

[31] APEM. Acervo Digital. Câmara Municipal de São Luís. Copiador de cartas (1689-1720), fls. 11v-13v. Carta de 7 de julho de 1689.

[32] APEM. Acervo Digital. Câmara Municipal de São Luís. Copiador de cartas (1689-1720), fls. 33v-34. Carta de 16 de setembro de 1693.

Esse trecho também anuncia uma mudança na dinâmica de governo do Estado do Maranhão: a volta dos capitães-mores. Os motivos para esse retorno, depois de um período de mais ou menos seis anos (de 1687 a 1693) sem nomeações, não são claros. A carta-patente de João Duarte Franco, sargento-mor do Pará, fala apenas da conveniência para o Real Serviço "que haja capitão-mor na capitania de São Luís do Maranhão", por três anos e com o mesmo soldo do capitão-mor do Pará.[33] Parte da explicação para essa mudança pode estar no trecho de uma carta em que a Câmara participou a Antônio de Albuquerque Coelho de Carvalho a chegada de João Duarte Franco, insinuando que o governador e capitão-general mover a instâncias para tal fim:

> Chegou o capitão-mor há tempo em que nos achávamos arriados e sem forças para aturar o peso do governo; *e pelo cuidado que Vossa Senhoria aplicou com sua vinda, a solicitarmos este alívio, lhe beijamos muitas vezes a mão.* Estamos lhe dando conta e informação de tudo que se tinha obrado, e do estado das coisas de que ele já deve dar parte a Vossa Senhoria.[34]

João Duarte Franco servia no Pará com a patente de sargento-mor desde 1683. Ocupou esse posto no período em que Antônio de Albuquerque Coelho de Carvalho, o moço, foi capitão-mor do Pará, de 1685 a 1690, quando foi promovido a governador e capitão-general do Estado do Maranhão. Filho de pai homônimo, Antônio de Albuquerque descendia de uma família intimamente ligada à história

---

[33] ANTT. Chancelaria de D. Pedro II. Livro 21, fls. 294-294v. Carta-patente de capitão-mor do Maranhão, de 14 de março de 1693. ANTT. Chancelaria de D. Pedro II. Livro 48, fl. 13. Carta-patente de sargento-mor do Pará, de 8 de fevereiro de 1683.

[34] APEM. Acervo Digital. Câmara Municipal de São Luís. Copiador de cartas (1689-1720), fls. 39-40. Carta de 16 de novembro de 1693. Grifo nosso.

do Estado do Maranhão. Alguns de seus antepassados estavam entre os primeiros governantes da repartição, como o já citado Francisco Coelho de Carvalho e seu sobrinho homônimo, apelidado "o Sardo". A família também entrou na posse de duas donatarias privadas, as capitanias de Cametá e de Cumã.[35]

Como apontou Alexandre Pelegrino, Antônio de Albuquerque Coelho de Carvalho, o moço, foi escolhido governador e capitão-general em reconhecimento de sua experiência de vida e dos serviços prestados no Estado, tendo granjeado notório prestígio junto às Câmaras de Belém e de São Luís, graças "a boa distribuição do trabalho indígena, fosse ele escravo ou não, nos primeiros anos"[36] da sua gestão, iniciada em 1690. João Duarte Franco estava envolvido na compra de escravos indígenas obtidos em expedições organizadas nos anos de 1691, 1692 e 1694, no princípio, portanto, do governo de Antônio de Albuquerque.[37] Sendo assim, se mantiveram ligações de favorecimento pessoal, alianças políticas ou interesses locais em comum, essa relação de algum modo tocou a exploração da mão de obra nativa e pode estar associada ao "cuidado" do governador na nomeação de João Duarte Franco para o governo do Maranhão.

De 1693 a 1745, todos os capitães-mores foram providos por patente régia, após submeterem seus préstimos e experiências à apreciação do Conselho Ultramarino. Eram militares, com serviços no Estado do Maranhão, inclusive, e pelo menos um deles era natural da terra: Pedro da Costa Rayol. Diferentemente dos sargentos-mores,

---

[35] Sobre esse parentesco e a donataria das capitanias de Cametá e de Cumã, ver o capítulo 1 da dissertação de PELEGRINO, Alexandre de Carvalho. *Donatários e poderes locais no Maranhão seiscentista (1621-1701)*. 2015. 348 p. Dissertação (Mestrado em História) – Instituto de Ciências Humanas e Filosofia, Universidade Federal Fluminense, Niterói, 2015. p. 22-59.
[36] Ibid., p. 41-42.
[37] Ibid., p. 133-135.

ao que parece, não arredavam de São Luís. Se o fizeram em algum momento, isso não constituiu uma regra, como deixou entrever o capitão-mor Damião de Bastos em uma representação a D. João V:

> Represento a Vossa Majestade em como no tempo que vai o general para o Pará e eu aqui fico governando é necessário haver expediente e despacho por não padecerem as partes e me parece que o fazer Vossa Majestade aqui capitão-mor e no Pará não foi senão para que na ausência do general haja que[m] lhe defira.[38]

Os frequentes conflitos de jurisdição entre oficiais régios eram a causa da querela entre Matias da Costa e Sousa e Damião de Bastos, que julgava ter poderes para impedir o provedor da Fazenda de autorizar as despesas ordinárias com pólvora e munições para as escoltas e salvas de costume, o que a outra parte alegava poder fazer "sem ordem dos governadores e muito menos dos capitães maiores".[39] Nesse litígio, o que fortalecia os argumentos do provedor e enfraquecia os do capitão-mor era o fato de Matias da Costa e Sousa estar respaldado no seu regimento, enquanto Damião de Bastos governava sem um. Em 1730, no ano seguinte à disputa com o provedor, ele requereu a Coroa um regimento próprio ou a permissão para usar o dos capitães-mores do Pará.

Por determinação régia, João da Maia da Gama, já desincumbido do cargo de governador e capitão-general do Estado

---

[38] AHU. Projeto Resgate. Maranhão (avulsos). Cx. 17, D. 1763. Representação do capitão-mor Damião de Bastos ao rei D. João V, sobre problemas de administração e jurisdição com o provedor-mor da Fazenda Real do Maranhão, Matias da Costa e Sousa, devido à ausência do governador. São Luís, 20 de agosto de 1729.

[39] AHU. Projeto Resgate. Maranhão (avulsos). Cx. 17, D. 1761. Carta do provedor-mor da Fazenda Real do Maranhão, Matias da Costa e Sousa, ao rei D. João V, em que solicita a independência de jurisdição face aos capitães-mores, que com frequência se intrometiam na alçada dos provedores-mores da Fazenda. São Luís, 15 de agosto de 1729.

(1722-1728), deu um parecer enfático sobre o requerimento do capitão-mor: "Não tem regimento, nem o tiveram [seus antecessores] porque a antiga assistência dos governadores gerais era no Maranhão com a qual ficava escusado o dito regimento por não ter [o capitão-mor] jurisdição mais do que para seguir as ordens do seu superior".[40] Apesar de reafirmar a primazia do "verdadeiro regimento" – referindo-se ao de André Vidal de Negreiros, de 1655, – João da Maia da Gama reconheceu a utilidade de um especial para os capitães-mores do Maranhão, "ao menos para saberem a jurisdição ordinária que devem ou podem ter na ausência dos generais", a fim de evitar dúvidas e conflitos com outros oficiais régios e com a declaração expressa da sua sujeição ao governador e capitão-general.[41] Porém, ao que tudo indica os capitães-mores do Maranhão nunca tiveram um regimento específico.

A mudança da capital para Belém: um processo a investigar

Quando a Câmara de São Luís escreveu ao capitão-mor do Pará, Antônio de Albuquerque Coelho de Carvalho, noticiando-lhe a posse (dada pela municipalidade) como governador e capitão-general do Estado do Maranhão, aproveitou a oportunidade para afirmar a necessidade da sua residência em São Luís, pela

> [...] experiência ter mostrado e os moradores tanto sentido que por ausência dos senhores governadores começada há dezessete anos pelo governador Pedro

---

[40] AHU. Projeto Resgate. Maranhão (avulsos). Cx. 17, D. 1797. Carta do ex-governador do Maranhão, João da Maia da Gama, ao rei D. João V, sobre o pedido do capitão-mor da cidade de São Luís do Maranhão para que se lhe passe regimento próprio ou ordem para usar o do Pará. Lisboa, 10 de março de 1730.
[41] AHU. Projeto Resgate. Maranhão (avulsos). Cx. 17, D. 1797.

> César de Meneses e por seu desamparo declinou logo a toda a pressa esta capitania até os termos em que hoje se acha de total ruína; para de todo não suceder deve Vossa Senhoria assistir nela todo o tempo ou quase de seu governo, pois do bom exercício dele sendo presente, certamente dependem os melhores e mais multiplicados efeitos de nossas esperanças [...].[42]

Talvez esta não tenha sido a primeira queixa da prolongada assistência dos governadores e capitães-generais em Belém, desde 1673 (Tabela 1), razão da alegada ruína do Maranhão. Outros governantes tiveram que lidar com os lamentos dos moradores da cabeça do Estado enquanto, na prática, Belém assumia essa condição, consolidada ao longo do século XVIII. Artur de Sá e Meneses discorreu aos camaristas de São Luís sobre os negócios que o impediam de fazer a jornada de volta àquela cidade para "aliviar com vossas mercês as minhas saudades".[43] E D. Manuel Rolim de Moura procurou contentar os moradores da capital, prometendo enviar-lhes índios para expedições aos sertões, despachando-os tão logo concluíssem as obras das fortificações no Pará, preparadas para um eventual ataque francês.[44]

Uma investigação aprofundada acerca dos reais efeitos da dinâmica de governo envolvendo as principais cidades do Estado ainda está por ser feito. Certo é que São Luís reclamou dos prejuízos causados pelo afastamento dos governadores e capitães-generais, em representação de 26 de abril de 1719, pedindo à Coroa a separação das capitanias do Pará e do Maranhão e a nomeação de governadores

---

[42] APEM. Acervo Digital. Câmara Municipal de São Luís. Copiador de cartas (1689-1720), fl. 17v. Carta de 28 de julho de 1690.

[43] APEM. Acervo Digital. Câmara Municipal de São Luís. Correspondências recebidas (1694-1882), fl. 17/17 e 17/18. Carta de 14 de agosto de 1689.

[44] APEM. Acervo Digital. Câmara Municipal de São Luís. Correspondências recebidas (1694-1882), fl. 17/32. Carta de 6 de outubro de 1704.

independentes.⁴⁵ Dessa forma, acreditavam os colonos, cessariam os excessos das autoridades e o desamparo em que viviam; forçados a recorrer a um general que passava longo tempo distante. Não seriam mais necessários capitães-mores nas duas capitanias e o soldo pago a cada governador (600 mil réis) poderia ser suprido com os valores gastos pelos generais em seus constantes deslocamentos entre Belém e São Luís, desonerando-se a Real Fazenda de tais despesas. Outro problema apontado, a impossibilidade da arrematação dos dízimos do gado do Piauí devido à assistência do governador e capitão-general no Pará, também seria contornado.⁴⁶

A proposta de separação do Estado recebeu parecer desfavorável, tendo o Conselho Ultramarino resolvido "que esta divisão se não deve praticar por ora senão para o futuro quando se houver de tratar de se consultar este Governo" (de Lisboa).⁴⁷ Àquela altura, é possível que certa deterioração da condição de cabeça e centro político-administrativo do Estado do Maranhão já fosse perceptível em São Luís. Apesar de ter aceitado os argumentos para a separação das capitanias, a Coroa parece ter optado por manter a unidade a fim de garantir a sua segurança e a soberania portuguesa sobre aqueles territórios constantemente ameaçados pelos franceses de Caiena, o que levou as autoridades no Estado do Maranhão a investir na fortificação das áreas do Cabo do Norte, Gurupá e Ilha Grande de Joanes (Marajó).⁴⁸

A divisão do Estado do Maranhão na década de 1720 não foi, portanto, levada a efeito. E a dinâmica de governo existente desde

---

[45] APEM. Acervo Digital. Câmara Municipal de São Luís. Copiador de cartas (1689-1720), fls. 123v-124v.

[46] Cf. BARATA, Manoel. *Formação histórica do Pará*. Belém: Universidade Federal do Pará, 1973. p. 60-61.

[47] AHU. Códice 209, fl. 1. Parecer do Conselho Ultramarino, de 23 de fevereiro de 1722.

[48] DIAS, Joel Santos, op. cit., p. 223 ss.

os idos de 1673 permaneceu em vigor, reforçando cada vez mais a capitalidade de Belém, que teria alcançado o *status* de cidade-capital em 1737, ano em que João de Abreu Castelo Branco assumiu o cargo de governador e capitão-general. Baena registrou sua posse "no dia 18 de setembro de 1737, na cidade de Belém, como lhe fora determinado pela Corte, a qual então julgou que os negócios políticos exigiam nela a presença do governador".[49] Cezar Augusto Marques, contestando Baena, afirmou que o ato solene ocorrera anteriormente em São Luís, onde Castelo Branco desembarcou, mediante o registro da sua carta-patente, como de praxe, no livro da Secretaria de Governo.[50] Essa controvérsia está ligada, por sua vez, à interpretação de que a capital do Estado do Maranhão foi transferida para Belém em 1737.

Este ano pode ser considerado o ponto alto de uma mudança desencadeada nas últimas décadas do século XVII, mas não há consenso na historiografia sobre o ano da transferência da cabeça do Estado do Maranhão e Grão-Pará para Belém. Tocando em aspectos gerais, alguns autores afirmaram que isso ocorreu em 1737, enquanto outros, reconhecendo na administração de Francisco Xavier de Mendonça Furtado o início de uma nova fase da colonização, com a criação do Estado do Grão-Pará e Maranhão, indicaram o ano de 1751. No século XIX, ao que parece, a tendência foi a escolha desta data para sinalizar a mudança da capital. Em 1812, Leonardo Ferreira Peres, "cidadão paraense", autor de um mapa dos governantes do Pará e do Maranhão, anotou que as duas capitanias passaram em 1623 à

> [...] obediência do primeiro governador e capitão-general Francisco Coelho de Carvalho com o título de

---

[49] BAENA, Antônio Ladislau Monteiro. *Compêndio das eras da província do Pará*. Belém: Tipografia de Santos & Santos Menor, 1838. p. 220.

[50] MARQUES, Cesar Augusto, op. cit., p. 271.

Estado do Maranhão, que conservou até ao governo de Francisco Xavier de Mendonça Furtado, servindo-lhe de capital a cidade de São Luís. E unindo-se lhe e subordinando-se lhe então a capitania do Maranhão, e passando a prerrogativa de capital à cidade de Belém, se ficou denominando Estado do Grão-Pará e Maranhão, Rio Negro e Piauí [...].[51]

No *Compêndio das eras da província do Pará* (1838), Baena afirmou: a "Cidade do Pará, a qual segundo as últimas ordens da Corte dadas ao novo Governador passou a ser a Cabeça do Estado" a partir da posse de Francisco Xavier de Mendonça Furtado.[52] Nas *Memórias para a história do extinto Estado do Maranhão* (1860), Candido Mendes de Almeida deixou gravado que Belém tornou-se a cabeça da repartição por determinação de D. José I,[53] o que só pode ter ocorrido depois de 1750.

Na historiografia do século XX as divergências quanto ao estabelecimento da capital em Belém são mais evidentes. Max Fleiuss, em sua *História administrativa do Brasil* (1923), não só fixou o ano, como indicou uma das principais causas da mudança: "Em 1751, devido à questão de limites com a Espanha transferiu-se para a bacia do Amazonas a capital do Estado independente do Maranhão, que, dado o grande surto de progresso que teve o Pará, se lhe achava então subordinado".[54] Nos idos de 1940, Arthur Cezar Ferreira Reis enumerou o que julgou serem as principais qualidades de Belém para

---

[51] Fundação Biblioteca Nacional. Divisão de Manuscritos. I – 31, 20, 020. PERES, Leonardo Ferreira. Mapa cronológico-histórico dos governadores e capitães-generais, dos governadores e capitães-mores que têm governado o Estado do Grão-Pará. Belém: [s.n.], 1812-1820.

[52] BAENA, Antônio Ladislau Monteiro, *Compêndio...*, op. cit., p. 234.

[53] ALMEIDA, Candido Mendes de. *Memórias para a história do extinto Estado do Maranhão, cujo território compreende hoje as províncias do Maranhão, Piauí, Grão-Pará e Amazonas*. Rio de Janeiro: Tipografia do Comércio, de Brito e Braga, 1860. t. 1, p. 190.

[54] FLEIUSS, Max. *História administrativa do Brasil*. Rio de Janeiro: Imprensa Nacional, 1923. p. 37.

se tornar a cabeça do Estado do Maranhão em 1737: sua posição estratégica, pois oferecia melhores condições para o enfrentamento dos problemas de fronteira com a Guiana Francesa e o Vice-Reino do Peru, e uma população bem provida de meios e prestigiada desde as campanhas contra os holandeses.[55]

Arno e Maria José Wehling (1994) enfatizaram o crescimento econômico da urbe paraense, amparado na escravidão indígena e no comércio das drogas do sertão, e afiançaram: "em 1737, dada a importância de Belém, para ela foi transferida a sede do Estado do Maranhão".[56] Ainda na década de 1990, em tese de doutoramento sobre o desenvolvimento urbano de Belém, Macapá e Mazagão, no século XVIII, Renata Malcher de Araújo adotou a interpretação de que a transferência da capital coincidiu com a chegada de Francisco Xavier de Mendonça Furtado ao Pará, em 24 de setembro de 1751.[57] Por fim, em artigo mais recente, destacando a questão da centralidade para explicar a mobilidade das capitais americanas desde o período colonial, o historiador Laurent Vidal assinalou – pela primeira vez que se saiba – o ano de 1737, como o da escolha de Belém como cabeça e o da criação do Estado do Grão-Pará e Maranhão.[58]

Talvez os historiadores do século XIX, preocupados em dar forma a um projeto de Estado nacional, tenham se apegado a um formalismo, ainda que impreciso, e, assim, consagraram 1751 como a data oficial da mudança da capital do Estado do Maranhão. Nenhum

---

[55] REIS, Arthur Cezar Ferreira. *Estadistas portugueses na Amazônia*. Rio de Janeiro: Edições Dois Mundos, 1948. p. 45.

[56] WEHLING, Arno; WEHLING, Maria José C. de. *Formação do Brasil colonial*. Rio de Janeiro: Nova Fronteira, 1994. p. 178.

[57] ARAÚJO, Renata Malcher de. *As cidades da Amazônia no século XVIII*: Belém, Macapá e Mazagão. Porto: FAUP, 1998. p. 105.

[58] VIDAL, Laurent. Capitais sonhadas, capitais abandonadas: considerações sobre a mobilidade das capitais nas Américas (séculos XVIII - XX). *História (São Paulo)*, v. 30, n. 1, p. 3-36, jan./jun. 2011. Ver p. 27, nota 17.

dos autores citados declarou que se baseava, por exemplo, nas instruções a Mendonça Furtado ou em algum diploma régio, no máximo creditando a D. José I a tomada de decisão. No século XX, aqueles que defenderam 1737 o fizeram com base na ampliação da pesquisa documental, identificando os traços da centralidade que a urbe paraense adquiriu na geopolítica e na economia da região nos Setecentos.

Estudos mais recentes, como o de Laurent Vidal, fornecem subsídios para se pensar a temática aqui exposta na perspectiva da centralidade e do conceito de capitalidade. A posição central alcançada por Belém, em interação com as suas periferias (como Gurupá e Ilha Grande de Joanes), foi o resultado de um processo iniciado nas últimas décadas do século XVII. Por isso, a construção da sua capitalidade ultrapassa, em muito, qualquer decisão formal; sendo fundamental levar em conta aspectos geopolíticos, econômicos e demográficos, por exemplo. Para o Rio de Janeiro, essa abordagem já está consolidada na historiografia colonial, como demonstram os trabalhos de Maria Fernanda Bicalho sobre a capitalidade da urbe carioca, elevada à cabeça do Estado do Brasil em 1763.[59] Pela falta de estudos que realcem a centralidade de Belém na região amazônica, tal como a do Rio de Janeiro no Centro-Sul da América portuguesa, no momento, é mais acertado dizer que não há uma resposta sobre a data da elevação de Belém à cabeça do Estado do Grão-Pará e Maranhão. É admissível, contudo, que 1737 e 1751 não se excluem, pois fazem parte de um mesmo processo histórico de construção desta capitalidade.

---

[59] Refiro-me, por exemplo, aos seguintes trabalhos: BICALHO, Maria Fernanda. As noções de *capitalidade* no Rio de Janeiro sob a política pombalina. In: ARAÚJO, Ana Cristina et al. (Org.). *O terramoto de 1755*: impactos históricos. Lisboa: Livros Horizonte, 2007. p. 257-267; BICALHO, Maria Fernanda. *A cidade e o império*: o Rio de Janeiro no século XVIII. Rio de Janeiro: Civilização Brasileira, 2003. p. 81-102.

Considerações finais

Esta é uma pesquisa em andamento e, por isso, este trabalho apresenta ao mesmo tempo algumas conclusões e várias lacunas que o progresso das investigações poderá preencher. A caracterização da dinâmica governativa aqui privilegiada atendeu a pelo menos dois objetivos. O primeiro, mais amplo, foi realçar um aspecto do funcionamento da estrutura política e administrativa específica do Governo-Geral do Estado do Maranhão e Grão-Pará, adotado como solução para resolver demandas da colonização que justificavam a presença do governador e capitão-general no Pará. Esses assuntos não foram aprofundados porque precisam ser abordados em uma investigação de maior alcance sobre o processo de construção da centralidade e da capitalidade de Belém.

O segundo objetivo do trabalho foi privilegiar um grupo de oficiais régios que passaram despercebidos na historiografia como agentes da governança: os capitães-mores do Maranhão. Um estudo sistemático de suas trajetórias, contemplando perfis sociais, carreiras e percursos na administração colonial, tal como foi feito para os capitães-mores do Pará,[60] está encaminhado. Comparativamente, apesar de submetidos ao mesmo processo de recrutamento e às formalidades da nomeação régia (pelo teor das consultas do Conselho Ultramarino e das respectivas cartas-patente), os postos de capitão-mor do Pará e do Maranhão possuíam suas especificidades.

---

[60] SANTOS, Fabiano Vilaça dos. Os capitães-mores do Pará (1707-1737): trajetórias, governo e dinâmica administrativa no Estado do Maranhão. *Topoi*, Rio de Janeiro, v. 16, n. 31, p. 667-688, jul./dez. 2015. Disponível em: <http://www.scielo.br/scielo.php?pid=S2237-101X2015000200667&script=sci_abstract&tlng=pt>.

AS REVOLTAS DE BACON (VIRGINIA, 1676) E DE BECKMAN (MARANHÃO, 1684): discursos sobre a justiça, processos de repressão e luta por direitos[1]

Luciano Raposo de Almeida Figueiredo

> [...] se nós tivéssemos feito as mesmas perguntas e usado as mesmas fontes, nós provavelmente teríamos chegado à conclusão de que o que os espanhóis e portugueses estavam pensando e fazendo não era tão radicalmente diferente dos seus rivais no norte.[2]

O esforço de aproximar duas experiências de conflitos em impérios coloniais, considerados habitualmente antagônicos, atende à interessante questão proposta no título desse encontro: "Mundos coloniais comparados: poder, fronteira e identidades". Desafiadora, a proposta nos conduziu a tratar das percepções sobre os direitos dos súditos europeus que, na segunda metade do século XVII, habitavam as Américas britânica

---

[1] A comunicação originalmente apresentada em Salvador/Bahia no IV EIHC em 2016 foi intitulada "Justiça e rebelião em perspectiva comparada: as Américas portuguesa e inglesa no século XVII". Oscilações de título quase sempre revelam as vacilações características dos trabalhos em fase preliminar. Aproveito para agradecer aos integrantes da mesa redonda "A Justiça d'El Rei nosso Senhor nas Capitanias do Norte: jurisdições, leis, magistraturas e ofícios judiciais em circulação na América Portuguesa (XVII-XVIII)". Essa pesquisa foi desenvolvida graças ao projeto de bolsa de produtividade do CNPq "Tradições intelectuais e lutas políticas na América portuguesa moderna, séculos XVI-XVIII".

[2] "[...] *if we asked the same questions and used the same source material, we would more often than not ascertain that the Spanish and Portuguese were thinking and doing was not that radically different than what their rivals of the north did.*" HERZOG, Tamar. *Frontiers of possession*: Spain and Portugal in Europe and the Americas. London: Harvard University Press, 2015. p. 256-257, tradução nossa.

e portuguesa. Mais uma vez, os instantes de conflagração em que se rompe o equilíbrio político e se confronta, com mobilização armada, as autoridades legais, revelam-se muito férteis para análise ao produzirem enunciados sobre as disputas a respeito da natureza do poder e da cultura monárquica.

Mão de obra e monopólio: Virginia e Maranhão

Duas são as regiões para análise, a Virginia (ver Figura 1) e o Maranhão. Dois são os impérios a considerar, o britânico e o português. E dois são os conflitos que mobilizam o poder dos soberanos europeus no século XVII: a guerra civil em 1676 na Virginia entre grupos de fronteira produtores de tabaco e o governador, aliado a plantadores mais antigos, e a mobilização armada de lavradores ao redor da cidade de São Luís, contrários aos jesuítas e à Companhia de Comércio, que toma o poder e governa a região entre 1684 e 1685. A primeira foi designada "Revolta de Bacon" e a segunda "Revolta de Beckman", ambas homenageando as lideranças que deram a partida, conduziram o movimento de contestação e pereceram nesse processo: Nathaniel Bacon (1647-1676) e Manuel Beckman (1630-1685).

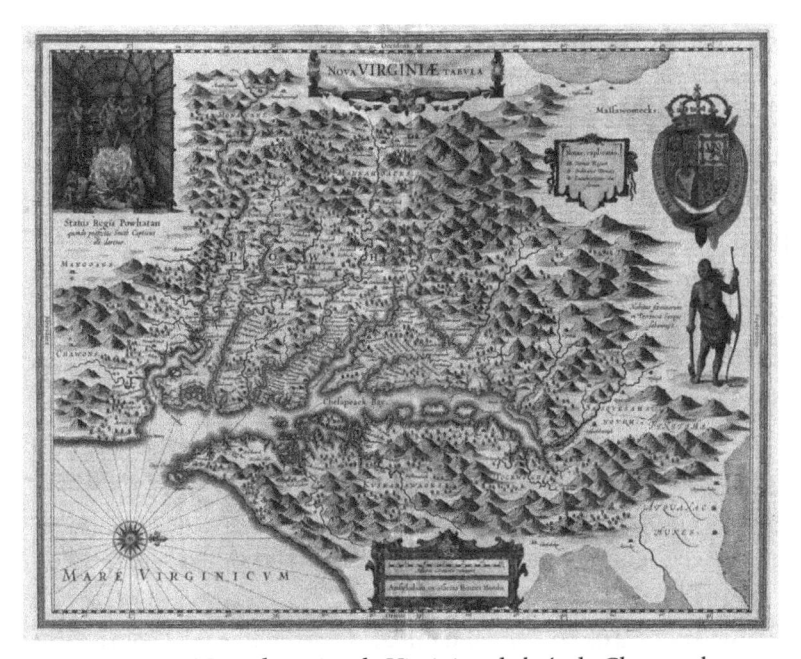

Figura 1 – Mapa da região da Virginia e da baía de Chesapeake no início do século XVII[3]

Fonte: Geographicus Rare Antique Maps. Disponível em: <http://www.geographicus.com/P/AntiqueMap/NovaVirginiaeTabula-hondius-1630>. Acesso em: 24 jan. 2017.

Os fatores de descontentamento que levariam os súditos à ruptura com o governo local em diferentes latitudes dos impérios coloniais eram uma combinação que, na segunda metade do século XVII, se tornou explosiva e transformou em pesadelo a vida dos governadores régios: comércio e índios. Cada uma dessas duas palavras encerra políticas específicas exercidas no ultramar que

---

[3] HONDIUS, Henricus. Nova Virginia e Tabula. In: HONDIUS, Henricus. *Atlas major*. [Amsterdam], 1630.

conseguiram colocar em oposição os interesses dos grupos de moradores e as determinações de setores ligados às metrópoles.

Os descontentamentos têm origens muito parecidas e desfechos muito semelhantes também. Afinal, os mesmos impasses atingem os territórios ultramarinos dos impérios, britânico e português, na segunda metade do século XVII. À política de controle do comércio ultramarino, em benefício dos negociantes europeus, e às dificuldades de os colonos terem acesso à terra ou à mão de obra nativa, soma-se a ampla circulação das ideias de resistência ativa. A vida nas colônias a partir daí nunca mais teria sossego.

A Virginia e o Maranhão estiveram muito ligados aos seus reinos. Em ambos os casos a eclosão das rebeliões decorre de mudanças políticas profundas em Portugal e na Inglaterra, reinos nos quais o recente reestabelecimento da monarquia mexera intensamente com a cultura política. Na península ibérica, D. João IV assumira o poder em 1640 depois de comandar o fim da união de Portugal com a Espanha. Uma nova dinastia, a dos Bragança, passa a dirigir os destinos do reino. Na Inglaterra, Charles II em 1660, traz de volta a dinastia dos Stuart, depois da morte de Cromwell e da experiência republicana que o reino atravessou desde a execução de Charles I em 1649.

As Restaurações nos dois reinos trazem ainda outra consequência para os moradores das periferias. Tanto Portugal quanto a Inglaterra, logo que veem acalmada a instabilidade política, tentam controlar melhor suas colônias exercendo gradualmente a soberania em seus territórios da América. O tabaco da Virginia e os produtos variados do Brasil eram rendas importantes para as finanças régias superarem as catástrofes bélicas.

No caso do império britânico, passada a guerra civil e a experiência republicana, a monarquia logo esticou os olhos para as rendas da América. Bem diferente dos primeiros Stuarts, Charles II e seus conselheiros procuram colocar as colônias sob maior controle da metrópole, sejam os puritanos da Nova Inglaterra, os plantadores de tabaco de Chesapeake ou os barões do açúcar de Barbados. A aprovação do *Enumeration Act* em 1660 pelo Parlamento, seguido de vários outros até o *Navigation Act* de 1673, passaram a exigir pagamento de direitos comerciais para a Inglaterra e favoreceram os navios ingleses no transporte das mercadorias coloniais, tentando eliminar os concorrentes holandeses.

A situação econômica que motiva o protesto de Bacon na Virginia tem suas origens nesse tipo de descontentamento.

Tendência global, a opção pelo monopólio dos mercados coloniais também cativou os dirigentes no Portugal restaurado. No Maranhão, após o fracasso do estanco exercido pela Fazenda Real entre 1678 e 1680, o Conselho Ultramarino recomenda a convocação de investimentos privados para dinamizar a economia da região. Capitaneada por Pedro Alves Caldas foi organizada em Portugal uma sociedade de assentistas para a formação da *Companhia de Comércio do Maranhão e Grão-Pará*. Um alvará lançado em 12 de fevereiro de 1682 selou o acordo e, pelo prazo de 20 anos, a empresa teria garantida sua exclusividade no comércio com o Estado do Maranhão, devendo passar a cuidar de prover os moradores com produtos do reino, assim como comercializar a produção local no exterior.[4] Outra das obrigações da Companhia de Comércio derivava da lei que transferira aos jesuítas a distribuição dos índios descidos do sertão, privando os colonos dessa mão de obra. Por isso, o estanco também deveria suprir o mercado local com escravos africanos, com

---

[4] MEIRELES, Mário Martins. *História do Maranhão*. Rio de Janeiro: DASP, Serviço de Documentação, 1960. p. 128-130.

o volume anual de 500 africanos. Além disso, caberia à Companhia desenvolver a produção de cacau, baunilha e outras drogas do sertão.[5]

Nas duas regiões o aumento da pressão pelo controle comercial sobre os agricultores locais e a política do governador com relação às populações nativas disparam rebeliões.

***

Na revolta de Bacon o território da Virginia foi varrido nos anos de 1676 e 1677 por conflitos de proporções devastadoras. A essa altura a região passava por uma grande expansão da agricultura do tabaco, com entrada maciça de imigrantes que viviam na fronteira exigindo, cada vez mais, novas terras. Os ataques dos povos indígenas, por outro lado, vinham sendo contidos pelo experiente Governador William Berkeley à custa de uma linha de fortes que protegia as fazendas, um projeto oneroso e que limitava a expansão territorial. Um dos recentes proprietários instalados na colônia inglesa, Nathaniel Bacon, ao arrepio das leis que proibiam expedições contra índios, resolve formar uma tropa e desfecha ataques contra as populações nativas. As medidas punitivas do governador contra essa atitude, a pressão fiscal sobre os lavradores e o gradual controle sobre a exportação do tabaco mobilizam um grupo de moradores que organiza um levante armado para afastar o governador e implantar reformas. A crise iria atravessar vários meses, acompanhada por ações de tropas em batalhas, incêndios de cidades, invasão de

---

[5] CHAMBOULEYRON, Rafael. "Duplicados clamores": queixas e rebeliões na Amazônia colonial: (século XVII). *Projeto História*, São Paulo, v. 33, p. 159-178, dez. 2006. p. 168.

propriedades e execuções até a vitória das forças leais ao governador no início de 1677.[6]

O mesmo tipo de desassossego vai alcançar os agricultores e criadores da América portuguesa alguns anos depois, a partir de 1682, quando um novo governador do Maranhão assume a capitania trazendo projetos de mudanças. Ele não vinha sozinho: com Francisco de Sá e Meneses desembarcou com Pascoal Jansen Pereira, assentista e administrador da Companhia de Comércio do Maranhão e Grão-Pará.[7] Com o passar dos anos ficaria claro para os moradores que a empresa não conseguiria atender a todos os compromissos mencionados anteriormente, produzindo uma maré de inquietação, especialmente entre os lavradores. A conjuração articulada no engenho de Manoel Beckman no rio Mearim, na capitania do Maranhão (ver Figura 2), também era fermentada pelas insatisfações com as leis de 1655 e de 1680, cuja execução cabia ao governador e que asseguravam liberdade total aos índios do Estado do Maranhão.[8] A partir dessas decisões o controle sobre os índios livres que desciam do sertão ficaria exclusivamente com os padres da Companhia de Jesus, privando os proprietários locais do acesso

---

[6] Sobre a revolta de Bacon, tema com bibliografia vastíssima, destaco, além do material citado adiante: BAILYN, Bernard. Politics and social structure in Virginia. In: KATZ, Stanley Nider et al. (Ed.). *Colonial America*: essay in politics and social development. New York: McGraw-Hill, 1993. p. 17-41; BREEN, T. H. A changing labor force and race relations in Virginia, 1660-1710. In: BREEN, T. H. *Puritans and adventures*: change and persistence in early America. New York: Oxford University, 1980; HORN, James. *Adapting to a new world*: English society in the seventeenth-century Chesapeake. Chapel Hill: The University of North Carolina Press, 1994; WEBB, Stephen Saunders. *1676*: the end of American Independence. 2. ed. New York: Syracuse University Press, 1995. (1st ed. New York: Knopf, 1984). Em língua portuguesa ver FIGUEIREDO, Luciano Raposo de Almeida. *1676*: a revolta de Bacon na Virginia e algumas tentações comparativas. [S.d.]. Disponível em: <http://www.historia.uff.br/impressoesrebeldes/?temas=1676-a-revolta-de-bacon-na-virginia-e-algumas-tentacoes-comparativas>. Acesso em: 15 out. 2016.

[7] MEIRELES, Mário Martins, op. cit., p. 127.

[8] CHAMBOULEYRON, Rafael, op. cit., p. 164.

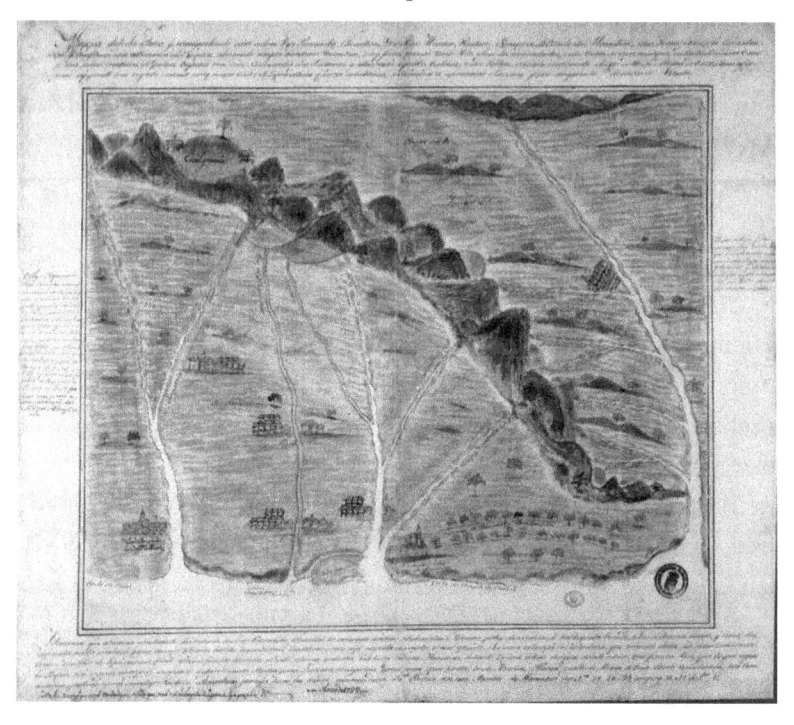

à fonte habitual de mão de obra.⁹ Segundo Dauril Alden, ainda que as leis de 1680 tenham representado uma expressiva vitória dos jesuítas, elas inevitavelmente geraram reações adversas em parcela dos colonizadores, tanto no norte quanto no sul do Brasil.¹⁰

Figura 2 – Mapa de São Luís e arredores no século XVIII, com indicação do rio Mearim e outros locais da revolta de Beckman

Fonte: Mappa de toda a terra que se comprihende entre os dous Ryos Parnahiba e Tocantins. 1788. Arquivo Histórico Ultramarino - AHU – CARTm - 009, D. 839.

---

⁹ Ibid., p. 167.
¹⁰ ALDEN, Dauril. Black Robes versus White Settlers: the struggle for "freedom of the indians" in colonial Brazil. In: PECKHAM, Howard; GIBSON, Charles (Ed.). *Attitudes of colonial powers toward the American indian*. Salt Lake City: University of Utah Press, 1969. p. 33.

Aliado aos assentistas que taxavam os moradores, deixavam de fornecer escravos africanos e causavam transtornos na chegada e saída das mercadorias, o descontentamento com o governador, executor da política que aos olhos dos lavradores privilegiava os padres da Companhia de Jesus,[11] só aumentou quando ele transfere sua moradia para Belém do Pará. Aos conjurados iriam se aliar ainda os Franciscanos e Beneditinos. Os grupos insatisfeitos se desdobram em ações amparadas pelo senso de direito: enviam um procurador a Portugal a fim de apelar para a justiça do soberano e, ao mesmo tempo, negam obediência ao governador, organizam uma Junta de representantes dos três Estados (clero, nobreza, povo), afastam as autoridades leais dos postos militares e da câmara municipal e adotam novas leis.[12] Os rebeldes ficariam por longos meses governando a cidade e região até a chegada de um novo governador.[13]

Os descontentamentos em torno da política indígena executada pelos governadores tomaram contornos parecidos na Virginia e no Maranhão. Os conspiradores ao redor de Manuel e de seu irmão Tomás Beckman, atacam o governador mirando nos jesuítas que protegiam os nativos da escravidão. Na Virginia, alguns

---

[11] A revolta de Beckman como eco de uma longa disputa em torno do domínio temporal sobre mão de obra mereceu análise cuidadosa em ZERON, Carlos Alberto de M. R. Interpretações de Francisco Suárez na *Apologia pro paulistis* (1684). In: ALGRANTI, Leila Mezan; MEGIANI, Ana Paula Torres (Org.). *O império por escrito*: formas de transmissão da cultura letrada no mundo Ibérico (séc. XVI-XIX). São Paulo: Alameda, 2009.

[12] Para compreender a constituição do poder da câmara em São Luiz ver, dentre outros, CARDOSO, Alirio Carvalho. *Insubordinados, mas sempre devotos*: poder local, acordos e conflitos no antigo Estado do Maranhão (1607-1653). 2002. 256 f. Dissertação (Mestrado em História) – Instituto de Filosofia e Ciências Humanas, Universidade de Campinas, Campinas, 2002; CORRÊA, Helidacy Maria Muniz. *"Para aumento da conquista e bom governo dos moradores"*: o papel da Câmara de São Luís na conquista, defesa e organização do território do Maranhão (1615-1668). 2011. 300 f. Tese (Doutorado em História) – Instituto de Ciências Humanas e Filosofia, Universidade Federal Fluminense, Niterói, 2011.

[13] Sobre a revolta de Beckman ver, além da bibliografia citada adiante, MACNICOLL, Muray Graeme. Seventeenth-century Maranhão: Beckman's revolt. *Estudos Ibero-americanos*, v. 4, n. 1, p. 129-140, 1978.

anos antes, os atritos com a autoridade local estariam associados às tensões geradas também pelas relações com os nativos, uma vez que Berkeley proibia razias dos ingleses capazes de detonar massacres como reação. A servidão por contrato reduzira a demanda por escravos indígenas, mas a necessidade de expansão das terras de tabaco e certa ética dos ingleses a respeito do direito à propriedade na América empurravam os colonos contra os índios.

Direitos e justiça: discursos

O arriscado caminho da resistência ativa que os súditos empreendem contra os representantes régios não envolve apenas a mobilização de arsenais bélicos. Tão importante quanto as armas foi a convocação de discursos capazes de agitar e unificar os grupos em revolta e, ainda, justificar a legitimidade do protesto. O direito à resistência, e mesmo o dever de resistir, foram justificados através dos papéis que circulam tanto na Virginia quanto no Maranhão, demonstrando uma tradição em comum.

Aos olhos dos rebeldes da Virginia, a mobilização reveste-se de compromisso legal, estando de pleno acordo com as "leis da Inglaterra", da mesma forma que para o governador e seu conselho eles teriam agido seguidamente contras as leis. Segundo Horn, os participantes acreditavam atuar dentro do mais completo uso do direito, uma vez que Berkeley havia quebrado os princípios cardeais que devem orientar àqueles que governam, dentre eles o de promover a justiça de acordo com a lei.[14]

Ao assumir o papel de liderança no protesto contra o governador da Virginia, Nathaniel Bacon lança diversas proclamações dirigidas

---
[14] HORN, James, op. cit., p. 379.

aos moradores. "Todo o mundo precisa", Bacon anuncia em seu Manifesto dirigindo-se aos moradores da colônia inglesa e, lançado em agosto de 1676, "conhecer a vontade unânime de expressar nossa tristeza e descontentamento à Sua Sagrada Majestade, como nosso refúgio e santuário...". Queriam tornar público, declara, "que todas as nossas causas serão imparcialmente escutadas e a justiça administrada com igualdade para todos os homens".[15]

Em um desses documentos, Bacon e seus aliados reclamam das dificuldades do governo régio da Virginia no qual a "majestade do poder e da autoridade, a dignidade da magistratura, a mais preciosa joia da segurança dos povos", vinham sofrendo com os abusos por parte de "palhaços malabaristas" (*juggling mountebanks*).[16]

A reclamação contra a justiça aparece também na "A declaração do povo" em que Berkeley seria diretamente acusado de ter sido um mau executor da justiça de Sua Majestade na Virginia. Bacon o acusa de ter "se apropriado dos postos da magistratura [local] com [a nomeação de] seus favoritos ignorantes e escandalosos", cometendo assim abusos contra o bem comum e contra a justiça de Sua Majestade.[17] O desrespeito à justiça é, aliás, a terceira maior queixa da longa lista de reclamações contra o governador, antecedida pelos protestos contra os impostos lançados e pela incompetência de levar a colônia a progredir.

Nos discursos rebeldes, foi a necessidade de preservação do governo justo e do patrimônio régio que fundamentou o direito à

---

[15] BACON, Nathaniel. Manifesto concerning the present troubles in Virginia. *The Virginia Magazine of History and Biography*, v. 1, n. 1, p. 55-58, July 1893. As proclamações divulgadas durante a revolta mereceram análise rigorosa por HASKELL, A. B. *"The Affections of the People"*: ideology and the politics of State building in colonial Virginia, 1607-1754. Baltimore: Johns Hopkins University, 2004. p. 247, passim.

[16] BACON, Nathaniel. *Manifesto*..., op. cit.

[17] BACON, Nathaniel. The declaration of the people. *The Virginia Magazine of History and Biography*, v. 1, n. 1, p. 59-61, July 1893.

resistência. As implacáveis palavras de encerramento do Manifesto de Bacon, nesse sentido, evocam uma sentença condenatória: "Nós acusamos Sir William Berkeley como culpado por cada um e por todos os artigos [da denúncia] ao mesmo tempo, por cuja conduta traiçoeira violou e feriu os interesses daqui pela perda de grande parte de sua colônia".[18]

Oito anos depois, ao sul das colônias britânicas, em terras governadas por outro príncipe, o ideal de um bom governo seria repisado nos papéis disparados por grupos rebeldes. No Maranhão a justiça também está presente nas tópicas dos documentos que os rebeldes preparam. Aqui, como mais ao norte, a reação à injustiça tem um alvo definido: as ações de tirania praticadas pelo representante régio.

Na "Proposta que fizeram os procuradores do povo sobre o governo da cidade de São Luís do Maranhão..." de 25 de fevereiro de 1684 figuram várias das razões do descontentamento, associadas à desproteção militar e riscos que os moradores vinham sofrendo, além da "opressão e tirania" com o monopólio. Nesse documento aproveitam para avisar que, tão logo, "serão manifestas ao príncipe Nosso Senhor" as razões que levaram os moradores à revolta e, avisam também, terem negado obediência ao governador e ao seu interino.[19]

Em uma das atas redigidas pela Junta governativa que assume o controle de São Luís, o governador Francisco Sá de Menezes seria acusado de praticar contra os moradores extrema "carga de tiranias, alheias todas ao amor que o príncipe Nosso Senhor nos tem e de que

---

[18] BACON, Nathaniel. The declaration..., op. cit.
[19] "Proposta que fizeram os procuradores do povo sobre o governo da cidade de São Luís do Maranhão pela privação que fizeram do governador Francisco de Sá e Meneses pelas razões abaixo declaradas..." de 25 de fevereiro de 1684. Publicada em COUTINHO, Milson. *A Revolta de Bequimão*. São Luís: Instituto Geia, 2004. p. 199-201.

os seus governadores usam tão mal...".[20] Também esse governador, avalista do projeto da Companhia de Comércio, seria acusado, como fora igualmente Berkeley na Virginia, de levar os domínios de Sua Majestade à decadência: "por se ter experimentado a ruína e opressão que o dito estanque havia causado", menciona um dos papéis rebeldes.[21]

Rafael Chambouleyron, examinando com atenção as cartas e requerimentos produzidos pelos rebeldes, considera a revolta de Beckman como repique da contestação ocorrida em 1661 em São Luís, quando já havia sido enunciado o discurso contra a tirania diante do favorecimento dos jesuítas que então passaram a deter a exclusividade do controle dos índios livres descidos do sertão, em prejuízo dos moradores.[22] Na agitação que expulsa os jesuítas do Maranhão em 1661, o autor identificou a presença de tópicas como "miséria", "opressão e tirania", "ambição e cobiça" durante as disputas entre jesuítas e moradores rebeldes.[23] A injustiça relacionava-se à dificuldade de acesso à mão de obra, quando foi repisada a tópica de que os moradores teriam conquistado o território para o rei de Portugal, "à custa de sangue e fazenda".[24]

Um dos representantes da câmara de São Luís, que acompanha a Lisboa os jesuítas expulsos pelos rebeldes novamente em 1684, leva uma petição ao soberano argumentando, dentre outras demandas, que os monopólios, mesmo concedidos pelo rei, eram prejudiciais ao bem comum. E poderiam ser revogados, se houvesse

---

[20] Ata da Junta Governativa de 27/2/1684. Publicada em COUTINHO, Milson, op. cit.

[21] "Proposta que fizeram os procuradores do povo sobre o governo da cidade de São Luís do Maranhão pela privação que fizeram do governador Francisco de Sá e Meneses pelas razões abaixo declaradas..." de 25 de fevereiro de 1684. Publicada em COUTINHO, Milson, op. cit.

[22] CHAMBOULEYRON, Rafael, op. cit., p. 164.

[23] Loc. cit.

[24] Ibid., p. 172.

razão certa, pelo povo e chefes locais.²⁵ Na "Proposta que fizeram os procuradores do povo...", fica patente a dívida com o direito natural quando, ao explicarem os rebelões, sua desobediência, declaram que "o povo toma sobre si todo o mais governo público e militar" da cidade de São Luís.²⁶

O argumento é reiterado a seguir no mesmo documento ao justificarem o

> [...] sossego e quietação com que o povo se levantou sem atender a mais que a sua liberdade e aumento do Estado, por achar fazer nisso grande serviço ao príncipe Nosso Senhor, que Deus guarde, por se não atender a mais que nos interesses particulares, em destruição do povo, que com tanta lealdade e à custa de suas vidas e fazendas restauraram este Estado, sendo tudo contra o ânimo e amor que o príncipe Nosso Senhor tem a este povo e, por servir sem remédio nem esperança de o ter por mãos alheias, se resolveram a fazer pelas suas [...].²⁷

No Maranhão ou na Virginia o enunciado que se refere ao povo deixa claro que "a linguagem do direito popular era um instrumento da prática política".²⁸ Tratava-se de uma tradição em comum às duas

---

²⁵ CURTO, Diogo Ramada. *Cultura imperial e projetos coloniais*: séculos XV a XVIII. Campinas, SP: Ed. Unicamp, 2009. p. 291. Diz o autor: "[...] uma tal reivindicação pelo direito do povo em ter voz na verificação das leis não era muito frequente no contexto português". Ver ainda o estudo sobre o tema da participação popular na revolta de Beckman tratado em RODRIGUES, Gefferson R. *Escravos, índios e soldados*: povo, política e revoltas na América portuguesa do século XVIII (Pernambuco, Minas Gerais e Bahia). 2015. Tese (Doutorado em História) – Universidade Federal Fluminense, Niterói, 2015.

²⁶ "Proposta que fizeram os procuradores do povo sobre o governo da cidade de São Luís do Maranhão pela privação que fizeram do governador Francisco de Sá e Meneses pelas razões abaixo declaradas ..." de 25 de fevereiro de 1684. Publicada em COUTINHO, Milson, op. cit.

²⁷ COUTINHO, Milson, op. cit.

²⁸ BUSHMAN, Richard. *The king and people in provincial Massachusetts*. Chapel Hill: The University of North Carolina Press, 1985. p. 89.

monarquias. Afinal, escreve Richard Bushman, o "direito popular não era incompatível com os princípios da monarquia".[29]

Essa última tópica que evoca o direito à resistência em circunstâncias nas quais se praticava injustiça estava em plena vigência nas teorias contratualistas em Portugal. O conselheiro régio e desembargador Sebastião Cesar de Meneses no quinto fundamento escrito para as Cortes de março de 1641, defendera que os Reis de Castela embora legítimos governantes de Portugal tornaram-se "intrusos" devido à opressão que causaram aos diversos grupos de súditos portugueses. Diz o assento: "podia o Reino eximir-se de sua obediência [a Castela] e negá-la [...] porquanto, conforme as regras do direito natural, e humano, ainda que os Reinos transferissem nos Reis todo seu poder & Império, para os governarem, foi debaixo de uma tácita condição, de os regerem e mandarem com justiça sem tirania.". Mas em caso de tirania "podem os Povos privá-los dos Reinos, em sua legítima e natural defensa".[30]

Os súditos do Maranhão, como já chamou atenção Antonio Filipe Caetano, renovavam argumentos, como muitos outros rebeldes na América portuguesa fizeram, espelhados nas ideias cultivadas no processo da Restauração portuguesa de 1640.[31]

---

[29] *"Popular rights were not antithetical to the principles of monarchy".* BUSHMAN, Richard, op. cit., p. 89, tradução nossa.

[30] "Assento feito em Cortes pelos tres estados dos reynos de Portugal da aclamação do rei D João IV..." [5/3/1641]. fl. 10v-11. Disponível em: <http://purl.pt/12093/1/index.html#/23/html>. Acesso em: 10 jan. 2017.

[31] CAETANO, Antonio Filipe Pereira. *Entre drogas e cachaça*: a política colonial e as tensões na América portuguesa (Capitania do Rio de Janeiro e Estado do Maranhão e Grão-Pará, 1640-1710). 2008. 376 f. Tese (Doutorado em História) – Centro de Filosofia e Ciências Humanas, Universidade Federal de Pernambuco, Recife, 2008. Especialmente cap. 6, "Tão longe, tão perto".

Armadas e devassas: a repressão

A outra face da justiça em circunstâncias de crise política ganha expressão nas ações punitivas que a monarquia adota, num jogo de obrigações a que estavam sujeitos soberanos e súditos. Se o Rei justo era um ideal com o qual os rebeldes dialogavam em seus manifestos, o Rei rigoroso assume seu lugar para conter condutas de desarmonia no seio da monarquia.

Com base nesses princípios, as práticas de contenção das revoltas por parte das monarquias europeias em domínios distantes se assemelhavam, ao menos se tomarmos como exemplo os casos nos impérios, britânico e português. Ambos os soberanos não vacilaram em sua obrigação de intervir e castigar o crime de rebelião diante das contestações lideradas por Nathaniel Bacon e Manuel Beckman. O processo espelhava a maneira de execução da justiça sob o Antigo Regime: averiguar, atemorizar, punir e quase sempre perdoar. Tudo isso presidido pelos ideais de justiça que refinavam numa mesma fórmula tantas vezes adotada: averiguação respeitando o direito, atemorização previdente, punição exemplar e perdão conveniente.

Com a chegada à sede do reino das primeiras notícias de sublevações tem início a preparação para a intervenção a partir de duas ações combinadas: militar e investigativa. O primeiro impulso da reação às duas revoltas na América foi a partida de armadas navais em direção à Virginia e ao Maranhão levando soldados e autoridades nomeadas precisamente para realizar inquéritos, averiguar a atuação dos participantes e preparar relatórios para instruir a decisão dos tribunais.

Na Inglaterra, a preparação da repressão começa no final de junho de 1676, tão logo correm as notícias sobre a situação descontrolada em que mergulhara a Virginia. O caos político na região prometia enormes prejuízos com o risco de o monarca perder a arrecadação anual de 100.000 libras do imposto sobre o tabaco.[32] O Conselho Privado (*Privy Council*) de Charles II aprova inicialmente o envio imediato de granadas de mão, canhões, pólvora e munição para debelar os rebeldes. Mas, sem muita certeza do que se passava na América, decidem aguardar. Quatro meses depois, no início de outubro de 1676, o Conselho que integrava o Gabinete Régio (*Cabinet Council*) já reunira ampla documentação, inclusive cópia da "Declaração do Povo" e o "Manifesto" de Bacon, para avaliar o que efetivamente acontecia na América longínqua. Como o grosso do material que o Conselho recebeu era da parte das forças leais ao governador deposto, o Gabinete foi levado a crer que a Virginia estava sob total controle dos rebeldes. Diante disso o monarca toma uma série de novas medidas para suprimir a revolta e responder às queixas populares. Uma tropa de mil soldados é destacada para ser transportada à Virginia pela frota naval inglesa. Seguiria ainda com a frota o comissário responsável pela investigação dos distúrbios.[33] A viagem de travessia iria demorar, aguardando recursos para fazer frente àquelas despesas e pela falta de mais notícias seguras.

No meio de outubro chegam ao rei relatos do governador da Virginia, William Berkeley. Com a visão mais clara do que ocorrera, Charles II toma medidas adicionais: assina uma declaração afirmando que Bacon havia lançado guerra de maneira traiçoeira e sediciosa contra a Excelentíssima Majestade do Rei (*The Kings most Excellent Majesty*). Por isso, ele oferece também um prêmio pela cabeça de Bacon e, ainda, concede perdão a todos seus seguidores, desde que

---

[32] RICE, James D. *Tales from a revolution*: Bacon's rebellion and the transformation of early America. Oxford: Oxford University Press, 2012. p. 102.

[33] Ibid., p. 103.

depusessem armas até 20 dias após a publicação da proclamação régia na Virginia.[34] Ao assinar o documento, no dia 27 de outubro, o rei não sabia que Bacon havia morrido de disenteria poucas horas antes.[35]

Em 19 de novembro, atendendo a ordem do rei, a frota com os comissários e as tropas, agora formadas por 70 soldados, segue para a colônia. Um dos navios só sairia no início de dezembro.

Na América, mesmo depois da morte do líder, continua a guerra entre forças leais ao governador e os rebeldes; estes, se assenhorando de guarnições militares e realizando batalhas nos rios da região, em suas margens e nas *plantations*. A balança acaba pendendo para o governador, que vinha recuperando espaços e em dezembro de 1676 já fizera mais de 100 prisioneiros na região de Accomack.[36] Ao longo dos últimos meses de 1676 as guarnições rebeldes vão sendo lentamente derrotadas até a rendição final e captura dos líderes rebeldes em janeiro de 1677 pelas milícias leais ao governador.[37]

Fortalecido, Berkeley coloca em ação sua máquina repressiva. No final de janeiro, o ex-governador da Carolina do Norte, William Drummond, que apoiara a rebelião, foi julgado sumariamente, condenado à morte e enforcado algumas horas depois ao lado de outro rebelde.[38] Buscando impressionar os moradores da Virginia, com as execuções o governador mostrava a todos quanto custava o preço da traição. Antes disso as punições sumárias já haviam aterrorizado os campos de batalha. Muitos rebeldes haviam sido enforcados em Eastern Shore e em Middle Plantation, dois

---

[34] RICE, James D., op. cit., p. 103.
[35] Loc. cit.
[36] Ibid., p. 107.
[37] Ibid., p. 115-116.
[38] Ibid., p. 117.

importantes locais da colônia inglesa. Outros foram enforcados nas próprias trincheiras onde os rebeldes haviam sitiado a cidade de Jamestown e houve aqueles executados em forcas montadas nos distritos de Southside, tomados pelas forças militares de Bacon. Quatro condenados foram executados ainda na guarnição que ficava em Colonel Reade junto ao Rio York. Em West Point um dos rebeldes chegou a ser acorrentado na forca e ali ficou pendurado até morrer de sede e fome. A degradação pública de seu corpo servindo como um monumento à traição, como escreve James Rice.[39]

As sanções aos seguidores dos rebeldes foram brutais. Os enforcamentos chegaram a 13 e algumas fontes mencionam 33 pessoas executadas, além de sofrerem confisco de suas propriedades. Ao ser informado das penas aplicadas na Virginia até o rei Charles II se espantou com o furor repressivo do governador, que não possuía autoridade para decretar leis marciais contra os próprios ingleses. O soberano comentaria a respeito de Berkeley: "esse velho louco matou mais pessoas naquele país desolado do que eu mesmo fiz pela morte de meu pai".[40]

As palavras destemperadas do soberano inglês chegaram depois de um cuidadoso inquérito que realiza o comissário enviado para a Virginia. No final de janeiro, quando Berkeley pendurava os últimos rebeldes na forca, ancora na embocadura do rio James, na baía de Chesapeake, o barco com o comandante das tropas inglesas, 70 soldados e o comissário. Outra centena de homens chegaria em breve.[41]

---

[39] RICE, James D., op. cit., p. 117.
[40] "[...] *that old fool has killed more people in that naked country than I have done for the murder of my father*." BERKELEY, 1677 apud FINESTONE, Harry (Ed.). *Bacon's rebellion*: The Contemporary News Sheets. Virginia: University of Virginia Press, 1956. p. 32, tradução nossa. Como se sabe em 1649 Charles I foi executado por traição depois de uma guerra civil em que enfrentou o exército e o Parlamento.
[41] RICE, James D., op. cit., p. 118.

Os comissários trazem instruções expressas de Sua Alteza para suprimir a rebelião, averiguar junto aos envolvidos todo o tipo de queixas e pressões que qualquer súdito dedicado (*Loving subjects*) sofreu e, finalmente, reestabelecer as relações pacíficas com os índios.[42] Porém, quando a frota chega Bacon já estava morto, a revolta terminara e Berkeley conseguira estabelecer um novo tratado de paz com os índios.[43]

Os argumentos colhidos pela comissão, reunidos em seu relatório final encerrado em março de 1677 pesaram contra a conduta de Berkeley. Havia ficado claro que, pouco antes da chegada da comissão, o governador tomara medidas abusivas contra os rebeldes e provocado grandes perturbações, obstruindo a paz. Berkeley e seus homens julgaram e puniram os rebeldes usando a justiça militar apesar de os prisioneiros terem sido capturados após o encerramento da rebelião, em tempos de paz, portanto. Ele havia enforcado homens que estavam protegidos pelo perdão concedido pelo rei, além de saqueado os bens dos rebeldes sem seguir os trâmites processuais.[44]

Muitos outros abusos graves foram atribuídos ao governador pelos comissários. Havia, exorbitando o poder de seu cargo, declarado Lei Marcial e feito guerra contra os próprios súditos ingleses, quando só estava autorizado a mover guerra contra os índios, nunca contra colonos rebeldes.[45] Apesar da diferença dos muitos relatos produzidos, o soberano e seus conselheiros condenam Berkeley por dois erros especialmente graves, associados à desobediência: o de não ter

---

[42] RICE, James D., op. cit., p. 118-133.
[43] Ibid., p. 119-120.
[44] Ibid., p. 126.
[45] WASHBURN, Wilcomb E. *The effect of Bacon's rebellion on government in England and Virginia*. Washington, D.C.: Smithsonian Institution, 1962. p. 137-152. p. 14. Afirma o autor: "The King's Governor was not clearly authorized to institute martial law and wage war against fellow Englishmen. He was empowered to wage war against the Indians but not against rebel colonists".

atendido a ordem do rei para retornar à Inglaterra e ter condenado à morte pessoas que haviam sido perdoadas pela proclamação régia de outubro de 1676.[46] O secretário de Estado afirmou: "Sua Majestade é muito sensível a esse tipo de falha e tem muito pouca esperança que o povo da Virginia possa ser levado a um correto senso de dever com seus governadores quando os próprios governadores não obedecem ao Rei" escreveu Coventry.[47]

O governador teria um fim melancólico. A partir de maio foi chamado de volta a Londres por Charles II que o suspendeu do cargo. Caído em desgraça permanece desde junho de 1677 em Londres aguardando o momento de ser recebido pelo rei. Enquanto espera redige sua defesa e, aos 72 anos de idade, implora que consiga provar sua inocência antes de morrer.[48] Depois de algumas semanas recebeu um bilhete do secretário de Estado, Coventry, que no dia 16 de junho seria recepcionado por Sua Majestade. Era tarde demais. Muito doente, o ex-governador não teve condições de comparecer, falecendo dia 9 do mês seguinte.[49]

***

O roteiro da repressão à rebelião de 1684 no Maranhão, adotado por parte do soberano português Dom Pedro II e seus conselheiros não variou muito em relação ao que seu cunhado inglês

---

[46] RICE, James D., op. cit., p. 130. A favor de Berkeley o historiador James Rice registra que as instruções régias durante a rebelião haviam sido conflitantes. Em outubro de 1676 Charles II emitiu dois documentos, um que autorizava Berkeley a decidir quem deveria ser perdoado e outro, uma Proclamação, oferecendo perdão a todos que se rendessem em até vinte dias após sua divulgação na colônia. Ibid., p. 119-120.

[47] Ibid., p. 130.

[48] Ibid., p. 125.

[49] Ibid., p. 129.

executara.⁵⁰ O levante de São Luís contra o governador também mobilizaria, sob o império da justiça, as máquinas judicial e militar do reino, magistrados e soldados.

Faltou a Portugal o mesmo senso de urgência para aplacar a rebelião do Maranhão. Em março de 1685, tendo transcorrido 13 meses desde a tomada de São Luís, zarpava do Tejo o novo governador e capitão-general do Maranhão e Grão-Pará, Gomes Freire de Andrada.⁵¹ Zarpa acompanhado de 300 soldados,⁵² com ordens expressas de dominar a rebelião⁵³ em termos muito semelhantes àqueles utilizados para conter a revolta de Bacon.

Com a tarefa de averiguar a "ofensa real" praticada pelos súditos do ultramar foi nomeado um "desembargador sindicante", Dr. Manoel Vaz Nunes, que seguiu para a América.⁵⁴ A apuração dos crimes de natureza política era atribuição do rei, pois sua autoridade encerrava a função de realizar a justiça dos súditos. Nos casos de atentados contra o seu governo a ele cabia, e aos magistrados a quem ele delegava a função de averiguação, a condição tanto de vítima quanto de julgador.⁵⁵

A comitiva ocupa duas naus que, aqui chegam, em momentos distintos. Na primeira embarcação vem Gomes Freire e o Dr. Manoel

---

⁵⁰ Em 1661 Catarina de Bragança celebrara bodas com Carlos II firmando a aliança anglo-portuguesa.

⁵¹ MEIRELES, Mário Martins, op. cit., p. 134.

⁵² COUTINHO, Milton, op. cit., p. 257, 259, baseado em carta de Gomes Freire.

⁵³ MEIRELES, Mário Martins, op. cit., p. 134.

⁵⁴ Assim o designa Francisco Teixeira de Moraes. MORAES, Francisco Teixeira. Relação histórica e política dos tumultos que sucederam na cidade de São Luiz do Maranhão com os sucessos mais notáveis que nele aconteceram. *Revista do Instituto Histórico e Geográfico Brasileiro*, Rio de Janeiro, n. 40 (1ª parte), p. 303-410, 1877. p. 395.

⁵⁵ WEHLING, Arno; WEHLING, Maria José C. de M. *Direito e justiça no Brasil colonial*: o Tribunal da Relação do Rio de Janeiro, 1751-1808. Rio de Janeiro: Renovar, 2004. p. 379.

Vaz, demorando a alcançar as terras da América o segundo patacho que traz a "infantaria muito enferma".[56]

Se o novo governador vem com ordem expressa de aplacar a rebelião *manu militari*, a autoridade judicial estava instruída sobre como agir, calibrando a repressão de acordo com os riscos envolvidos e buscando investigar suas causas, o que incluía conferir a administração do estanco.

Mas a repressão ao movimento começara antes da viagem do juiz e do governador. No reino, o procurador do povo Tomás Beckman, o "Beckman menor", que fora até o reino para levar às autoridades as razões do protesto fora preso, inquirido e enviado de volta ao Brasil em uma das naus junto com o juiz do caso.[57] Sua situação ficara ainda mais grave porque tentara fugir ao desembarcar em São Luiz no dia 26 de maio de 1684, se refugiara em uma igreja em Cabo Verde e planejava ainda se encontrar com seu irmão.[58] Em São Luís é posto a ferro na prisão ao lado dos outros implicados Eugênio, Serrão e Sampaio.[59]

Desta vez, diferente do que se passou na Virginia em que a guerra suja já havia sido completada pelo governador em exercício, a dupla formada pelas autoridades chegadas ao norte da América portuguesa não perde tempo na execução das ordens régias. Em 15 de maio de 1685 Gomes Freire tratou de desembarcar a tropa que, bem recebida pelas forças locais, imediatamente se assenhorou da cidade.[60] Cinquenta "maracanãs",[61] como os moradores espantados

---

[56] MORAES, Francisco Teixeira, op. cit., p. 398.
[57] Loc. cit. MEIRELES, Mário Martins, op. cit., p. 134, menciona que Tomas, embora preso e embarcado, seria ainda julgado com os outros rebeldes em São Luiz.
[58] MORAES, Francisco Teixeira, op. cit., p. 398; e COUTINHO, Milson, op. cit., p. 262.
[59] COUTINHO, Milson, op. cit., p. 262.
[60] MEIRELES, Mário Martins, op. cit., p. 134.
[61] COUTINHO, Milson, op. cit., p. 260.

com o fardamento verde chamam os soldados do reino, tomam os "fortes e plataformas" da cidade, liderados por um capitão e um alferes (ver Figura 3).[62]

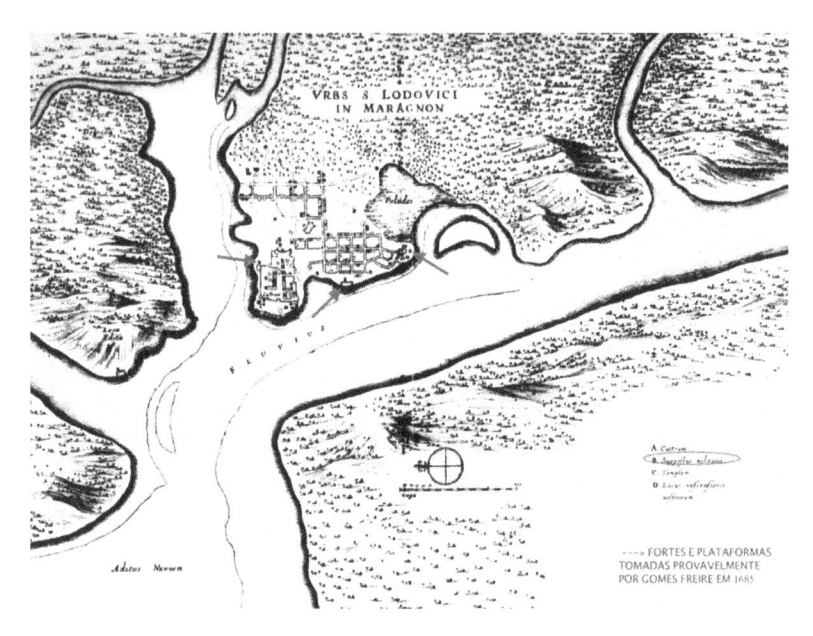

Figura 3 – Planta da cidade de São Luís do Maranhão no século XVII com a indicação dos locais retomados do governo rebelde pelo governador Gomes Freire em 1685

Fonte: MARGGRAF, George. *Vrbs S. Ludovici in Maragnon*. Amstelodami: Typographeio Ioannis Blaev, 1647. Disponível em: <https://digital.bbm.usp.br/handle/bbm/3655>. Acesso em: 20 jan. 2017.

Nota: As indicações dos sinais de setas e a legenda correspondente são nossas.

---

[62] COUTINHO, Milson, op. cit., p. 259, baseado em carta de Gomes Freire.

Manoel Beckman e aliados ensaiam alguma reação ao desembarque, convocando uma turba que pressiona o governador para obter um perdão geral.[63] A iniciativa não prospera. Gomes Freire toma posse na câmara, aplaudido inclusive pelos vereadores e oficiais nomeados pelo governo rebelde.[64] Ocupada por soldados, a infantaria faz rondas pela cidade e os canhões ficam preparados para qualquer eventualidade.[65]

Como o desembargador Manuel Vaz Nunes encontrava-se doente quando da chegada ao Maranhão, Gomes Freire assumiu a função de prender os "principais cabeças". Assim, ordenou que as forças locais, na figura do capitão-mor de Tapuitapera, capturassem e prendessem Antonio Ribeiro Maranhão.

Sem demora, Gomes Freire, "mais político que soldado" nas palavras de Meirelles,[66] anuncia em nome de El Rei, o perdão geral, "com exceção de dois a seis culpados".[67] A instrução deixa clara a combinação entre a natureza exemplar do castigo merecido por esse tipo de crime e certo cálculo prescritivo, pois, ao ordenar a prisão de Manuel Beckman muitos moradores haviam se assustado e começaram a debandar por temor de punições. A fim de evitar a fuga generalizada anuncia publicamente o perdão, "de que Vossa Majestade lhe fazia mercê", conforme carta do governador.[68]

Quando se reestabelece, o desembargador Manuel Vaz Nunes abre a devassa que Sua Majestade ordenara e manda que fosse preso Manuel Serrão de Castro e o "homem turbulento" Jorge de

---

[63] COUTINHO, Milson, op. cit., p. 259.
[64] Ibid., p. 261.
[65] Ibid., p. 262.
[66] MEIRELES, Mário Martins, op. cit., p. 135.
[67] MORAES, Francisco Teixeira, op. cit., p. 398.
[68] COUTINHO, Milson, op. cit., p. 263.

Sampaio, esse último um dos procuradores do povo.[69] É organizado um tribunal de alçada, composto pelo desembargador e pelo novo provedor da Fazenda nomeado por Gomes Freire, Jacinto de Morais Rego. Autoridades destituídas de suas funções pelo movimento rebelde, militares, figuras do povo comum, jesuítas, vereadores e procuradores do senado da câmara atenderam ao chamado para depor ao longo de junho e julho de 1685.[70]

Agindo assim o desembargador atendia à orientação régia para prender apenas os cabeças, recurso que se acreditava suficiente para serenar a coletividade que acompanhava as lideranças.[71] Como diz adiante a narrativa do provedor-mor da Fazenda, Francisco Teixeira de Moraes, presente aos acontecimentos, a justiça foi feita sob "limitado custo de castigos, com temperança executados, para que a poucos chegasse a pena, e a muitos o exemplo".[72]

Faltava ainda às autoridades chegarem ao líder. Foragido, Manuel Beckman, o "Beckman maior", é caçado por ordem do juiz pelos "oficiais de justiça e soldados" prometendo-se graves punições a quem o protegesse e prêmios a quem o prendesse.[73] Com o apoio de Gomes Freire de Andrade, Manuel Beckman será preso na mata onde se escondeu e levado acorrentado para a cidade.[74] Aparentemente fora traído. Quem o localizou no esconderijo no engenho Vera Cruz em Mearim foi Lázaro de Melo, "moço cidadão", compadre ou afilhado do fugitivo que, com uma pequena esquadra, entrou

---

[69] Carta de GOMES FREIRE apud COUTINHO, Milson, op. cit., p. 263. Também MORAES, 1877, p. 397. A carta de Gomes Freire citada por Milson Coutinho revela que o desembargador estava doente e não pode efetuar as primeiras prisões.
[70] COUTINHO, Milson, op. cit., p. 267.
[71] MORAES, Francisco Teixeira, op. cit., p. 398.
[72] Ibid., p. 402.
[73] Ibid., p. 399.
[74] Ibid., p. 401. Meireles informa que na canoa em que segue para Sao Luis Beckman foi aliviado do uso das algemas.

na propriedade sem desconfiança do proprietário para prendê-lo.[75] Além de parente, Lázaro havia participado das decisões da Junta organizada pelo governo rebelde. Beckman é entregue ao corpo da guarda para depois ficar na cadeia pública, "carregado de ferros".[76]

A ação do magistrado para a prisão se desenrolou ao mesmo tempo em que transcorria a devassa na qual ia se colhendo provas e confirmando que o foragido exercera a liderança do protesto.[77] A mesma devassa levaria ainda à prisão do "mister do povo"[78] e apuraria a culpa de outros suspeitos como Jorge de Sampaio, Francisco Deiró, Belchior Gonçalves, Manuel Serrão de Castro e os frades carmelitas e mercedários.[79]

Nos cinco meses em que transcorreu o processo de julgamento dos implicados[80] as orientações do reino para o capitão-general Gomes Freire eram de que não permitisse apelação dos condenados, obrigando a esses escutarem a sentença apenas alguns dias antes das condenações.[81]

O processo condenou à "morte natural" Manuel Beckman, Jorge de Sampaio e um procurador do povo, Francisco Deiró.[82] A serem sentenciados na Relação de Lisboa ficaram Tomás Beckman e Eugênio Ribeiro,[83] sendo enviados para o Pará e embarcados para o reino conforme informou Gomes Freire em carta de 19 de novembro

---

[75] MEIRELES, Mário Martins, op. cit., p. 134-135.
[76] MORAES, Francisco Teixeira, op. cit., p. 402.
[77] Ibid., p. 400.
[78] Loc. cit.
[79] COUTINHO, Milson, op. cit., p. 270.
[80] Ibid., p. 269.
[81] Ibid., p. 270. A punição aos condenados é narrada diretamente por Gomes Freire de Andrade em carta ao Conselho Ultramarino. Citada por CAETANO, 2008, p. 312.
[82] MORAES, Francisco Teixeira, op. cit., p. 402.
[83] COUTINHO, Milson, op. cit., p. 270.

de 1685.[84] Em Lisboa escapam da execução capital e são degredados para Pernambuco. Vinte anos depois Tomás consegue uma ordem real para retornar ao Maranhão, o que acontece em 1704.[85]

O governador Gomes Freire participa do julgamento final, cuja decisão assina "constrangido" segundo Moraes.[86] Dia 10 de novembro de 1685, Manuel Beckman e Jorge de Sampaio e Carvalho são supliciados por "morte natural na forca",[87] na Praia do Armazém e seus bens confiscados pela Fazenda real.[88]

Belchior Gonçalves, um dos mesteres do povo, foi açoitado publicamente pelas ruas dois dias depois e degredado por oito anos para o reino do Algarves devendo ainda pagar "quase trinta [réis?] na [multa] pecuniária".[89] "Francisco Dias de Eiró", outro dos mesteres não foi localizado e sua sentença foi adiada.[90] Seria depois enforcado em estátua e alguns anos depois perdoado.[91] A devassa condena além desses, cerca de 30 pessoas com penas pecuniárias, como Manuel

---

[84] COUTINHO, Milson, op. cit., p. 136.

[85] MEIRELES, Mário Martins, op. cit., p. 136; COUTINHO, Milson, op. cit., p. 277.

[86] MORAES, Francisco Teixeira, op. cit., p. 402. Segundo Diogo Ramada Curto, Freire de Andrade, buscando valorizar sua carreira, encomenda uma série de relatos históricos sobre o episódio nos quais o ponto alto foi a capacidade do governador pacificar a região. CURTO, Diogo Ramada. *Cultura imperial e projetos coloniais*: séculos XV a XVIII. Campinas, SP: Ed. Unicamp, 2009. p. 29.

[87] Ofício de Gomes Freire 19/11/1685 apud COUTINHO, Milson, op. cit., p. 271.

[88] A data corrige o dia 2 de novembro a que se atribui tradicionalmente as execuções. COUTINHO, Milson, op. cit., p. 275.

[89] MORAES, Francisco Teixeira, op. cit., p. 402; MEIRELES, Mário Martins, op. cit., p. 136.

[90] Apud COUTINHO, 2004, p. 275.

[91] Ibid., p. 277; MORAES, Francisco Teixeira, op. cit., p. 402; MEIRELES, Mário Martins, op. cit., p. 136. Beckman teria dito do alto do patíbulo que "morria satisfeito de dar pelo povo do Maranhão a vida". MORAES, Francisco Teixeira, op. cit., p. 402; Meirelles acrescenta que teria pedido que lhes perdoassem as ofensas (p. 136).

Serrão de Castro.[92] Um "religioso pregador" foi encerrado em seu convento e um pároco teria sido expulso e afastado de sua igreja como punição.[93] Aparentemente todos pagam uma multa destinada ao tribunal "da alçada".[94]

Parte inseparável do processo de repressão, o governador premia a lealdade de Lázaro de Melo, responsável pela prisão de Manuel Beckman com o posto de capitão das ordenanças da nobreza.[95]

Ainda que os protocolos sejam semelhantes àqueles adotados com as revoltas nos territórios europeus, o enfrentamento de súditos sediciosos em áreas distantes do centro da monarquia exigiu novas formas de pragmatismo. Combinado à exemplaridade do castigo, que habitualmente servia, para através do medo, sinalizar ao conjunto de súditos os riscos com as ações que ameaçavam o equilíbrio do corpo político, recomendava certa temperança. A concessão régia do perdão, ou sua confirmação em casos de concessões feitas pelas autoridades locais, entrou muitas vezes em cena como instrumento de dissuasão em regiões coloniais.[96]

---

[92] COUTINHO, Milson, op. cit., p. 278. De uso muito frequente, a comutação da pena em punição pecuniária é instituto usado pelo rei e decorrente do dom da graça régia. HESPANHA, António Manuel. A punição e a graça. In: HESPANHA, António Manuel. (Coord.). *História de Portugal*: o Antigo Regime. Dir. Jose Mattoso. Lisboa: Círculo dos Leitores, 1993. v. 4, p. 239-251.

[93] MORAES, Francisco Teixeira, op. cit., p. 403.

[94] Loc. cit.

[95] "O execrando traidor que enodoa esta página de nossa história que refulge como uma auréola sobre a memória de Bequimão", assim Meirelles se refere àquele que prendera o líder supremo da rebelião. MEIRELES, Mário Martins, op. cit., p. 136.

[96] A política do perdão nas revoltas da América portuguesa foi tema de CASTRO, João Henrique Ferreira. Castigar sempre foi razão de Estado?: os debates e a política de punição às revoltas ocorridas no Brasil: da defesa dos perdões à progressiva legitimação da violência (1660-1732). 2016. Tese (Doutorado em História) – Programa de Pós-Graduação em História, Universidade Federal Fluminense, Niterói, 2016. Em seu capítulo 5, p. 191-231, trata da repressão à revolta de Beckman.

Conclusão

Os impérios, britânico e português, atravessam um drama análogo na segunda metade do século XVII. Virginia e Maranhão se prestam como modelos representativos para se perceber uma inflexão na política das coroas europeias com a América. Após décadas em que havia boas condições para o exercício de um autogoverno entre os moradores em Jamestown e em São Luís, a pressão comercial dos negociantes das respectivas metrópoles atinge implacavelmente os interesses dos colonizadores.

Se as concepções sobre o comércio mais justo indispunham os moradores da América com suas Cortes do outro lado do Atlântico, ambos partilhavam as noções sobre a natureza do poder régio. Nessa fase, embalado por guerras e conflitos, disseminavam-se na Inglaterra e em Portugal princípios que autorizavam o direito à resistência diante de situações de tirania.

O encontro entre tais concepções e o enrijecimento do controle colonial foi o combustível que alimentou as revoltas de Bacon e de Beckman, examinadas brevemente aqui.

Empregando o aparelhamento judicial e militar de uso costumeiro para aplacar as revoltas, sob o amparo dos princípios da justiça que regulavam os direitos legais que cabiam a todo e qualquer súdito, ainda que em domínios afastados, o governo régio esforçava-se para estabilizar as resistências que vinham então se adensando.

Prova disso é que um dos focos de tensão que provocou aqueles tempos de desassossego, a política indígena, foi consolidado tão logo se superou as revoltas. Na Virginia, Berkeley depois de vencer as forças de Bacon e seus seguidores, assinou novo tratado com os índios da região. O experiente governador se antecipou à ordem que Charles II enviara pela comissão de inquérito com orientação expressa para que se restabelecessem relações pacíficas com os nativos. Gomes Freire, depois de prender e executar os sediciosos recebe de volta os padres da Companhia de Jesus, outrora expulsos pelo governo rebelde e, em 1686, o soberano português, baixa o Regimento das Missões. Outro dos fatores de descontentamento que motivou os protestos, o monopólio, resultou em soluções distintas entre os governos de Portugal e Inglaterra. Na América inglesa os Atos de Navegação seguiriam inabaláveis ao passo que no Maranhão o estanco foi abolido.

Essa fase de inflexão na política dos impérios parece ser um campo de observação privilegiado, pois nesse movimento de pesado desajuste entre a percepção, por parte dos colonos, dos direitos que deveriam ser preservados nos domínios ultramarinos e as imposições que as metrópoles determinam, nascem respostas novas que os súditos coloniais são capazes de articular.

No Maranhão, a conjuntura da década de 1680 assistia a intensificação de antigas injustiças aos olhos dos colonos, como foi o caso das medidas que impediam a escravidão indígena somar-se às novas regulamentações comerciais percebidas como opressivas.

Uma das tópicas que surge dos documentos dos rebeldes do Maranhão nos aconselha a espelhar essas experiências nas duas Américas. Na "Proposta que fizeram os procuradores do povo..." recordam os amotinados que sempre haviam demonstrado ao rei sua "lealdade [...] à custa de sangue, vidas".[97] A evocação com tanto vigor dessa tópica sugere que os luso-brasileiros tenham adotado uma forma específica de, aproveitando-se de seus empenhos de bons e leais vassalos para benefício da monarquia nas terras da América, buscar conquistar mais direitos políticos.

A evocação do empenho na conquista para a glória do soberano e do reino mereceu destaque entre os luso-brasileiros, mas esteve longe de ser uma exclusividade. Também os ingleses da América empregaram a tópica em situações nas quais era preciso lembrar as contribuições desses súditos afastados como forma de se contrapor às injustiças das ordens do Parlamento ou mesmo do soberano. Em Barbados, na *West Indes* dos britânicos, os colonos reagem à lei de 3 de outubro de 1650 que proibiu o livre comércio, argumentando em oposição ao Parlamento que eles haviam feito o trabalho duro da conquista.[98]

A montagem da colonização inglesa em suas origens, e mesmo com a Companhia de Colonização na Virginia, zelou por preservar os instrumentos de representação, os mesmos direitos e espaços de debate político da Inglaterra. Da mesma forma até então os portugueses reiteram na América, especialmente nas câmaras municipais, a estrutura de representação e o controle dos grupos locais sobre a Fazenda, a Justiça e a Defesa.

---

[97] A tópica de "à custa do sangue, da honra e fazenda" foi empregada com frequência na América portuguesa como há muito demonstrou MELLO, Evaldo Cabral de. *Rubro veio*: o imaginário da restauração pernambucana. 2. ed. rev. aum. Rio de Janeiro: Topbooks, 1997. Algumas décadas antes da revolta de Beckman ela circulou em Portugal como justificativa para uma reação diante de um Reino enfraquecido sem herdeiros na crise em que o infante Dom Pedro depôs o Rei Afonso VI em 1667. Ver XAVIER, Ângela B. *El Rei aonde póde, & não aonde quer*: razões da política no Portugal seiscentista. Lisboa: Edições Colibri, 1998. p. 34.

[98] PESTANA, Carla Gardina. *The English Atlantic in an age of revolution, 1640-1661*. Cambridge: Harvard University Press, 2007. p. 164.

***

Aos poucos, a partir desse momento marcado por revoltas e deposições de governadores, as experiências políticas das duas Américas tenderiam a se diferenciar. Na colonização portuguesa as intervenções da administração central desde a segunda metade do século XVII reduziriam progressivamente os espaços de autogoverno, representação e autonomia tributária. A revolta de Beckman é uma, dentre outras muitas reações tão comuns em regiões afetadas pela nova calibragem do controle de Portugal sobre os súditos de seus territórios. A partir desse momento viveriam os portugueses na América limitações políticas extremas e em circunstâncias que Pedro Cardim designou uma "desigualdade velada entre reinóis e luso-brasileiros".[99]

Os ingleses da América ultrapassam essa fase de inflexão em que o Parlamento e a Coroa aumentaram o controle sobre o comércio e a administração sem, no entanto, perder condições de autogoverno em diversas esferas de seus direitos de *Englishmen*.

Os caminhos entre as colonizações de Portugal e Inglaterra parecem se separar nesse ponto e, embora as duas colônias continuassem a viver sob o signo das tensões, o caráter da luta dos portugueses da América passaria a ser no sentido de recuperar direitos que a situação colonial retirou.

---

[99] CARDIM, Pedro, Les représentants des municipalités extra-européennes, In: ZÚÑIGA, Jean-Paul (Org.). *Negociar la obediencia: autoridad y consentimiento en el mundo Ibérico en la edad moderna*. Granada: Comares, 2013. p. 47-61.

OS PECADOS DO SENHOR OUVIDOR: queixas e conflitos políticos entre autoridades no exercício da justiça em Sergipe Del Rey (1726 e 1733)

Janaina Cardoso de Mello

As manifestações de desobediência e rivalidade entre a Capitania da Bahia – onde se instalara o governo-central das possessões de Portugal na América – remontavam ao século XVII com as indisposições entre o Capitão-Mor Manoel Pestana de Britto e a elite local sergipana ocasionando a denúncia de suas ações e sua consequente destituição do cargo, forçando-o a voltar à Bahia. Não satisfeito, aproveitando-se da vacância do cargo, promoveu um ato de insubmissão dos habitantes de São Cristóvão contra o poder centralizado na Bahia.[1]

Entre ações e reações, ressentimentos e vinganças a governança em Sergipe del Rey estava envolta num emaranhado de complexidades administrativas e políticas. Segundo a historiadora Edna Matos Antônio, a Ouvidoria criada em Sergipe del Rey em 1696 emerge:

> [...] diante das reclamações e necessidades de resposta, captadas pela crescente atividade judicial, os órgãos metropolitanos determinaram que a capitania passasse a ter centro judiciário desmembrado da Bahia.[2]

---

[1] Para um maior aprofundamento dessa rebelião conferir: ANTÔNIO, Edna Maria Matos. Querelas e conflitos: os ouvidores e a administração colonial em Sergipe setecentista. In: CAETANO, Antonio Filipe Pereira (Org.). *Conflitos, revoltas e insurreições na América portuguesa*. Maceió: EDUFAL, 2014. v. 2, p. 41-57.

[2] Ibid., p. 47.

Posto que, não eram os habitantes de Sergipe del Rey "homens cordiais" na acepção de submissos, pois revelavam sua disposição de pegar em armas para combater por suas vontades ou, de modo mais comedido, usar os instrumentos judiciários para travar suas batalhas.

Desde o século XVII, a preocupação com os "queixosos" já se fazia ver nos documentos trocados entre as autoridades coloniais em Sergipe, a exemplo da recomendação do Governador-Geral Castel Melhor ao Capitão-Mor João Ribeiro Vila Franca por ocasião da prisão do Capitão Francisco Curvelo, em 1651. Buscando apaziguar os ânimos e revertendo o ato, o Governador-Geral afirmou que não se deveria conceder "justificações dos queixosos" com a execução de procedimentos arbitrários, pois "[...] só com a quietação em que é justo se conserve com esses moradores é que serve à Sua Majestade".[3]

Salienta ainda, a historiadora Maria Thetis Nunes, que ao longo dos séculos XVII e XVIII foram notórias e recorrentes as desavenças entre as autoridades locais. Eram seus motivadores: as reações locais aos impulsos espoliadores metropolitanos; a rebeldia contra a prepotência, desmandos e corrupção dos capitães-mores ou a sublevação contra ordens religiosas como os jesuítas e carmelitas, cujos aldeamentos indígenas sob sua condução impediam o uso daquela mão de obra pelos colonos.[4]

Também Felisbelo Freire,[5] destaca que em 1651, a Câmara de São Cristóvão já se queixava da conduta do Ouvidor Felipe de Almeida, denunciando-o como cúmplice de assassinato; há ainda contendas entre Sergipe e Bahia por causa de apropriação de gado sergipano, de navegação no rio Real e criação de novos impostos

---

[3] NUNES, Maria Thetis. *Sergipe colonial I*. 2. ed. São Cristóvão, SE: EDUFS; Aracaju: Fundação Oviêdo Teixeira, 2006. p. 267.

[4] Ibid., p. 268.

[5] FREIRE, Felisbelo. *História de Sergipe*. Aracaju: Colégio Tobias Barreto, 2009. p. 132. Projeto Digitalizando a História.

ensejando levantes.⁶ Reclamava-se da extensão do poderio da Bahia sobre terras de Sergipe e do prejuízo causado por essa forma de governança. Ressaltou o intelectual:

> As sucessivas questões de jurisdição que provocavam lutas entre os provedores, ouvidores e capitães-mores; as repetidas queixas dos moradores, contra os excessos das administrações, e ainda mais, a falta de um regimento que catalogasse as atribuições dos capitães-mores, foram as causas do ato de 1º de outubro de 1663, pelo qual o conde de Óbidos, D. Vasco Mascarenhas, baixou o regimento dos capitães-mores.⁷

Carla Maria Junho Anastasia utiliza-se do arcabouço teórico de Georg Simmel e Edward Palmier Thompson para ressaltar que as revoltas na América portuguesa dos setecentos envolviam processos de ruptura nas formas acomodativas de convívio entre colonos e Metróple. Eram as obrigações mútuas, ressaltadas por Barrington Moore, que constituíam as bases sociais da obediência e das contestações. A noção de justiça alicerçava-se majoritariamente em princípios de tradição e costume atribuídos aos valores de uma "economia moral". A partir da quebra de procedimentos "justos e comedidos" pelas autoridades, o recurso à revolta tornava-se iminente, sendo que a maioria das reivindicações buscava a negociação, o restabelecimento dos compromissos de outrora, o recuo opressor e não a desestruturação do sistema.⁸

---

⁶ Ibid., p. 133.

⁷ Ibid., p. 139.

⁸ ANASTASIA, Carla Maria Junho. Direito e motins na América Portuguesa. *Justiça & História*, Porto Alegre, v. 1, n. 2, p. 1-16, 2001. Disponível em: <https://www1.tjrs.jus.br/export/poder_judiciario/historia/memorial_do_poder_judiciario/memorial_judiciario_gaucho/revista_justica_e_historia/issn_1676-5834/v1n1_2/doc/02._Carla_Maria_Anastasia.pdf>. Acesso em: 20 mar. 2016.

Mas, o que residia no alvorecer dessas contendas? Para Luciano Figueiredo a distância entre o rei e seus domínios refletia no "desgoverno das conquistas". No cerne dos problemas estavam: a vastidão do oceano, a lentidão das caravelas, a morosidade da justiça, a dificuldade na representação de interesses, a demora da burocracia lusitana sobre os colonos, além dos atrasos na ajuda financeira. Aliando-se a essas pendências ainda estavam: a carga de impostos, a limitação da liberdade comercial, a ausência de participação dos colonos nas decisões, os abusos de jurisdição e os preços desvantajosos nas relações mercantis.[9] Tudo isso, no conjunto, só poderia resultar num caldeirão em profunda ebulição de insatisfações.

Todavia, mesmo com a turba nas ruas, a busca por cartórios e a elaboração de petições demonstrava que os processos de "revolta" e "negociação" quase sempre caminhavam juntos. A capacidade de interferência na política colonizadora evocava disputas por poder, que se consagravam na documentação do judiciário, bem como na atitude daqueles que exerciam o ofício decisório nas Comarcas.

Esse relevo de importância fazia com que juízes e ouvidores se empenhassem na obtenção de ganhos pessoais. Por isso, ao estudar Justiça, trajetórias e conflitos na Comarca de Alagoas entre 1712 e 1817, o historiador Antônio Filipe Pereira Caetano afirma:

> [...] a existência de um padrão de comportamento daqueles que eram direcionados para atuar nas Comarcas dos diversos espaços das conquistas ultramarinas. Ajuda de custo, aposentadoria, parte do salário ou o salário inteiro eram condições *sine qua non* para que esses agentes se deslocassem com

---

[9] FIGUEIREDO, Luciano Raposo de Almeida. Além de súditos: notas sobre revoltas e identidade colonial na América portuguesa. *Tempo*, Rio de Janeiro, n. 10, p. 81-95, 2000. Disponível em: <http://www.redalyc.org/pdf/1670/167018242005.pdf>. Acesso em: 25 abr. 2016.

tranquilidade para suas novas etapas na carreira. Entendendo que atuariam em nome do rei e de sua justiça, nada mais correto do que o monarca auxiliar nas instalações mínimas de seus juízes.[10]

A Carta Régia de fevereiro de 1696 criou os cargos de Ouvidor e Provedor para as Comarcas da Bahia e de Sergipe e, de acordo com tal documento, cada um receberia duzentos mil réis de ordenado por ano, tendo suas jurisdições delimitadas geograficamente:

> [...] que um deles tenha a sua residência na Bahia, a sua jurisdição corra das cidades, começando de Itapoan para a banda do Sul nas terras em que chega até ali o distrito da Bahia, e que o outro tenha residência em Sergipe e a sua jurisdição para a banda do Norte até o rio São Francisco e para a do Sul, onde parte com a comarca do outro Ouvidor.[11]

Para Sergipe, foi nomeado como primeiro Ouvidor, Diogo de Pacheco de Carvalho.[12] Era o momento (1696/1700) de consolidação do aparato burocrático administrativo dessa localidade, quando a cidade de São Cristóvão – com a vinda da Ouvidoria – passava a ter corregedor, escrivão, tabelião, inquiridor, contador, distribuidor, meirinho da correição, alcaide e carcereiro.[13]

E como afiançou o historiador Antonio Filipe Pereira Caetano:

---

[10] CAETANO, Antonio Filipe Pereira. A Comarca das Alagoas: justiça, trajetórias e conflitos (1712-1817). In: CAETANO, Antonio Filipe Pereira (Org.). *Das Partes Sul à Comarca das Alagoas, Capitania de Pernambuco*: ensaios sobre justiça, economia, poder e defesa (século XVII-XVIII). Maceió: Viva, 2015. p. 182.

[11] NUNES, Maria Thetis, op. cit., p. 284.

[12] Arquivo Histórico Ultramarino/Sergipe (AHU – SE), Nº Inventário: 067, Caixa: 01, Documento Nº: 69, Ano de Emissão: 1697, Mês de Emissão: Novembro, Dia da Emissão: 29, Local da Emissão: Lisboa.

[13] NUNES, Maria Thetis, op. cit., p. 284.

> [...] esses homens que cruzam o Atlântico pela experiência da magistratura vão ter um papel fundamental no gerenciamento deste cotidiano, permeado de conflitos, de interesses enviesados mas atrelados à intenção de ascensão destes homens do reino.[14]

É possível acompanhar os personagens e suas trajetórias na composição dos cargos e empenho no recebimento de benefícios através dos documentos dos Arquivos portugueses referentes à Sergipe colonial. Assim, em 1680, há uma consulta do Conselho Ultramarino referente ao pedido de Manoel da Costa de Carvalho que requer pagamento de soldo a partir do dia de seu embarque para assumir o posto de Sargento-Mor de Sergipe del Rey.[15] No ano de 1696, há uma consulta ao Conselho Ultramarino referente ao pedido de aposentadoria de Diogo Pacheco de Carvalho, nomeado Ouvidor de Sergipe.[16] Em 1698 houve uma consulta ao Conselho Ultramarino referente à nomeação de pessoas para a propriedade do Ofício de Escrivão da Correição da Ouvidoria da Comarca de Sergipe del Rey. José de Souza era um dos escolhidos.[17] Ainda em 1698 houve outra consulta ao Conselho Ultramarino referente à nomeação de pessoas para o posto de Sargento-Mor das Ordenanças

---

[14] CAETANO, Antonio Filipe Pereira, op. cit., p. 188.

[15] Arquivo Histórico Ultramarino/Sergipe (AHU – SE), N° Inventário: 037, Caixa: 01, Documento N°: 38, Ano de Emissão: 1680, Mês de Emissão: Fevereiro, Dia da Emissão: 21, Local da Emissão: Lisboa.

[16] Arquivo Histórico Ultramarino/Sergipe (AHU – SE), N° Inventário: 065, Caixa: 01, Documento N°: 67, Ano de Emissão: 1696, Mês de Emissão: Março, Dia da Emissão: 15, Local da Emissão: Lisboa.

[17] Arquivo Histórico Ultramarino/Sergipe (AHU – SE), N° Inventário: 069, Caixa: 01, Documento N°: 71/72, Ano de Emissão: 1698, Mês de Emissão: Fevereiro, Dia da Emissão: 27, Local da Emissão: Lisboa.

de Sergipe del Rey. O escolhido era Gabriel da Silva de Lagos.[18] Em 1700 foi feita nova consulta ao Conselho Ultramarino referente à nomeação de pessoas para propriedade do Ofício de Tabelião do Público Judicial e Notas da Vila de Santa Luzia, uma das que se criaram de novo na Capitania de Sergipe del Rey. Antônio Carvalho Tavares era o escolhido da vez.[19]

Em razão das subsequentes consultas ao Conselho Ultramarino solicitando a nomeação e/ou propriedade de ofícios no período de 1696 a 1728, segue um quadro relacional (Quadro 1).

O Quadro 1 permite observar alguns dados interessantes: 1º) o fato de somente uma mulher, Izabel Borges, constar nesta listagem no ofício de Tabelião do Público Judicial e Notas da Vila de Nossa Senhora da Piedade de Lagarto, em 1700; 2º) Agostinho Ximenes Correia manter-se na ocupação de ofícios, primeiro em 1700 como Escrivão da Câmara da Vila de Santo Antônio e Almas de Itabaiana e depois em 1705 no mesmo cargo; 3º) ao todo são 23 ocupantes para 24 ofícios.

Dos nomes presentes no Quadro 1, foi possível rastrear informações mais precisas sobre Manuel Rodrigues Castro, por seu arrolamento como testemunha em processo datado de 1740, cuja profissão foi relacionada como "lavouras e negócios" e a morada em São Cristóvão.[20]

---

[18] Arquivo Histórico Ultramarino/Sergipe (AHU – SE), Nº Inventário: 070, Caixa: 01, Documento Nº: 74/75, Ano de Emissão: 1698, Mês de Emissão: Dezembro, Dia da Emissão: 20, Local da Emissão: Lisboa.

[19] Arquivo Histórico Ultramarino/Sergipe (AHU – SE), Nº Inventário: 073, Caixa: 01, Documento Nº: 78, Ano de Emissão: 1700, Mês de Emissão: Junho, Dia da Emissão: 06, Local da Emissão: Lisboa.

[20] ARAÚJO, Ricardo Teles. Sergipanos dos séculos XVII e XVIII nos arquivos portugueses. *Revista do Instituto Histórico e Geográfico de Sergipe*, n. 32, p. 203-228, 1993-1999. Disponível em: <http://www.casadatorre.org.br/SergipanosAntigos.pdf>. Acesso em: 10 jun. 2016.

(Continua)

Nome	Ofício	Ano
Francisco João da Cunha	Sargento-Mor de Ordenanças de Sergipe del Rey	1696
Manuel Rodrigues Crasto	Escrivão e Tabelião do Público Judicial e Notas da Capitania de Sergipe del Rey	1698
José de Souza	Escrivão da Correição da Ouvidoria da Comarca de Sergipe del Rey	1698
Gabriel da Silva de Lagos	Sargento-Mor das Ordenanças de Sergipe del Rey	1698
Manuel Carvalho Fialho	Capitão-Mor de Sergipe del Rey	1700
António Carvalho Tavares	Tabelião do Público Judicial e Notas da Vila de Santa Luzia	1700
Manuel João do Cabo	Tabelião do Público Judicial e Notas da Vila de Santo António e Almas de Itabaiana	1700
Manuel de Brito	Tabelião do Público Judicial e Notas da Vila de Santa Luzia	1700
João da Costa Barreto	Alcaide da Vila de Nossa Senhora da Piedade de Lagarto	1700
Manoel da Silva de Souza	Escrivão de Alcaide da Vila de Santo António de Itabaiana	1700
Izabel Borges	Tabelião do Público Judicial e Notas da Vila de Nossa Senhora da Piedade de Lagarto	1700
Braz da Rocha Cardoso	Tabelião do Público Judicial e Notas, Escrivão da Câmara e Almotaçaria da Vila de Santo Amaro das Brotas	1700
Manuel Lopes Ulhoa	Ofício de Escrivão da Câmara e Almotaçaria, Tabelião do Público Judicial e Notas da Vila de Nossa Senhora da Piedade de Lagarto	1700

(Conclusão)

Nome	Ofício	Ano
Agostinho Ximenes Correia	Escrivão da Câmara da Vila de Santo Antônio e Almas de Itabaiana	1700
Pedro Cornélio Portugal	Escrivão da Câmara e Almotaçaria da Vila de Santa Luzia	1700
Leandro Correia de Vasconcelos	Escrivão dos órfãos da Vila de Santo Antônio das Almas de Itabaiana	1700
Manuel da Costa Morgado	Alcaide da Vila de Nossa Senhora da Piedade do Lagarto	1700
Fernão Lobo de Souza	Capitão-Mor de Sergipe del Rey	1703
Agostinho Ximenes Correia	Escrivão da Câmara da Vila de Santo Antônio das Almas de Itabaiana	1705
Dionisio da Silva Lira	Sargento-Mor das Ordenanças da Capitania de Sergipe del Rey	1716
Custódio Rebelo Pereira	Capitão-Mor de Sergipe del Rey	1716
João Rodrigues Gomes	Sargento-Mor das Ordenanças da Capitania de Sergipe del Rey	1723
João da Costa e Silva	Capitão-Mor de Sergipe del Rey	1726
Patrício da Nóbrega de Vasconcelos	Capitão-Mor de Sergipe del Rey	1728

Quadro 1 – Solicitação de ofícios para Sergipe consultados ao Conselho Ultramarino (1696/1728)

Fonte: NUNES, Maria Thétis; SANTOS, Lourival Santana. *Inventário de documentos manuscritos avulsos referentes a Capitania de Sergipe existentes no Arquivo Histórico Ultramarino de Lisboa*. Aracaju, 1979. 87 p. Disponível em: <http://actd.iict.pt/eserv/actd:CUc022/CU-Sergipe.pdf>. Acesso em: 30 abr. 2016.

Braz da Rocha Cardoso, que também integra o Quadro 1, no ofício de Tabelião do Público Judicial e Notas, Escrivão da Câmara e Almotaçaria da Vila de Santo Amaro das Brotas, em 1700, é referenciado em uma consulta do Conselho Ultramarino, de 1681, que pedia soldo para o exercício de sua função como Capitão-Mor de Sergipe del Rey.[21] O mesmo indivíduo aparece novamente em outra consulta do Conselho Ultramarino, em 1689, alegando bons serviços no posto de Capitão-Mor de Sergipe del Rey e por isso, solicitando dispensa de residência para poder concorrer a outros postos.[22]

Corrobora-se a visão do historiador Antonio Filipe Pereira Caetano sobre o fato de que "[...] havia uma trajetória organizada para a carreira, que se iniciava, normalmente, com ofícios menores (juízes de fora), passando pelos intermediários (ouvidores, corregedores) até os mais grandiosos (desembargadores nos Tribunais)".[23]

Maria de Fátima Gouvêa afiançou em seus estudos "[...] a capacidade das elites locais de desempenhar um papel ativo na conformação da autoridade e do governo da América portuguesa".[24] Afirmando ainda, as regras de comportamento de atuação propiciadas pelas normatizações régias da administração. De acordo com a historiadora:

---

[21] Arquivo Histórico Ultramarino/Sergipe (AHU– SE), Nº Inventário: 039, Caixa: 01, Documento Nº: 40, Ano de Emissão: 1681, Mês de Emissão:Outubro, Dia da Emissão: 29, Local da Emissão: Lisboa.

[22] Arquivo Histórico Ultramarino/Sergipe (AHU– SE), Nº Inventário: 052, Caixa: 01, Documento Nº: 54, Ano de Emissão: 1684, Mês de Emissão:Novembro, Dia da Emissão: 08, Local da Emissão: Lisboa.

[23] CAETANO, Antonio Filipe Pereira, op. cit., p. 189.

[24] GOUVÊA, Maria de Fátima. Redes governativas portuguesas e centralidades régias no mundo português, c. 1680-1730. In: GOUVÊA, Maria de Fátima; FRAGOSO, João (Org.). Na trama das redes: política e negócios no Império português, séculos XVI-XVIII. Rio de Janeiro: Civilização Brasileira, 2010. p. 162.

Observa-se assim uma dinâmica relacional na qual a combinação de atribuições juridicionais e de experiência de vida compartilhadas por indivíduos e grupos engendrara redes articuladas por uma complexa gama de fatores.[25]

Justamente em razão desses regramentos e modos de sociabilidade as autoridades eram questionadas em suas relações hierárquicas quando pareciam estar ferindo composições outrora estabelecidas. Foi assim em 1712, quando o Ouvidor de Sergipe João Pereira de Vasconcelos, enviou uma carta ao rei (D. Pedro II), denunciando a prepotência do Mestre de Campo da Capitania de Sergipe del Rey, Jorge Barros Leite.[26] Segundo o Ouvidor, Barros Leite afirmou "ser maior o posto que vinha a exercer que os dos governadores de Pernambuco e Rio de Janeiro".[27]

Ainda nesse período persistia a busca por benesses como está evindenciada na consulta do Conselho Ultramarino sobre o requerimento do Bacharel, José Correia do Amaral, provido no lugar de Ouvidor-Geral de Sergipe del Rey, pedindo ajuda de custo equivalente ao que era concedido aos Ouvidores de Minas Gerais.[28]

Em 1723 o Capitão-Mor de Sergipe del Rey, José Pereira de Araújo, envia um requerimento ao Rei (D. João V), solicitando providências sobre as controvérsias tidas com o Ouvidor.[29] No

---

[25] Ibid., p. 180.
[26] Arquivo Histórico Ultramarino/Sergipe (AHU– SE), N° Inventário: 096, Caixa: 02, Documento N°: 11 e 13, Ano de Emissão: 1712, Mês de Emissão: Maio, Dia da Emissão: 20, Local da Emissão: Sergipe del Rey.
[27] Loc. cit.
[28] Arquivo Histórico Ultramarino/Sergipe (AHU– SE), N° Inventário: 099, Caixa: 02, Documento N°: 19, Ano de Emissão: 1715, Mês de Emissão: Janeiro, Dia da Emissão: 17, Local da Emissão: Lisboa.
[29] Arquivo Histórico Ultramarino/Sergipe (AHU– SE), N° Inventário: 103, Caixa: 02, Documento N°: 23, Ano de Emissão: 1723, Mês de Emissão: Abril, Dia da Emissão: 6, Local da emissão: [s/l].

mesmo ano há um Despacho do Conselho Ultramarino para que o Procurador da Coroa se pronuncie sobre a queixa que fez o Bacharel Manoel Falcato, Ouvidor que fora de Sergipe del Rey, contra a Relação da Bahia que o suspendeu do cargo.[30]

Data de 1724 o Requerimento do Capitão-Mor José Pereira de Araújo ao Rei (D. João V), solicitando que mande o Ouvidor-Geral da Capitania não se intrometer na sua jurisdição.[31] Ainda no corrente ano foi entregue uma Representação dos Oficiais da Câmara de Sergipe del Rey, ao Rei (D. João V), comunicando que os Ouvidores-Gerais se intrometiam na sua jurisdição, impedindo os Juízes Ordinários de tirarem as devassas a que estavam obrigados e, nas devassas que faziam, cobram salários exorbitantes,[32] uma vez que, como relatam no documento, os Ouvidores-Gerais "[...] só atendem as suas conveniências, intrometendo-se nas jurisdições da Câmara, e pertubando os juízes ordinários".[33]

Sete dias depois, uma nova Representação dos Oficiais da Câmara de Sergipe del Rey ao Rei (D. João V), pedia justiça contra as autoridades locais, referente a jurisdição com o Ouvidor.[34] Afirmam que não possuem outro remédio abaixo de Deus, que não o envio de uma queixa à Vossa Majestade para que imprima moderação aos

---

[30] Arquivo Histórico Ultramarino/Sergipe (AHU– SE), Nº Inventário: 128, Caixa: 02, Documento Nº: 51/52, Ano de Emissão: 1723, Mês de Emissão: Dezembro, Dia da Emissão: 9, Local da Emissão: [s/l].

[31] Arquivo Histórico Ultramarino/Sergipe (AHU– SE), Nº Inventário: 135, Caixa: 02, Documento Nº: 60, Ano de Emissão: 1724, Mês de Emissão: Junho, Dia da Emissão:09, Local da Emissão: Sergipe del Rey.

[32] Arquivo Histórico Ultramarino/Sergipe (AHU– SE), Nº Inventário: 137, Caixa: 02, Documento Nº: 62, Ano de Emissão: 1724, Mês de Emissão: Julho, Dia da Emissão: 03, Local da Emissão: Sergipe del Rey.

[33] Loc. cit.

[34] Arquivo Histórico Ultramarino/Sergipe (AHU– SE), Nº Inventário: 139, Caixa: 02, Documento Nº: 64, Ano de Emissão: 1724, Mês de Emissão: Julho, Dia da Emissão: 10, Local da Emissão: Sergipe del Rey.

Ouvidores da Comarca que estão destruindo a jurisdição alheia, cobrando altos valores por seus serviços, principalmente em relação à produção de farinha e causando graves prejuízos ao povo.[35]

A situação se acirra de tal modo que em outubro de 1724 há uma consulta do Conselho Ultramarino referente à reclamação dos Oficiais da Câmara de Sergipe del Rey contra os excessivos salários pagos aos ouvidores quando vão às diligências.[36]

Mas em junho de 1725, a consulta do Conselho Ultramarino referia-se às queixas do povo da Capitania de Sergipe del Rey contra o Capitão-Mor José Pereira de Araújo. Queixas encaminhadas pelo Ouvidor de Sergipe del Rey Antônio Soares Pinto.[37] A queda de braço entre as autoridades continuava e estava longe de terminar, pois o Capitão-Mor José Pereira de Araújo, em 30 de junho do mesmo ano, envia carta ao Rei (D. João V), fazendo acusações contra o Ouvidor Antônio Soares Pinto, por querer subordiná-lo.[38]

Ainda em 1º de julho, o Capitão-Mor, José Pereira de Araújo, envia mais uma carta ao Rei (D. João V) com acusações contra o Ouvidor Antonio Soares Pinto devido aos seus atos ao tirar a residência do seu antecessor, Manoel Martins Falcato.[39]

---

[35] Loc. cit.

[36] Arquivo Histórico Ultramarino/Sergipe (AHU– SE), Nº Inventário: 142, Caixa: 02, Documento Nº: 66, Ano de Emissão: 1724, Mês de Emissão: Outubro, Dia da Emissão: 11, Local da Emissão: Lisboa.

[37] Arquivo Histórico Ultramarino/Sergipe (AHU– SE), Nº Inventário: 149, Caixa: 03, Documento Nº: 03, Ano de Emissão: 1725, Mês de Emissão: Junho, Dia da Emissão: 05, Local da Emissão: Lisboa.

[38] Arquivo Histórico Ultramarino/Sergipe (AHU– SE), Nº Inventário: 150, Caixa: 03, Documento Nº: 05, Ano de Emissão: 1725, Mês de Emissão: Junho, Dia da Emissão: 30, Local da Emissão: Sergipe del Rey.

[39] Arquivo Histórico Ultramarino/Sergipe (AHU– SE), Nº Inventário: 151, Caixa: 03, Documento Nº: 06, Ano de Emissão: 1725, Mês de Emissão: Julho, Dia da Emissão: 01, Local da Emissão: Sergipe del Rey.

Essa postura, de ambas as partes, demonstra o uso de estratégias de medição de poder e influência pessoal junto à Coroa, onde cada versão que se apresenta busca ser a agraciada com o *status* de verdade. Entre petições, representações e cartas, as autoridades confrontavam-se também no âmbito da construção do discurso de mando.

Em 19 de julho de 1726 o Vice-Rei e Governador-Geral do Brasil Vasco Fernandes Cézar de Menezes escreve uma carta em resposta a Provisão Régia do Rei D. João V, sobre o pedido dos moradores do Rio Real de Cima da beira do dito rio para a parte sul, e dos de Itapicuru de Cima para não permanecerem sob a jurisdição da justiça da Capitania de Sergipe del Rey, mas sob a jurisdição da Comarca de Cachoeira, onde sempre estiveram.[40]

No dia seguinte, em 20 de julho de 1726, uma nova carta do Governador-Geral do Brasil, Vasco Fernandes Cézar de Menezes, responde a Provisão Régia do Rei D. João V, referente à petição dos moradores do Rio Real da Praia, Freguesia de N. Sra. da Abadia para que o Ouvidor da Capitania de Sergipe del Rey não se intrometesse naquelas terras para tirar devassa e fazer outras diligências.[41]

Atritos ocorreram nessa disputa geográfica por controle, uma vez que devido às queixas repetidas dos moradores, os governadores-gerais anularam a ordem régia sem qualquer informe ao reino. A conduta não foi aceita pelas autoridades de Sergipe que mantiveram sua jurisdição da área em contenda. De um lado foi determinada a suspensão das diligências, pelo governador-geral, ameaçando

---

[40] Arquivo Histórico Ultramarino/Sergipe (AHU– SE), Nº Inventário: 169, Caixa: 03, Documento Nº: 26, Ano de Emissão: 1726, Mês de Emissão: Julho, Dia da Emissão: 19, Local da Emissão: Bahia, 2p.

[41] Arquivo Histórico Ultramarino/Sergipe (AHU– SE), Nº Inventário: 170, Caixa: 03, Documento Nº: 27, Ano de Emissão: 1726, Mês de Emissão: Julho, Dia da Emissão: 20, Local da Emissão: Lisboa, 2p.

prender os Ouvidores que descumprissem sua ordem. Por outro, realizaram-se protestos na Câmara de Santa Luzia e solicitação direta ao rei para a ampliação da extensão de domínio sergipano, usando-se da legitimidade da ordem régia anterior que havia sido ignorada.[42]

Mas nem todas as relações entre moradores e ouvidores em terras sergipanas eram de hostilidades e, em 13 de Agosto de 1726, os habitantes da Vila Real de Santa Luzia enviaram uma carta ao Rei (D. João V), elogiando a atuação do Ouvidor Antônio Soares Pinto por sua "[...] boa administração, justiça e bons procedimentos".[43]

Alguns anos depois, em 12 de agosto de 1733, foi a vez de Antônio Diniz Ribeiro, Juiz Ordinário e de Órfãos, escrever uma carta ao Rei D. João V, apontando as limitações do Ouvidor-Geral da Capitania de Sergipe del Rey e suas atribuições.[44]

Em 15 de agosto de 1733, o Capitão-Mor da Capitania de Sergipe del Rey, Francisco da Costa, escreve ao Rei (D. João V), comunicando que o Ouvidor-Geral está administrando a Provedoria de Defuntos Ausentes e Capelas sem apresentar Provisão de Sua Majestade,[45] atuando assim contra as ordens régias. De acordo com Graça Salgado, o regimento que definia a função de Provedor dos Defuntos, Ausentes, Resíduos e Capelas – com cargo instituído desde 10 de dezembro de 1613 – elencava um rol de obrigações que preconizavam:

---

[42] ANTÔNIO, Edna Maria Matos, op. cit., p. 48-49.

[43] Arquivo Histórico Ultramarino/Sergipe (AHU– SE), N° Inventário: 171, Caixa: 03, Documento N°: 29, Ano de Emissão: 1726, Mês de Emissão: Agosto, Dia da Emissão: 13, Local da Emissão: Sergipe del Rey.

[44] Arquivo Histórico Ultramarino/Sergipe (AHU– SE), N° Inventário: 267, Caixa: 04, Documento N°: 60, Ano de Emissão: 1733, Mês de Emissão: Agosto, Dia da Emissão: 12, Local da Emissão: Sergipe del Rey, 4p.

[45] Arquivo Histórico Ultramarino/Sergipe (AHU– SE), N° Inventário: 270, Caixa: 04, Documento N°: 63, Ano de Emissão: 1733, Mês de Emissão: Agosto, Dia da Emissão: 15, Local da Emissão: Sergipe del Rey, 6p.

1. Fazer inventário, em conjunto com o tesoureiro e o escrivão, de todos os bens móveis e de raiz, escrituras e papéis de pessoas falecidas sem herdeiros na terra, transladando para o inventário o testamento, se houver, e as dívidas para os defuntos, que serão entregues ao tesoureiro para lançá-las em receita.
2. Arrecadar, com o tesoureiro, as dívidas para com os defuntos e bens em poder de qualquer pessoa, procedendo, para isso, como os almoxarifes e recebedores da Fazenda.
3. Receber, com o escrivão e o tesoureiro, o inventário de bens de pessoas falecidas durante viagens aos portos do Brasil.[46]

Cuidar de bens voláteis de mortos era sempre um trato delicado, pois desvios e incentivos poderiam enfraquecer alguns e conferir poder a outros, desestabilizando as relações hierárquicas coloniais. Por isso a queixa em Sergipe quanto à ausência de registros das entradas e saídas de numerário nos livros da Câmara.

Nesse mesmo contexto, meses antes, reclamava-se do desencaminhamento dos bens e rendimentos pelos oficiais administradores da Santa Casa de Misericórdia da Cidade de Sergipe del Rey,[47] revelando uma prática danosa que se tornava costumeira. A corrupção tecia lentamente sua rede como uma aranha de muitos tentáculos nos órgãos da administração e nem as instituições religiosas ficavam isentas dos pecados do Sr. Ouvidor.

Esses relatos trazem à tona um pouco dos momentos de tensão, contestação e conflito entre autoridades envolvendo as prerrogativas

---

[46] SALGADO, Graça (Coord.). *Fiscais e meirinhos*: a administração no Brasil colonial. 2. ed. Rio de Janeiro: Nova Fronteira, 1985. p. 196.

[47] Arquivo Histórico Ultramarino/Sergipe (AHU– SE), Nº Inventário: 269, Caixa: 04, Documento Nº: 62, Ano de Emissão: 1733, Mês de Emissão: Abril, Dia da Emissão: 15, Local da Emissão: Sergipe del Rey.

da Justiça na Capitania de Sergipe nos setecentos. Eram contendas entre moradores da Bahia direcionadas à Ouvidoria de Sergipe del Rey, bem como enfrentamentos e denúncias entre juízes e Capitães-Mores com a Ouvidoria local.

Eram comuns os conflitos por jurisdição, funções, territórios e despesas (revestidas de ônus ou privilégios) entre Bahia e Sergipe. Assim, como o próprio solo sergipano via rachaduras em sua superfície nas queixas de habitantes que se sentiam lesados pela administração pública. Como ressaltou Maria de Fátima Gouvêa: "[...] a coroa era o elemento essencial de equilíbrio e funcionamento de todo o complexo governativo imperial".[48] Mas a garantia desse "modo de governar" nem sempre se concretizava em salvaguardo com um oceano inteiro de separação.

As hostilidades seguiam um *continuum* entre as autoridades, muitas vezes necessitando do arbítrio régio para que não se tornassem efetivos levantes armados. Ao mesmo tempo, abria-se caminho para o aprendizado da política no ultramar, onde a reverência ao rei e as atitudes que visavam autonomia decisória, muitas vezes, se espraiavam na complexa rede de relações vivenciadas pelos ditos "homens bons" daqueles tempos.

---

[48] GOUVÊA, Maria de Fátima, op. cit., p. 181.

SEDIÇÃO DE 1798: a elite baiana e a representação social do movimento contestatório

Eduardo José Santos Borges

Tema de razoável repercussão historiográfica, a tradicionalmente conhecida Conjuração Baiana de 1798 continua suscitando possibilidades de abordagens em diversos campos. Nesse artigo, interessa-nos diretamente a abrangência social do movimento e a consequente participação de membros das elites política e econômica da Bahia nos bastidores da sedição.[1]

Durante todo século XVIII a conexão entre Coroa e colonos foi conduzida por uma relação de avanços e recuos resultado direto da condição de vulnerabilidade que permeou a estrutura econômica e política do Império português. Diante desse fato, entendemos que a análise da representação social da tentativa de Sedição de 1798 deve ser compreendida a partir do acompanhamento, no decorrerdo século XVIII, das relações de forças entre os segmentos das elites e os poderes metropolitanos. O movimento sedicioso de 1798 representou um instante específico de um processo que se constituiu por todo o século XVIII e que apenas teve, em fins desse mesmo século, um momento mais intenso de seu esgarçamento.

---

[1] Para entender essa questão do ponto de vista da historiografia especializada, sugiro a leitura do ótimo texto de JANCSÓ, István. A abrangência social da inconfidência baiana. In: SIMPÓSIO NACIONAL DE HISTÓRIA, 17., 1993, São Paulo. *Anais...* São Paulo: ANPUH, 1993. p. 275-295.

A representação social da Bahia no século XVIII

A estrutura social da Bahia no século XVIII caracterizava uma sociedade de base escravista e organizada hierarquicamente em função da exclusão e da distinção social. No decorrer do século à medida que se ampliava a população de Salvador, se intensificava a necessidade de interação entre os diversos segmentos sociais que se consolidavam socialmente na cidade. O contingente populacional de Salvador nesse período foi formado pelos indivíduos reinóis, pelos brancos da terra, por um contingente de categorias médias e baixas, formado por homens livres e complementado por uma população escrava.

O lugar de cada segmento no todo da estrutura social da cidade era permeado pelo mecanismo de distinção seja econômico ou racial. No caso dos de origem reinol, portanto brancos, mesmo que não necessariamente ricos, buscavam respaldo no estatuto de mentalidade do Antigo Regime que os aproximava dos empregos públicos ou do corpo de comerciantes, espaços que os distanciavam da mácula do emprego mecânico. Entre os brancos nascidos na Bahia e que possivelmente faziam parte do grupo intermediário, Luís dos Santos Vilhena assim os enquadrou em termos de ofícios:

> Os brancos naturais do país hão de ser soldados, negociantes, escrivães, ou escreventes, oficiais em algum dos tribunais, ou juízos de justiça, ou Fazenda, e alguma outra ocupação pública, que não possa ser da repartição dos negros, como cirurgiões, boticários, pilotos, mestres, ou capitães de embarcações, caixeiros de trapiches etc. Alguns outros se bem que poucos, ou raros, se empregam em escultores, ourives, pintores, etc.[2]

---

[2] VILHENA, Luís dos Santos. *A Bahia no século XVIII*. Salvador: Itapuã, 1969. v. 1, p. 138.

Entre os que formavam a maioria absoluta da população se encontravam os descendentes de africanos que nasceram no Brasil. Este segmento era composto por diferentes estatutos civis como escravos, libertos e livres, e por diferentes matizes de pele como crioulos, cabras, mulatos e pardos. Além de formarem o contingente de maior quantidade, formavam também o grupo que de certa forma serviam como referência instrumental de organização hierárquica no conjunto da sociedade baiana.

Quanto ao segmento que podemos identificar como o das elites econômica e política, este, foi formado pelos três setores em que se estruturava a administração imperial no interior do sistema colonial: o senhor de engenho, o comerciante e a corporação administrativa. O fato é que estes três segmentos não poderiam ser vistos de maneira excludente, pois a circulação dos mesmos indivíduos entre eles era constante. Em fins do século XVIII a Bahia vivenciava a realidade da convivência no mesmo espaço social de segmentos com possibilidade de desenvolverem distintos graus de diálogo em relação ao domínio português. Portanto, na conjuntura da Sedição de 1798 no que tange à abrangência social de seus participantes é possível vê-la como reflexo das inquietações sentidas no interior de cada grupamento social, ou como afirmou Jancsó: "Na Bahia do final do século XVIII coexistiam distintos projetos de futuro, assim como várias identidades políticas coletivas".[3]

Entre a historiografia especializada na Sedição de 1798 a questão da representação social no interior do movimento não chega a ser objeto de grandes polêmicas. De maneira geral, os estudos tendem a admitir a direta ligação da sedição com projetos

---

[3] JANCSÓ, Istvan. O "1798" baiano e a crise do Antigo Regime português. In: ARAÚJO, Ubiratan Castro de et al. (Org.). *II Centenário da Sedição de 1798 na Bahia*. Salvador: Academia de Letras da Bahia; Brasília, DF: MINC, 1999. p. 64.

e reivindicações das camadas médias e baixas da sociedade. No que se refere à participação das elites o máximo que se admite é a presença de setores intelectuais dessas elites nos bastidores da fase preparatória do movimento.

O fato de estarmos retomando esta questão se justifica pelo entendimento de que faltou à historiografia especializada um aprofundamento da análise econômica e social da Bahia do século XVIII, que viesse esclarecer de maneira mais objetivamente histórica a ausência de membros das elites econômica e política baiana na tentativa de sedição em 1798. Entende-se que essa questão não pode ser analisada de maneira pertinente se não levar-se em conta variáveis que se constituíram ao longo do século XVIII e que serviram para forjar, no interior da estrutura social baiana, diferentes identidades políticas fundadas na própria dinâmica de sobrevivência dos diversos segmentos sociais no contexto do antigo regime absolutista português e sua aplicação político-econômica identificada como sistema colonial.

A historiografia especializada tendeu a tangenciar uma afirmativa mais categórica sobre a participação das elites econômica e política no interior do movimento. O ponto central desse debate foi a existência ou não de um encontro de ideias entre a elite e o povo. Possivelmente o historiador que mais profundamente tenha se debruçado sobre o estudo da Sedição de 1798 foi Luís Henrique Dias Tavares. A tese apresentada por Tavares separa o processo do movimento em dois momentos distintos, o primeiro, que iria de fins de 1793 ao final de 1797, se constituiu de debates privados de letrados baianos que liam e discutiam uma literatura política de conteúdo antimonarquista. O segundo momento, o de liderança popular, se deu em 1798, cuja base teórica foi passada a eles através de relações de natureza funcional como a de oficial-soldado. Tratou-se de ações que corriam em paralelo, e que a partir de um ponto de intercessão, transformou-se, sob a liderança de homens livres, mas socialmente discriminados, em um projeto de intervenção política radical.[4]

Essa tese de Tavares foi contestada por Katia Mattoso que se referindo diretamente ao autor assim o critica:

> [...] não concordo quando diz que o movimento de 1798 teve dois períodos, um período onde estas ideias foram discutidas e fomentadas num circulo estrito de intelectuais, e um segundo momento em que estas ideias foram apropriadas pelo povo. Acredito que estes dois momentos não existiram porque Salvador é uma cidade porto, sua população vive o cotidiano, está na chegada dos navios, nas conversas. É uma população caracterizada principalmente pelo tipo de comunicação que possui, de tipo oral. Não vejo uma separação nítida, nem acredito que esse grupo, apesar de que a devassa não chegou a implicar as pessoas, cujos nomes foram censurados naquela época, não foram implicados, e se pensa que foi porque o governador geral, D. José de Portugal, não quis envolver as elites, eu não acredito que tenha sido realmente um envolvimento de elite.[5]

Mais do que colocar em dúvida as ideias de Tavares, Katia Mattoso não se furta em afirmar sobre a ausência do envolvimento das elites no movimento contestatório. No que se refere à participação das camadas baixas, entendemos que a tentativa de Sedição de 1798 deve ser lida como um ponto de rebeldia de segmentos coloniais,

---

[4] Sobre isso ver: TAVARES, Luís Henrique Dias. *História da sedição intentada na Bahia em 1798*: A Conspiração dos Alfaiates. São Paulo: Pioneira; Brasília, DF: INL,1975.

[5] MATTOSO, Katia M. de Queirós. Bahia 1798: os panfletos revolucionários: proposta de uma nova leitura. In: COGGIOLA, Osvaldo (Org.). *A revolução francesa e seu impacto na América Latina*. São Paulo: Nova Stella; Edusp; Brasília, DF: CNPq, 1990. p. 353.

motivado e permitido pela estrutural condição de vulnerabilidade[6] que permeou o funcionamento do sistema colonial português por quase toda sua existência. Ainda que não obstante pudessem caracterizar uma teleológica caminhada em direção à ruptura entre colônia e metrópole, essas rebeliões[7] foram suficientes para estabelecer um amadurecimento, principalmente entre as camadas baixas da sociedade, que as desse a consciência suficiente para questionar de maneira mais radical, a forma de se exercitar o poder pela Coroa portuguesa motivada pelo descontentamento racial e social que tanto as afligia.

As elites baianas e a interação com o sistema colonial

É o caso de se perguntar qual o nível de interação entre as elites baianas e o sistema de poder imperial, em fins do século XVIII, que pudesse motivá-las a ensaiar ações de questionamentos a esse sistema. István Jancsó tentou decifrar essa questão expondo ser fundamental para se compreender a sociedade baiana de fins do século XVIII, uma análise dos mecanismos de apropriação possíveis no interior do sistema colonial. Jancsó identifica na renda do grande lavrador, no lucro do comerciante e nos tributos pagos à Coroa as três fontes básicas de renda monetária gerada pela grande lavoura no contexto do sistema colonial.[8]

Se partirmos da premissa de que nestes três segmentos citados estariam o conjunto das elites econômica e política da Bahia

---

[6] Sobre isso ver: ALEXANDRE, Valentim. *Os sentidos do Império*: questão nacional e questão colonial na crise do Antigo Regime português. Porto: Afrontamento, 1993.

[7] Na Bahia do século XVIII destacaram-se os Motins do maneta em 1711 e a Revolta do terço velho em 1728.

[8] JANCSÓ, Istvan. *Na Bahia contra o Império*: história do ensaio de Sedição de 1798. São Paulo: Hucitec; Salvador: Edufba. 1996. p. 92.

colonial, que posicionamentos eles teriam em relação ao antigo regime absolutista português? Em termos estritamente econômicos, o primeiro deles, o senhor de engenho, tem contra si dois agravantes em termos de acumulação de capital, por um lado a necessidade de se submeter aos comerciantes como única alternativa de penetrar no circuito comercial.[9] O outro agravante é a manutenção do constante circuito de suprimentos de escravos, que por tratar-se de uma mercadoria exigia uma permanente disponibilidade de capitais, cuja falta não lhe dá alternativa que não seja a de recorrer ao comércio, setor de maior liquidez.[10]

Ainda que tenham sido a grande base econômica do domínio português, os senhores de engenho continuaram reféns dessa debilidade causada pelo sistema colonial, o que consequentemente terá impacto em seu desempenho no interior das relações de poder local como bem afirmou Sierra y Mariscal: "A falta de meios que tem essa espécie de Aristocracia lhe priva de formar clientes, e de fazer um partido entre o povo, porque eles mesmos são fraquíssimos e precisam da proteção dos Negociantes com que se honram muito".[11]

Quanto aos comerciantes, afirmou Jancsó: "[...] este pode acumular, mas dificilmente pode transformar o seu lucro em fator de produção no interior do universo colonial. Este lhe permite ganhos, mas não a plena realização do capital, na medida em que não existem condições para o reinvestimento".[12] Já em relação aos meios de arrecadação por parte da administração imperial também era

---

[9] Ibid., p. 88.
[10] Ibid., p. 91.
[11] SIERRA Y MARISCAL, Francisco de. Idéas gerais sobre a Revolução do Brazil e suas consequencias. *Anais da Biblioteca Nacional*, Rio de Janeiro, v. 43-44, p. 50-81, 1920-1921. p. 62.
[12] JANCSÓ, Istvan, op. cit., p. 93.

palco de pouco acúmulo de capital, pois como afirmou o Visconde de Carnaxide ao se referir às finanças do Brasil pombalino:

> As receitas cobradas pela coroa eram os meios com que se mantinham os serviços públicos da colônia, isto é, com que se pagava exército, marinha, funcionalismo, obras públicas e lista eclesiástica. Dessas receitas, uma parte ficava aqui, a outra ia para a metrópole. Também as despesas umas eram pagas aqui, as outras na metrópole, como as do aprovisionamento do exército e marinha e parte das listas eclesiásticas e civil.[13]

Parte da renda que ficava na Colônia era voltada para cumprir compromissos financeiros com salários e emolumentos resultantes da "economia de privilégios e mercês" tão necessários para o bom andamento da administração imperial. Jancsó fez a seguinte síntese de como todo esse processo aqui analisado condicionara o posicionamento dos segmentos da elite diante do funcionamento do sistema colonial:

> Dessa forma, torna-se claro que o interesse maior na supressão do exclusivo colonial é o do senhor do engenho, pois para este não existem alternativas no interior do sistema. Para o comerciante, essa alternativa não somente existe, como é parte da lógica do sistema: a acumulação no extramuros do universo colonial ou a utilização da riqueza acumulada para alavancar projetos individuais de ascensão social, coisa que não é pouca monta.[14]

Apesar de apresentar uma lógica correta e pertinente, entendemos que esta construção explicativa de Jancsó não é

---

[13] CARNAXIDE, Antônio de Sousa Pedroso, Visconde de. *O Brasil na administração pombalina*: economia e política externa. São Paulo: Nacional; Brasília, DF: INL, 1979. p. 72. (Brasiliana, v. 192).

[14] JANCSÓ, Istvan, op. cit., p. 94.

suficiente para concluirmos de maneira assertiva sobre a oposição dos senhores de engenhos em relação ao sistema colonial. Ainda que as questões de ordem econômica pudessem ditar as regras de comportamento em relação à administração metropolitana, não pode ser tangenciado dessa análise questões de natureza política e cultural. Mesmo que tenha cabido a cada segmento os papéis definidos por Jancsó no interior do sistema colonial, isso não se desdobrou necessariamente em uma prática de ação que os levasse a questionar de maneira objetiva e coesa a lógica de funcionamento do sistema. É sempre bom lembrarmos a existência, mais do que comprovada em termos documentais, da circulação dos mesmos indivíduos nos três setores citados. Se tomarmos como referência uma família de grande representatividade em termos político e econômico como os Pires de Carvalho e Albuquerque,[15] terá sido estratégia das mais comuns a presença tanto na propriedade de engenhos, quanto no comércio e no controle de instituições estratégicas como a alfândega, por exemplo. Mesmo entre aqueles cuja maior parte das rendas se concentrava na produção açucareira, tinham no matrimônio uma porta de interação com os outros segmentos.

Vulnerabilidade do sistema e crítica liberal: a economia baiana em fins do século XVIII

Em fins do século XVIII e início do XIX as atitudes mais radicais por parte de setores populares podem ter sido apenas superlativizadas por uma conjuntura que não só vivenciava o

---

[15] Sobre isso ver: BORGES, Eduardo José Santos. *Viver sob as leis da nobreza*: a casa dos Pires de Carvalho e Albuquerque e as estratégias de ascensão social na Bahia do século XVIII. 2015. 309 f. Tese (Doutorado em História) – Faculdade de Filosofia e Ciências Humanas, Universidade Federal da Bahia, Salvador, 2015.

amadurecimento de uma herança reivindicatória, mas que também refletia um debate que naturalizava o pensamento liberal na economia política. As fraquezas apresentadas pela administração portuguesa em fins do século XVIII foi resultado de contradições inerentes a qualquer instituição que busque exercer o poder de maneira absoluta e coercitiva. Em termos econômicos os estudos de Katia Mattoso afastam o argumento de ter vivido a Bahia uma crise:

> Vistos em uma perspectiva de longa duração e seguindo uma cronologia conjuntural estabelecida a partir de uma documentação meramente qualitativa, os dez últimos anos do século XVIII e os primeiros do século XIX apresentam-se como nitidamente favoráveis à economia baiana. Com efeito, a longa depressão do século XVII, que se prolonga na Bahia até meados de 1770 – e que é entrecortada, apenas, por algumas tímidas tentativas de retomada econômica –, é substituída, a partir desse período, por uma fase de retomada, cujo ápice situa-se entre 1790 e 1820. Deve-se ela, em grande parte, ao desenvolvimento da atividade agrícola, que se concentra na produção do algodão, do fumo e do açúcar, desenvolvimento estimulado, então, por uma série de condições internas e externas.[16]

Os anos entre 1797 e 1799 foram bastante ilustrativos ao que se refere à tentativa tanto do poder local da Capitania, quanto da Coroa, de estabelecer alguns parâmetros estatísticos que possibilitasse uma leitura mais realista do estágio econômico da Bahia. Katia Mattoso identificou entre os anos 1790 e 1820 como o período de retomada e ápice da economia baiana.[17] Ainda que tenha sido entrecortada por

---

[16] MATTOSO, Katia M. de Queirós. *Da Revolução dos Alfaiates à riqueza dos baianos no século XIX*: itinerário de uma historiadora. Salvador: Corrupio, 2004. p. 33.
[17] Loc. cit.

temporárias fases cíclicas de alta e de baixa, a economia baiana nesse período ganhou contornos de estabilidade.

Entretanto, é necessário reconhecer que em fins do século XVIII essa conjuntura de retomada se mostrou bastante confusa aos olhos da administração imperial exigindo uma lógica de ação – pautada na produção de grandes relatórios financeiros – com impactos diretos na prática administrativa do império. Em agosto de 1798 o Governador D. Fernando José de Portugal enviou um Ofício a D. Rodrigo de Sousa Coutinho informando-lhe sobre a exportação de mercadorias para o Reino e sobre as que de lá se importavam. A princípio, demonstrou o governador estar fazendo todos os esforços para aumentar na Bahia o uso e consumo de produtos naturais e manufaturados vindos do Reino. Mas ao se referir às exportações baianas assim informou:

> É igualmente certo ter crescido extraordinariamente a lavoura do açúcar e tabaco, sendo infinitos os engenhos, que durante o meu governo se tem construído de novo e atualmente se constroem, tendo-se também aumentado a plantação do algodão, objeto já considerável do comércio, além do café e arroz, produzido na comarca de Ilhéus, gêneros que anualmente se exportam todos para o Reino, como igualmente couramas, vaquetas, solas vermelhas e outras drogas à exceção da quantidade que aqui se consome, servindo de prova do aumento da lavoura, o excessivo preço porque presentemente se vendem os escravos.[18]

O documento do governador foi instrumentalizado pelo seguinte mapa da exportação dos produtos baianos para o Reino e outros portos do Brasil e África:

---
[18] Bahia, 25.08.1798, AHU-IDRBECA – doc. 18375.

> GÊNEROS EXPORTADOS: açúcar, aguardente de mel, algodão, arroz, cacau, couros em cabelo, café, cordas de piassaba, doces, farinha de mandioca, goma, ipicacuanha, madeiras, sal, sola, tabaco, taboadas e varas para parreiras. PORTOS DO REINO, BRASIL, ÁFRICA E ÍNDIA: Lisboa, 2.688:354$070; Costa da Mina, 183:520$000; Angola, 47:000$000; S. Tomé, 3:592$475; Rio Grande, 185:240$000; Gôa, 6.750$815. Valor total da exportação em 1798: 3. 114:457$360.[19]

Nesse mesmo ano entraram e saíram dos portos de Salvador 291 e 280 navios respectivamente, deixando como direitos de entrada, 141:655$749 e de saída, 24:860$000.[20] Para termos uma ideia do tamanho da participação da economia baiana, do total de exportação remetido da colônia para a metrópole entre 1796 e 1799, tomando por base a participação dos três principais centros de exportação, saíram da Bahia 36,3 %, contra 27,2% do Rio de Janeiro e 22,6% de Pernambuco.[21]

Em fins do século XVIII a expansão agrícola da Bahia fortaleceu e consolidou a força e importância de seu corpo de comerciantes. Por outro lado, também os senhores de engenho e lavradores em geral se aproveitavam diretamente do processo expansionista. Mas a expansão também teria suas contradições o que viria a provocar tensão entre os dois segmentos econômicos mais notáveis. Uma síntese desse contexto foi assim apresentada por Tereza Cristina Kirschner:

> O que ocorria era que a expansão do comércio exportador a partir de 1780 provocou uma desorganização no mercado baiano que passou a desafiar as autoridades metropolitanas e trouxe à tona a diver-

---
[19] Bahia, 1798, AHU-IDRBECA – doc. 18376. (Anexo ao doc. 18375).
[20] Bahia, 1798, AHU-IDRBECA – doc. 18377. (Anexo ao doc. 18375).
[21] ALEXANDRE, Valentim, op. cit., p. 41.

sidade de interesses dos grupos ligados ao comércio e à agricultura. Os grandes negociantes defendiam a regulamentação dos preços e o controle da qualidade dos produtos para manter seus compromissos com os correspondentes de Lisboa, enquanto senhores de engenho e lavradores de cana e de tabaco, por outro lado, queriam liberdade para vender seus produtos a quem pagasse melhor preço.[22]

Criada para conciliar os interesses entre a Coroa e os segmentos centrais da economia colonial, a Mesa de Inspeção ficou no meio desse fogo cruzado entre comerciantes e agricultores. Parece-nos esse, um típico caso de "crise de crescimento", pois, positiva, do ponto de vista da produção e exportação; a expansão econômica teria tido a função de tencionar ao máximo a subjacente dicotomia entre os dois setores da economia e, ao mesmo tempo, explicitar – agora sob os ventos de uma mentalidade de perfil liberal – a relação de permanente e progressiva instabilidade entre interesses colonial e metropolitano da qual se edificou a política econômica do sistema colonial português.

Entretanto, a subjacente dicotomia entre os dois setores da economia, não levou, necessariamente, a um racha entre ambos no que diz respeito ao posicionamento em relação ao poder metropolitano. A instabilidade econômica cíclica que perpassou diversas conjunturas do século XVIII no interior do Império Luso-brasileiro estabeleceu, entre a elite econômica baiana e o governo metropolitano, uma relação permeada por alternadas ações de negociação e conflito.

---

[22] KIRSCHNER, Maria Tereza. A administração portuguesa no espaço atlântico: a Mesa de Inspeção da Bahia (1751-1808). In: ACTAS do Congresso Internacional espaço atlântico de Antigo Regime: poderes e sociedades. Lisboa: Faculdade de Ciências Sociais e Humanas/ Universidade Nova de Lisboa, 2005. p. 8.

A comprovação de que vivia o antigo sistema colonial português, em fins do século XVIII, uma situação de crise iminente, carece de maiores comprovações empíricas. Nesse caso, pensamos, como Valentim Alexandre, que o conceito de existência de uma crise global do antigo regime deve ser restrita a uma leitura de "um certo limiar de tensões com ameaças de ruptura do sistema"[23] ainda que isso careça de um mínimo de investigação empírica. O historiador português complementa afirmando ser "claro que não há crise do sistema colonial português, em nível econômico, antes de 1808".[24]

As atitudes de ação e reação diante do domínio metropolitano por parte da elite econômica baiana durante o século XVIII, não podem ser analisadas identificando-as como fazendo parte de um esboço progressivo e racional cuja culminância seria a crítica contundente ao sistema colonial em fins do século XVIII. Apesar das situações de possíveis conflitos de interesses entre os segmentos do comércio e o da produção não nos parece ser isto algo que venha a caracterizar condições objetivas que motivassem atitudes sediciosas por parte do setor latifundiário visando à derrubada do sistema colonial português. Durante todo o período o que se viu foi o uso instrumental – pelos segmentos das elites econômicas – dos canais de negociação ligados diretamente à administração imperial, a exemplo da Câmara, Relação, Alfândega, Conselho Ultramarino, Real Junta do Comércio e Mesa de Inspeção.

Avanços e recuos em função de conjunturas internas e externas marcaram o passo dos sujeitos coloniais na sua relação com a metrópole. Ainda que se configurassem momentos de conflitos de interesses vai uma grande distância considerá-los força suficiente para transformar-se em elemento estrutural. As crises conjunturais,

---
[23] ALEXANDRE, Valentim, op. cit., p. 78.
[24] Loc. cit.

mesmo se apresentando de maneira cíclica, nada mais eram do que o sistema funcionando dentro da vulnerabilidade inerente à própria lógica em que este se estruturava. Concordo com Maria Tereza Kirschner quando esta conclui que mesmo depois da vinda da Família Real para o Brasil e da consequente abertura dos portos brasileiros, a prática administrativa da Coroa continuava reproduzindo "posturas das câmaras, regulamentações excessivas e cobrança de numerosas taxas permaneceriam ainda por muito tempo, aumentando as contradições que permeavam as políticas "luminosas" da Coroa."[25] Mais do que um estado de crise a monarquia portuguesa, na época da Sedição de 1798, refletia essa condição de vulnerabilidade que marcou o Império português e que esteve presente de maneira permanente em boa parte de sua história.

A representação social do movimento sedicioso: um retorno aos Autos da Devassa

As elites econômica e política baiana do século XVIII se constituíram tendo como referência de unidade a centralidade política da Coroa. Em termos privados os senhores de engenho assumiam, em seu território, a posição de poder típica da lógica clientelista, mas ao interagirem com os poderes públicos assumiam a posição de vassalos cuja sobrevivência no interior do sistema, mais do que postular conflitos, demandava o uso estratégico de negociação e conciliação com o mesmo.

Diante desses aspectos – ainda que alguns nomes tenham sido citados na devassa – carece de maior comprovação empírica o entendimento que leva a identificar de maneira conclusiva a presença

---

[25] KIRSCHNER, Maria Tereza, op. cit., p. 17.

de membros das elites baianas como protagonistas da sedição intentada na Bahia em 1798. A tese das duas fases apresentada por Luís Henrique Dias Tavares, pode servir como ponto de partida para identificar a presença, possivelmente de uma parcela letrada da elite, com interesses muito mais voltados a um debate intelectual que levasse a se pensar um projeto de reformas em resposta ao modo coercitivo de exercer o poder por parte do antigo regime português.

Como documento histórico não se trata de circuito fechado e, tampouco, os eventos históricos estão imunes de serem revisados, creio que um retorno aos Autos da Devassa nos permita alguma reflexão sobre o tema que ora estamos tratando.

De antemão é importante fazermos uma distinção entre os membros das elites baianas que possam ter tido alguma ligação com o movimento sedicioso. Entre aqueles cujos nomes de alguma forma apareceram nos Autos de maneira mais explícita podemos organizá-los em quatro categorias, pois compreenderam desde pessoas de muitas posses, até um grupo de letrados, eclesiásticos e militares. Na primeira categoria temos aqueles que além de terem seus nomes identificados nos Autos como partícipes diretos na vanguarda do movimento acabaram por sofrer condenações; foram eles: Domingos da Silva Lisboa, Hermógenes Francisco de Aguilar Pantoja, José Gomes de Oliveira Borges, Francisco Muniz Barreto de Aragão, José Raimundo Barata de Almeida e Cipriano José Barata de Almeida. Em um segundo segmento estavam aqueles, cujos nomes também apareceram nos Autos, mesmo que alguns de maneira bem pontual, mas que foram absolvidos, entre eles podemos citar: José Borges de Barros, Francisco Agostinho Gomes, João da Rocha Dantas e Joaquim Inácio de Siqueira Bulcão. No terceiro grupo se encontravam aqueles sobre os quais entendemos que o fato de terem seus nomes citados nos Autos apenas por serem proprietários dos escravos participantes da sedição não caracteriza, necessariamente, terem tido concordância com o movimento, destacamos alguns deles: Francisco Vicente Viana, José Pires de Carvalho e Albuquerque e Manuel José Vilela de Carvalho. Por último, temos um grupo que podemos chamar de uma elite militar, que não foi sequer sentenciado, mas que seus membros, tiveram seus nomes descritos no depoimento do soldado Inácio da Silva Pimentel, foram eles: "o Sargento mor de Artilharia José Ramos de Souza, o Capitão José Bernardo do mesmo Regimento, o Capitão Vicente de Souza Velho do mesmo Regimento, o Tenente João Francisco de Oliveira do mesmo Regimento o Tenente Hermógenes, e o Tenente Vicente Lopes, ambos do Segundo regimento, e o filho do dito Capitão Vicente de Souza, que é Tenente do Regimento Auxiliar."[26]

No que se refere à participação de membros das elites no movimento sedicioso creio ser inconteste a presença de homens brancos e de posses nos seus bastidores. Qualquer tentativa de reduzir a vanguarda do movimento à raia miúda da sociedade baiana caracteriza evidente *deficit* de informação e análise histórica. A documentação fartamente analisada pela historiografia especializada não deixa dúvida sobre a participação em diversos episódios pré-sedição – como as reuniões privadas – de indivíduos de condição social elevada. Esse grupo poderia ser formado tanto por homens como o padre Francisco Agostinho Gomes, filho de pai abastado, quanto o professor de gramática latina de Rio de Contas, Francisco Muniz Barreto de Aragão e, até mesmo, indivíduos como João da Rocha Dantas, filho de figura proeminente do poder como o

---

[26] APEB. ARQUIVO PÚBLICO DO ESTADO DA BAHIA. *Autos da Devassa da Conspiração dos Alfaiates*. Salvador: Secretaria de Cultura e Turismo, 1998. v.1, p. 372. (Doravante ADCA).

Desembargador Conselheiro e Chanceler Antônio da Rocha Dantas. Sobre eles afirmou Jancsó:

> Esses eram homens que gravitavam, seja no interior ou na periferia da elite colonial da Bahia de fins dos setecentos. O rastreamento de seu envolvimento pode ajudar a repensar a abrangência social do episódio, permitindo conhecer melhor as alternativas de prática política e alianças de classes no interior do universo colonial.[27]

O depoimento de José de Freitas Sacoto não só coloca o padre Francisco Agostinho Gomes nos bastidores da sedição como ainda nos permite conjecturar sobre o papel do padre intelectual na organização do movimento:

> Que havera um ano pouco mais ou menos antes dele declarante residir, de todo nesta Cidade, em algumas ocasiões que a ela vinha, e sucedia falar com Luis Pires, este lhe dizia que tinha um manuscrito, dado pelo Tenente Hermógenes de Aguilar, traduzido por ele, e pelo Padre Francisco Agostinho Gomes, Francês em Português; o qual tratava de desabusar os rapazes religiosos, para adquirirem número de gente suficiente para uma revolução, que se projetava fazer nessa Cidade [...].[28]

Em seguida, perguntado sobre o sistema deste livro assim Sacoto o resumiu:

> Disse que era um sistema de desabuso contra a Religião, e contra o Estado, que constituía o homem nascido do acaso, e dependente só da lei do seu arbítrio, e que buscava as coisas, que lhe eram

---

[27] JANCSÓ, Istvan, op. cit., p. 278.
[28] ADCA, v. 2, p. 752-753.

necessárias, segundo o toque da sua sensação; e que se havia um Deus, ou era moldado ao coração dos homens, visto que os desejos de uns, eram contrários aos dos outros, ou não fazia apreço das suas súplicas, e que enfim negava subordinação aos Soberanos.[29]

Não foi o padre Agostinho Gomes o único religioso intelectual que teve seu nome citado nos Autos, também o cônego Salvador Pires de Carvalho apareceu no depoimento de outro réu, o Alferes do Quarto Regimento de Milícia, Domingos da Silva Lisboa. O depoimento foi meio contraditório, pois o réu não queria assumir a posse de uns versos "sobre a Liberdade" que teriam sido feitos pelo já defunto Salvador Pires de Carvalho. Em um segundo momento do depoimento o Ministro lhe informa "[...] que mais se tornava ainda suspeitosa a sua pessoa e fidelidade pela conservação do manuscrito revolucionário intitulado: O Orador dos Estados Gerais."[30] Em resposta o réu informou que "o dito papel lhe confiara sendo vivo Salvador Pires de Carvalho, para que ele Respondente houvesse e sobre ele proferisse o seu sentimento [...]."[31]

Quanto aos irmãos Borges de Barros, José e Domingos, estes, foram citados no depoimento de outro partícipe do movimento o professor de gramática latina, Muniz Barreto, que por morar fora de Salvador afirmou ficar em casa de José Borges quando estava na cidade. Perguntado sobre o que conversavam respondeu que as conversas se "[...] reduziam a reflexão sincera, sobre o governo econômico desta terra e sobre o Estado Político da Europa".[32] Nesse caso, não custa imaginar, diante da pauta da conversa entre os

---

[29] Ibid., p. 753.
[30] ADCA, v. 1, p. 98.
[31] Loc. cit.
[32] ADCA, v. 2, p. 886.

amigos, que ali estivessem críticas ao exercício de poder por parte da Coroa.

Outros irmãos que também estiveram diretamente envolvidos no movimento foram os Barata de Almeida, José e Cipriano. Do primeiro, sabe-se que esteve na famosa reunião no campo do Dique quando a sedição foi abortada. Quanto ao outro, Cipriano, formado em Filosofia em Coimbra, depois de negar veementemente qualquer participação no movimento e de afirmar desconhecer algum dos envolvidos, foi colocado à frente de Lucas Dantas de Amorim para uma acareação, que perguntado se conhecia Cipriano, assim respondeu:

> Disse que conhecia muito bem ao declarante Cipriano José Barata de Almeida, Cirurgião aprovado, que era o mesmo, que ele careante tinha visto, por uma ou duas vezes na casa de Luís Pires, oficial de lavrante, morador as portas do Carmo, juntamente com o lapidário José Nicolau, e o pardo Manoel Faustino, e se não lembra se João de Deus igualmente concorrera em ambas as ocasiões, e que em uma, e outra assistira o dito careado as sessões, a respeito da conjuração para o levante de que se tratava nesta Cidade, aprovando os projetos de todos os sobreditos nesta, e explicando os seus sentimentos sobre ela.[33]

A figura histórica que veio a se tornar Cipriano Barata de certa forma corrobora com as afirmações do depoimento de Lucas Dantas sobre sua participação no movimento.

Um nome, entretanto, se apresenta acima dos outros que fizeram parte deste grupo de "homens de consideração" – para usar um termo de Tavares[34] – como uma referência concreta de relação

---
[33] ADCA, v. 1, p. 645.
[34] TAVARES, Luís Henrique Dias, op. cit., p. 95.

entre teoria e prática no processo que antecedeu e culminou com a tentativa de sedição, trata-se do Tenente Hermógenes Francisco de Aguilar Pantoja. É possível construir a imagem do Tenente Pantoja como uma espécie de elo que interligou todos os segmentos sociais envolvidos na sedição.[35] São mais do que comprovadas suas relações pessoais com os principais envolvidos desde o padre Agostinho Gomes seu companheiro de traduções, passando por Cipriano Barata, amigo íntimo e de longa data, até aos soldados Luís Gonzaga e Lucas Dantas. A utilização do depoimento do Tenente Pantoja aos Autos do processo muito pouco corresponde elemento afirmativo de sua participação efetiva na sedição. O réu negou todas as acusações que o comprometeriam. Entretanto, a Certidão assinada pelos escrivães ao final do depoimento do réu é bastante ilustrativa da impressão deixada, pelo Tenente, naqueles que acompanharam suas respostas, vejamos:

> Nós Escrivães abaixo assinados certificamos debaixo do juramento de nossos ofícios que o Tenente Hermógenes Francisco de Aguilar tendo respondido com desembaraço as perguntas. Que no dia lhe fez o Desembargador Juiz destas Diligências o Doutor Francisco Sabino Alvares da Costa Pinto, logo que este lhe apresentou os quatro cadernos constantes da Pergunta N. 44, mudou da sua cor natural o dito Tenente passando a uma cor rubicunda, e a inquietar-se, o que não lhe acontecera antes da apresentação dos cadernos, e nem nas mais perguntas que em diferentes dias, se lhe tinha feito.[36]

Um último nome membro da elite econômica que também entrou de maneira bastante pontual na devassa foi o de Joaquim

---
[35] Ibid., p. 97.
[36] ADCA, v. 2, p. 866.

Inácio de Siqueira Bulcão, senhor de engenho dos mais ricos e poderosos da Bahia. Sua presença nos Autos deve-se ao depoimento do pardo livre e alfaiate Gonçalo Gonçalves de Oliveira. Gonçalo foi preso no engenho de Siqueira Bulcão, e quando perguntado o que lá fazia "[...] disse que ele respondente saiu desta Cidade onde se achava no dia vinte e oito de agosto passado, para casa do dito Joaquim Inácio de Siqueira Bulcão, a fazer-lhe umas obras, para o que ele o tinha convidado."[37] Siqueira Bulcão foi chamado a confirmar a informação do réu e negou o convite referente a fazer-lhe alguma obra.[38] Ainda sobre Siqueira Bulcão é pertinente sobre a conjectura de sua participação, ou não, nos bastidores da sedição, o fato deste ter recebido em 1799 a concessão do hábito de Cristo pelas ações pioneiras que introduziu em seus engenhos de açúcar.[39]

A seguinte síntese, sobre a qual concordamos, foi feita por Tavares em relação à participação desse grupo da elite letrada nos bastidores da Sedição de 1798:

> Os 'homens de consideração', brasileiros letrados, que liam e conheciam livros ou trechos de livros, folhetos e cópias de discursos, formaram um pensamento contrário ao Absolutismo Monárquico, daí localizarem nessa forma de regime político todos os males que afligiam os povos. Estiveram conversando com familiares e conhecidos. Foram, porém, advertidos pelo governador D. Fernando para o perigo dessas conversas. É nessa altura que o Tenente Hermógenes é 'dado por doente' e Muniz Barreto volta para Rio de Contas.

---
[37] ADCA, v. 1, p. 556.
[38] Ibid., p. 566.
[39] Queluz, 14.11.1799, AHU-IDRBECA – doc. 26054 (anexo ao doc. 26048).

As conversas desses 'homens de consideração' cativam alguns soldados e artesãos de suas relações profissionais (Quartel: tenente Hermógenes conversa com o soldado Manuel de Santa Anna) e domésticas (Casa da madrinha de Manuel Faustino: Muniz Barreto, pretendente de D. Maria Francisca da Conceição e Aragão, conversa com Santos Lira).[40]

Em relação ao terceiro grupo, que identificamos ter sido formado por aqueles cujos escravos tiveram participação no movimento, muito pouco se pode afirmar sobre suas presenças nos bastidores da sedição. Possivelmente, era a eles que o Governador D. Fernando José de Portugal se referia em carta enviada a D. Rodrigo de Souza Coutinho relatando os acontecimentos de 1798:

> Também me não posso capacitar que as pessoas principais dessa Capitania sigam a esses abomináveis princípios, pois não tenho motivos para discorrer desse modo nem a respeito do corpo do comércio, nem dos homens empregados nas ocupações públicas, nem dos homens de bem, os quais mostraram todos não pequeno sentimento, quando apareceram certos papeis sediciosos e souberam do péssimo intento de alguns indivíduos, quase todos da classe ordinária de que dei cinta a V. Ex. em carta de 20 de outubro do ano passado, passando este desgosto que parecia universal às mais pessoas da inferior ordem.[41]

Ainda que represente um documento oficial, portanto, passível de merecer todas as críticas e contrapontos, as palavras de D. Fernando não são descartáveis, pois colaboram diretamente

---

[40] TAVARES, Luís Henrique Dias, op. cit., p. 96.
[41] ACCIOLI, Ignácio (de Cerqueira e Silva). *Memórias históricas e políticas da Bahia*. Anotado por Braz do Amaral. Salvador: Imprensa Oficial, 1931. v. 3, p. 134.

para conjecturamos sobre a delimitação da abrangência social do movimento sedicioso.

De parcela da alta elite política e econômica baiana, cujos nomes entram de maneira periférica na documentação e na própria historiografia da Sedição, escolhemos, a título de amostragem, três de seus membros que tiveram seus nomes citados nos Autos, foram eles: José Pires de Carvalho e Albuquerque, Francisco Vicente Vianna e Manuel José Vilela de Carvalho. Em relação ao primeiro, o secretário de Estado José Pires de Carvalho e Albuquerque as informações são bastante frágeis e insuficientes para colocá-lo nos bastidores do movimento. A tradição da família Pires de Carvalho e Albuquerque, possivelmente como todas as outras de semelhante nível socioeconômico, sempre foi a de manter relação permanente de negociação com os poderes estabelecidos. Enriquecidos por intermédio de diversas mercês e privilégios oriundos da sempre boa relação com os poderosos, os membros da citada família dificilmente teriam muito a ganhar com a instabilidade e a desestruturação do sistema colonial português. O fato de quatro de seus escravos terem comprovada participação está longe de ser argumento suficiente para se fazer uma afirmativa contundente que o coloque como apoiador da causa. Nos Autos da Devassa o nome do secretário de Estado aparece de maneira mais direta no depoimento de José Félix da Costa, homem pardo, escravo de Francisco Vicente Vianna. Ao descrever as circunstâncias em que tomou conhecimento do movimento sedicioso, José Félix teve assim seu relato registrado nos Autos:

> Dice que haverá hum mês pouco mais ou menos em certa manhã ao meio dia passando ele testemunha pelo Terreiro de Jesus procurando a parte, onde está

a Capella dos Terceiros de São Domingo, o chamou fuão que mora ao pé da caza do secretário deste Estado Jose Pires de Carvalho e Albuquerque, e na porta deste estava o seo escravo fuão, que presenciou o chamado [...].[42]

Dois dias depois, em outro depoimento, José Félix identifica com nomes os envolvidos no encontro e repete a informação dada no depoimento anterior, agora identificando o local de moradia do soldado Lucas Dantas, participante da sedição, que segundo o depoente, o chamou para uma conversa e que o mesmo morava "[...] ao pé da casa do Secretário deste Estado José Pires de Carvalho e Albuquerque, e na porta deste estava o seu escravo Luís de França Pires, cabra que presenciou o chamado".[43]

Esse tipo de informação em nada é suficiente para caracterizar a presença do secretário de Estado José Pires de Carvalho e Albuquerque nos bastidores do movimento sedicioso. Morar "ao pé da casa"[44] do senhor apenas significava uma localização espacial no interior da estrutura arquitetônica que distinguia o espaço urbano das vilas e cidades coloniais. Em diversos outros trechos dos depoimentos relatados nos Autos da Devassa o nome do secretário de Estado entrou apenas para identificá-lo como proprietário do depoente quando se tratava de um escravizado. Por se constituir em propriedade de alguém, portanto, sem uma autonomia identitária, o cativo deveria ter sempre, nos Autos, sua identificação vinculada ao seu senhor.

Aos três de setembro de mil novecentos e oitenta e sete em uma sessão do tribunal para audiência de testemunhas foram

---

[42] ADCA, v. 2, p. 925.
[43] ADCA, v. 1, p. 339.
[44] Expressão utilizada até hoje em Portugal para indicar localização espacial.

ouvidos dois outros membros da elite econômica baiana, os senhores Francisco Vicente Vianna e Manuel José Vilela de Carvalho. Em ambos os depoimentos as testemunhas relataram informações em que identificavam terem tido conhecimento antecipado da tentativa de sedição. O depoente Francisco Vicente Vianna cumpriu o que se esperava dele, além de delatar os envolvidos afirmou ter feito o imediato relato do evento ao governador.[45] O negociante Manuel José Vilela de Carvalho também fez em seu depoimento o relato de como tomou conhecimento do movimento com base em informações obtidas em conversas com alguns escravos de sua propriedade. Como não poderia ser diferente, Manuel José Vilela de Carvalho faz a imediata entrega de seus escravos às autoridades.[46] Tratou-se, essa atitude de Manuel José Vilela de Carvalho, da reprodução de prática comum a qualquer membro do segmento social da elite em circunstância histórica semelhante. Em tempos de riscos de instabilidade do sistema que sustenta as elites, estas, tendem sempre a se fechar em si mesmas e excluir com naturalidade os possíveis obstáculos que se interponham entre elas e seus interesses.

Mais do que não ser referendado pelas fontes, a dificuldade de se concluir pela presença de membros da alta elite econômica e financeira baiana na Sedição de 1798 decorre da necessidade de se explicar os reais ganhos desse grupo em uma eventual transformação radical da estrutura de funcionamento do sistema colonial. O objetivo pelos quais lutavam as camadas médias e baixas que participaram do movimento tocava nos dois sustentáculos básicos do poder sistêmico da Coroa: a desigualdade social e o vínculo colonial. Fica difícil imaginar quais seriam os limites do projeto a ser colocado em prática pela suposta participação efetiva da elite no movimento

---

[45] ADCA, v. 2, p. 923.
[46] ADCA, v. 2, p. 925.

sedicioso. Ainda que propostas de cunho reformistas pudessem estar pairando sobre a cabeça de parcela das elites baianas, algo mais radical do que isto, se viesse a ser pautado, tendia a provocar um nível de instabilidade que se mostraria incompatível não só com os interesses do segmento em questão, mas com a própria lógica de se relacionar com o sistema estabelecido por essa elite em todo o século XVIII.

A título de conclusão

Diante do que está posto mesmo que reconheçamos a participação de parcelas da camada superior da sociedade baiana na tentativa de Sedição de 1798, entendemos não ser tarefa das mais fáceis concluir de maneira categórica sobre a participação dessa elite econômica e política no interior do ensaio sedicioso.

A análise de acontecimentos históricos com a dinâmica politico/social da Sedição de 1798 tende a exigir do historiador um necessário cuidado e equilíbrio em termos de objetividade conclusiva. Devemos estar atentos para não sermos iludidos por nossas motivações político-ideológicas, ou, como bem lembrou Antônio Manuel Hespanha: "Trata-se da tendência de alguns historiadores – sobretudo daqueles que se abandonam a uma hermenêutica histórica dirigida pelo 'senso comum' – para impor acriticamente ao passado as categorias, as classificações e os paradigmas do presente."[47]

O historiador português se referia a certa desfiguração do Antigo Regime provocada por interpretações politicamente comprometidas. É necessário sempre nessa questão o cuidado pertinente ao historiador de evitar ao mesmo tempo escrever ao nível

---

[47] HESPANHA, Antônio Manuel. Para uma teoria da história institucional do Antigo Regime. In: HESPANHA, Antônio Manuel. *Poder e instituições na Europa do Antigo Regime*: coletânea de textos. Lisboa: Fundação Calouste Gulbenkian, 1984. p. 25.

das fontes perdendo a condição de criticidade, e evitar empreender conjecturas conclusivas sem uma consistente base empírica que o legitime enquanto argumento histórico.

Ao fim e ao cabo da análise da presença dos diversos segmentos sociais no contexto da tentativa de Sedição de 1798, somos levados à percepção de que havia, entre os envolvidos nos bastidores do movimento, uma diversidade de projetos políticos e sociais. István Jancsó faz a seguinte conclusão sobre esse aspecto interpretativo do movimento sedicioso:

> Por mais que se reconheça a enorme dificuldade que apresenta o conhecimento da estrutura organizacional desta articulação sediciosa na Bahia de fins do século XVIII, é difícil não reconhecer que dela participaram indivíduos cuja condição social cobria a maior parte da ampla gama em que se dividiam os coloniais, seja tomando-se por base o critério legal (livres e escravos), seja o étnico (negros, mulatos e brancos), ou ainda o critério corporativo (membros da corporação administrativa, da corporação militar, do corpo de comércio), de riqueza ou, ainda, de ilustração.[48]

Contudo, as matrizes definidoras das ações dos diversos segmentos se constituíram com base na forma de como cada um deles se relacionava com o funcionamento do sistema de poder português. Nesse caso, se para as camadas baixas e médias, a instabilidade do sistema poderia reverter em reformas do próprio sistema que os favorecesse socialmente, para as camadas superiores da sociedade baiana, a instabilidade do sistema apenas provocaria riscos ao seu equilíbrio, atingindo diretamente o subjacente "pacto" de cavalheiros que tanto permeou a relação entre elites coloniais e a Coroa portuguesa.

---
[48] JANCSÓ, Istvan, op. cit., p. 295.

JUSTIÇA, FAZENDAS E EMBARCAÇÕES: o Desembargador Antonio Joaquim de Pina Manique e a Capitania de Pernambuco (1789-1794)[1]

Antonio Filipe Pereira Caetano

Em uma noite escura, na segunda metade do século XVIII, o Capitão Flynt invadia um vilarejo na ilha de New Providence, Nassau (hoje conhecida como Bahamas). A localidade era notória como um posto avançado da colonização inglesa e famosa por sua grande concentração de piratas, corsários, prostitutas e negociantes. Seu alvo era o magistrado local, que jantava com sua esposa, mas, que pelo som das atividades na redondeza, pressupunha que receberia uma visita.

Sem cerimônias, o pirata, que também é capitão, invadiu a residência e questionava ao homem da lei porque mesmo com a ciência de que outros magistrados das regiões de Bridgestone, Martinica, Névis e São Cristóvão, haviam sido assassinados por ele por aplicar sentenças contra piratas, o magistrado de Hazzard tinha enforcado três "parceiros de atividade" naquela manhã. A resposta do homem da justiça foi simples: "Se o meu medo me prevenir de aplicar a justiça, a civilização deste lugar estaria morta!" Além disso, fez questão de mencionar que seus colegas juristas assassinados pelo

---

[1] Esse texto é fruto das reflexões realizadas no Pós-Doutoramento realizado na Universidade Federal Fluminense (UFF), intitulado "Seis Conquistas, Cinco Comarcas, Vários Ouvidores e um Tribunal... – o Desenvolvimento e a Consolidação da Aplicação da Justiça na Capitania de Pernambuco (1789-1821)", supervisionado pela Profa. Dra. Maria Fernanda Baptista Bicalho.

Capitão Flynt tinham a fama de corruptos e desonestos, posição que ele não desfrutava em suas atividades. Esperançoso de que o pirata conseguisse distinguir entre os magistrados honestos e desonestos, poupando, com isso, sua vida, o juiz não teve sorte.

Ao final do discurso do magistrado, recorrente entre os homens formados em direito na época moderna, em que a lei é soberana e que a justiça deve ser aplicada a qualquer preço, Flynt também tinha uma concepção própria de fazer justiça: cumprir o que disse! A sangue-frio executava o juiz e sua esposa, mostrando que em lugares como aqueles as determinações régias tinham dificuldade de se fazerem presentes quando as instituições locais já forjavam sua própria forma de sobrevivência.

O evento narrado poderia ter ocorrido em qualquer parte das inúmeras conquistas americanas na modernidade, mas, fora construída para o episódio inicial da 3ª temporada da série norte-americana *Black Sails*. Criada por Jon Steinberg e Robert Levine, a história é baseada na obra "A Ilha do Tesouro" de Robert Louis Teverson que traça as aventuras do Capitão Flynt e seus comparsas piratas em busca de tesouros através de seu navio Walrus. A epopeia do pirata dos sete mares interessa aqui, nesta relação com a justiça régia aplicada nas conquistas. Funcionários letrados, com costumes reinóis, enobrecidos pela carreira e em busca de um crescimento profissional entravam em dissonância com os súditos que transitavam pelos mares ou mesmo fincavam raízes do outro lado do Atlântico. Se eram agentes da justiça, suas atribuições podiam extrapolar as áreas civil e criminal, e se debruçar facilmente no mundo fazendário. Essa é a proposta deste texto, acompanhar alhures e não ficcional, mas no mesmo corte temporal, a atuação do magistrado Antonio Joaquim de Pina Manique no controle das embarcações oriundas de diversas conquistas do império português para o reino. Enquanto pressuposto, pretende-se apontar como os raios de ação dos "homens da lei" podiam empurrá-los para o limite tênue entre homens da justiça e homens de negócio.

***

Antonio Joaquim de Pina Manique é filho de Pedro Damião de Pina Manique. Mesmo com uma trajetória marcada pela ocupação de inúmeros ofícios, sua história acabou por ser ofuscada por seu irmão, Diogo Inácio de Pina Manique, magistrado que teve um destaque importante durante o reinado de D. José I. Seguindo os passos deixados pelo familiar, Antonio Manique, também se tornou bacharel em direito e, em 1758, recebia a tença e Hábito de Cristo[2] e o foro de cavaleiro fidalgo, em 1759.[3] Atuando basicamente no reino, situação rara visto que a maioria dos magistrados circulava em várias instâncias ultramarinas, foi nomeado, em primeira experiência, como Provedor da Comarca de Torres Vedras, em 1764.[4]

Em seguida, transformou-se em Corregedor do Crime do Bairro de Belém[5] e Provedor da Vila de Oeiras, em 1767.[6] Quase dez anos depois, em 1775, já era indicado para Desembargador da Relação do Porto,[7] talvez ainda na espera de uma ocupação mais efetiva vindoura. Isto porque, ainda no seu rastro, identificam-se as funções de Superintendente dos Contrabandos, em 1778;[8]

[2] Arquivo Nacional/Torre do Tombo, Registro Geral de Mercês, D. José I, Livro 3, fl. 378v.
[3] Arquivo Nacional/Torre do Tombo, Registro Geral de Mercês, D. José I, Livro 15, fl. 227v.
[4] Arquivo Nacional/Torre do Tombo, Registro Geral de Mercês, D. José I, Livro 19, fl. 1.
[5] Arquivo Nacional/Torre do Tombo, Registro Geral de Mercês, D. José I, Livro 19, fl. 1.
[6] Arquivo Nacional/Torre do Tombo, Registro Geral de Mercês, D. José I, Livro 19, fl. 1.
[7] Arquivo Nacional/Torre do Tombo, Registro Geral de Mercês, D. José I, Livro 19, fl. 1.
[8] Arquivo Nacional/Torre do Tombo, Registro Geral de Mercês, D. José I, Livro 5(2), fl. 225.

e Intendente Geral da Polícia, em 1781.[9] Sua atuação lhe gerou o exercício efetivo na Casa de Suplicação, em 1778.[10]

Essa experiência lhe proporcionou ser Superintendente Geral dos Contrabandos e Descaminhos da Real Fazenda, em 1781.[11] Em 1783, foi nomeado para Desembargador da Casa de Suplicação,[12] aonde seis anos depois seguiria como Desembargador dos Agravos.[13] Por fim, conquistava o foro de fidalgo, em 1790.[14] É, sem dúvida alguma, uma carreira de sucesso, principalmente para o magistrado que optou (ou não) em ficar no reino. Sua influência familiar pode ter sido a principal razão para que não fosse lançado às experiências ultramarinas.

Entretanto, mesmo circulando nas terras reinóis, isso não o impediu de um contato mais intenso com o mundo Atlântico. A sua trajetória que agregou provedoria, superintendência e atividades de desembargador, descortina a tendência na relação fazenda-justiça, essencial para a manutenção do domínio político e das arrecadações econômicas para ampliação do governo lusitano. Aqui, se preocupará com o momento de sua relação efetiva com a Capitania de Pernambuco entre 1789 e 1794, quando suas correspondências com o Secretário de Estado da Marinha e do Ultramar, Martinho de Melo e Castro sinalizavam as embarcações, os navios e as atividades oriundas da antiga capitania donatária de Duarte Coelho. Momento em que o magistrado se intitulava Desembargador dos Agravos.

---

[9] Arquivo Nacional/Torre do Tombo, Registro Geral de Mercês, D. José I, Livro 5(2), fl. 225.
[10] Arquivo Nacional/Torre do Tombo, Registro Geral de Mercês, D. José I, Livro 5, fl. 225.
[11] Arquivo Nacional/Torre do Tombo, Registro Geral de Mercês, D. José I, Livro 5, fl. 226.
[12] Arquivo Nacional/Torre do Tombo, Registro Geral de Mercês, D. José I, Livro 5, fl. 226v.
[13] Arquivo Nacional/Torre do Tombo, Registro Geral de Mercês, D. José I, Livro 5(2), fl. 225v.
[14] Arquivo Nacional/Torre do Tombo, Registro Geral de Mercês, D. José I, Livro 5, fl. 226v.

Nas Ordenações Filipinas, a orientação para este ofício estava atrelada à atuação na Casa do Porto, mas que, evidentemente, fora estendido para outros tribunais, inclusive na América Portuguesa.[15] Assim, os magistrados deveriam ter conhecimento das apelações e dos instrumentos de agravo de quantias que extrapolassem àquelas determinadas aos ouvidores e corregedores. Além disso, com relação às sentenças, não deveriam

> [...] ultrapassar a quantia de oitenta mil réis nos bens de raiz, e cem mil réis nos móveis, afora custas, darão a execução, sem delas darem apelação, nem agravo. E passando das ditas quantias, poderão as partes agrava para a Casa de Suplicação.[16]

Ou seja, se nas determinações regimentais Antônio Manique julgava mais casos criminais e cíveis, na prática documental exposta para a Capitania de Pernambuco emergiu muito mais sua ação como Superintendente Geral dos Contrabandos e Descaminhos da Real Fazenda.

Todos os 50 ofícios direcionados ao Martinho de Melo e Castro por Antonio Manique, armazenados no conjunto de documentação avulsa da Capitania de Pernambuco, entre 1789-1794, versam sobre temática da fazenda, conforme pode ser observado na Tabela 1.

---

[15] Para o caso dos Tribunais Américo-lusitanos, cf. SALGADO, Graça (Org.). *Fiscais e meirinhos*: a administração no Brasil colonial. Rio de Janeiro: Nova Fronteira, 1985. p. 188, 246, 346.

[16] Ordenações Filipinas, Título XXXVII – Dos Desembargadores dos Agravos e Apelações da Casa do Porto. Disponível em: <http://www1.ci.uc.pt/ihti/proj/filipinas/ordenacoes.htm>. Acesso em: 15 fev. 2016 as 11h52.

Tabela 1 – Ofícios de Antonio Joaquim de Pina Manique ao Martinho de Melo e Castro sobre as embarcações chegadas no Reino (1789-1794)

Número de ofícios	50
Origem das embarcações	5
Localidades originárias das embarcações	Capitania de Pernambuco Capitania da Bahia Capitania do Rio de Janeiro Capitania do Pará Macau
Quantidade de embarcações	94

Fonte: Arquivo Histórico Ultramarino, Pernambuco Avulsos.

As embarcações, de suas mais variadas naturezas,[17] eram originárias dos dois cantos do império português: conquistas americanas e oriente. Todavia, há de se destacar que estes ofícios se remetem à Capitania de Pernambuco e quando outras localidades são mencionadas elas sempre são em embarcações anotadas conjuntamente com os antigos domínios de Duarte Coelho. Assim, a Capitania da Bahia aparece em três situações; as capitanias do Rio de Janeiro e Pará, com duas situações cada; e Macau em apenas uma vez. No que tange a distribuição das embarcações por localidades, a Tabela 2 mostra a distribuição.

---

[17] A utilização da expressão "mais variadas naturezas" refere-se as diferentes formas que as mesmas aparecem na documentação, como por exemplo: navio, charrua, corveta, nau, paquete, galera e bergatim [sic]. Cada uma delas representação uma estrutura diferenciada na tipologia náutica que, por conta de suas especificidades que fogem desse trabalho, não serão explicados aqui.

Tabela 2 – Quantidade das embarcações de acordo com as origens nos ofícios de Antonio Joaquim de Pina Manique ao Martinho de Melo e Castro sobre as embarcações chegadas no Reino (1789-1794)

Origem	No de embarcações
Capitania de Pernambuco	82
Capitania da Bahia	4
Capitania do Rio de Janeiro	3
Capitania do Pará	3
Macau	2
Total	94

Fonte: Arquivo Histórico Ultramarino, Pernambuco Avulsos.

Em apenas cinco anos, detecta-se um volume grande de embarcações da Capitania de Pernambuco ao reino. Nelas, o magistrado Antonio Joaquim de Pina Manique fazia a visita do ouro. Essa prática de poder estava associada às averiguações das atividades auríferas, e se remete às fiscalizações de embarque/desembarque de mercadorias, homens e correspondências nos portos lusitanos. Enquanto Superintendente Geral dos Contrabandos e Descaminhos da Fazenda Real, Antonio Manique tinha por função ficar atento aos acontecimentos nas embarcações, espaços de negócios escusos, de troca de informações, de roubo de cargas e de súditos que podiam circular entre as conquistas sem a devida autorização. Emblemático, assim, seria a atuação dos piratas e corsários (como o personagem fictício Capitão Flynt), principais envolvidos em todas estas atividades. Podendo atuar em causa própria (piratas) ou por instrução de uma outra monarquia (corsários), estes podiam transformar o cotidiano portuário em verdadeiros campos de batalha.

O desembargador Antonio Manique escreveu seus ofícios ao Martinho de Melo e Castro que, enquanto Secretário de Estado da Marinha e Ultramar, deveria ser informado dos acontecimentos para melhor gerenciamento da defesa, das fazendas e possíveis estratégicas político-diplomáticas da monarquia portuguesa. Assim, no registro do funcionário régio constavam a lista ou resumo das cargas, lista ou resumo das cartas encaminhadas, lista dos passageiros ou algum outro tipo de informação relevante para ser mencionada no reino. Cinco desses ofícios traziam adicionais para o magistrado informar ao reino.

Em 16 de abril de 1790, por exemplo, o magistrado mencionava a não presença de prisioneiros que deveriam ser remetidos na Corveta Nossa Senhora da Conceição, capitaneada por José da Cunha Moreira, após 55 dias de viagem:

> Não traz capelão, porque o padre Francisco Antonio de Abreu Pacheco, pretendendo ficar no dito porto de Pernambuco, requereu ao ouvidor, que novamente tinha tomado posse, o qual tomando o partido de sua súplica, não só pretendeu que o capitão não instasse pelo obrigar, mas até o mandou prender; porque requereu ao Bispo que o fizesse embarcar; este prelado informado de tudo, havia mandado prender o dito capelão, não vindo ele capitão a ser solto se não quando o mesmo prelado também mandou soltar o capelão, e remeter ao ouvidor; o qual dizendo que ele capitão não havia deixar de trazer capelão, se viu em estado de partir sem ele porque nem o dito padre nem outro apareceu a bordo.[18]

---

[18] Arquivo Histórico Ultramarino, Pernambuco Avulsos, Documento 12144, fls. 1-1v. Os documentos serão apresentados transcritos com a ortografia atual para melhor facilitar a leitura dos textos.

A função de trazer prisioneiros nas embarcações que poderia transportar mercadoria talvez explique porque a presença dos "homens de justiça" seria essencial para atuação nas zonas portuárias. Nesta mesma corveta, Antonio Manique, apontava que o governador de Pernambuco, Tomás José de Melo, mandava três negros franceses escravos do proprietário do navio Chalupa, embarcação que estava na costa do Ceará aprisionada até a decisão do que deveria ser feito pela Coroa Portuguesa.

Em 28 de janeiro de 1793, foi a vez do paquete Nossa Senhora da Glória, Remédios e São José, comandada por José dos Santos Lopes que após 76 dias de viagem, vinha informando que foi dada ajuda a um navio espanhol no cabo de São Vicente, visto que o mesmo estava sem mantimentos.[19] Alguns meses depois, em 10 de maio, a galera Nossa Senhora da Piedade, Flor da América do Capitão Antonio Luís Pereira, que chegava a Lisboa após 45 dias de viagem, destacava o atraso de uma outra embarcação chamada Polifermo, 20 dias antes da sua sair do porto de Pernambuco.[20] Tal procedimento poderia ajudar a realização de buscas e procedimentos padrões para outras tripulações resolverem casos como este.

As agruras de uma viagem atlântica, do mesmo modo, eram descortinadas por estes papéis, em 30 de junho de 1793, após 70 dias de viagem, o capitão da Corveta Rainha dos Anjos, Sebastião José Ferreira, informou ao magistrado Antonio Manique o verdadeiro temporal que sofreu na viagem, mais precisamente nas imediações dos 66 graus e 15 minutos, situação que fora vivenciada pela tripulação por cinco dias. Todavia, ainda que tenham ocorrido os imprevistos não houve perda ou prejuízo dos gêneros transportados.[21]

---

[19] Arquivo Histórico Ultramarino, Pernambuco Avulsos, Documento 12677, fl. 1.
[20] Arquivo Histórico Ultramarino, Pernambuco Avulsos, Documento 12742.
[21] Arquivo Histórico Ultramarino, Pernambuco Avulsos, Documento 12772, fl. 1.

Por fim, em 10 de junho de 1794, com 65 dias de viagem, o Capitão Antonio José Mendes e sua Corveta Santo Antonio Ozires, mencionava mais uma questão envolvendo religiosos:

> Passe a vela no dia e hora destinada, e não apareceu ao capitão que era frei José da Silva Boaventura, subprior dos Religiosos Carmelitas descalços, e pondo-se a capa até perto da noite, não aparecendo, lavrou termo, seguindo a sua viagem pelo perigo de se mudar na costa em tempo de inverno.[22]

Enfim, as embarcações direcionadas ao reino pareciam estar não só com a carga quantificada como também com os passageiros que poderiam e/ou deveriam cruzar os mares. Tanto súditos como prisioneiros conviviam durante quase três meses no convés das embarcações nas travessuras oceânicas, e, no momento de apensar a âncora, os "magistrados dos portos" deveriam ter ciência de separar o "joio do trigo". Após relatos dos capitães dos navios, os magistrados tomavam nota e prestavam informações aos seus superiores, proporcionando uma dinâmica de controle interessante para a relação entre justiça, poder e fazenda no antigo regime português.

Mas, de todo modo, o sentido de existência destes navios, ou, melhor dizendo, suas principais atribuições, era sim, o transporte de mercadorias e gêneros produzidos nas conquistas, essenciais para a manutenção ou prática mercantil reinol. A Tabela 3 sintetiza cinco dessas embarcações.

---

[22] Arquivo Histórico Ultramarino, Pernambuco Avulsos, Documento 12893, fl. 1.

Tabela 3 – Gêneros transportados por embarcações da Capitania de Pernambuco para o Reino (1789-1793)

(Continua)

Ano	Embarcação	Capitão	Gêneros
30/01/1789	Charrua Príncipe da Beira	José Francisco	Paus de construção – 288 Tábuas de cortado – 220 Aldeola – 142 Varas de paus de várias qualidades – 7 Quintais de pau-brasil - 3500
06/05/1789	Navio São Marcos	Victorio Gonçalves	Caixas de açúcar – 399 Barricas de açúcar – 13 Caixas de goma – 3 Sacas de algodão – 1733 Alamados – 129 Couros em cabelo – 5784 Meios de sola vermelha – 4571 Barros de mel – 186 Pipas de aguardente – 181 Tábuas de costado – 96 Quintais de pau-brasil – 940

(Conclusão)

Ano	Embarcação	Capitão	Gêneros
02/01/1790	Galera Santo Antônio Tejo	João da Silva Machado	Caixas de açúcar – 303 Fechos de açúcar – 59 Barris de mel – 51 Dúzias de taboado – 3 Barris de açúcar – 20 Carra de açúcar – 22 Barris de goma – 15 Freixos de goma – 02 Toros de pão – 243 Aduelas para tonel – 581 Sacas de algodão - 785
28/04/1791	Galera Carolina, e a corveta Boa Esperança	João Pinto Rios	Caixa de açúcar – 211 Caixas de goma – 1 Fechos de açúcar – 7 Barris de mel – 1 Barricas de goma – 31 Couros salgados – 932 Algodão – 962 Taboado para mesa – 4
15/12/1793	Corveta Águia do Douro	Bernardo Pereira de Souza	Caixas de açúcar – 200 Fechos de açúcar – 8 Couros em cabelo – 3300 Vaquetas – 5300 Sacos de algodão – 468 Barris de mel – 87 Pau-brasil – 240

Fonte: Arquivo Histórico Ultramarino, Pernambuco Avulsos, Documentos 11865, 11948, 12071, 12364 e 12823.

Açúcar, madeiras, mel, aguardente e algodão eram os gêneros recorrentes que apareciam no transporte das mercadorias oriundos da Capitania de Pernambuco para o reino listado pelo magistrado Antonio Joaquim de Pina Manique. Isso pode demonstrar que muitos homens da lei tinham um papel importante no controle fazendário reinol oficial ou extraoficialmente. Para Isabele Mello, os magistrados poderiam acumular funções que não estavam previstas em seus regimentos, mas que por vacância, ausência ou necessidades específicas, ouvidores e juízes de fora tomavam para si algumas responsabilidades, principalmente tocantes às áreas fazendárias.[23] Eram mais comuns a acumulação de funções dos ofícios de Provedoria de Defuntos, Ausentes, Capelas e Resíduos ou Provedor da Fazenda Real. Ambas as atividades se inseriam diretamente no cotidiano fazendário dos súditos com repercussões no reino, além dos próprios magistrados, que, daí se explica, a motivação que levava a alguns deles solicitarem a atuação nessas esferas.

O caso do personagem aqui trabalhado, Antonio Joaquim de Pina Manique se aproxima e se afasta desse pressuposto. Enquanto Superintendente dos Descaminhos e, ao mesmo tempo, Desembargador dos Agravos recolhia para si as permissões de corrigir assuntos de justiça e fazenda. Provavelmente, as pautas em que emitia parecer nos Tribunais do reino poderiam estar relacionadas aos aspectos da manutenção das finanças lusitanas. Por outro lado, a congregação de esferas, permitiu, muito possivelmente, ganhos extras para sua casa, bem como um alargamento dos seus

---

[23] MELLO, Isabele de Matos Pereira de. Os ministros da justiça na América portuguesa: ouvidores-gerais e juízes de fora na administração colonial (século XVIII). *Revista de História*, São Paulo, n. 171, p. 351-381, jul./dez. 2014.

bens, situação que pode ser vislumbrada, em seu farto testamento deixado em 1796.[24]

A atuação do magistrado Antonio Joaquim de Pina Manique nas embarcações oriundas da Capitania de Pernambuco, interrompida por seu falecimento, aponta para uma atribuição alargada para os homens do direito na modernidade lusitana. O conflito de jurisdições se de um lado trazia inimigos – piratas, corsários, súditos rebeldes ou outros agentes excluídos das atividades – por outro lado, permitia o alcance do aumento de suas rendas. Além disso, revela a dificuldade da estrutura de governo monárquico lusitano de separar os raios de ação dos agentes. Para além disso e mesmo assim, a lógica parecia funcionar mesmo com os conflitos. Até o momento em que apareciam os sósias do Capitão Flynt para trazer instabilidade às costas lusas e tentar efetivar a separação da atuação destes magistrados entre serem "homens de negócio" ou "homens do direito". E dá-lhe chumbo!

---

[24] "Autos do Inventário dos Bens que ficaram por Falecimento do Desembargador Antonio Joaquim de Pina Manique continuado com a viúva sua mulher, D. Antónia Claudia Rosa da Costa", Casa Rui Barbosa, TT, Orfanológicos, Letra A, Maço 120, Nº 1.

"PARA MELHOR ADMINISTRAÇÃO DA JUSTIÇA E GOVERNO" – jurisdição, justiça e circulação de ofícios entre Pernambuco e as Capitanias do Norte

Jeannie da Silva Menezes

Inserida na presente mesa redonda que tem como proposta discutir a justiça colonial quanto à circulação de poderes, ideias e sujeitos que a demandaram na América Portuguesa, nossa comunicação enfatizará as políticas reinóis para a montagem do aparato judicial, através da instalação de comarcas e nomeações de agentes e auxiliares no eixo de Pernambuco – Capitanias do Norte. Com esta perspectiva, a comunicação sinalizará alguns aspectos do exercício efetivo de poderes no contexto dos séculos XVII e XVIII. Partimos do percurso que vem sendo trilhado pela historiografia na busca de novos elementos sobre a instalação das instituições judiciais e de suas dinâmicas. Lançaremos alguns apontamentos iniciais acerca dos quadros e das relações jurisdicionais instauradas com as nomeações de agentes judiciais, como os ouvidores, que também atuaram na composição destes mesmos quadros, os quais apesar de propostos pelo Reino foram se ajustando também às vontades compartilhadas pelas autoridades e grupos do poder local.

No ano de 1672, em uma carta ao príncipe regente, os oficiais da Câmara de Olinda relatavam as dificuldades que os moradores e os demais de Itamaracá, Paraíba e Rio Grande do Norte encontravam para se deslocarem à Bahia em busca de soluções recursais para seus litígios. Em resumo, solicitavam eles a criação de uma Relação em

Pernambuco a fim de atender a todas estas capitanias. Justificada pela "contínua vexação que padecem os povos destas capitanias nas causas cíveis tendo recurso na Cidade da Bahia onde existe a Relação ocasiona que padeçam os de menos cabedal se de mais justiça [...]".[1]

Aquele documento em questão e uma série de outros contendo o mesmo debate, a nosso ver, indiciam o tema das políticas régias de instalação da justiça na América Portuguesa para nossa área de investigação, o que também passa pela perspectiva das resistências às novas definições de jurisdições para as autoridades encarregadas de conduzir o aparelho judicial.

Evidencia-se naquela carta, em primeiro, o inegável papel central que teve a Capitania de Pernambuco nas disputas pela autonomia judicial nas áreas vizinhas a ela, partindo dos moradores de Olinda os seguintes argumentos:

> Pois sendo a causa de quarenta mil réis e de menos quantia se apela em agravo para a Bahia da Capitania do Rio Grande distante duzentas e vinte léguas da Capitania da Paraíba que dista cento e oitenta léguas a de Itamaracá cento e sessenta e seis léguas pouco mais ou menos os caminheiros destas capitanias vão por terra por delas não se navegar, o quando vão por mar se embarcam nesta capitania de Pernambuco aonde é fácil ter fim apelação ou agravo sendo até quantia de cem mil réis alçada do ouvidor desta capitania de Pernambuco que é legado por Vossa Alteza [...].[2]

Tendo a seu dispor as justificativas das distâncias em relação à Bahia, aos custos que a distância gerava e à existência de ouvidor em Pernambuco com nomeação régia, o que já ocorria naquele momento, muitos debates foram encenados entre grupos locais

---

[1] AHU_CU_015, Cx. 10, D. 960.
[2] AHU_CU_015, Cx. 10, D. 960.

provocando a resposta dos conselheiros régios acerca da efetivação ou não dos pedidos. E, ainda, como parte de novas políticas de montagem do aparelho judicial tanto na circunscrição da Capitania da Bahia, mediante o desmembramento de Pernambuco e a seguir no desmembramento desta, as mudanças oriundas de uma nova distribuição de comarcas levou ao ingresso de ouvidores, juízes e auxiliares, sobretudo no início do século seguinte. Investigamos as justificativas para tal reformulação para além dos "desajustes" do século anterior, gerados em virtude da guerra holandesa.

Neste sentido, tanto ao sul da capitania quanto no sentido das Capitanias do Norte, as solicitações de autoridades e de grupos de moradores se somaram às iniciativas régias para aquela montagem do aparelho judicial. Todas estas vontades reunidas são elucidativas do que se pretendia ampliar partindo de Pernambuco e, ao mesmo tempo, do que se pretendia limitar da subordinação das vizinhas a ela, utilizando como instrumento a administração da justiça.

Primeiramente, os debates favoráveis ou não a uma subordinação a Pernambuco que começaram nas circunstâncias das conquistas e ganharam outras esferas como a fazenda e ainda que indiretamente, a justiça, eles, exigiram o arbítrio da Coroa. Interessante é perceber que se por um lado a instituição de comarcas desmembradas da ouvidoria de Pernambuco, como veremos a seguir, afirmava a vontade régia de não subordinação das vizinhas a ela, por outro não evitou que ela continuasse a ser uma referência, na medida em que a Coroa permitiu situações nas quais os agentes judiciais de Pernambuco recomendavam os ouvidores da Paraíba para as correições no Ceará, por exemplo. Além disto, há sugestões de que eles atuavam também nas circunstâncias das nomeações do oficialato para demandar o judicial nas Capitanias do Norte.

Ou, quando nada, tinham nos seus ordenados a referência para os pedidos de aumentos pelos demais ouvidores.

E ainda, dentro de uma perspectiva intermediária do poder, os auxiliares da justiça (escrivães, tabeliães, procuradores, meirinhos) elaboravam estratégias para serem providos em ofícios nas vizinhas a Pernambuco, para mais adiante postular um outro na capitania mediante a troca do anterior.

Neste exercício de subordinação a Pernambuco e de reações a ela, as Capitanias do Norte do Estado do Brasil representaram espaços de expressão do que chamamos de interdependências regionais como parte das dinâmicas da burocracia colonial sobre a qual apresentaremos algumas notas preliminares de uma investigação em curso.

O quadro jurídico-institucional e suas montagens

É clássica a orientação de Almeida Prado, no volume 2 de sua coleção, para a direção das relações de subordinação que a Capitania de Pernambuco travou com a sua vizinhança. Segundo ele, tudo se iniciou na relação com Itamaracá, da qual se seguiram "as entradas na Paraíba, daí subindo os luso-brasileiros ao Rio Grande, de onde lhes tornou possível invadir o Ceará e em seguida expelir os franceses do Maranhão".[3]

Entre 1654 e 1755 algumas mudanças foram operadas no que aqui chamamos de quadro institucional. Houve uma política de distribuição de ofícios, muitas vezes justificada na "memória de serviços" prestados no decorrer da restauração portuguesa. Além

---
[3] PRADO, João F. de Almeida. *Pernambuco e as Capitanias do Norte do Brasil (1530-1630)*. São Paulo: Companhia Ed. Nacional, 1942. p. 89.

disto, a atmosfera de conflitos jurisdicionais e de tentativas de anexação partindo de Pernambuco no XVII se estendeu por todo o período e foi consolidada em 1755. E, por último, uma política régia mais voltada para a criação de comarcas e de distribuição de um aparato judicial que se inicia com o século XVIII.

Esse painel geral foi acompanhado pelas discussões sobre uma pretensa subordinação a Pernambuco e/ou a necessidade de anexação de capitanias vizinhas. Por outro lado, as autoridades daquelas capitanias também investiram nas discussões até que em 1710 houve a proposta de anexação das capitanias do Rio Grande e Itamaracá à Paraíba por João Maia da Gama.[4] Vê-se que um polo de debates era representado pelas autoridades das Capitanias de Pernambuco e da Paraíba.

José Inácio de Arouche era ouvidor da Capitania de Pernambuco, nomeado no ano de 1705 e no cargo permanecendo até 1710. Naquele mesmo tempo, D. João de Lencastre, governador do Estado do Brasil, efetivou uma separação de jurisdições entre os governos das Capitanias do Norte, com Pernambuco e das Capitanias do Sul, com o Rio de Janeiro.[5] A articulação entre as autoridades de governo, que era conduzido pelos governadores-gerais, e de justiça, atribuída aos magistrados, teria sido parte de uma nova política com vistas à separação entre a administração civil e a esfera judicial.

Neste mesmo sentido, em termos de novidades mais gerais para a extensão que investigamos, tivemos em sequência os seguintes eventos:

---

[4] GUEDES, Paulo Henrique Marques de Queiroz. *No íntimo do sertão*: poder político, cultura e transgressão na Capitania da Paraíba (1750-1800). 2013. 319 f. Tese (Doutorado em História) – Centro de Filosofia e Ciências Humanas, Universidade Federal de Pernambuco, Recife, 2013.

[5] Consulta no AHU, Docs da BN, v. 89, p. 266-268.

1. A mudança na jurisdição do ouvidor-geral de Olinda que então se dividiu pela determinação de D. Pedro II;
2. A instituição da Comarca da Paraíba, em 1701, naquele momento ocupada por Diogo Rangel de Castello-Branco, e a das Alagoas por Doutor José da Cunha Soares;
3. E, por último, o estabelecimento da Comarca do Ceará.

Como nos referencia Virgínia Assis, para o que ela chama de "versão que oferece D. Domingos de Loreto Couto acerca das motivações da Coroa" para instituir novas comarcas e criar o cargo de juiz de fora e nomear mais um ouvidor para atuar na Capitania de Pernambuco:

> Até o anno de 1696 tinhão os Ouvidores Geraes de Olinda jurisdição civil e criminal em todas as Provincias de Pernambuco. Crescendo as povoaçõoens, e o número de seus habitantes, ficando alguns povos muito distantes de Olinda, que por este motivo experimentavão grandes discomodos em acudirem a ella com as suas causas, suplicarão a El Rey fosse servido fazer-lhes outras comarcas, dividindo a jurisdição, que estava somente no Ouvidor de Olinda. Em atenção ao seu justo requerimento mandou a Magestade do Sereníssimo Rey D. Pedro II crear a Comarca da Parayba pelo Doutor Diogo Rangel de Castello--Branco, e a das Alagoas pelo Doutor José da Cunha Soares, e depois mandou o Fidelíssimo Rey D. João V crear a comarca do Seará, onde também poz Ouvidor Geral. No mesmo anno de 1696, introduziu El Rey nesta Provincia o lugar de juízes de Fora da Cidade de Olinda e villa do Reciffe sendo o primeiro, que servio este lugar de juiz de Fora o Doutor Manoel Tavares Pinheiro, que tomou posse em 20 de março de 1702.[6]

---

[6] LORETO COUTO, Dom Domingos de. *Desagravos do Brasil e glórias de Pernambuco*. Recife: Fundação de Cultura da Cidade do Recife, 1981. p. 231. Edição fac-símile.

Demonstrando a recepção das mudanças institucionais pela Coroa, as câmaras representaram lugares de expressão das vontades particularistas que, por vezes ilustraram os desajustes entre a determinação régia, cuja aplicação em nível das capitanias estava relacionada à articulação entre os poderes centrais em cada uma delas e os poderes que conduziam as ouvidorias/comarcas e, ainda, às contribuições de moradores e agentes camarários.

Ilustrando aquela situação, a Câmara de Natal se opôs ao que chamou de "descômodo da justiça sujeita às autoridades de Pernambuco e da Bahia"[7] e em 1701 houve uma solicitação que partiu de lá mediante a qual houve a proposta de ficar sob a jurisdição do governo de Pernambuco.[8] O pedido se afinava às relações simbólicas de subordinação que os capitães-mores do Rio Grande detiveram mediante o ato de "prestar homenagem ao governador de Pernambuco" quando do seu ingresso no cargo. Assim o fizeram Antônio do Rego Barros,[9] Paschoal Gonçalves de Carvalho e Bernardo Vieira de Melo demonstrando assim as divergências locais de interesses na composição das comarcas e de suas jurisdições.

Outro aspecto a ser destacado é o tema do provimento de ofícios menores. Naquele contexto de mudanças e nova instituição de comarcas aparentemente era o rei, na figura dos ouvidores, quem provia os ofícios, ao passo em que diferentemente no século anterior ao XVII e parte deste, nos quais os direitos régios eram compartilhados pelos governadores para as nomeações de serventuários nos ofícios de justiça, fazenda e guerra. Segundo

---

[7] Representação ao rei, 05/06/1701: cartas régias de 1671 a 1722. *Revista do Instituto Histórico e Geográfico do Rio Grande do Norte*, v. 11-13, p. 137-138, 1913-1915.

[8] ASSIS, Virgínia Maria Almoêdo de. *Palavra de rei*: autonomia e subordinação na capitania hereditária de Pernambuco. 2001. 258 f. Tese (Doutorado em História) – Centro de Filosofia e Ciências Humanas, Universidade Federal de Pernambuco, Recife, 2001.

[9] AHU, PE, p. a., Cx 06, Doc 11.

Virgínia Assis, que analisa a extensão e as fórmulas do poder senhorial na Capitania de Pernambuco, nas *Cartas de Doação* havia o registro das informações primeiras acerca do provimento e da substituição nos cargos da escrivania e do tabelionado em terras coloniais da América Portuguesa, passado aquele momento o rei passou a provê-los. Agora, por resolução de 1715 o capitão-mor também passou a ter autorização para prover ofícios menores de justiça e fazenda.[10]

Aquelas mudanças são significativas, pois concordamos com a ideia de que a organização política do espaço colonial partiu da construção do aparelho judicial. Algumas sínteses foram elaboradas por Mafalda e Nunes, no texto *Territorialização e Poder*, recentemente publicado. Em linhas gerais, ambos sintetizam que o decalque da arquitetura judicial do Reino na conquista lusa teria gerado "coincidências entre as circunscrições políticas e judiciais e coexistência de dois modelos de governo e administração judicial até 1790".[11]

Seguindo aquele princípio, investigamos primeiramente a ação do aparelho judicial da Capitania de Pernambuco para a construção dos aparelhos judiciais na sua vizinhança na direção de norte a sul, além do oeste dialogando com as duas perspectivas que aqueles autores propõem.

Primeiro, a administração da justiça como principal campo da governação na América Portuguesa e, como tal, a disseminação de aparatos judiciais partindo de um centro/núcleo difusor de indivíduos, lógicas e "tensões acomodativas". O segundo aspecto é um desdobramento do que ela chama de "caráter experimental"

---

[10] Resolução de 1715, AHU-RN, Cx 1, Doc 81.
[11] CUNHA, Mafalda Soares da; NUNES, Antônio Castro. Territorialização e poder na América portuguesa: a criação de comarcas: séculos XVI-XVIII. *Tempo (online)*, Niterói, v. 22, n. 39, p. 1-30, jan./abr. 2016.

do modelo português que teria se desenvolvido com a resiliência do modelo donatarial, uma vez que ampliamos a perspectiva dele ao observarmos as petições dos moradores como elemento a mais desta instalação, além da necessidade de desnucleação das demandas judiciais.

Ao incluir os processos de montagem do aparato judicial na nossa área de investigação nas três fases por ela apontadas, temos o seguinte quadro:

A. A transposição senhorial de Pernambuco para a condição de régia é o que caracteriza a fase inicial da montagem judicial na América Portuguesa, entre 1548-1654, na qual a comarca Bahia, que abrangia a Bahia e a capitania donatarial de Pernambuco com as anexas. Nela, a ouvidoria de Olinda somente teve seu magistrado nomeado pela Coroa em 1653 no "rescaldo da expulsão dos holandeses", cuja jurisdição então abrangia as capitanias de Itamaracá, Rio Grande e Paraíba. É a fase que revela um caráter experimental, segundo Mafalda Soares, sobretudo porque esta organização sofrerá ajustes na fase seguinte.

B. Nas décadas finais do XVII teria havido o desmonte daquele complexo inicial, com a criação da ouvidoria da Paraíba em 1688, integrando os territórios de Itamaracá, Rio Grande e Ceará. Ao mesmo tempo, com a chegada dos juízes de fora houve a maior separação entre as esferas de governo e da administração judicial. Como elementos contextuais dessa fase tem-se a reconquista do território, o combate à guerra dos bárbaros e a expansão sertaneja.

C. Na terceira fase, que Mafalda atribui a meados do século XVIII, tivemos ao norte do Estado do Brasil a instalação da Comarca de Aquiraz no Ceará em 1723, o que seria pontualmente um exemplo da interiorização do judicial. Teria havido uma disseminação dos juízes de fora e o que ela chama de "fechamento das fronteiras de certas comarcas", nela estando inserida a Comarca de Alagoas em 1709. Como elementos motivadores estariam: a exploração dos recursos minerais e as necessidades e enquadramento administrativo e fiscal.

Como resultados daquele aparato judicial, tivemos uma organização judicial no Norte e outra no Sul do Estado do Brasil mediante um sistema de subordinação das anexas. Nele, o modelo de organização jurisdicional previa teoricamente a subordinação dos ouvidores senhoriais aos ouvidores da Coroa e estes aos desembargadores das Relações, e destes aos tribunais do Reino e ao Rei. Ou seja, uma tentativa de racionalizar administração e justiça que, no entanto, esbarrou nos embates entre ouvidores dentro e fora dos limites territoriais e jurisdicionais de sua atuação.

Em linhas gerais, territorialmente, a jurisdição dos oficiais de justiça a princípio coincidiu com o território das capitanias, no caso de Pernambuco, inicialmente uma capitania particular. Depois tal jurisdição se sobrepôs ao território da capitania sem anulá-lo, numa distribuição em comarcas/ouvidorias gerais com a manutenção original das capitanias, ambos enquanto espaços relacionados à administração política e à administração judicial.

As dinâmicas do aparato judicial de Pernambuco com a sua vizinhança colonial

Paralelamente às tensões próprias do momento de reestruturação do judicial, houve uma geração de provisões para os cargos do judicial. Justificados pela memória de serviços prestados na guerra holandesa, o provimento de ofícios na Capitania de Pernambuco e nas Capitanias do Norte encontrou no "Direito natural da conquista" o mote para os cargos da justiça, milícia e fazenda oferecidos como prêmios, com exceção dos ouvidores (texto de Mozart) que eram nomeados pela Coroa. Segundo Mozart,

> Passados alguns anos, antigos soldados ajustaram as contas com a Coroa de olho nas gratificações que consideravam merecer pelos anos de guerra. Pilhas de documentos, *cartas de serviço*, singraram o Atlântico em direção ao Reino, relatando feitos heroicos dos interessados na partilha dos ofícios que cobririam a administração na Paraíba.[12]

Algumas disputas por aqueles ofícios ocorreram em meio às redefinições do aparelho judicial e, ao mesmo tempo, à nova condição da Capitania de Pernambuco que se encontrava na condição *sub judice* e somente em 1717 teria o seu caráter senhorial subtraído. Protagonizaram tais tensões internas a Escrivania da Paraíba, entre 1647-1798[13] e as Provedorias de Pernambuco e Paraíba.

Talvez em função daquelas indefinições, a princípios do século XVIII, ainda havia queixas sobre a falta de magistrados letrados em

---

[12] MENEZES, Mozart Vergetti. *Colonialismo em ação*: fiscalismo, economia e sociedade na Capitania da Paraíba (1647-1755). 2005. 300 p. Tese (Doutorado em História Econômica) – Faculdade de Filosofia, Letras e Ciências Humanas, Universidade de São Paulo, São Paulo, 2005. p. 69.

[13] Loc. cit.

Pernambuco. Segundo Virgínia Almoedo "de acordo com o que escrevia D. Lourenço de Almeida[14] a D. João V, em 1716, informando da 'paz que reinava na Capitania'", constituindo-se uma exceção do que revela:

> [...] só a queixa que há entre alguns é experimentarem alguma falta de justiça nas suas causas, porque como serve de juiz de fora um vereador não pode este deixar de fazer algumas sem razões porque como não é letrado, muitas vezes não se livra de cair em alguns absurdos, e ainda maiores se cometerão se o vereador que presentemente serve não fora homem bem intencionado: ambos estes povos da cidade, e Recife estão desejando que Vossa Majestade lhe faça a mercê de lhe mandar juiz de fora, porque é sumamente preciso que haja um ministro de letras neste lugar [...].[15]

Além das questões técnicas aparentemente não sanadas imediatamente pela Coroa para sua montagem judicial, embora quisesse instituir uma justiça mais profissional demandada por homens letrados, emergiram outras questões na esfera das jurisdições acentuando tensões entre os agentes de capitanias distintas.

Observando as motivações de cada uma das disputas jurisdicionais entre Pernambuco e as Capitanias do Norte, percebemos em linhas gerais o elemento comum que justificava arranjos na subordinação e que era a proximidade maior ou menor em relação a ela ou à Paraíba. As mais distantes, a Capitania do Ceará que deixou de ser hereditária e subordinada ao Maranhão, seguida da Capitania do Rio Grande, que após a guerra dos bárbaros, entre 1680-1704, vivenciava as tensões entre o capitão-mor, que era aliado

---

[14] D. Lourenço de Almeida foi o último governador de Pernambuco como Capitania Hereditária, servindo entre os anos de 1715 e 1718.

[15] A.H.U., ACL-CU-015, Caixa 27, D. 2483. Carta de D. Lourenço de Almeida [governador da Capitania de Pernambuco] ao rei. 1716, abril, 24, Pernambuco apud ASSIS, 2001, p. 111.

ao governador de Pernambuco, com outras autoridades da capitania, ficaram sob a administração judicial da Ouvidoria da Paraíba, como sabemos. Enquanto a Capitania da Paraíba, sempre às voltas com as intromissões de Pernambuco nas transações comerciais e fiscais e, por fim, com a falência da provedoria em 1755 que culminou na sua anexação, manteve-se com sua jurisdição judicial separada de Pernambuco, a ela reunindo-se também Itamaracá.

Se acolhermos a ideia de subordinação em Hespanha, no livro *Imbecillitas*, segundo o qual ela "não correspondia a ideia de menor dignidade, mas antes um específico lugar na ordem do mundo",[16] podemos pensar os pedidos para a anexação das capitanias do Rio Grande e Itamaracá à Paraíba, propostos por João Maia da Gama em 1710[17] como uma necessidade de ter ao dispor dos moradores mecanismos institucionais mais próximos, portanto mais eficazes. Efetivamente, ela resultava no envolvimento em um nível regional dos agentes de poder: governadores, magistrados e oficiais militares. Além disto, a escolha dos capitães-mores e a exigência do referendo para selar a composição das câmaras, ambos sob a vigilância do ouvidor também alimentavam uma ideia de subordinação que muitos não queriam. E o ponto dos mais sensíveis, a ausência de alfândegas e possibilidade de incorporação formal de uma capitania por Pernambuco que assombrava muitas autoridades constituídas.

Especificamente, quanto ao judicial, houve situações diversas definindo a autonomia de cada uma das comarcas dispostas na área das capitanias de Pernambuco, Paraíba e Ceará e, ao mesmo tempo, relativa subordinação quando das *tiradas de residências* nas quais os ouvidores relatavam a atuação de magistrados vizinhos em suas respectivas ouvidorias. Houve ainda situações em que uma capitania

---

[16] HESPANHA, António Manuel. *Imbecillitas*. São Paulo: Annablume, 2010. p. 55.
[17] GUEDES, Paulo Henrique Marques de Queiroz, op. cit.

tinha sua independência na esfera da administração, ao passo em que em outra esfera revela-se uma subordinação, como ocorreu na subordinação administrativa e fiscal da Paraíba a Pernambuco ao mesmo tempo em que detinha uma ouvidoria própria para o exercício do judicial.

As comarcas/ouvidorias e as interferências de Pernambuco

Se, por um lado, a orientação jurisdicional experimentou tensões para se acomodar, os sentidos mais gerais do projeto régio de montagem evidenciaram-se objetivamente em duas orientações, uma primeira litorânea cujos substratos foram a Ouvidoria de Pernambuco e a Comarca/Ouvidoria da Paraíba e, seguindo-se a elas a Comarca/Ouvidoria das Alagoas e a Ouvidoria do Ceará, como nos falam em suas respectivas teses, já citadas, Mozart Vergetti e Virgínia Almoedo. A seguir tivemos uma segunda orientação para as áreas mais interioranas com a criação da Comarca do São Francisco e a instituição dos juízes de vintena nas freguesias do sertão[18] além da criação dos cargos de juízes ordinários e escrivães nos distritos do sertão.[19]

O quadro judicial de Pernambuco reuniu em toda a sua extensão duas comarcas/ouvidorias e uma comarca para o sertão. As duas comarcas/ouvidorias davam conta da extensão litorânea da capitania que compreendia "desde a foz do Rio São Francisco até a Baía da Traição".

Elas foram criadas em tempos distintos, a Comarca de Pernambuco, originária da Ouvidoria de Olinda de tempos senhoriais

---

[18] Carta régia de 20/01/1699.
[19] Conforme cita Guedes sobre a obra de Irineu Pinto, nas datas e notas para a História da Paraíba e, ainda, a Carta régia de 07/02/1711. GUEDES, Paulo Henrique Marques de Queiroz, op. cit., p. 77.

e a outra a Comarca das Alagoas criada em 1709. Já a Comarca do São Francisco, resultou em um vasto território de abrangência no qual despacharam ouvidores, juízes de fora, e juízes ordinários na extensão dos sertões da capitania.

Daquele quadro tivemos na vizinhança de Pernambuco mais duas comarcas/ouvidorias, uma na Paraíba e outra no Ceará, a partir das quais percebemos algumas interferências dos ouvidores de Pernambuco tanto na condução do judicial delas nas suas sedes e nas adjacências representadas pelos espaços sertanejos e pelas capitanias abrangidas pela jurisdição judicial.

Magistrados e auxiliares de Pernambuco e da Paraíba – circulação de ofícios, correições e protagonismos de uma ouvidoria a outra

Em se tratando da Capitania da Paraíba, a Ouvidoria criada em 1688 abrangia o sertão do Ceará até 1723, a Capitania de Itamaracá até 1757 e a Capitania do Rio Grande até 1818. A proximidade entre as capitanias também teve desdobramentos no exercício das funções pelos ouvidores, atuando nas residências de uma e de outra e insurgindo-se contra elas.

Esta relação entre os magistrados de Pernambuco e Paraíba revelou-se constantemente tensa, porém convergindo em interesses em outros momentos, como em 1710 quando houve a sugestão do governo de Pernambuco de transferir para a comarca da Paraíba toda a correição sobre a Capitania do Ceará. Até que em carta régia em 1719 surgiu a recomendação da correição do ouvidor da Paraíba no Ceará.[20] As respectivas ouvidorias de Pernambuco e da Paraíba

---

[20] Ibid., p. 133.

representaram centros irradiadores do mando judicial em suas respectivas jurisdições e, por vezes, fora delas.

A despeito das interveniências de Pernambuco, a atuação da ouvidoria da Paraíba foi significativa nas relações com as três capitanias sob a sua jurisdição, e ainda para a área do sertão. Sobretudo no sentido da instauração da justiça formal civil no sertão da Paraíba no governo de João da Maia (1709-1717).[21] E ainda, a instituição da sede do tabelionato em Piranhas do qual, a pedido do ouvidor mais tarde, partiu o pedido para a criação do cargo de juiz em 1759 para a povoação dos Cariris.

Inter-relações entre oficiais e ofícios – Pernambuco e as capitanias de Itamaracá e do Rio Grande, a comunicação das ouvidorias para as câmaras

As Câmaras de Goiana e de Natal travaram muitas discussões com a Capitania de Pernambuco e ambas se assemelham quanto à condução do judicial uma vez que nelas não foram instituídas comarcas e os juízes ordinários eram os agentes do judicial.

Em consultas de 1713 os oficiais da câmara do Rio Grande solicitavam ouvidor- geral e que tivesse correição no Ceará pela distância da Paraíba. Tais pedidos foram atendidos e culminaram na criação da Comarca do Ceará em 1723.

Até aquele momento, era o Capitão-mor quem detinha os poderes de recrutamento e execução da justiça. Primeiramente, provido pelo rei ou governadores, depois, em 1709, pelas câmaras e tornou-se 1749 um cargo vitalício[22].

---

[21] Loc. cit.
[22] Ver GOMES, José Eudes Arrais Barroso. Senhores de terras e de gentes: os poderosos senhores das armas na Capitania do Ceará (séc. XVIII). *Tempos Históricos*, Cascavel, v. 10, p. 295-322, 2007.

Ouvidores de Pernambuco/Paraíba e do Ceará – o tripé da organização ouvidorias centrais com uma ouvidoria periférica

A Ouvidoria do Ceará foi instituída em 1723 após disputas pela sede do governo iniciadas em 1713 e que findaram com Fortaleza como sede e Aquiraz como cabeça da comarca. A ouvidoria ficou marcada pelos conflitos com os capitães-mores e com os ouvidores de Pernambuco.[23]

Devassas e correições dos ouvidores da Paraíba, enviados por Pernambuco, também marcaram. O governador de Pernambuco enviava anualmente ouvidor que saía dos oficiais da Paraíba.

Ideia geral de que os conflitos de jurisdição entre Pernambuco e Paraíba geravam o "estado de violência generalizada no sertão".[24] A ouvidoria e a provedoria do Ceará romperam a ligação com a Paraíba e com o Rio Grande.

Conclusões

1. Centralidade de Pernambuco como foco irradiador do aparato judicial do entorno, a ser pesquisada a partir da circulação dos ouvidores e da atuação dos auxiliares entre as comarcas.
2. Três níveis de intromissões: nas disputas jurisdicionais com a Paraíba, no tema das "tiradas de residências" e na

---

[23] Conforme aponta Reinaldo Carvalho, uma fonte de referência para o assunto é a obra de THIBERGE, Pedro. *Esboço histórico sobre a província do Ceará*. Fortaleza: Fundação Waldemar Alcântara, 2001. p. 110. CARVALHO, Reinaldo Forte. *Governanças das terras*: poder local e administração da justiça na capitania do Ceará (1699-1748). 2015. 200 f. Tese (Doutorado em História) – Centro de Filosofia e Ciências Humanas, Universidade Federal de Pernambuco, Recife, 2015.

[24] CARVALHO, Reinaldo Forte, op. cit., p. 84.

destinação das correições dos ouvidores; manipulação dos provimentos dos auxiliares da justiça em Itamaracá e no Rio Grande; correições no Ceará ordenadas por Pernambuco.
3. Indícios dos modos de julgar, fazer correição e tirar residências, além da uniformização das práticas e atos pelos magistrados e auxiliares na área da investigação.

A PROVEDORIA DA FAZENDA REAL DE PERNAMBUCO: poder, comércio e família entre os séculos XVII e XVIII

Suely Creusa Cordeiro de Almeida

As engrenagens que envolvem a mercancia e em especial o comércio de escravos que se deu no Pernambuco setecentista sempre enfeixaram as famílias e os lugares para o exercício da administração. Lugar singular para acompanhar a atividade mercantil e controlar o comércio foi a Provedoria da Fazenda Real. Cargo honroso para quem o exerceu e vital para a saúde econômica dos cofres da coroa. Esteve nas mãos, por quase um século na forma de sucessão linhagística, na família Rego Barros em Pernambuco.[1]

Desde a instalação do Governo-Geral em 1548 foi criado o ofício de Provedor- Mor da Fazenda. A responsabilidade do oficial designado incidia sobre o estabelecimento de uma dinâmica de comércio, bem como sobre a fiscalização das receitas e despesas geradas na conquista portuguesa da América. Primitivamente foram os donatários que se responsabilizaram pela organização da administração da Fazenda Real. Estabeleceram-se inicialmente em cada capitania os cargos de feitor e almoxarife, para arrecadar as rendas reais e administrar as feitorias. Mas logo após as primeiras décadas foi um oficial designado especificamente para a tarefa, e criada a Provedoria Real com o objetivo de acentuar a atividade

---
[1] MELLO, Antônio Joaquim. *Biographia de João do Rego Barros*. Recife: Typ. De Manoel Figueiroa da Faria & filhos, 1896. p. 8-9.

fiscalizadora. Em cada capitania foi criada uma provedoria, e aos provedores cabia a responsabilidade por todos os negócios da Fazenda Real.[2]

Em Portugal os provedores das comarcas foram magistrados, e o cargo foi criado no antigo ordenamento jurídico. A jurisdição da Provedoria da Fazenda Real incidia sobre os aspectos administrativos, quando tinha direito a gerir os bens individuais ou coletivos de pessoas ou instituições que estivessem impossibilitadas de administrar eficientemente seu patrimônio, a exemplo: dos órfãos, cativos, ausentes, das capelas, confrarias e hospitais. Os provedores poderiam substituir tutores de órfãos negligentes; e/ ou mover demandas contra incompetentes administradores por quebra de contrato. Os testamenteiros teriam que prestar contas aos provedores do que recebessem e despendessem. Os provedores seriam fiscais destes testamenteiros fazendo cumprir as vontades dos defuntos. Ficavam assim sob sua tutela, e passíveis de averiguação as notas de tabeliães e escrivães sob pena de privação de ofício. Desta forma eles atuavam como Juízes de Defuntos e Ausentes.

No que tange aos aspectos fiscais/financeiros o Provedor junto aos oficiais que o assistiam, como o Almoxarife e o Escrivão, examinavam a escrituração das receitas e despesas conferindo constantemente as contas do almoxarifado. Quando exercia função jurídica em primeira instância julgava sem apelação e agravo até 10$000 réis. A Provedoria esteve intimamente ligada a Alfândega

---

[2] Regimento dos Provedores da Fazenda Real dell Rei nosso Senhor nas terras do Brasil (17 de dezembro de 1548). [Extraído da Biblioteca Nacional, Arquivo da Marinha, Liv. 1, dos Ofícios de 1597 a 1602, fl. 151]. Publicado em: AZEVEDO, Pedro de. Instituição do Govêrno Geral. In: DIAS, Carlos Malheiro (Dir.). *História da colonização portuguesa no Brasil*. Porto: Litografia Nacional, 1924. v. 3, p. 354. Edição Monumental Comemorativa do Primeiro Centenário da Independência do Brasil. Disponível em: <https://arisp.files.wordpress.com/2010/02/regime-dos-provedores-da-fazenda-de-17-12-1548.pdf>. Acesso em: 10 out. 2014.

comandando ainda um grupo de oficiais pertencentes a essa instituição como: escrivães, meirinhos, porteiros e tesoureiros.[3] Eles também acumularam o cargo de juiz dos descaminhos e da alfândega, pois realizavam despacho e cobranças de direitos alfandegários, bem como o julgamento de irregularidades e descaminhos.[4]

É de 1548 o Regimento dos Provedores da Fazenda del Rei nosso senhor nas terras do Brasil. Através deste ordenamento fica esclarecida a abrangência da jurisdição do provedor, bem como, o poder que passa a gozar frente as demais autoridades da capitania. Em princípio ficou determinado que houvesse uma alfândega em cada capitania além do que, as contas das mesmas deveriam ser tomadas constantemente por esse oficial real. Ele deveria abrir o leilão no mês de novembro de cada ano e estabelecer a forma para que se fizesse a arrematação das rendas reais; quais eram os contratos que seriam leiloados; por quanto tempo e os valores dos mesmos; os arrematantes e fiadores, e como seria feito o pagamento do montante que ia de 25% a 50% dos valores acordados segundo as regras estabelecidas. Toda a escrituração deveria ser realizada pelo almoxarife junto ao escrivão da provedoria. As cobranças das dívidas deveriam ser feitas no mês de janeiro de cada ano, e as contas prontas até meados de fevereiro, para serem enviadas ao Provedor-Mor que servia na Bahia. Os inadimplentes deveriam ser presos e seus bens executados para que fossem pagas as suas dívidas com a Fazenda Real.

Também sobre a provedoria incidia a responsabilidade de ser juiz da alfândega. Era responsável por arrecadar a dízima das mercadorias no ato do descarregamento da nau. Esta responsabilidade

---

[3] SILVA, José Justino de Andrade. *Colleção chronologica da legislação portugueza*. Compilada e anotada por José Justino de Andrade e Silva: 1603-1700. Lisboa: Imprensa de J. J. A. Silva, 1854-1859.

[4] SALGADO, Graça et al. *Fiscais e meirinhos*: a administração no Brasil colonial. Rio de Janeiro: Nova Fronteira, 1985. p. 158-160.

em princípio estava nas mãos do Capitão Donatário, e foi normatizada no Foral da Capitania de Duarte Coelho em 1534. Sabemos que esse podia nomear na terra pessoa de sua confiança para o exercício do cargo. No entanto, passando posteriormente depois da instituição do Governo-Geral para a alçada do Governador-Geral na Bahia, nomear um provedor-mor que controlasse as ações, e pedisse contas a todos os provedores das capitanias fossem reais ou não. É fato que no que tange a Pernambuco essa norma não foi aplicada, pois o donatário impediu a gerência do Governo-Geral sobre a Nova Lusitânia.[5] O primeiro Provedor da Fazenda Real de Pernambuco foi Francisco de Oliveira, nomeado em 10.01.1537. Seguiram-se as nomeações em número de 31, e só em 1675 a família Rego Barros arrematará a propriedade do ofício, juntamente a de juiz da alfândega pelo donativo de 12.000 cruzados. João do Rego Barros, o primeiro, jurou o cargo na Chancelaria-Mor do reino.[6]

Através do Regimento dos Provedores da Fazenda Real de 1548, é possível vislumbrar o poder da pessoa e da família que foi agraciada com a mercê quanto ao controle das dinâmicas comerciais da aduana de uma capitania. Desde o XVI, que as orientações reais são no sentido de haver alfândegas em todas as capitanias, e isso já era estabelecido no foral das mesmas se arrecadando as "dízimas das mercadorias que as ditas terras forem ou saírem, por me pertencerem segundo a forma do foral dado a cada uma", e o provedor será juiz da alfândega "em quanto eu houver por bem".[7] (Foral, 1534, idem).

---

[5] Foral da Capitania de Duarte Coelho. Registro folha 143. *Livro Dourado da Relação da Bahia*. Itens 6 e 7, (cópia).

[6] GODOY, José Eduardo Pimentel de. *As alfândegas de Pernambuco*. Brasília, DF: ESAF, 2002. p. 15.

[7] Foral da Capitania de Duarte Coelho. Registro folha 143. *Livro Dourado da Relação da Bahia*. Itens 6 e 7, (cópia).

Segundo o foral da Capitania de Pernambuco, ficou o donatário responsável por cobrar a dízima das mercadorias circulantes e dela retirar a redízima. Assim percebe-se que seria de muito interesse que a fiscalização fosse intensa e feita por pessoas de sua confiança. No que concerne à orientação da documentação, foral e carta de doação, o monarca procurava orientar no sentido de haver escrituração e controle da entrada e saída de mercadorias feitas nas aduanas, então, se infere que desde muito cedo havia algum tipo de cobrança e de escrituração dos bens que circularam no porto de Pernambuco. A orientação dada foi da emissão de certidões aos mercadores e aos seus vasos nas quais constasse o pagamento dos direitos reais referentes aos senhorios visitados.

Na normatização está expressa uma detalhada orientação para fiscalização dos navios chegados aos portos da América portuguesa. O provedor mais o almoxarife e escrivão eram requisitados para proceder ao inventário da carga junto ao capitão do navio, tudo anotando e taxando. Era exigido ao capitão o "livro de carregação ou folha de avalias", e dos viajantes que abrissem as "camas ou arcas de bitalhas". Tudo que fosse avaliado pelo provedor ou almoxarife como artigos que pagassem direitos deveriam ser levados para as dependências da alfândega. Ao navio, até que se concluísse a vistoria, deveria ser controlada a circulação de pessoas e bens por um guarda da aduana. Os donos das mercadorias ficavam sob fogo cruzado até que toda a inspeção acabasse. Em tudo o provedor foi o mestre de cerimônias podendo confiscar mercadorias àqueles que fossem denunciados como desobedientes às orientações. Assim punir-se-ia: a abertura de arcas sem licença, bens de valor não declarados, visitas de pessoas durante o processo de descarregamento chegando-se a confisco, claro dependendo da importância do caso. Mercadorias consideradas de difícil transporte como: trigo, vinho, louça e alcatrão, eram dizimadas/taxadas pelo provedor, não sendo necessário que passassem pela alfândega, mas apenas registradas e cobradas às taxas pelo almoxarife. Em caso de artigos de ferro, couro ou outros que não pudessem chegar às mesas de registro, o provedor, almoxarife e escrivão os dizimavam no local onde estivessem e assentavam os valores no livro.[8] Em Pernambuco o Provedor da Fazenda também era o Juiz da Alfândega e junto ao almoxarife foram responsáveis pelo aforamento das mercadorias chegadas. Eles o fizeram a partir do parâmetro dos preços da terra. Seguindo essa avaliação o mercador pagara a dízima. Uma a uma, as mercadorias (de vara ou côvado, de quintais ou arrobas) deveriam ser anotadas e calculadas a dízima.

Em cada alfândega deveria haver dois selos; um para selar as mercadorias que pagariam direitos e outro para as isentas. Eles foram guardados em arca da qual só o provedor e o escrivão teriam a chave. O texto do Regimento procura denotar uma fiscalização rigorosa, pois toda a malversação no processo deveria ser denunciada, os produtos confiscados e repartidos entre a alfândega e os denunciantes. Para realizar uma intervenção firme o provedor tinha foro de juiz e julgava as causas que montavam até dez mil reais, dando apelação para aquelas que desta quantia ultrapassassem. Foi responsável pela venda das mercadorias recolhidas com a cobrança da dízima, e deveria ter tudo anotado no livro do almoxarife.[9]

Atracando navios no porto de Pernambuco o provedor deveria ser avisado do momento do carregamento das mercadorias da terra. Antes da partida o mestre do navio apresentaria, ao provedor, o rol dos produtos acondicionados na nave. Após a fiscalização e sem

---

[8] Regimento dos provedores da fazenda real dell Rei nosso Senhor nas terras do Brasil (17 de dezembro de 1548), passim.
[9] Loc. cit.

mais introdução de objeto algum e, obtendo a licença do provedor o navio poderia partir, pois sem a licença o mestre corria o risco de perder o vaso.

Nesse ponto é impossível não refletir sobre o poder da Provedoria Real e da pessoa que detinha a investidura no cargo, e finalmente da família que a controlava. Analisando o provimento de ofícios no Antigo Regime, Roberta Stumpf elaborou uma hierarquia que colocava a Provedoria da Fazenda Real entre os "cargos importantes da monarquia". Ela o define como de concessão perpétua/propriedade, embora admita que também fosse dado temporariamente. Seu provimento se dava em Lisboa, e tinha a característica de ser remunerado e nobilitante.[10] Ele estaria abaixo dos cargos superiores que seriam os de: presidentes de tribunais, vice-reis, governadores de armas e governadores de capitanias. Ressalte-se aqui que embora o cargo seja colocado hierarquicamente numa posição de subalternidade a vice-reis, governadores de capitanias e até de ouvidores providos em Lisboa, o raio de ação da Provedoria, poderia ser definido como de maior abrangência em relação a estes, pois cabia ao provedor administrar todos os recursos financeiros da coroa, em conquistas. Assim sendo e tomando o exemplo da Capitania de Pernambuco que teve a provedoria nas mãos de uma única família por quase um século.[11] Na capitania era o provedor que pagava salários ao governador e as tropas; normatizava o leilão dos contratos; recolhia os impostos da importação de mão de obra, ou seja, taxava a carga dos negreiros e de todas as demais mercadorias que entravam e saíam do porto de Pernambuco. Desta forma tinha em

---

[10] STUMPF, Roberta Giannubilo. Os provimentos de ofícios: a questão da propriedade no Antigo Regime português. *Topoi*, Rio de Janeiro, v. 15, n. 29, p. 612-634, jul./dez. 2014. p. 631.
[11] PEREIRA DA COSTA, Francisco Augusto. *Anais pernambucanos*. Recife: Secretaria de Cultura da Cidade do Recife, 1983. v. 5, passim.

suas mãos recursos financeiros; a possibilidade de aplicação de leis para o ordenamento dos processos ligados ao comércio; o controle total sobre os barcos ancorados no porto desde as mais elementares atividades como o conserto das naves, até as mais complexas como o desembarque de pessoas escravizadas.

Também o comércio entre as capitanias feito por mar, deveria ser do conhecimento das provedorias segundo a ritualística já tratada para os vasos atlânticos. Ou seja, nos portos de partida deveria haver fiscalização, e nos de chegada averiguação das origens dos bens transportados, bem como dos impostos pagos.

A construção de navios nos senhorios brasílicos estava sob a ótica do Governador-Geral e do Provedor-Mor, mas também por desdobramento, dos governadores de capitanias e seus respectivos provedores. Havia uma necessidade de ter o controle dos barcos e de seus proprietários, pois sem esse controle ficaria impossível ter a mínima dimensão do comércio Atlântico fosse entre continentes ou realizados na base da cabotagem. Por fim vale ressaltar que o alealdador, avaliador do açúcar, era eleito ou escolhido pelo provedor.

O poder era de tal sorte que podemos concluir, que mesmo não estando de direito em posição hierárquica cimeira, o estava de fato, por ter em suas mãos o controle das atividades mais importantes para a monarquia em uma conquista. Após o Regimento de 1548 as competências das provedorias foram sendo atualizadas, ampliadas e reforçadas pelos regimentos dos governadores-gerais de 1588, 1612 e 1677, que acentuaram o caráter fiscalizador do cargo especificando atividades a serem exercidas em conjunto com os governadores e as câmaras.[12]

---

[12] MENDONÇA, Marcos Carneiro de. *Raízes da formação administrativa do Brasil*. Rio de Janeiro: CFC, 1972. p. 99-116.

Em 1754, um novo regimento foi dado a Pernambuco, à Provedoria da Fazenda Real da Capitania. Nesta altura governava a Capitania, Luís José Correia de Sá. Havia uma preocupação em normatizar a dinâmica comercial com a presença das naus de comboio e com as guarda-costas. A responsabilidade em atender as demandas dessas naus no Recife foi do Comissário das Fragatas. O ofício foi extinto em 1753, e responsabilizado das tarefas, acumulando, o Provedor de Fazenda Real e seus oficiais. Para tal foi elaborado o Regimento que passamos a comentar.[13]

A preocupação central era tanto com as naus de comboio quanto com as guarda-costas, pois as de comboio se constituíam de uma marinhagem que deveria estar a postos para realizar defesa dos produtos que circulavam pelo Atlântico, já as naus guarda-costas faziam a cabotagem nas águas da capitania para impedir incursões de piratas e corsários ao porto da vila do Recife. Para as de comboio o procedimento era semelhante ao dos navios mercantes, e estava definido desde 1548 no primeiro Regimento. O provedor deveria ir a bordo e conferir por nome toda a guarnição.[14]

Mas voltando ao Regimento de 1754, destacamos que o mesmo, impunha ao Provedor da Fazenda Real os cuidados mais minuciosos com a tripulação dos comboios e guarda-costas. Ele devia acomodar a guarnição, encaminhar doentes para os hospitais, e nesse caso a época cremos ser a do Paraíso na vila do Recife. Todo um processo de fiscalização das cargas dessas naus deveria ser realizado nos moldes do Regimento de 1548, que era fazer desembarcar todos os mantimentos, tanto para retornar a Portugal, como para qualquer outro porto, com o que restou da viagem de vinda. Se a

---

[13] Regimento de 1754. AHU/PE, Cx. 75, N°. 6335.
[14] RAU, Virgínia; SILVA, Maria Fernanda Gomes da. *Os manuscritos do arquivo da Casa de Cadaval respeitantes ao Brasil*. Coimbra: Acta Universitatis Conimbriguesis, 1955. Verbete 43.

nau ficasse retida, toda a carga deveria ser guardada em terra. Anotações deveriam ser tomadas pelo escrivão e acompanhadas pelo almoxarife. Percebe-se que se acrescentou, e muito, as tarefas a serem desempenhadas pela Provedoria da Fazenda Real. Algo que nos chama a atenção é o fato de estar explícito no regimento que se "fará desembarcar todos os materiais que forem de cabedal dos meus armazéns de Guiné e Índia para provimento dos daquele Recife."

O abastecimento dos navios deveria ser acompanhado pelo Provedor da Fazenda Real e pelo Governador da Capitania, tudo registrado pelos oficiais da Provedoria, mas também sabemos que a presença do secretário do governador era de extrema importância. A tríade almoxarife e escrivão da Provedoria mais secretário do Governo teriam que ter tudo sob controle em registro. A compra era feita aos mercadores da mesa de despacho acertados os preços em conjunto com as autoridades já citadas, tudo devidamente assinado por Provedor e Governador, pelo menos deveria ser!

Há uma demanda imensa de ações que eram da alçada da provedoria, por exemplo: quando os navios precisassem de reparo, era o Provedor quem intermediava as negociações, encaminhando-as para a vistoria do Patrão-Mor e Mestre da Ribeira até que se ajustassem os valores para pagamento. Estavam envolvidos carpinteiros, calafates, serralheiros, tanseyro (sic), ferreiro, funileiro, polieyro (sic), vidraceiro, pintor, carpinteiro de obra branca, esparteyro (sic) e fundidor de cobre. Os juízes desses oficiais deveriam ser chamados à presença do Provedor da Fazenda Real para ajustar o preço e escolher os mestres de sua confiança para a execução, e por fim, interferindo o almoxarife para ajustar e registrar as arrecadações. Ou seja, o Provedor da Fazenda Real comandava todo o processo de acerto, execução e pagamento dos oficiais-mecânicos tanto os da

Ribeira como os de fora, além do piloto que manobrava os navios na entrada da barra.

Os soldos dos soldados e capitães das naus eram pagos pelo Provedor antes de zarparem, como estratégia para manter a ordem e a possibilidade de governo dessas tropas. O soldo adiantado deveria cobrir as despesas de viagem, completando-se nos portos de chegada o numerário que ainda fosse devido. Ele também era o responsável por realizar os descontos necessários a esses soldos, como por exemplo, os gastos com enfermidades nos hospitais da terra. As naus não deveriam zarpar com a marinhagem descontente ou doente. Falhas nesse sentido poderiam acarretar motins e a possível perda de mercadorias embarcadas. Esses cuidados deveriam ser tomados em todas as margens atlânticas.

Cabia por fim, ao Provedor da Fazenda Real ter tudo escriturado através dos escrivães de seus oficiais, Tesoureiro e Almoxarife. Papel para os registros havia, pelo menos no regimento há verba para compra. Todas as contas deveriam ser enviadas ao Conselho da Fazenda Real anualmente.

João do Rego Barros, o terceiro, foi o último da família a exercer o cargo. Iniciou em 1757 e permaneceu até 1769 quando a provedoria foi extinta. Apesar disso continuou servindo na Junta de Administração e Arrecadação da Fazenda Real, como provedor e contador com seu antigo ordenado de 500$000 anuais.[15] A junta constituía-se em tribunal da fazenda, havendo duas sessões ou conferências por semana, além das extraordinárias. Os membros da junta eram chamados de deputados, funcionando até 1833 quando se transformou em Tesouraria da Fazenda. Funcionava no edifício do Erário Régio, junto ao palácio de Friburgo ou das Torres construído

---

[15] PEREIRA DA COSTA, Francisco Augusto, op. cit., v. 6, p. 305.

por Nassau, que estava em ruínas e que cedeu seu material para a construção do prédio do referido Erário Régio.

O Capitão-Mor João do Rego Barros foi proprietário do engenho Apipucos, que ficava à margem esquerda do Rio Capibaribe junto à casa grande e à capela. O açúcar produzido descia em batéis pelo rio até o mercado da Praça do Recife, espaço controlado por sua família há várias décadas.[16]

Após analisar os regimentos que normatizaram a atuação da Provedoria da Fazenda Real fica evidente o poder que detinha a pessoa e a família que ocupavam esse lugar. O provedor era responsável pelo dinheiro do rei, e por sua vez, controlava todos os seus oficiais inclusive os graduados como o governador da capitania, pois ficava responsável pelo pagamento de seu salário e, indiretamente, o pagamento das tropas regulares. Também poderia controlar a câmara a exemplo de Pernambuco, pois açambarcou os seis contratos de subsídios que são: carne, açúcar, tabaco, balança, garapas e vinhos, além de rendas de subsídios pagos a Olinda por outras câmaras da capitania. Observado sua posição de destaque e a abrangência de seu poder, torna-se impossível não concluir pelo tremendo destaque da família e sua capacidade de influenciar a sociedade pernambucana setecentista.

---

[16] PEREIRA DA COSTA, Francisco Augusto, op. cit., p. 53-56.

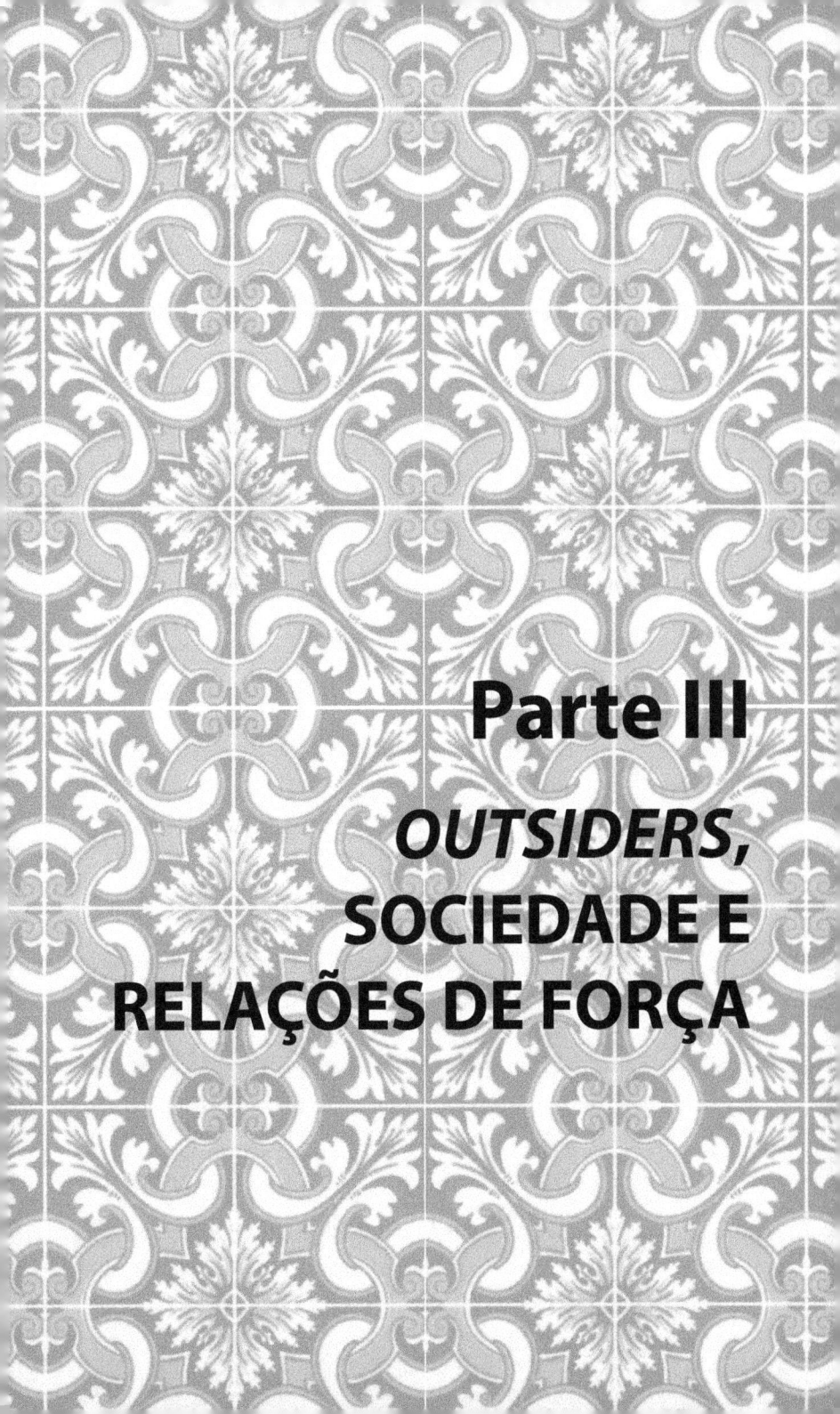

Parte III
OUTSIDERS, SOCIEDADE E RELAÇÕES DE FORÇA

"QUALIDADE" E "COR": os marcadores da distinção

Eduardo França Paiva

Na América portuguesa, assim como em todo o mundo ibero-americano e na Península Ibérica, até o início do século XIX pelo menos, foi prática corriqueira identificar as pessoas, recorrendo a categorias empregadas generalizadamente, tanto por autoridades quanto por populares. Nos domínios lusitanos a diferenciação, a classificação e a hierarquização de indivíduos e de grupos sociais foram realizadas a partir das categorias "qualidade", "condição", "nação", "cor", "raça" e "casta". As duas primeiras foram as mais importantes no período em foco. Assim, nos registros de vários tipos empregou-se a fórmula nome+"qualidade"+"condição"; por exemplo, Anna, preta forra ou Cosme, mulato, escravo de fulano de tal.

Algumas destas categorias se confundiam já no passado. Entretanto, não tiveram o mesmo significado nem a mesma importância social. "Qualidade" e "cor" de pele, questões centrais deste texto, foram categorias que outrora já suscitavam imprecisões e que, hoje nutrem muitos equívocos na historiografia pertinente. Eivados de significados e de importâncias atribuídos e destituídos a partir, sobretudo, da segunda metade do século XIX, historiadores de hoje tendem, por exemplo, a ler documentos mais antigos impondo-lhes valores produzidos *a posteriori*, como a maior relevância dada à "cor", em detrimento da "qualidade", alterando-se, assim, muito dos sentidos próprios da época analisada.

"Negro" e "preto", por exemplo, foram termos que indicaram incontáveis vezes, as "condições" de escravo e de senhor, mais que a cor de pele. É necessário atentar-se a estes aspectos para se minorar os problemas acarretados por anacronismos e simplificações frequentemente produzidos pela historiografia. Para tanto, passemos a algumas definições coevas de "qualidade" e de "cor", compiladas junto à extensa documentação de variada natureza, relativa ao universo ibero-americano e produzida entre os séculos XVI e XVIII.

Qualidade

A distinção entre os vários indivíduos e grupos que conformavam as sociedades modernas ibero-americanas assim como sua hierarquização social foram expressas, no âmbito geral, por meio das "grandes" categorias operadas generalizadamente, mas, principalmente, por autoridades e administradores. Imbuído desse espírito, por exemplo, é que em 1726, o rei Dom João V escreveu ao governador da Capitania de Minas Gerais, Dom Lourenço de Almeida. Na carta, o monarca explicitava sua intenção de garantir que a administração de região tão importante estivesse em mãos de gente "de limpo nascimento", que, no contexto, parecia ser referência a homens brancos, cuja "qualidade" se opunha ao "defeito" (de sangue) de ser mulato (ou pardo). A ordem real, entretanto, representava mais que impor a primazia dos homens de "limpo nascimento". Na verdade, tratava-se, ao mesmo tempo, de discurso que, indiretamente, se posicionava de forma contrária ao que vinha ocorrendo na região, isto é, à governança exercida por gente destituída da "qualidade" pretendida pelo monarca. Assim, determinou Dom João V,

> [...] que sendo uma grande parte das famílias dos seus moradores de limpo nascimento era justo que somente as pessoas que tiverem esta qualidade fossem eleitas para servirem de vereadores e andarem na governança porque se a falta de pessoas capazes fez a princípio necessária a tolerância de admitir os mulatos nos exercícios daqueles ofícios, hoje tem cessado esta razão se faz indecoroso que lhes sejam ocupados por pessoas em que haja de semelhante defeito.[1]

A "qualidade" (assim como a "casta"), no geral, congregava as dezenas de "qualidades" ou "castas", entre as quais as pessoas e os grupos sociais eram distribuídos e às quais eram vinculados. Assim, sob essa categoria alargada se abrigavam as "qualidades" ou "castas" específicas, tais como índio, branco, negro, preto, crioulo/*criollo*, mestiço/*mestizo*, mameluco, mulato, *zambo*, *zambaigo*, pardo, *cuarterón*, cabra, curiboca, *coyote*, *chino*, entre várias outras. Etimologicamente, o termo "qualidade" deriva do latim *qualitas, atis* e Elio Antonio de Nebrija, em seu *Vocabulario español-latino*, de 1495(?), acrescentava: *"Calidad o acidente. qualitas. atis."*[2] Por acidente, entenda-se natureza exterior de um indivíduo ou estado ou, até mesmo, "dignidade". Na 1ª edição do *Dictionarium ex Lusitanico in latinum sermonem*, de Jerónimo Cardoso, de 1562,[3] aparece a mesma etimologia, mas restrita apenas à palavra "qualidade". Já em sua 2ª

---

[1] APM SC, códice 5 – "Registro de cartas, ordens, decretos e cartas régias. Carta de S. Majestade do ano de 1726", f.115-116. Citado por IVO, Isnara Pereira. *Homens de caminho*: trânsitos culturais, comércio e cores nos sertões da América portuguesa: século XVIII. Vitória da Conquista, BA: Edições UESB, 2012. p. 108.

[2] NEBRIJA, Elio Antonio de. *Vocabulario español-latino*. Salamanca, [1495]. f. 23r.

[3] CARDOSO, Jerónimo. *Hieronymi Cardosi Lamacensis Dictionarium ex Lusitanico in latinum sermonem*. Ulissypone: ex oficina Ioannis Aluari, 1562. p. 89v.

edição, a de 1592, aparece "A qualidade",[4] diferentemente da anterior. E Dom Raphael Bluteau, em seu *Vocabulario Portuguez e Latino*, de 1712, define: "*CALIDADE. Accidēte natural, ou propriedade de huma cousa. Qualitas, atis.*"[5] Na documentação produzida no Novo Mundo ou na relativa ao continente, a categoria aparece desde o século XVI. Em 1503, a rainha da Espanha emitiu documento sobre a liberdade e não servidão dos índios da Isla Española e Tierra Firme, no qual determinou que se lhes pagasse o jornal de acordo com a "*calidad de la tierra e de la persona e del oficio*".[6]

Muitos outros exemplos, extraídos da documentação, poderiam aqui ser apresentados. Em todos os casos, tanto para os domínios espanhóis quanto para os portugueses, tanto entre discursos oficiais quanto

---

[4] CARDOSO, Jerónimo. *Dictionarium latino lusitanicum et vice versa lusitanico latinum*: cum adagiorum feré omnium iuxta seriem alphabeticam perutili expositione... / per Hieronymum Cardosum Lusitanum congesta; recognita vero omnia per Sebast. Stokhamerum Germanum. Qui libellum etiam de propriis nominibus regionum, populorum, illustrium virorum... adiecit. - Adhuc noui huic ultimae impressioni adjuncti sunt varij loquendi modi ex praecipuis auctoribus decerpti praesertim ex Marco Tullio Cicerone.- Olyssipone: excussit Alexander de Syqueira: expensis Simonis Lopezij, bybliopolae, 1592. p. 183v.

[5] BLUTEAU, D. Raphael. *Vocabulario portuguez e latino aulico, anatomico, architectonico, bellico, botanico, brasilico, comico, crítico, chimico, dogmatico, dialectico, dendrologico, ecclesiastico, etymologico, economico, florifero, forense, fructifero, geographico, geometrico, gnomonico, hydrographico, homonymico, hierologico, ichtyologico, indico, isagogico, laconico, liturgico, lithologico, medico, musico, meteorologico, nautico, numerico, neoterico, ortographico, optico, ornithologico, poetico, philologico, pharmaceutico, quidditativo, qualitativo, quantitutivo (sic), rethorico, rústico, romano, symbolico, synonimico, syllabico, theologico, terapteutico, technologico, uranologico, xenophonico, zoologico, autorizado com exemplos dos melhores escritores portuguezes, e latinos; e offerecido a el Rey de Portugal, D. João V, pelo Padre D. Raphael Bluteau clerigo regular, doutor na sagrada theologia, prégador da Raynha de Inglaterra, Henriqueta Maria de França, & calificador no sagrado Tribunal da Inquisição de Lisboa.* Coimbra: No Collegio das Artes da Companhia de JESU Anno de 1712. p. 60.

[6] "*P. R. para que los indios de la Española sirvan a los cristianos. Medina del Campo, diciembre 20 de 1503.*" In: CHACÓN Y CALVO, José María. (D.). *Colección de documentos inéditos para la historia de Hispano-América.* Tomo VI. Cedulario Cubano (Los Orígenes de la Colonización) I (1493-1512). Por D. José Ma. Chacón y Calvo Académico electo de la Nacional de Artes y Letras, de La Habana, correspondiente de la Academia de la Historia de Cuba y de las Reales Academias Española y de la Historia. Madrid: Compañía Ibero-Americana de Publicaciones, 1929. p. 85.

em "falas" de populares, em definições, instruções, comentários e julgamentos, aparece a perspectiva de natureza distinta das pessoas e dos grupos sociais, sempre abrangida pela categoria "qualidade".

Ambrósio Fernandes Brandão, em 1618, em seu *Diálogos das grandezas do Brasil* fazia seu personagem reinol, Alviano, usar palavras que denotavam claramente a perspectiva da distinção natural das gentes. Intrigado pelas diferenças fenotípicas entre os naturais da Guiné e os do Brasil, Alviano elencava opiniões que já havia escutado e que pretendiam explicar a origem da "cor preta" e do cabelo retorcido dos negros africanos. Assim, ele relatava a Brandônio, o português mais experimentado em Brasil e seu interlocutor nos *Diálogos*:

> [...] e entre estes achei outros que diziam que alguns homens, depois do universal dilúvio das águas deviam de ter semelhante cor e cabelo, ou por qualidade ou natureza, e deles se comunicaria aos filhos e netos, que são os que habitam pela costa africana.[7]

Brandônio, então, convencido de que os raios de sol eram os responsáveis pela "cor preta" e pelos cabelos retorcidos, afirmava a Alviano que "é tanto isto assim, que os nossos portugueses que habitam por toda aquela costa, posto que houvessem sido por qualidade e natureza alvos e louros, mostram em breve tempo a cor mais baça, em tanto que por ela é conhecido na nossa Lusitânia qualquer homem que houvesse andado pela costa de Guiné, somente pela cor que levam demudada no rosto."[8] Ora, neste diálogo, assim como ocorria na América espanhola, a perspectiva ibérica de distinção e de "qualidade" aparecia colocada claramente. Ela correspondia,

---

[7] BRANDÃO, Ambrósio Fernandes. *Diálogos das grandezas do Brasil*. 3. ed. Recife: Massangana, 1997. p. 52.

[8] Ibid., p. 56.

como já disse, à fórmula de distinção nome+"qualidade"+"condição", empregada corriqueiramente tanto por escrito quanto na fala cotidiana, como se pode presumir a partir da documentação dos séculos XVII e XVIII, principalmente. Assim, a identificação, a classificação e a qualificação de cada indivíduo tornavam-se exercício banal, cotidiano, generalizado e profundamente incorporado pela população como um todo.

Cor

Mas afinal, por que os africanos da Guiné e da Etiópia eram pretos, com cabelos retorcidos e os naturais do Brasil eram de cor baça (e cabelos corredios) se todos habitavam a "tórrida zona", "que tão continuamente era acompanhada e visitada de raios retos do sol" e que era para "Ptolomeu, Lucano, Averroes, com outros filósofos [...] inabitável"?[9] Essa era a indagação que movia a curiosidade de Alviano e de Brandônio, personagens já evocados anteriormente. Independentemente da explicação elaborada nos *Diálogos*, em 1618, a preocupação deles era eco de perguntas e comparações que vinham sendo feitas desde os primeiros dias posteriores à chegada dos ibéricos no continente que seria chamado de Novo Mundo. Explícita e/ou implicitamente, a cor da pele dos povos nativos da conquista era comparada com a dos conquistadores e com a dos negros da África e do Oriente, ressaltando-se as diferenças e, por vezes, semelhanças.

Vários relatos antigos traziam por escrito as impressões de cronistas, viajantes, comerciantes, aventureiros, autoridades e de gente simples sobre a cor de pele dos distintos povos, quase

---
[9] Ibid., p. 47-52.

sempre em comparação com os padrões de cada escritor. Estes registros, profusos e diversos, obrigam os observadores de hoje, entretanto, a refletirem sobre os relativismos das percepções em relações de alteridade, quando se comparam diferenças e diferentes, problematizando as imprecisões e as variações dos conceitos operados historicamente.

A percepção e a descrição da cor de pele dos nativos das Américas variaram de baça e parda a avermelhada, cobre e alva na paleta dos cronistas que, assim, produziram seus retratos. Por vezes, impressionam as semelhanças nas descrições sobre povos que habitavam regiões muito distanciadas entre si, mas outras vezes, as diferenças é que desconcertam nossa lógica contemporânea de compreensão. Diante disso, reafirmo que as historicidades devem ser o nosso "fiel da balança", porque podem ser a nossa maior chance de apreensão daquelas realidades em sua composição complexa e polissêmica.

As primeiras certificações sobre o Novo Mundo e seus habitantes ressaltavam (explícita e/ou implicitamente) as diferenças e as semelhanças em relação ao mundo ibérico e às conquistas que se havia realizado até então. O olhar dos navegadores era marcado por aquilo que se aproximava e pelo que se distanciava das referências portadas por eles. As conquistas e contatos no continente africano e no Oriente geravam informações que se incorporaram ao imaginário da época e ao que traziam os navegadores que chegaram à quarta parte do mundo a partir de 1492. Por exemplo, o cronista português Gomes Eanes de Azurara, que terminara de escrever sua célebre *Crónica do descobrimento e conquista da Guiné*, em 1448, havia registrado no texto uma partilha de cativos mouros, trazidos da África pelo capitão Lançarote, que ocorrera na Vila de Lagos, no Algarve, em 1443. Azurara descreveu a partilha dos 235 cativos mouros e nos legou riqueza de detalhes relativos à cor da pele dos cativos e ao fenótipo deles, claro, tudo imbuído de um olhar europeu e de um padrão de beleza igualmente Ocidental e ocidentalizante:

> [...] os quais [cativos], postos juntamente naquele campo, era uma maravilhosa cousa de ver, ca entre eles havia alguns de razoada brancura, formosos e apostos; outros menos brancos, que queriam semelhar pardos; outros tão negros como etiópios, tão desafeiçoados, assim nas caras como nos corpos, que quase parecia, aos homens que os esguardavam, que viam as imagens do hemisfério mais baixo.[10]

Ainda no século XV, os escravos africanos vendidos em Sevilha tiveram a "cor" como um dos elementos de identificação e, talvez, de avaliação de seus preços. Assim, foram vendidos Fátyma, uma *"esclava de color negra, natural de Guinea"*, em 1472, e Johan, um *"esclavo canario de color loro"*, no mesmo ano.[11]

Boa parte do repertório ibérico de cores de pele seria transposto para o Novo Mundo já no final do século XV, acentuando-se nas primeiras décadas do Quinhentos. Também no caso africano, as descrições dos povos feitas por viajantes e religiosos estrangeiros recorreria à "cor" como forma de distingui-los e de marcar sua singularidade e essa prática, assim como ocorreu no caso americano, seguiria vigorando durante os séculos seguintes.

Nas Américas, as "cores" dos naturais das terras passavam a ser registradas nas crônicas, cartas e documentos administrativos. Nem brancos (ibéricos), nem negros (africanos e orientais), eles

---

[10] AZURARA, Gomes Eanes de. *Crónica do descobrimento e conquista da Guiné*. Mira-Sintra - Mem Martins: Publicações Europa-América, 1989. p. 97.
[11] ESTEVES, Maria Luísa Oliveira (Coord.). *Portugaliae monumenta Africana*. Lisboa: Comissão Nacional para as Comemorações dos Descobrimentos Portugueses; Imprensa Nacional-Casa da Moeda, 1993. v. 1, p. 170-171.

passavam a integrar a paleta universal, mesmo que os termos usados para identificar suas "cores" já existissem. O mais importante aqui, entretanto, é constatar que a categoria "cor", que já era aplicada como instrumento de identificação e classificação social antes de 1492 foi incorporada e frequentemente usada no Novo Mundo, com as mesmas funções, desde os primeiros tempos de ocupação ibérica. Um verdadeiro caleidoscópio de origens, mesclas biológicas e cores de pele na Ibero-América é o que pode ter incentivado, desde o início, o uso dessa categoria, que, de resto, não apenas coloriu aquele universo, mas serviu de marcador social de distinção, de vivência, de convivência e de mobilidade.

São incomuns as referências à "cor" branca, não obstante serem frequentes as menções a "homens brancos" e "gente branca", pelo menos nas fontes relativas ao Brasil, onde parece ter sido mais usual a verbalização da "qualidade" de branco, chegando mesmo a aparecer em um documento a expressão "brancos naturais do Brasil".[12] Neste caso, marcava-se, claramente, a diferença entre eles e os vindos de Portugal ou da Europa, indicando-se, talvez, tratarem-se de descendentes destes últimos, mas nascidos no Brasil.

Costume similar parece ter sido menos comum na América espanhola, embora o uso da categoria geral *blanco* ocorresse ocasionalmente. De toda forma, é necessário desconfiar dos dados, uma vez que a percepção das cores, insisto, foi algo intimamente definido em cada contexto e em comparação a outras tonalidades e referências. Assim, "branco natural do Brasil" era menos uma "cor" de pele e mais uma indicação de descendência e o fato de ser

---

[12] SUMMARIO das armadas que se fizeram, e guerras que se deram na conquista do rio Parahyba; escripto e feito por mandado do muito reverendo padre em Christo, o padre Christovam de Gouveia, visitador da Companhia de Jesus, de toda a província do Brasil. 5. ed. Campina Grande, PB: FURNE; UFB, 1983. Capítulo 1. [escrito c. 1585-1590].

considerado branco não significava que o indivíduo tinha a mesma cor branca, que, pretensamente, um português ou um espanhol teriam o que, na verdade, era igualmente relativo. Como dizia Brandônio, os portugueses que viviam na costa da Guiné, em pouco tempo deixavam de ser alvos e louros e adquiriam cor baça.

A "cor", portanto, era histórica, produzida no tempo e no espaço. Além da percepção social e cultural da "cor", as particularidades climáticas e as condições materiais de vida definiam-na e isso não valia, apenas, para o "branco". A "cor" das outras "qualidades" foi algo menos presente na documentação e textos pesquisados, não obstante, vez por outra, aparecerem indicações um tanto raras. Em 1637, em Lima, por exemplo, o escrivão e notário público Alonso Sánchez de Figueroa enfrentou um processo judicial motivado por sua "qualidade" de mulato. Um dos testemunhos do processo depôs a seu favor e declarou: "*y sin embargo del color que tiene de mulato es muy fiel, legal y de confiança [...]*".[13] Em Quito, em 1576, algo semelhante já aparecera em um relato feito por oficiais: "*[...] hay muchos mulatos hijos de negros y de indias que llaman çambayiyos, los cuales son libres de toda sujeción y servidumbre forzosa, no tributan ni hacen contribución ninguna [...] y las mujeres de esta color hacen lo mismo en las cosas de su profesión*".[14] E em Santiago de Cuba, em 1792, um "*pardo de color blanco y libre*" fora cruelmente açoitado.[15]

---

[13] ARES QUEIJA, Berta. Las categorías del mestizaje: desafíos a los constreñimientos de un modelo social en el Perú colonial temprano. *HISTORICA*, Lima, v. 28, n. 1, p. 193-218, 2004. p. 207-208.

[14] LEIVA, Pilar Ponce (Ed.). *Relaciones histórico-geográficas de la Audiencia de Quito (siglos XVI-XIX)*. Madrid: CSIC, 1991. p. 262-264. Citado por BERNAND, Carmen. *Negros esclavos y libres en las ciudades hispanoamericanas*. Madrid: Fundación Histórica Tavera, 2001. p. 51-52

[15] DÍAZ, María Elena. To live as a pueblo: a contentious endeavor, El Cobre, Cuba, 1670s -1790s. In: McKNIGHT, Kathryn Joy; GAROFALO, Leo J. (Ed.). *Afro-latino voices*: narratives from the early modern Ibero-Atlantic World, 1550-1812. Indianapolis, Cambridge: Hackett Publishing, 2009. p. 138.

A "qualidade" pardo raramente aparece como "cor", isto é, não encontrei muitas menções a alguém que fosse descrito como de cor parda. Muito mais comuns, em toda Ibero-América, foram indicações nos documentos de escravos pardos, de pardos forros ou, simplesmente, de pardos, o que indicava, possivelmente, serem nascidos livres. É interessante perceber essas particularidades, pois a "cor/color baça", nas definições de antigos vocabulários e dicionários espanhóis e portugueses aproximava-se, justamente, da tonalidade "parda". Entretanto, pelo que se encontra frequentemente nas fontes consultadas a "cor" era baça, enquanto a "qualidade" era parda; e isso parece ter prevalecido nas Américas espanhola e portuguesa até o século XVIII, pelo menos.

Deve-se, portanto, ressaltar a importância de não se confundir essas categorias – "qualidade" e "cor" –, como é habitual, não obstante a sua complementaridade usual registrada nos documentos e crônicas dos séculos XVI, XVII e XVIII. Não obstante as imprecisões e o relativismo de suas definições, a categoria "cor" foi aspecto de existência histórica efetiva, aplicada social e culturalmente pelos indivíduos e grupos nas sociedades ibero-americanas. Nessas realidades, ela adquiriu significados variados e funções, como a de ajudar a classificar e a distinguir pessoas e grupos e a de demarcar os lugares sociais de cada um. Muitas vezes, foi associada à fórmula nome+"qualidade"+"condição", foi peça importante na conformação de dinâmicas de mestiçagens[16], subsidiou a organização das formas de trabalho e, desde o início, foi importante elemento constitutivo do léxico ibero-americano referente às mesclas biológicas e culturais. "Cor", "raça", "nação" e "casta" eram, então, as "grandes categorias" que se confundiam e que, também, com-

---

[16] Defini o conceito de "dinâmicas de mestiçagens" em PAIVA, Eduardo França. *Dar nome ao novo*: uma história lexical da Ibero-América, entre os séculos XVI e XVIII (as dinâmicas de mestiçagens e o mundo do trabalho). Belo Horizonte: Autêntica, 2015. Sobretudo p. 41-45.

plementavam uma das duas mais importantes destas "grandes categorias" de diferenciação social, isto é, a "qualidade". A segunda delas era a "condição" jurídica, que, no geral, junto com a anterior, definiam um indivíduo, informavam sobre seu passado, sua ascendência, suas origens e suas posições sociais. Nas sociedades de distinção, hierarquizadas e estratificadas do mundo ibero-americano, elas podiam também indicar o futuro dos indivíduos ou, pelo menos, podiam apontar probabilidades e alternativas.

Negros escravos de pretos e observações finais

Poucos agentes históricos deixaram registradas definições de origem, de "condições" jurídicas e de "qualidades" de escravos africanos, tão radicalmente empregadas, quanto o casal de "pretos forros" – o que indicava a proveniência africana deles próprios – Alexandre Correia e Maria Correia de Andrade. Embora possuíssem 12 mancípios, a categoria "escravo" não foi mencionada no testamento de Alexandre nem nos requerimentos feitos pela viúva e testamenteira. Isto talvez tenha se devido ao fato do casal ser alforriado e possivelmente pretender afastar completamente a pecha de escravos de sua vida de proprietários, mineradores e ascendidos econômica e socialmente na vila de São João del Rei, nas Minas Gerais, em 1761. Os Correia assumiram domesticamente uma classificação rigorosa e padronizada: eles se autodenominavam "pretos forros", enquanto seus filhos, nascidos livres no Brasil, eram "crioulos", seus genros eram "homem preto" e "preto crioulo forro" e seus mancípios, todos de origem africana, estes eram os "negros" e "negras". Um dos genros tornou-se, na perspectiva do casal, "homem preto", depois de ter sido comprado e libertado por eles, para se casar com uma das filhas de Maria Correia, nascida antes dela se casar com Alexandre. Declarava então o testador

> [...] que tambem a dita minha mulher teve no estado de solteyra com outro payhuma rapariga chamada Vitoria Crioulla, e para esta cazar como cazou com João Nunes homem preto foi percizo que eu e minha mulher comprassemos como com efeito compramos o dito preto João Nunes a Juzefa de Mendonça e sá mulher preta forra pella quantia de duas libras de ouro fiados que correrão juros no tempo de dois annos em que vencerão de juros vinte e huma oitavas de ouro e que tudo, assim principal como juros se pagou deste cazal passando carta de alforria ao referido João Nunes, e como esta despeza não deve ser prejudicial aos meuz filhos, quero e sou contente que da minha terça se enteire nas legitimas dos ditos meus filhos pro rata mectade da dita importancia fazendo a outra a mectade para ser saptizfeita pella terça de minha mulher quando esta falecer para que nesta forma haja igualdade [...].[17]

Depois de alforriado e de passar a integrar a família dos Correia, João Nunes foi alçado à categoria de "preto". E mais ainda: a antiga senhora deste genro forro, igualmente uma africana, foi tratada por Alexandre de "preta forra", sem que sua origem específica fosse revelada, assim como ele procedera em relação a si e à sua mulher.

No mundo dos Correia a hierarquia era clara, mas reversível. Um "negro", isto é, um escravo africano, podia se transformar em um "preto", depois de ser liberto. Novamente, aqui, "negro" e "preto"

---

[17] MR/INV - caixa 14. Inventário *post-mortem* de Alexandre Correia - São João Del Rei, 31 MAR 1761, f. 9-9 v.

não eram, prioritariamente, marcadores de "cor".[18] Aliás, repitamos: a categoria "cor", embora existisse, fosse relevante e empregada com frequência na documentação de variada origem, produzida no mundo ibero-americano entre os séculos XVI e XVIII, não alcançou, neste período, a mesma proeminência que outros dois marcadores sociais: a "qualidade" e a "condição".[19] Em outras palavras, é preciso dizer que a cor de pele adquire protagonismo nas leituras e nas representações sociais apenas a partir do século XIX, diferentemente do que imaginamos quase sempre. A super importância atribuída à "cor" é muito mais um traço cultural dos séculos XIX e XX, talvez, principal e inicialmente em sociedades americanas que conheceram muitas e profundas mudanças sociais, políticas e econômicas, a partir das independências.

Em contextos nos quais a "civilização" estava pretensamente comprometida pelo passado escravista e mestiço é que à "cor" da pele foram atribuídos significados essenciais, que cultivamos até hoje. Nessa nova realidade, as marcas da "impureza" individual e coletiva haviam se deslocado da origem hierarquizada das "qualidades" e da perspectiva marcadamente católica de distinção para a composição biológica e "racial" dos indivíduos, dos grupos e das sociedades, em contexto marcado pelo cientificismo e, ao mesmo tempo, por um viés religioso anglicista. Assim, nesse mundo alterado radicalmente, a cor de pele assumiu relevância muito maior do que detinha anteriormente.

---

[18] Analisei este caso de forma mais detalhada e ampliada em PAIVA, Eduardo França. Senhores pretos, filhos crioulos, escravos negros: por uma problematização histórica da qualidade, da cor e das dinâmicas de mestiçagens na Ibero-América. In: IVO, Isnara Pereira; PAIVA, Eduardo França (Org.). *Dinâmicas de mestiçagens no mundo moderno*: sociedades, culturas e trabalho. Vitória da Conquista, BA: Edições UESB, 2016. p. 45-70.

[19] Estudei mais detidamente esta temática em PAIVA, Eduardo França, *Dar nome...*, op. cit., sobretudo p. 150-161.

Quando lemos nosso passado mais remoto impondo-lhe nossos atuais valores e definições, que não existiam naquele tempo, criamos anacronismos que facilmente nos levam a realizar leituras equivocadas, muitas vezes generalizantes, reducionistas e simplificadoras da complexidade social de outrora. Tomar as antigas categorias negro/negra, preto/preta como sinônimos de cor de pele, como automaticamente faz-se hoje, é simplificar a hierarquia que regulou fortemente as relações sociais até o início do século XIX e que foi compartilhada – e, portanto, legitimada – por todos os grupos sociais, incluindo escravos de várias "qualidades". Isto também cria possibilidades de se perder de vista as fórmulas empregadas no passado para se praticar aquela hierarquia constituída no contexto escravista e mestiço, marcadas "naturalmente" pela distinção e pela desigualdade, o que não era problema social a ser solucionado, como, talvez, hoje logo se preconizasse.[20]

---

[20] Desenvolvi esse tema em PAIVA, Eduardo França. Escravo e mestiço: do que estamos efetivamente falando? In: PAIVA, Eduardo França; FERNÁNDEZ CHAVES, Manuel F.; PÉREZ GARCÍA, Rafael M. (Org.). *De que estamos falando?*: antigos conceitos e modernos anacronismos: escravidão e mestiçagens. Rio de Janeiro: Garamond, 2016. p. 57-81.

MITOS DE ORIGEM, IDEIAS "FISIOGNÔMICAS" E AS CATEGORIAS DE IDENTIFICAÇÃO E HIERARQUIZAÇÃO APLICADAS AOS POVOS DAS CONQUISTAS

Isnara Pereira Ivo

Os mitos de origem e a ordem estrutural do mundo

A humanidade e a vida em sociedade tomam forma quando as normas substituem os instintos, pois só se podem considerar humanos aqueles cujas ações e modos de comportamentos se desenvolvem a partir de instituições normativas de condutas e de sistemas de interdições legitimados. Nos mitos de origem estão presentes as regras de convivência social que são, constantemente, repetidas e lembradas pelos povos, tribos, grupos ou comunidades que se reconhecem nos personagens das narrativas fundadoras. Nas descrições sobre as vidas dos deuses e heróis, há justificações relacionadas à criação do universo e ao seu modo de funcionamento, que são norteadoras das ideias de ordem e das formulações acerca das hierarquias que conformam a vida em comunidade. Assim, o mito da gênese representa uma ordem de existência estruturante para a humanidade, que é fundamentada numa justificação da origem da vida, no início do mundo e, também, no lugar que cada um deve ocupar no coletivo ao qual pertence.

A criação do universo, que se concebe como pertencente à humanidade tem, nos mitos da gênese, a forma mais arcaica de legitimação. Os mitos que legitimam as origens das ordens religiosa, social e política têm a função de justificar as contradições sociais, as hierarquias e as tensões advindas das práticas costumeiras.[1] As distinções, as classificações e as hierarquizações são explicadas pelas representações coletivas, oriundas do conjunto de crenças que justificam o lugar social de cada membro no corpo político, religioso e social. Deuses e heróis são, acima de tudo, exemplos para a vida social, e dão conformidade à função de cada um no edifício hierárquico.

No mito judaico-cristão, especificamente no relato da criação, percebe-se um Deus desempenhando um papel estruturante, quando aparece dando ordem ao Cosmos, atribuindo nomes e funções às coisas, criando plantas e animais "segundo as suas espécies", e ordenando as coisas umas às outras: "as ervas para os animais, estes e os frutos para os homens, o homem e a mulher um para o outro, e ambos para Deus". Esta cosmogonia hebraica contém o *ethos* organizativo da natureza que inspirou o pensamento social medieval e moderno, expressado em textos que fundamentam as hierarquias sociais.[2] A criação do mundo, segundo o mito judaico-cristão, assim como no mito fundador babilônico, se deu a partir das águas, elemento constante nas teogonias dos povos provindos de áreas desérticas: "o espírito de Deus pairava sobre as águas".[3]

O mito Yorubá também possui um fundamento estruturante, que funciona como um sustentáculo de estabilidade social e fornece normas reguladoras para a vida moral e social da comunidade que legitima. A essência desse conjunto religioso é a crença em um Deus Supremo e todo poderoso, chamado Olodùmaré, considerado rei

---

[1] HELLER, Agnes. *Uma teoria da história*. Rio de Janeiro: Civilização Brasileira, 1993. p. 16.
[2] HESPANHA, Antonio Manuel. *Imbecillitas*: as bem-aventuranças da inferioridade nas sociedades de Antigo Regime. São Paulo: Annablume, 2010. (Coleção Olhares).
[3] *Bíblia de Jerusalém*. São Paulo: Paulus, 2002. Livro Gêneses 1-2.

maior e dono do universo, cujo domínio se estende para todo o mundo, com um controle que incide sobre todos os seres criados. O ensinamento é que todos os homens devem procurar viver de acordo com a vontade de Olodùmaré que, por sua vez, é responsável pelo bem estar de todo os viventes.[4] A cosmogonia Yorubá concebe o mundo como formado por elementos físicos, humanos e espirituais. Os elementos físicos são divididos em dois planos de existência: *Ayé* (terra) e *Òrun* (céu). O *Ayé*, que é também, algumas vezes, conhecido por *Ìsálayé*, é o domínio da existência humana, das bruxas, dos animais, dos rios e das montanhas. O *Òrun*, que é também conhecido como *Ìsálórun*, é o lugar de Olodùmaré, o dono dos céus e o lugar onde estão os *Òrìsà* (divindades), considerados, na cosmogonia, como representantes de Olodùmaré.

Na cosmogonia babilônica, assim como nas hebraica e grega, a água das fontes (Apsu) e a água do mar (Tiamat) representam o início de tudo, e vem delas a ideia de ordem do mundo, das coisas e dos homens. Esta narrativa fundadora compõe o poema intitulado Enuma Elish, escrito provavelmente no século XII a.C., que ressalta a importância da água como fonte de vida, ao tempo que distingue o mar como uma força perigosa, que é preciso controlar, tarefa que cabe aos deuses, que são os responsáveis pela ordem do mundo.[5] Os vários deuses representam elementos do mundo físico. Apsu é o Deus da água doce e Tiamat, sua esposa, é a Deusa do mar, que simboliza caos e ameaça. A partir desta união surgiram vários deuses, tumultuosos e violentos, cujas ações estimulam atos de vingança.[6]

---

[4] ADÉKÒYÀ, Ohúmúyiwá. *Iorubá*: tradição oral e história. São Paulo: Terceira Margem, 1999. p. 66. (Coleção África).

[5] COLLINGWOOD, Robin George. *A ideia de história*. Lisboa: Editorial Presença, 1946. p. 29-33.

[6] BRANDÃO, Jacyntho Lins. No princípio era a água. *Revista UFMG*, Belo Horizonte, v. 20, n. 2, p. 22-41, jul./dez. 2013; COLLINGWOOD, 1946, p. 31.

A organização hierárquica natural do Universo e da humanidade está, igualmente, presente na mitologia e na filosofia gregas. Os gregos, como todos os povos, buscaram um princípio motor do Ser, descoberto no Amor. No começo havia a Noite (Nyx) e, a seu lado, o Érebo, seu irmão. São as duas faces das Trevas do Mundo: Noite do alto e obscuridade dos Infernos. Duas entidades coexistentes no seio do Caos, que é o Vazio, potência e matriz do mundo. A separação de Nyx e Érebo no Vazio torna-se uma imensa esfera, cujas metades se separam: é o nascimento do Amor. Ao mesmo tempo, as duas metades da casca se convertem uma na abóbada celeste e a outra no disco mais achatado da Terra. Assim, Céu e Terra (Urano e Gaia) possuem uma realidade material, onde o Amor, que é a natureza espiritual, assegura a coesão do universo nascente. Da união de Urano e Gaia iniciam-se as gerações divinas.[7] No poema épico *Teogonia*, Hesíodo descreve, em versos, o nascimento e a genealogia dos deuses da mitologia grega. Hesíodo ouve das Musas a narrativa sagrada do nascimento e origem dos deuses, e é orientado por elas a relatá-la a Zeus, que viria a ser o "pai dos deuses e dos homens", que distribuiria os poderes entre os deuses e os homens, definindo, desta maneira, a ordem e a hierarquia do mundo.[8]

Aristóteles e o lugar dos homens no mundo

A ordem concebida no mundo divino-mitológico se dilata para o mundo dos homens. Aristóteles explica como as coisas contêm, em sua própria natureza, uma inscrição, um gene que marca o seu lugar na ordem do mundo, que condiciona seu estado atual e futuro.

---

[7] GRIMAL, Pirre. *A mitologia grega*. São Paulo: Brasiliense, 1982. p. 26.
[8] HESÍODO. *Teogonia*. Lisboa: Imprensa Nacional, 2005.

Este gene produz, nas coisas, apetites internos que as encaminham, espontaneamente, para ocupação dos seus lugares naturais e para as suas funções no mundo. A interpretação construída acerca do homem e de sua condição virtuosa oferece alguns critérios que possibilitam identificar as condições necessárias à conformação hierárquica do mundo social na Antiguidade. No pensamento aristotélico, algumas condições são fundamentais para que o homem se defina acima dos demais que estão subordinados ao vício e à intemperança, ou seja, à falta de moderação e à ausência de controle sobre seus atos e vontades. Igualmente, há definições das condições que inserem alguns homens em uma escala inferior na hierarquia social do mundo clássico, e há, ainda, aqueles que, por natureza, se apresentam em uma escala superior ao plano da capacidade racional.

Para Aristóteles, a condição de ser um homem possuidor das "qualidades",[9] o que o distingue dos demais, o faria o mais capacitado a agir eticamente, em função de sua capacidade racional ser mais desenvolvida e capaz de movimentar os meios necessários para a finalidade suprema da *polis*, que é a felicidade. Em a *Ética a Nicômaco*[10] e na *Política*,[11] Aristóteles elaborou diretrizes que permitem ao homem ter clareza de como é possível chegar aos resultados mais positivos e justos em suas ações na comunidade. Logo, o homem ético é aquele capaz de dedicar-se ao exercício da política e, para isso,

---

[9] Termo/categoria/conceito presente nos tratados "fisiognômicos" e nas interdições aos judeus, mouros, ciganos, africanos e índios americanos, tanto na Europa do Antigo Regime, quanto nas fontes coetâneas da América colonial. Nossa pesquisa encontra-se ainda incipiente, e o que apresentamos aqui são conclusões preliminares.

[10] ARISTÓTELES. *Ética a Nicômaco*. São Paulo: Abril Cultural, 1984. (Coleção Os Pensadores, v. 2).

[11] ARISTÓTELES. *Política*. Tradução de Mário da Gama Kury. Brasília, DF: Ed. UnB, 1985.

é preciso ter habilidade no domínio da retórica, pois, é no espaço das decisões que o homem demonstra sua competência argumentativa.

O caráter do homem virtuoso é compreendido em relação ao bem relativo à nobreza, pois, a condição que se estabelece no plano político-social seria de uma virtude oriunda de uma tradição de antepassados: "nobreza significa para um povo e uma cidade que a origem dos seus membros é autóctone ou antiga, que os seus primeiros chefes foram ilustres, e que muitos descendentes se ilustraram em "qualidades" invejáveis".[12] Decorre daí a importância de se ter bons e numerosos filhos, que representem para as comunidades uma descendência nobre, naquilo que diz respeito às virtudes do corpo, tais como: estatura, beleza, força e capacidade para a luta. Também, no que se refere às virtudes da alma, Aristóteles destaca a temperança e a coragem, associando a beleza física aos atributos morais do que seria um homem virtuoso.

A riqueza de um homem livre é constituída não só pela abundância de dinheiro, terra, posse de escravos e gados, mas, também, pela boa reputação, que dá a ele a possibilidade de ser considerado, por todos, como homem de bem e possuidor de honra: "a honra é sinal de boa reputação por fazer o bem, são justamente honrados, sobretudo que tem feito o bem, eles e também o que tem a capacidade de o fazer".[13] Honra e beleza, pois, são consideradas como semelhantes e compõem as duas faces de um homem virtuoso. Suas ações devem ser justas, convenientes e equilibradas, portanto, vistas como belas pelos seus pares, que as concebem como dignas dos seus antepassados, cujas ações estão descritas nos mitos da gênese. Ao adquirir mais honra, o homem alcançaria também a felicidade,

---

[12] ARISTÓTELES. *Retórica*. Tradução e notas de Manuel Alexandre Júnior, Paulo Farmhouse Alberto e Abel do Nascimento Pena. São Paulo: Martins Fontes, 2012. p. 28.

[13] ARISTÓTELES, *Retórica*, op. cit., p. 29.

condição *sine qua non* da beleza. Assim, ser um homem bom significaria ter atributos físicos belos, condizentes com o equilíbrio e controle de suas paixões e comportamentos.

A filosofia aristotélica concebe uma ideia de organização do mundo, em que a natureza tem um ciclo de ordem inabalável, por meio do qual tudo tem um fim, e o homem, como parte desse cosmos, tem uma finalidade definida pelo nascimento, cuja função é agir de acordo com o que faz dele um homem, aquilo que traduz a sua essência humana e o torna diferente de todos os outros seres da natureza. Agir como homem é agir com a razão. Os homens que exercem seu papel fazendo uso de sua capacidade racional são superiores e, aqueles que fazem uso dela de forma medíocre, são inferiores.[14]

"Fisiognomia"

Há indícios de uma teoria fisionômica, datada do século V a.C., a partir do tratado *Physiognômica*, atribuído a Aristóteles, o qual trata do comportamento humano e das suas formas físicas correspondentes, e também dos tipos de caráter. Além da atribuição a Aristóteles, outros tratados de fisionomia foram escritos e atribuídos a outros gregos antigos, como Polemão – divulgado pela versão árabe – e Adamantius, o sofista, além de outros anônimos. Consta que foram os filósofos muçulmanos que abreviaram o tratado *Physiognômica* para aconselhar Alexandre, o Grande, quanto

---

[14] ARISTÓTELES, *Ética*..., op. cit.

à escolha de seus escravos, amigos e ministros.[15] É possível que daí se tenha originado a especulação de que a filosofia medieval tenha recebido do Islã, do Egito e da Índia as informações acerca das práticas fisionômicas, consideradas pelos cristãos como práticas de adivinhação, portanto, abomináveis.

A identificação dos comportamentos, sentimentos e atitudes de indivíduos, pela aparência física, no medievo, foi associada às práticas de quiromancia[16] proibidas pela Igreja cristã. Somente em fins do século XVIII, os estudos do pastor suíço, Johann Kaspar Lavater,[17] revalorizaram a arte "Fisiognômica", sendo estes estudos traduzidos para o inglês e para o francês.[18] As principais fontes de inspiração de Lavater foram os estudos do italiano Giambattista Della Porta[19] e do filósofo e médico inglês Thomas Browne.[20]

O estudo *A Fisiognomia Humana*, de Della Porta, foi editado em Nápoles, em 1586, por meio do qual se desenvolveu uma arte de

---

[15] Consultar: BALTRUSAITIS, Jurais. *Aberrations*. Flammarion: Paris, 1973; ZUCKER, Arnaud. *La physiognomonie antique el elangage animal du corps*. Rursus. Le modèle animal, 9 juil. 2006. Disponível em: <http://rursus.revues.org/58>. Acesso em: 15 ago. 2015; SAIGNES, Thierry; BOUYSSE-CASSAGNE, Therese. Dos confundidas identidades: mestizos y criollos en el siglo XVII. *Senri Ethnological Studies*, v. 33, p. 14-26, 1992; RODOLPHO, Melina. Um estudo fisionômico. In: MODESTO, Artaxerxes T. T. et al. *O gênero em diferentes abordagens discursivas*. São Paulo: Paulistana, 2011. p. 191-208; MUÑOZ, María Del Mar Albero. Albero. La investigación sobre fisiognomía y expresión de las pasiones. objetivos y metodología. *Panta Rei*, Murcia, v. 3, 2ª época, p. 233-247, 2008; NAVAL, Paula Val. La tradición fisiognómica em la obra de Juan Fernandez de Heredia. *Alazet: Revista de Filología*, n. 14, p. 395-405, 2002.

[16] Suposta arte divinatória de predizer o futuro segundo as linhas e os sinais da mão; quiroscopia.

[17] (1741-1801).

[18] LAVATER, Johan Caspar. *Physionomische fragmente*. Leipzig und Winterthur: Weidmanns Erbenund Reich, und Heinrich Steiner und Compagnie, 1775. 4 v.; LAVATER, Johan Caspar. *L'Art de connaitre les hommes par la physionomie*. Paris: Depelafol, 1835; LAVATER, Johan Caspar. *Essays on physiognomy*. Tradução de Thomas Holcroft. London: B. Blake, Bell Yard, Temple Bar, 1894.

[19] (1535-1615).

[20] (1605-1682).

vincular as "qualidades" da alma aos sinais do corpo. O zoomorfismo de Della Porta relacionou o temperamento do coração, do cérebro e do sangue ao humor melancólico e fleumático; e relacionou a cólera aos seus correspondentes nos animais, segundo os climas, tipos de alimentação, idade e sexo. Della Porta usou xilografias de animais para ilustrar as características humanas e seus sentimentos com relação aos mesmos sinais e comportamentos de determinados animais.[21] Na *Religio medici*, em 1642, inspirado em Della Porta, Thomas Browne desenvolveu a ideia de que os caracteres do corpo exprimiam o temperamento e as referências da alma.[22]

As ideias "physiognômicas" presentes na Ásia, África e Europa, certamente, chegaram às Américas, não só pelos livros, tratados e manuais, mas também pelo imaginário, sentimentos e representações daqueles que atraveram o Atlântico e o Pacífico, em direção ao Novo Mundo, com os mais distintos objetivos. Sejam em corpos de conquistadores, escravos ou comerciantes, estas ideias chegaram ao Novo Mundo, mesclando-se com outras concepções nativas existentes. Nas sociedades ibéricas, visceralmente cristãs, a ideia de ordem do cosmos é central no imaginário político, jurídico e social. A ordem, o lugar e o caráter das pessoas e das coisas no universo são explicados e legitimados pelo mito da criação, conforme demonstrou Hespanha,[23] e estão presentes nas mentes dos povos, não só no medievo, mas em todo o período moderno. *Physiognomia* não é o mesmo que "Fisionomia". Esta expressão, ou termo, aparece

---

[21] Obra original: PORTA, Giambattista Della. *De humana physiognomomia libri III*. Nápoles, 1586. Traduzido para vários idiomas.

[22] MATOS, Maria Izilda Santos de. Espelhos da alma: fisiognomonia, emoções e sensibilidades. *Revista Brasileira de História das Religiões*, v. 5, n. 14, set. 2012. (Dossiê Questões teórico-metodológicas no estudo das religiões e religiosidades, v. 2). Disponível em: <http://www.dhi.uem.br/gtreligiao/index.html>. Acesso em: 25 jun. 2014.

[23] HESPANHA, Antonio Manuel, op. cit.

em Bluteau, escrito e conceituado da seguinte forma (observe-se que o vocabularista se esquiva de usar a escrita aristotélica):

> Physionomia. Deriva-se de Phyfis. Natureza & Gnomos, regra, & he a Arte que dá regras, para concecturar das feyçoens do corpo, & principalmente do rosto, o temperamento, & as boas, ou más inclinaçoens, & qualidades do homem. Tem melhores fundamentos, que a Chiromancia, mas huns, & outros saómuy falíveis. João Bautista Porta fez hum livro, em q pretende mostrar com mais agudeza, que verdade, que todo o homem se parece na cara com algum animal, ou volátil, ou quadrupede, & cotejando os lineamentos, procura combinar os gestos. *Hominum mores, naturas que excorpore, acule, vulto, fronte pernoscendiars, tis. Fem.* Physionomia, muitas vezes se toma por cara, semplante, etc. Olhay para a Physionomia deste homem, aquela cabeça, aquellas sombracelhas razas, naõ parecem indicio a da sua maldade, & pregoens da sua astucia? *Faciem (hominis) considerate, nonneip sum caput – supercilia illapenitus abrasa, oleremalitiam clamitare calliditatem videndut?* Cic. Em lugar de *Faciem* podia Cícero dizer, como mais abaixo diz, *Totam córpores figuram.* O que tem boa Physionomia. *Cujus in vultu probitatis, ou toniein dolis, praltan tisingenii indicia extant. Cujus vultus bono sindicat mores, bonam indolem praltan singenius.* Nunca vi homem de taõ má Physionomia.*Nunquam improbio revidifaciem. Plaut.* Muitas vezes engana a Physionomia. *Vultus, oculiper sepementiuntur.* Cic.

(He Physionomiacerta, que os reis tem as mãos muito compridas. Varella. Num. Vocal. p. 421).[24]

A maneira como Bluteau conceitua o termo aparece de forma semelhante em Moraes Silva (1789), que sinteticamente afirma que se trata da "Arte de conhecer os hábitos do animo, e sua índole, por meyo das feições, principalmente as do rosto. As feições do rosto". De forma complementar, o autor afirma que o *Physionomista* é a "pessoa que conhece a índole de outrem pelas feições do rosto, suas mudanças, e alterações". De forma similar, Silva Pinto[25] também afirma que *Physionomia* é a "arte de conjecturar pelas feições do rosto sobre a índole, e hábitos do animo. Fig. As feições do rosto"; e o *Physionomista* seria o "que conjectura pelas feições do rosto, suas mudanças, e alterações sobre a índole de alguém".[26] Distintamente

---

[24] BLUTEAU, D. Raphael. *Vocabulario portuguez e latino aulico, anatomico, architectonico, bellico, botanico, brasilico, comico, crítico, chimico, dogmatico, dialectico, dendrologico, ecclesiastico, etymologico, economico, florifero, forense, fructifero, geographico, geometrico, gnomonico, hydrographico, homonymico, hierologico, ichtyologico, indico, isagogico, laconico, liturgico, lithologico, medico, musico, meteorologico, nautico, numerico, neoterico, ortographico, optico, ornithologico, poetico, philologico, pharmaceutico, quidditativo, qualitativo, quantitutivo (sic), rethorico, rústico, romano, symbolico, synonimico, syllabico, theologico, terapteutico, technologico, uranologico, xenophonico, zoologico, autorizado com exemplos dos melhores escritores portuguezes, e latinos; e offerecido a el Rey de Portugal, D. João V, pelo Padre D. Raphael Bluteau clerigo regular, doutor na sagrada theologia, prêgador da Raynha de Inglaterra, Henriqueta Maria de França, & calificador no sagrado Tribunal da Inquisição de Lisboa.* Coimbra: No Collegio das Artes da Companhia de JESU Anno de 1712. p. 489-490. Disponível em: <http://www.brasiliana.usp.br/dicionario/edicao/1>. Acesso em: 14 maio 2012.

[25] SILVA PINTO, Luís Maria da. *Dicionário da língua brasileira*. Ouro Preto, MG: Na Typograpoia de Silva, 1832. Disponível em: <http://dicionarios.bbm.usp.br/pt-br/dicionario/edicao/3>. Acesso em: maio 2014.

[26] SILVA, Antônio de Moraes. *Diccionario língua pôrtugueza composto pelo padre D. Rafael Bluteau, reformado, e accrescentado por Antônio de Moraes Silva, natural do Rio de Janeiro*: tomo primeiro, A=Z. Lisboa: Na Officina De Simão Thaddeo Ferreira, 1789. Com Licença da Real Meza da Commissão Geral, sobre o Exame, e Cenfura dos Livros. Disponível em: <http://www.brasiliana.usp.br/bbd/handle/1918/00299210#page/3/mode/1up>. Acesso em: 2 fev. 2013; SILVA PINTO, Luís Maria da, op. cit.

dos vocabularistas e dicionaristas coetâneos, em nosso vernáculo moderno, Houaiss[27] define Fisionomia da seguinte maneira:

> Fisionomia. 1. Conjunto de traços do rosto humano, feição, semblante (f. delicada, bonita). 2. Expressão singular desses traços, ar, aparência (chegou com a F. entristecida). #. Fig. Aspecto particular, próprio de (objeto, situação, lugar etc). (a f. dos pais se tem transformado nos últimos anos) (muito lhe agradou a f. dessa negociação). 4. ECO feição característica ou aspecto de uma vegetação ou comunidade vegetal, relacionados às formas de vida, proporções e arranjos dos indivíduos. ETIM. lat. Tar. *Physiognomia*, alt. Por supressão silábica do lat. *Physiognomia*, este adp. do gr. *Phusiognomía* id. SIN/VAR ver sinonímia de cara. PAR *fisiognomia*.[28]

No entanto, ao conceituar o termo Fisionomista, a definição de Houaiss se aproxima daquela descrita nos vocabulários e dicionários setecentista e oitocentista para se referir a *Physionomia*: "Fisionomista. 1. Que ou aquele que conhece ou pretende conhecer a natureza de outrem por meio da observação de sua fisionomia. 2. Aquele que facilmente memoriza fisionomias".[29] Não obstante o conceito aristotélico de "Fisiognomia", Houaiss opta por denominar "Fisiognomonia", conceituando-a como "arte de conhecer o caráter do indivíduo a partir de suas feições; fisiognomia",[30] assim como os dicionaristas coevos o fizeram.

---

[27] HOUAISS, Antônio; VILLAR, Mauro de Salles; FRANCO, Francisco Manoel de Mello. *Dicionário Houaiss da língua portuguesa*. Rio de Janeiro: Objetiva; Instituto Antonio Houaiss de Lexicografia, 2009. Versão digital.
[28] Loc. cit.
[29] HOUAISS, Antônio; VILLAR, Mauro de Salles; FRANCO, Francisco Manoel de Mello, op. cit.
[30] Loc. cit.

Sabe-se dos abismos que existem entre a língua escrita e a língua falada, e como, no decorrer dos tempos históricos, os processos de coexistências, resistências e acomodações culturais interferiram nos costumes e nos usos das palavras e conceitos. Os séculos subsequentes de unificação planetária de hábitos, doenças, práticas religiosas e representações coletivas modificaram os tipos de ideias que os indivíduos tinham de si e do outro, num intenso movimento de choques e aproximações. Assim também como se transformam as aplicações de palavras e termos para dar nomes às coisas.

Certamente, o universo religioso cristão e o islâmico, com suas ideias e práticas "fisiognômicas", em contato com outras manifestações religiosas, consideradas pagãs, sofreram, não só transformações, mas, também, as permanências culturais das práticas médicas dos expoentes do conhecimento científico e religioso dos povos das conquistas. Estes saberes chegavam aos indivíduos comuns, que os utilizavam e os reliam à sua maneira. Desta forma, compreende-se que as descrições fenotípicas das gentes do mundo colonial estejam contaminadas pelas ideias "physiognômicas" tão, vulgarmente, disseminadas, desde os tratados aristotélicos.

Durante os séculos XVII e XVIII, as ideias "fisiognômicas" de Charles Le Brun[31] e Thomas Browne fizeram-se presentes nos centros do saber europeu e, possivelmente, dilataram-se pelos demais espaços das possessões europeias noutros continentes. Le Brun e Brown utilizaram as inspirações de Della Porta para desenhar as paixões humanas em comparação com as dos animais. Procuraram entender as "qualidades" internas do homem a partir da aparência do rosto. Lavater, também no século XVIII, procurou ver a alma pela aparência física, pois, segundo ele, nada existe no homem senão a expressão

---

[31] (1619-1690).

em si mesma, e é por ela que podemos conhecer a psicologia e o caráter dos indivíduos.[32] Estes e tantos outros escreveram tratados de *fisiognomia*, fontes importantíssimas para tratarmos das categorias de "qualidade", tão presentes na documentação colonial.[33]

No mundo clássico, o olhar sobre o negro e seus descendentes tem uma conotação bem distinta daquela que se configurou a partir das grandes conquistas e da escravização do povo africano. Certamente, o tráfico Atlântico de almas da África para a Europa e para as Américas ampliou e modificou a representação que se tinha, até então, do outro. A identificação da falta de controle das emoções e da falta de sentimentos considerados nobres, em negros, índios e em mestiços de negros e de índios, intensificou-se com as práticas

---

[32] Evitamos referências a Cesare Lombroso (1835-1909) por entender que suas ideias foram mais intensamente vinculadas no século XIX. Limitamos nossas análises até os séculos XVIII.

[33] AVENDAÑO, Jairo Guteirréz. Fisionómica perceptiva y fenomenologia del cuerpo. *Versione*, Medellín, n. 5, p. 83-97, jul./dic. 2005; FELIPO, Francisco Javier Peris. Aportación a la divulgación zoológica valenciana del siglo XVII: el tratado de los animales terrestres y volátiles de Jerónimo Cortés (1613). *Revista Historia Autónoma*, n. 2, p. 59-74, mar. 2013; CORTÉS, Gerónimo. *Libro y tratado de los animales terrestres y volátiles, con la historia, y propiedades dellos* ... Valencia: Impresso en casa de Juan Chrysóstomo Garriz, 1613; CARO BAROJA, Julio. *Historia de la fisiognómica*: el rostro y el carácter. Madrid: Istmo, 1988; CARO BAROJA, Julio. *La cara, espejo del alma*: historia de la fi siognómica. Barcelona: Galaxia Gutenberg, 1995; DARWIN, Charles. *La expresión de las emociones en los animales y en el hombre*. Traducción de Tomás Ramón Fernández Rodríguez. Madrid: Alianza, 1984; LEVINAS, Emmanuel. *Totalidad e infinito*: ensayo sobre la exterioridad. Traducción de Daniel E. Guillot. Salamanca: Sígueme, 1977; LOMBROSO, Cesare. *L'uomo delinquente*. Torino: Fratelli Bocca Editori, 1876; PSEUDO ARISTÓTELES. *Fisiognomía*. Introducción, traducción y notas de Teresa Martínez Manzano y Carmen Calvo Delcán. Madrid: Editorial Gredos, 1999; LANGE, Fritz. El lenguaje del rostro: una fisiognómica científica y su aplicación práctica a la vida y al arte: con un estudio preliminar y prólogo por el Dr. Ramón Sarro. Traducción directa del alemán por el Dr. Fermín Fernández. Barcelona: Luis Miracle, 1942; ABANO, Pietro d'. *Liber compilationis physiognomiae*. Padova: Pierre Maufer, 1474; ABANO, Pietro d'. *Decisiones physionomiae*. Venezia: Comin da Trino, 1548; ADAMANTIUS. *Adamantii sophistae physiognomonicon*: id est de naturae indiciis cognoscendis libri duo: Iani Cornarii de utriusque alimenti receptaculis dissertatio contra quam sentit Plutarchus. Basel: Robert Winter, 1544; AGRIMI, Jole. *Ingeniosa scientianature*: studi sulla fisiognômica medievale. Sismel: Edizioni del Galluzzo, 2002; ARISTÓTELES. *Fisiognômica*: testo greco a fronte. Tradução de Maria Fernanda Ferrini. Milano: Bompiani, 2007.

escravistas, em larga escala no Novo Mundo, que passaram a ser inseridas como critérios de distinção social. Interessante notar que, nos tratados *physiognômicos* citados, não há a negatividade da cor preta como relacionada à ausência ética ou moral nos indivíduos de cabelos, olhos ou peles de cor negra. Mesmo no zoomorfismo de Della Porta, não há associação dos símios aos fenótipos negroides.

Na análise das categorias de distinção das populações coloniais, a recente historiografia brasileira tem associado o *status* jurídico dos indivíduos à sua condição social de livres, forros ou cativos, ou ao que se tem tomado como cor das pessoas. Por exemplo: João, preto forro; Maria, mulata escrava, de fulano de tal; José, pardo livre etc. Notadamente a historiografia tem usado o termo cor para explicar esses adjetivos, que seguem os nomes e as condições sociais dos indivíduos, livres, forros e escravos, na documentação colonial: preto, negro, pardo, mulato, cabra, crioulo, cafuzo, mameluco, curiboca, branco, fusca etc.

A categoria cor, muitas vezes, tem sido confundida com a categoria "qualidade", que aparece em textos aristotélicos e em outros escritos da filosofia clássica. No verbete *Physionomia*,[34] Bluteau não só usa o termo "qualidade", como demonstrado por Cícero, como também mostra a aplicação e uso deste termo para associar o comportamento humano à aparência física.

Em fontes coevas da América colonial, até fins do século XVIII, o termo "qualidade" tem sido usado para se referir aos negros, pretos, mulatos, pardos, mamelucos, cafuzos, brancos, crioulos, curibocas, cabras, zambos e outras derivações oriundas de lugares e períodos marcadamente definidos. A categoria "qualidade" não tem o mesmo sentido que a categoria cor que, inclusive, pode aparecer

---

[34] Transcrito no início deste texto.

de forma isolada nos documentos históricos, como por exemplo: João de cor preta, escravinho de cor negra etc. A referência à cor e à "qualidade" deve ser particularizada ao local e ao tempo em que está sendo utilizada, uma vez que se tem comprovado que os significados dos termos/categorias/conceitos variam de acordo os contextos espaciais e temporais em que são utilizados.

No entanto, falar em "qualidade" não é o mesmo que falar em cor, embora esta, no mais das vezes, mesmo que de forma não explícita, relaciona-se à ideia daquela. O mais comum tem sido, desde os trabalhos pioneiros, tomarem o uso e a aplicação da categoria "qualidade" como se fosse a categoria cor.[35] Cor e "qualidade" andam juntas, mas não se confundem, ainda que existam de forma correlacionada.[36] Desde a chegada dos europeus na América, até, pelo menos, fim dos Setecentos, a "qualidade" dos indivíduos era utilizada para referir-se, não só à cor, mas, também, à condição social da pessoa: escravo, forro ou livre. No mais das vezes, a categoria "qualidade" pode definir as duas categorias – cor e condição – numa mesma expressão.

"Qualidade" foi um(a) termo/conceito/categoria presente nas fontes coloniais, sendo usada, também, em períodos anteriores, nas documentações históricas durante o Antigo Regime, na Europa,

---

[35] Assim como em vários trabalhos da historiografia hispânica e portuguesa, na historiografia brasileira a categoria "qualidade" foi tomada como cor. Esta, muitas vezes, relacionada e explicada em relação ao *status* jurídico – a condição de livre, forro ou cativo – e ao lugar social. Podemos tomar como pioneiros, para o Brasil: CASTRO, Hebe Maria da Costa Mattos. *Das cores do silêncio*: os significados da liberdade no sudeste escravista: Brasil, século XIX. Rio de Janeiro: Arquivo Nacional, 1995 e EISENBERG, Peter. *Homens esquecidos*: escravos e trabalhadores livres o Brasil: século XVIII e XIX. Campinas, SP: Ed. Unicamp, 1989. A histografia brasileira tem seguido essa tradição, salvo poucas exceções, a exemplo das recentes pesquisas associadas à Rede de Grupos de Pesquisa Escravidão e Mestiçagens.

[36] PAIVA, Eduardo França. *Dar nome ao novo*: uma história lexical das Américas portuguesa e espanhola, entre os séculos XVI e XVIII (as dinâmicas de mestiçagem e o mundo do trabalho). Tese de Professor Titular em História do Brasil apresentada ao Departamento de História da Universidade de Minas Gerais. Belo Horizonte, 2012.

para distinguir pessoas consideradas sem sangue infecto e/ou sem defeito físico, daquelas que eram identificadas como mouros, judeus, negros e mestiços.[37] No Vocabulário de Bluteau, o termo aparece mais bem explicado e associado aos princípios "fisiognômicos" e às ideias aristotélicas:

> Qualidade. Ou calidade. Nas Escolas dos Filosofos tem esta palavra muytas, & muyto diversas accepções. Algũas vezes toma-se por aquellarazaõ, que determina a **propria essencia da cousa**, & assim o que os Logicos chamaõ *Differença*, he chamado dos mesmos *Qualidade essencial*, quando a *qualidade* determina algum ente exteriormente, & fora da essencia, entaõ chama-se *Qualidade accidental*, segundo alguns Thomistas, qualidade he *Accidente, consecutivo à fórma*, segundo outros da dita Escola, qualidade he, *Modo, ou determinaçaõ do subjeyto no seu ser accidental*. A muytos, mais agrada esta definição, *Qualidade he hum* **Accidente absoluto, que aperfeyçoa a substancia assim no obrar, como no ser**. Mas he necessario confessar, que naõ se póde perfeytamente definir a *qualidade*, porque nenhũa definição della convèm às especies da qualidade todas, sómente, & sempre, requisitos absolutamente necessarios para hũa prefeyta definição. Divide se este Accidente em *qualidades espirituaes*, que saõ proprias do entendimento, como saõ *Setēcia, Opiniaõ, &c.* ou proprias da vontade, como he qualquer virtude moral; *& qualidades corpóreas*, como Figura, movimento,

---

[37] PAIVA (op. cit., p. 18-19) mostra a presença do termo/conceito/categoria noutros dicionários antigos: Elio Antonio de Nebrija, em seu *Vocabulario español-latino*, de 1495(?), definiu: "Calidad o acidente. qualitas. atis." No dicionário de Don Sebastian de Covarruvias Orozco, cuja primeira edição é de 1611, encontra-se: "CALIDAD. Lat. Qualitas, secumdum quam dicimur quales: remitome a los señores Logicos. Perspna de calidad, hombre de autoridad y de prēdas." E no *Hieronymi Cardosi Lamacensis Dictionarium ex Lusitanico in latinum sermonem* aparece apenas "Qualidade. qualitas, atis." nas edições de 1562, 1570, 1592, 1601, 1613, 1619, 1630, 1643, 1677 e 1694.

quietação, grandeza. [...] **Dizem os Criticos, que foy Cicero o primeyro que alatinou esta palavra; porque os antigos Latino usavão do concreto** *quale,* **& fugião do abstracto** *qualitas,* **como de torpe barbarismo.** *Vide* na letra C. Calidade. CALIDADE. Accidĕte natural, ou propriedade de huma cousa. *Qualitas, atis.* [...] Calidade. **Prenda do corpo, como a belleza, ou da alma, como a ciencia, & a virtude, &c.**[38] Calidade. Nobreza. *Nobilitas,atis. Fem. Dignitas, atis. Fem.* Homem de calidade. *Vir nobilis,* ou *genereclarus.* Homem de grande qualidade. *Vir nobilitate præstans,* ou *summa nobilitate præstans. Homo illustres honore, acnomne. Cic. De Clari. 174.* Hum homem desta calidade. *Vir tali dignitati præditus. Cic. ProCluent.*[39]

Essência da coisa, acidente absoluto que aperfeiçoa a substância no obrar e no ser, prenda do corpo, beleza, virtude e alma, são exemplos apresentados por Bluteau para definir "qualidade", que são os mesmos critérios de identificação presentes nos tratados de "fisiognomia" e nas posteriores análises "fisiognômicas" dos indivíduos no mundo clássico e no mundo moderno. As designações fenotípicas, claramente marcadas pelas ideias "fisiognômicas" dos indivíduos e grupos sociais durante todo o período colonial, refletem permanências e ressignificações de termos e categorias de identificação, classificação e hierarquização trazidas do Velho Mundo e veiculadas por aqueles que viviam no Brasil naquele período.

As identificações, classificações e hierarquizações dos indivíduos e grupos sociais no Novo Mundo têm sido compreendidas não só pela condição jurídica, pela cor ou pela "qualidade". O avanço das pesquisas historiográficas tem demonstrado que o uso coevo das

---

[38] Destaques nossos.
[39] BLUTEAU, D. Raphael, op. cit., grifos nossos.

classificações fenotípicas pela cor e tipo de cabelo, pelo tipo e cor dos olhos, pela estatura, pelo tipo de rosto – redondo ou quadrado –, pela existência ou não da barba, pelo tipo e cor dos olhos, formato dos lábios e narizes foram importantes no passado, tanto na visão do outro, quanto na visão de si mesmo. Só muito recentemente, a historiografia tem buscado compreender e explicar estas aplicações, e no mais das vezes, o tem feito com a desconsideração das permanências das ideias aristotélicas sobre "fisiognomia".

Não é incomum observarmos as características negativas dos mestiços sendo ressaltadas pelos governantes e administradores coloniais. Ao analisarmos as conquistas dos sertões da Bahia e do norte de Minas Gerais, demonstramos a plasticidade portuguesa e a habilidade deles em se misturar e conviver com o diferente, fato tantas vezes registrado pela historiografia, que abrigava vários limites percebidos nas falas dos membros da elite lusitana que administravam a Colônia.

Conceder postos de comando a homens pretos e mestiços não era aceito unanimemente por aqueles que se consideravam brancos puros e que, portanto, deveriam manter entre si tais atribuições. Em fins do século XVIII, o ouvidor da comarca de Ilhéus, Balthasar da Silva Lisboa, ao escrever sobre os problemas e potencialidades comerciais daquela capitania, expressou críticas sérias às entradas de João Gonçalves da Costa, preto forro agraciado com o título de capitão-mor do Terço e de Henrique Dias, em 1744, cujo destaque mais marcante foi ter reduzido índios e aberto caminhos entre os sertões da Bahia e de Minas Gerais.[40] Tantas vezes elogiado pelos administradores coloniais, Costa, ao ser criticado pelo Ouvidor da capitania vizinha à Bahia, foi considerado traidor e desleal

---

[40] IVO, Isnara Pedro. *Homens de caminho*: trânsitos culturais, comércio e cores nos sertões da América portuguesa: século XVIII. Vitória da Conquista, BA: Edições UESB, 2012.

às causas reais por ter, em sua família, pessoas maculadas pela mestiçagem:

> que efeitos eram de esperar vantajosos à execução dos sábios projetos do governador em uma tão grande distância, tendo-se dado por governador e executor do projeto a João Gonçalves, por diretor um coriboca [sic.] da sua família e por pároco um pároco ignorante? Tais foram os protetores e pais que tiveram aqueles desgraçados, os quais ainda hoje gemem habitados, arrastando os grilhões da desumanidade e perfídia de seus duros e ambiciosos administradores.[41]

A mesma preocupação em manter homens de "limpo nascimento" na administração colonial foi externada, em 1726, pelo rei Dom João V (1706-1750) ao governador da Capitania de Minas Gerais, Dom Lourenço de Almeida:

> que sendo uma grande parte das famílias dos seus moradores de limpo nascimento era justo que somente as pessoas que tiverem esta **qualidade**[42] fossem eleitas para servirem de vereadores e andarem na governança porque se a falta de pessoas capazes fez a princípio necessária a tolerância de admitir os mulatos nos exercícios daqueles ofícios, hoje tem cessado esta razão se faz indecoroso que lhes sejam ocupados por pessoas em que haja de semelhante defeito.[43]

As interdições aos indivíduos e grupos sociais edificaram o arcabouço político, religioso, social e econômico das populações

---

[41] ANAIS BN (Anais da Biblioteca Nacional). Volume XXXVI. Ofício do ouvidor da comarca dos Ilhéos Balthasar da Silva Lisboa para Dom Rodrigo de Sousa Coutinho, no qual lhe communica uma interessante informação sobre a comarca de Ilhéos, a sua origem, a sua agricultura, commercio, população e preciosas mattas. Cairú, 20.03.1799. p. 112.

[42] Grifo nosso.

[43] APM (Arquivo Público Mineiro). SC (Seção Colonial) 5. 1709-1735. Registro de cartas, ordens, decretos e cartas régias. Carta de S. Majestade do ano de 1726. f. 115-116.

dos quatro continentes, interligados pelos grandes encontros ultramarinos a partir das grandes navegações. As expressões curiboca e mulato, nas citações acima, referem-se à "qualidade" dos indivíduos e grupos sociais, e definem os seus lugares na ordem e hierarquia da sociedade. Muito se tem produzido acerca das leis de impedimento a judeus, mouros, ciganos, negros e índios nas sociedades coloniais americanas, e muito ainda precisa ser compreendido e explicado, principalmente, para o Brasil. Os sinais de natureza de pessoas destacadas nas fontes coevas nos convidam a refletir sobre as representações "fisiognômicas" presentes nas mentes dos que, conscientes ou não, produziram e registraram estas ideias.

Os adjetivos tomados como reveladores da cor da pele e da "qualidade" das pessoas podem ou não, em alguns casos, referir-se à sua "fisiognomia". Dentre alguns termos tão comuns na documentação colonial para a América portuguesa, muitos não são inéditos, mas já incorporados à linguagem dos povos europeus, desde o período clássico. O termo fusca, por exemplo, é constante nas fontes coloniais, e a historiografia tem se destacado nos cortes elaborados para identificação, classificação e hierarquização da população colonial.

Numa breve etnografia desta incipiente pesquisa, encontramos este termo num manuscrito também atribuído a Aristóteles, possivelmente, escrito no século IV a.C. O manuscrito, encontrado na biblioteca do Infante Dom Henrique, foi muito usado por governantes islâmicos e cristãos. Trata-se do *Secretum Secretorum*,[44] que aborda vários assuntos, tais como, a arte de governar, ética, "fisiognomia", astrologia, alquimia, magia, medicina e fisionomia. O manuscrito ficou conhecido como *Segredo dos Segredos* ou *O Livro do*

---

[44] PSEUDO ARISTÓTELES. *Segredo dos segredos*: tradução portuguesa, segundo um manuscrito inédito do século XV. Lisboa: Faculdade de Letras, Universidade de Lisboa, 1960.

Segredo dos Segredos, ou em árabe *Kitab sirr al-asrar*, ou *O Livro da Ciência do Governo: do Bom Ordenamento do Governo*.[45] Nele há interpretações acerca do homem e de sua condição virtuosa, que contém alguns elementos que possibilitam identificar condições necessárias à conformação hierárquica do mundo social na Antiguidade.

Segundo o texto, algumas condições são fundamentais para que o homem se defina acima dos demais, dos que estão subordinados ao vício e à intemperança, ou seja, à falta de moderação, à ausência de controle sobre seus atos e vontades. Igualmente, nele são definidas as condições que inserem alguns homens em uma escala inferior na hierarquia social do mundo clássico, e aqueles que, por natureza, se apresentam em uma escala inferior ao plano da capacidade racional.

As ideias "fisiognômicas" presentes no Tratado de "Fisiognomia", igualmente, atribuído a Aristóteles, estão presentes no Manuscrito que, inclusive, se utiliza da cor da pele como critério de distinção: indica-se que os homens de pele amarela – os loiros – são inclinados aos vícios e a luxúria. A mais equilibrada das criaturas seria aquela que tem olhos e cabelos negros. Interessante mesmo é a acepção que se faz à cor negra ao afirmar que "quando a natureza se inclina ao negridão e amarelão então é muito boa temperança".[46] Conclusões intrigantes, que nos levam a questionar quando, de fato, a cor da pele negra passou a ser considerada desprovida de beleza e inerente a indivíduos de índole questionável. No que se refere aos cabelos, igualmente, a associação negativa dos caracteres negroides não acontece: "Cabelos não ásperos significa mansidão, [...] A carne vermelha é sinal de não sabedoria e muita ira. Negro significa

---

[45] Demonstramos partes dos resultados da pesquisa, especialmente sobre este manuscrito em: IVO, Isnara Pereira; PAIVA, Eduardo França. *Dinâmicas de mestiçagens no mundo moderno*: sociedades, culturas e trabalho. Vitória da Conquista, BA: Edições UESB, 2016.

[46] PSEUDO ARISTÓTELES, *Segredo...*, op. cit., p. 85.

direitura e amor à justiça. Aquele que são metades entre as duas cores, a saber o negro e o vermelho significa amante da paz".[47]

O mais frequente é a relação das "qualidades" humanas às formas e tipos de atributos físicos e, note-se: a cor é tomada como recurso de caracterização dos genótipos e não como definidora dos comportamentos dos indivíduos ou aos seus níveis de controle de paixões. A mistura de cores de pele não são concebidas como maculadoras do caráter humano.

Os termos/conceitos/categorias, presentes nos Tratados de "Fisiognomia", foram assimilados, interpretados e modificados ao longo do tempo e, também sofreram alterações com os novos elementos agregados, que vieram dos novos espaços, que produziram novas gentes com distintas características produzidas pelas inéditas misturas não só de cor, mas de condição social e de "qualidade". Os Tratados de "Fisiognomia", pois, constituem-se fontes históricas imprescindíveis para as análises historiográficas que têm buscado entender as interdições construídas e executadas acerca dos povos marcados cultural e biologicamente pelas mestiçagens.

Análises comparadas e conectadas destes tratados podem nos ajudar a compreender os adjetivos atribuídos a pessoas e grupos sociais sejam mestiços ou não. Uma instigante etnografia poderia nos explicar a constante relação que estes termos têm com o mundo animal, tão presente nos tratados "fisiognômicos": pardo, cabra, mulato, coiote, lobo, zambo (em nosso vérnaculo, o indivíduo de pernas tortas, zambeta). São as relações desses termos, aplicadas a uma variedade de mestiços em toda a América colonial, com os tratados "fisiognômicos", que estamos buscando compreender e explicar.

---

[47] Loc. cit.

RELIGIOSIDADE E SANTIDADE EM NOVOS MUNDOS

Eliane Garcindo de Sá

Um objeto em construção

> A vida de santo se inscreve na vida de um grupo, Igreja ou comunidade. Ela supõe que o grupo já tenha uma existência. Mas representa a consciência que ele tem de si mesmo, associando uma imagem a um lugar. Um produtor (mártir, santo patrono, fundador de uma Abadia, fundador de uma Ordem ou de uma igreja, etc.) é referido a um sítio (o túmulo, a igreja, o mosteiro) que assim se torna uma fundação, o produto e o signo do advento.[1]

Uma intensa religiosidade compõe a expansão ibérica/europeia. Na verdade a expansão da fé cristã, católica no caso ibérico é continente e contingente dessa primeira mundialização da qual somos fruto como parte de um grande ocidente que se projetou sobreo planeta e forjou uma geopolítica duradoura nos seus eixos de articulação, sob as orientações dos móveis que a impulsionavam. Assim é que o universo hispano-americano, tanto no vice-reino do Peru como na Nova Espanha são fartas as manifestações de santidade de reconhecimento social, embora muitos desse pretendidos santos não tenham chegado à beatificação e canonização, mesmo que muitos nem tivessem processos formalizados. Antonio Rubial García, traçando um contraponto entre os heróis de uma mitologia nacionalista que

---
[1] DE CERTEAU, Michel. *A escrita da história*. Rio de Janeiro: Forense, 2015. p. 292.

identifica no México atualmente, e a ausência desses heróis do passado, observa: "*algo muy distinto sucedía en la época virreinal, que consideraba como sus héroes a los hombres y mujeres reputados como santos, seres que habían vivido y derramado sus bendiciones sobre esta tierra.*"[2]

Rafael Sánchez-Concha Barrios relaciona 89 santos e virtuosos no período vice-reinal do Peru.[3]

Segundo Paolo Prodi:

> A inovação trazida pelo movimento humanista e a *devotio moderna* é que nenhuma perfeição é adquirida como hábito definido e estável, mas que corresponde a um encaminhamento histórico e múltiplo, variável de acordo com a natureza e a vocação de cada cristão e as condições concretas de vida.[4]

Nesse contexto da modernidade religiosa, os santos são exemplos, modelos. Modelos de uma sociedade vice-reinal, ela mesma uma pretendida réplica de um modelo, espelhada em uma sociedade que se expande através dela e que em meio a transformações redimensiona-se e a seus modelos "originais".

A sociedade vice-reinal não é um apêndice da sociedade peninsular, é sua extensão, e deve realizar os valores de uma sociedade que se organiza em outras bases territoriais e populacionais, em torno ao eixo de uma monarquia centralizadora, católica, que tem uma missão, na península como nos territórios incorporados.

---

[2] GARCÍA, Antonio Rubial. *La santidad controvertida*: hagiografia y conciencia criolla alrededor de los venerables no canonizados de Nueva España. México: Universidad Nacional Autónoma de México; Fondo de Cultura Económica, 1999. p. 11.

[3] BARRIOS, Rafael Sánchez y Concha. *Santos y santidad en el Perú virreinal*: cuadro de contemporaneidad de lós santos y virtuosos en al virreiato del Perú. Lima: Asociación Vida y Espiritualidad, 2003.

[4] PRODI, Paolo. *Christianisme et monde moderne*: cinquante ans de recherche. Paris: Gallimard; Seuil, 2006. p. 369. Tradução livre feita pela autora.

Essa missão – concedida pela Igreja romana e dela tomada, pelo padroado, é reivindicada por essa monarquia, que se condensa e se alimenta do caráter universal da doutrina do cristianismo, que a sustenta enquanto monarquia católica e a impulsiona, enquanto legitima a expansão e a conquista de novos territórios e sociedades para conversão, nos limites, talvez do meridiano de Tordesilhas e das forças necessárias e disponíveis para avançar.

A expansão territorial que inaugura essa modernidade, sobretudo, a partir do século XV, mas que se consolida a partir do XVI com a ocupação territorial da América, parte da África e da Ásia é, como sabido, uma obra da fé, da espada e da mercadoria. Paolo Prodi dedica um capítulo da obra acima citada ao tema título: *Nouvelles dimensions de l'Église: le problème des missions et la "conquête spirituelle" de l'Amérique*. Nesse capítulo indica a presença em textos fundamentais de proposições concretas para a reforma interior da Igreja a ideia da "reapropriação de uma nova função universalista do papado, em relação às terras recentemente descobertas."[5]

> A abertura do horizonte geográfico permite entrever a liberação do papado e da Igreja, assim como a sua exaltação pela reprise de sua função de guia espiritual de uma humanidade que se dilata na diversidade dos povos e das nações, bem além de uma Itália estreita, e mesmo da Europa.[6]

Segundo esse autor, o protagonismo do papado, entretanto se transfere a outros atores. Por volta de 1513, enquanto forças internas incitam à liderança do papado, na verdade o papado já renunciou a seu direito-dever e *missio* em favor dos soberanos que já ligaram solidamente a obra da evangelização com a conquista colonial. A

---

[5] Ibid., p. 399. Tradução livre feita pela autora.
[6] Ibid., p. 400. Tradução livre feita pela autora.

ilusão de poder difundir o Evangelho por novas terras, deixando na Europa o edifício da cristandade pós-constantiniana e medieval se chocou com a realidade histórica de uma Europa globalmente direcionada para a expansão, nas suas estruturas sociais, econômicas, culturais e mesmo religiosas."[7]

> *Una de las primeras manifestaciones de reforma sistemática (de la Restauracíon Católica) la podemos hallar en la Península Ibérica, especificamente en las medidas que toman Fernando de Aragón e Isabel de Castilla con respecto de las mejoras del clero secular y el episcopado, la reinstauración del Tribunal de la Inquisicíon en los primeros años de la década de 1480. La instiuición remozada tenia como objetivo purificar y dar lustre al cristianismo, así como unidad religiosa al Estado castellano.*[8]

Em "A Igreja militante e a expansão ibérica 1440-1770",[9] Charles Boxer trata de distintas questões relacionadas à "cristianização dos povos não-europeus da África, Ásia e Américas",[10] observando que: "Contudo, para o bem ou para o mal, os pioneiros espirituais ibéricos tiveram papel crucial na expansão ultramarina da Europa que deu início à formação do mundo moderno".[11] Ao analisar as questões relacionadas a "Palavra impressa e a Difusão da Fé" ao indicar os diversos conjuntos de documentação produzidos pelos "militantes" enfatiza que esse espaço de produção se estende "literalmente da China ao Peru".[12]

---

[7] PRODI, Paolo, op. cit., p. 402.
[8] BARRIOS, Rafael Sánchez y Concha, op. cit., p. 38.
[9] BOXER, Charles. *A igreja militante e a expansão ibérica*: 1440-1770. Rio de Janeiro: Companhia das Letras, 2007.
[10] Ibid., p. 7.
[11] Ibid., p. 9.
[12] Ibid., p. 57-60.

> Durante esse longo meio século, a península ibérica, em sua integralidade, uma boa parte da Itália, os países baixos meridionais, as Américas espanhola e portuguesa, da Califórnia à Terra do Fogo, as costas da África ocidental, regiões da Índia e do Japão, oceanos e mares longínquos compuseram o 'planeta filipino' sobre o qual, a cada meia hora, a missa era celebrada. Esse aglomerado planetário apresenta-se primeiro como uma construção dinástica política e ideológica, cujas origens e consequências foram frequentemente dissecadas. [...] Não podendo inscrever-se na tradição imperial da Europa medieval – Felipe II não é imperador –, a dominação filipina buscou fundar suas pretensões universais sobre uma extensão geográfica – 'os reinos mais extensos...' [...].[13]

Sánchez Barrios Concha atribui ao Concílio de Trento, como sistematizador e organizador da Reforma Católica o impulso, no qual se apresenta o "misticismo militante" "*cuyo principal fruto fue un sentimiento vigoroso de reafirmación de la visión teológica, y, más aún, mística del mundo.*"[14] Observa que no mundo hispano-americano se difundiram as ideias de uma "Igreja militante", que lutava contra a heresia e o paganismo das idolatrias indígenas, além de resistir aos ataques protestantes (razzias de corsários nas costas peruanas), preocupava-se com a retidão da fé, sacramentos, caridade, práticas que levavam a virtudes. A prática das virtudes em grau heroico era atributo dos santos, era buscada como modelo de uma "Igreja Triunfante": "*es decir, 'triunfante' sobre las misérias del mundo terrenal y oir que había alcanzado la meta de su existência.*"[15]

---

[13] GRUZINSKI, Serge. *As quatro partes do mundo*: história de uma mundialização. Belo Horizonte: Ed. UFMG; São Paulo: Edusp, 2014. p. 46.
[14] BARRIOS, Rafael Sánchez y Concha, op. cit., p. 42.
[15] Ibid., p. 43.

Capital do vice-reino do Peru, que enraíza a presença espanhola na região andina, um ponto na rede que articula a conquista e colonização, (para dentro do continente e para fora, na continuidade do caminhar em direção ao Oriente) está a cidade de Lima. Pode ser entendida como espaço representativo da ocupação espanhola na região andina, em oposição a Cuzco, centro do Tawantinsuyo. No litoral, possibilitava a implantação de uma cidade mais próxima dos moldes trazidos da península, afastando os marcadores indeléveis da presença do poder do Império Inca. Dispondo de porto assegurava o contato das redes internas e externas. Por ela não andavam os fantasmas e as múmias dos antigos incas. Sede de audiência e vice-reino vai se definindo como um símbolo da hispanidade, embora não possa neutralizar todos os conflitos e confrontos.

A demografia da cidade inverte a demografia andina. Na perspectiva que sustenta a ideia das duas repúblicas cerca os índios, o conhecido cercado de Lima destinado aos indígenas. Nisso contrasta ainda com Cuzco, onde a presença indígena era massiva, indelével. Em Lima introduz-se maciçamente um contingente negro, cuja acentuada presença interfere nas representações da cidade, como observa Martins:

> *A ojos de los oficiales coloniales, por tanto, Lima había adquirido unas dimensiones monstruosas y se había convertido hacia mediados de siglo en una ciudad fudamentalmente negra, una impresión que se vio sin duda reforzada por al creacíon de la reducción y pueblo de Indio de Santiago Del Cercado, en que la poblacíon*

indígena de Lima fue obligada a reasentarse e partir de 1590.[16]

A proximidade física entre negros, mulatos e espanhóis era intensa, também por força de legislação do Cabildo, visando o controle dessa população. Em 1560 determina:

> Primeramente que todos los negros y negras horros que hay en la dicha ciudad de los Reyes al presente o hubiere de aquí en adelante, dentro de ocho días primeros siguientes despues que esta nuestra carta y provisión fuere pregonada, asiente con amos españoles, no siendo las dichas negras casadas con españoles, so pena de destierro perpetuo de los dichos nuestros Reinos del Perú, y que no puedan tener, ni tengan casas propias suyas para dormir ni residir en ellas, antes duerman y residan de noche y de día en casa de los dichos amos con quien asenten [...].[17]

Em que pese a construção do Cercado de índios, também estes se somavam aos demais contingentes, transitando pelas ruas e participando do quotidiano da cidade.

> En su doble situación de ciudad letrada y ciudad multiétnica, Lima constituyó un ámbito privilegiado para la interacción de indígenas y de individuos de origen africano con las prácticas y con las formas de exposición y razonamiento propias de la cultura letrada implementadas por la Iglesia y por la administración colonial. La relación de estos grupos con la cultura letrada ha sido un fenómeno que ha recibido

---

[16] MARTÍN, José Ramón Jouve. *Esclavos de la ciudad letrada*: esclavitud, escritura y colonialismo en Lima, 1650-1700. Lima: Instituto de Estudios Peruanos, 2005. p. 33. Sobre o contexto da Lima negra, tratamos mais detalhadamente em SÁ, Eliane Garcindo. San Martín de Porres: um santo mulato no Vice-Reino do Peru. In: ALMEIDA, Suely Creusa Cordeiro; SILVA, Gian Carlo de Melo; RIBEIRO, Marília de Azambuja Ribeiro (Org.). *Cultura e sociabilidade no mundo Atlântico*. Recife: Ed. Universitária UFPE, 2012. v. 2, p. 399-423. Remetemos ao trabalho de MARTÍN, citado acima.

[17] KONETSKE, Richard (Ed.). *Colección de documentos para la historia social de Hispanoamérica*. 5 v. Madri: CSIC, 1958 apud MARTÍN, José Ramón Jouve, op. cit., p. 33.

> bastante atención en el caso de las comunidades indígenas pero que aún no ha sido suficientemente estudiado respecto de la extensa población negra, ya fuera libre o esclava, mulata o zamba.[18]

Às costas do Pacífico, a cidade de Lima acentua a centralidade da rede urbana, como cabeceira do Vice-reino, na conjunção dos caminhos da conquista e ocupação espanhola continuada, tanto para o interior do continente, como para fora, pelo mar, na busca ininterrupta dos peninsulares e hispano-americanos pelo Oriente, como já observado. Pela porta do porto do Callao é intenso o trânsito humano e cultural para a cidade, não só contato com/entre os hemisférios norte e sul, notadamente com o vice-reino de Nova Espanha, mas, também, através deste ou diretamente, com conquistas do Oriente, as Filipinas, mas ainda a China e o Japão. Há um horizonte de expansão de comércio e fé.

A fé marcava fortemente a imagem da cidade. É um hagiógrafo de San Martín de Porres que, do século XIX, descreve a capital do vice-reino em tempos de vida do Santo:

> *Lima, Metrópoli del Perú, ha sido justamente más célebre por su piedad que por su opulencia, desde que rayó en ella la luz del Evangelio. Aun no se habían pasado muchos años después de la conquista, y florecían en su privilegiado suelo innumerables personas de uno y otro sexo, que, en los claustros y fuera de ellos, se admiraron como dechados de la más sublime perfección. Mucho se complace Dios en Lima, decía un francés historiador de América, pues à un mismo tiempo se hallaban en ella tres grandes santos y muchísimos siervos de Dios, que probablemente serán canonizados en el tiempo.*[19]

---

[18] MARTÍN, José Ramón Jouve, op. cit., p. 206.
[19] VALDEZ, José Manuel. *Vida admirable del bienaventurado Fray Martín de Porres*. Lima: Huerta y Cia Editores, 1863. p. 13-14.

Valdez se refere a alguns dos cinco santos, canonizados ou não no periodo, que conviveram na cidade. Conforme já observamos anteriormente ali muitos foram os que buscaram inserção e reconhecimento social através das virtudes da santidade. Esses santos viviam entre igrejas e conventos. Cerca de 10 % da população de Lima, no período, chegou a viver em conventos.[20] Desses, cinco santos foram contemporâneos no século XVII. Santo Toribio de Mogrovejo, San Francisco Solano, San Juan Macias, eram espanhóis. Os outros dois nasceram em Lima: Santa Rosa, uma criolla, cuja provável mestiçagem indígena foi eclipsada e o mulato San Martín de Porres, de que tratamos aqui. Se os espanhóis representavam o sucesso da missão evangelizadora advinda do Velho Mundo, Santa Rosa e San Martín de Porres afirmavam a capacidade de frutificação desse projeto: a construção da cristandade em terras do Novo Mundo.

A manifestação da presença de um santo mulato, San Martín de Porres,[21] tem constituído um ponto de referência para o entendimento e aprofundamento da busca de meus objetivos de investigação. Tenho abordado a construção da santidade de Frei Martín sob diferentes ângulos, tendo levantado, no decorrer desse período, registros documentais e historiográficos. Meu interesse está

---

[20] CAUTI, Fernando Iwasaki. Vidas de santos y santas vidas: hagiografías reales e imaginarias en Lima colonial. *Anuario de Estudios Americanos*, v. 51, n. 1, p. 47-64, 1994. O texto aponta registros contundentes dessa "imagen idílica" da cidade, considerando o número de religiosos condenados pela Inquisição do século XVI, o que persiste no século seguinte. Através das crônicas conventuais que se convertem em armas de disputa entre estas ordens noticia-se comportamentos nada ortodoxos entre os membros das ordens, nos conventos. Com base nessas observações Cauti considera que as inúmeras hagiografias que passam a circular no período, incluindo a de Medina tenham como finalidade criar uma referência modelo para os próprios monges e religiosos em geral. Cf. p. 52.

[21] Nasceu em Lima 1579 e morreu ali em 1639; beatificado em 1837, canonizado em 1962. SÁ, Eliane Garcindo de. *Martín de Porres*: mulato, santo, um "perro mulato" entre os domine cans no Vice-reino do Peru. In: IVO, Isnara Pereira; PAIVA. Eduardo França (Org.). *Dinâmicas de mestiçagens no mundo moderno*: sociedade, culturas e trabalho. Vitória da Conquista, BA: Edições UESB, 2016. p. 95-113.

em surpreender as trajetórias, o quotidiano dos atores históricos, em seus contextos locais e particulares, concebidos como pontos: nós de uma extensa rede mundial, os locais em que se enraíza a dilatação do núcleo europeu, como composição de um ocidente cristão que estende suas raízes sobre territórios e sobre sociedades conquistadas, evangelizadas, ocidentalizadas, são habitat de uma historicidade própria, particular. Acompanho, nesse caso, a direção da obra de Serge Gruzinki, que muito me estimula e fornece referências fundamentais da construção da "rede furada" que se vai tecendo a partir da primeira mundialização. Os registros, informações e reflexões sobre as direções geopolíticas, a construção de um conhecimento sobre essas geopolíticas em configuração, as trocas e notícias entre as "quatro partes do mundo", são elementos constitutivos do cenário em que busco pela vida de meus escolhidos protagonistas.

Deles não quero traçar uma biografia. Tento, ao imaginar suas trajetórias, entender seus móveis, valores e suas circunstâncias. Ao imaginar seus móveis, valores e suas circunstâncias, tento entender suas trajetórias. Venho procurando acompanhar, por seus vestígios, a construção e configuração das relações dos diversos grupos étnicos, em tantas e complexas hierarquias e dinâmicas sociais, especialmente nesse espaço social e territorial. Nessa trama e interstícios estão os espaços de trocas e mestiçagens, biológica e sempre cultural, definidores, no âmbito da produção cultural, das distinções que compõem as representações que sustentam as "mestiçagens" e as relações decorrentes.

Graças a esse percurso vai se apresentando um cenário sobre o qual é possível deter o olhar mais cuidadoso e minucioso, o que não implica na redução do foco de observação de forma isolada, mas, pelo contrário, faz atentar para a arquitetura relacional implicada e projetada na construção da santidade de Martín de Porres, no contexto da sociedade vice-reinal.

Nesse esforço de escrita da história encontro "Uma variante: A edificação Hagio-gráfica", indicação que copio do titulo do capítulo VII - *A escrita da história* de Michel de Certeau.[22] Esse caminho foi facilitado pelo trabalho estimulante de Antonio Rubial García: *La santidad controvertida*, que será considerado mais a frente.[23]

O foco de análise recai, aqui, sobre o texto *Vida prodigiosa del Venerable siervo de Dios Fr, Martín de Porras, natural de Lima, de la tercera orden de N. P. Santo Domingo*. Madrid: Domingo Garcia Morràs, 1675 de Bernardo de Medina,[24] cuja primeira publicação se deu em Lima em 1673. Recorreremos ao "Proceso Sumario"[25] como referentes para consideração, uma vez que este serve de fonte de informação ao próprio Medina. Também menciona uma outra biografia anterior de Martín, mas não dá qualquer indicação dessa obra.[26] Assim, o texto de Medina que pode ser considerada a primeira construção hagiográfica, pelo menos conhecida do, então, postulante à beatificação Frei Martín.

---

[22] DE CERTEAU, Michel, op. cit., p. 289-304.

[23] GARCÍA, Antonio Rubial, op. cit.

[24] MEDINA, Bernardo de. (O.P.). *Vida prodigiosa del venerable siervo de Dios Fr, Martín de Porras, natural de Lima, de la tercera orden de N. P. Santo Domingo*. Madrid: Domingo Garcia Morràs, 1675.

[25] O *Proceso Sumario* foi consultado no seu original no Arquivo, mas aqui nos servimos da transcrição das fotocópias dos originais publicadas pelo Secretariado "Martin de Porres", Palencia, Espanha, com Introdução de Fray Tomas S. Perancho e apresentação de Fray Norbert Georges. (O.P.), o volume contém o Proceso Diocesano, levado pelo Procurador Geral da Ordem dos Predicadores, Fray Antonio Estrada. (O.P.), com os documentos de 15 de maio a 14 de julho de 1660; as declarações de 1664, levadas pro Fray Lorenzo Muñoz e a declaração de Juan Vazquez de Parra, de 1671.

[26] Pedro Gjurinovic Canevaro cita alguns textos: "*Tratadito de las virtudes del Hermano fray Martín de Porres*", escrito por Fray Adrián Alesio, em 1645, provavelmente impresso em 1666; *Vida del siervo de Dios fray Martín de Porres*, publicada por Fray Juan Tomás de Rocaverti e citada por Mendiburo e outros autores. CANEVARO, Pedro Gjurinovic. *Iconografía de San Martín de Porres*. Lima: Universidad de San Matín de Porres; Fondo Editorial, 2012, p. 84. Não se pode, todavia, estabelecer relação entre as obras, por ausência de registros indicadores.

Conforme já mencionamos em trabalhos anteriores,[27] o interesse dessa documentação reside na contemporaneidade, na proximidade da produção dos textos com a manifestação da santidade reconhecida socialmente naquela sociedade. O "proceso" é o instrumento que dá início aos trâmites para beatificação e canonização.

O texto de Bernardo de Medina é então a primeira narrativa biográfica em maior amplitude publicada da vida de Martín de Porras, que, sustentada predominantemente nos registros do "proceso" e algum ou outro dado de "conhecimento" corrente, o que à época se designa *"publica voz y fama"*, procura construir um sentido para as inúmeras narrações fragmentadas de relatos, depoimentos que descrevem ações, atitudes, manifestações, declarações, sentimentos, interpretações do quotidiano experimentado pelo frei que o configurem como merecedor de aspirar a santidade pelos olhos da Igreja, conforme os requisitos impostos e pelo Concílio de Trento e por Urbano VIII, em Breve de 5 de julho de 1634, *"Celestis Hierusalem cives"*.

Essa documentação produzida entre a morte de Martín e o encaminhamento do processo de beatificação, seja o "proceso sumario", seja o texto de Medina, representa o foco de sustentação e espelha a representação de Martín Santo, colhida pela representação produzida pelas informações dos testemunhos do referido "proceso", que já estão impregnadas da convicção produtora do perfil de santidade e da narração da santidade, que vão ao mesmo tempo se

---

[27] SÁ, Eliane Garcindo de. San Martin de Porres: a construção de um espaço mestiço na sociedade vice-reinal do Peru através da prática religiosa. In: IVO, Isnara Pereira; PAIVA, Eduardo França; AMANTINO, Marcia (Org.). *Religiões, religiosidade, escravidão e mestiçagens*. São Paulo: Intermédios, 2016. p. 77-95; SÁ, Eliane Garcindo de. Sobre a santidade do multo Martín de Porres. In: BUARQUE, Virgínia A. Castro (Org.). *História da historiografia religiosa*. Ouro Preto, MG: EDUFOP, 2013. v. 1, p. 289-305; SÁ, Eliane Garcindo de, San Martín..., v. 2, p. 399-423.

constituindo. Os depoimentos são sustentados por uma narração oculta da história que pressupõe a santidade. Respondendo a questões previamente preparadas, cujo objetivo é evidenciar a manifestação da santidade para continuidade do processo, os informantes se referem a evidências dessa manifestação, através da apresentação de situações em que essas manifestações teriam lugar. É nas descrições das situações que se colhem as evidências. Poucos são os testemunhos que ultrapassam as descrições com observações explicitamente avaliadoras ou comentários complementares. O que é perceptível é o pressuposto da justificativa do comportamento ou ato narrado: algo que distingue Martín dos demais, só explicável como manifestação de santidade. O "proceso" oferece evidências.

Aí está uma diferença com a obra de Medina, que cumpre uma função: deve preencher os vazios para a narrativa da Vida exemplar. Cussen, dispondo da palavra da língua inglesa em que apresenta seu incontornável trabalho sobre Martín, referindo-se a esse processo de construção do santo, sobretudo construção de uma hagiografia, observamos, que vai se difundindo e criando uma "verdadeira história da vida do santo", dá título ao capítulo em que trata da questão: "*Creating a Vida from a life*".[28] É exatamente esse processo que observamos: a trajetória histórica experimentada por Martín se perde definitivamente com a sua morte, para ser redimensionada no âmbito da sua manifesta santidade.

Todos os registros estão organizados por um eixo que dirige e ordena uma forma de narração: a crença na santidade de Martín, manifestada de forma definitiva e contundente na morte. A morte de Martín é um ato fundador de uma santidade anunciada. O testemunho a seguir não é o único que aponta a expectativa de

---

[28] CUSSEN, Celia. *Black saint of the Americas*: the life and afterlife of Martin de Porres. New York: Cambridge University Press, 2014. p. 103-107.

manifestação definitiva dessa santidade, no convento, na ocasião da morte do frei:

> *Lo sexto, en dicha muerte vio este testigo como a las tres o cuatro de la mañana, habiendo fallecido a prima noche, estando como de costumbre a la iglesia que es el sitio donde se ponen los religiosos luego que mueren, hasta que se le hacen las exequias y llevan a la sepultura, y estándolo acompañando y velándole los demás religiosos de este convento, se llegó este testigo al cuerpo, y tocándole se halló tan duro y intratable que, admirado y llevado de amor que le tenía al dicho hermano fray Martín, sobre conocimiento de su virtud y buena vida, le dixo en presencia de todos y en voz alta que oyeron muchos: '¿Cómo, Hermano, vino tan yerto e intratable, a tiempo que se acerca el día y está la ciudad toda prevenida a veros y alabar a Dios en vos? Pedidle ponga este cuerpo tratable, para que le demos muchas gracias en ello'. Caso raro, a penas se pasó un cuarto de hora, cuando de reconocimos más tratable y dócil el cuerpo que cuando estaba vivo, y le levantamos y sentamos como cualquier hombre vivo. Con que, entrando la ciudad por la mañana en nuestra iglesia le reconocieron no sólo en la forma dicha, sino exhalando de si una fragancia tan grande que embelesaba a los que se acercaban, y le hacían pedazos la ropa que tenía, de manera que fue menester vestirlo muchas veces y pedir guarda especial para el cuerpo [...].*[29]

O Martín que se conhece, é, pois uma representação de uma reconhecida santidade manifesta. Sem dúvida pode-se observar pelos depoimentos que Martín assim se distinguia dos demais pares e que assim é retratado e então reconhecido como um santo, a partir do comportamento e práticas que os testemunhos descrevem,

---

[29] Fray Cipriano de Medina. "Proceso Sumario", p. 91-92.

como sinais daquela santidade que se manifestava, agora, na "Vida prodigiosa..." de forma organizada, iniciando-se numa infância, certamente também reinventada, compatível com a expectativa da vida do santo que se manifestaria posteriormente, como necessária construção.

Essa narrativa registra as expectativas que compatibilizam as representações do pardo, mulato, tal como descrito na sua qualidade e na sua trajetória, prática religiosa, dinâmica de vida, na sua integração social, pela via da vida religiosa, da escolha de viver na "Religião", na Ordem Dos Predicadores Dominicanos.

A organização que transparece nessa primeira hagiografia desenha o perfil, de acordo com as expectativas capazes de apontar caridade, humildade, o cuidado na disciplina, nas práticas e ritos, o desejo de viver como Cristo, de pregar, de agir na dinâmica da religião, da fé, para expandi-la.

À luz da História da Igreja e do cristianismo, servida largamente das referências bíblicas, do antigo testamento, dos postulados dos doutores da Igreja, a teia da vida de Martín vai sendo tecida num contexto mais amplo, universal, inserindo-se como parte integrante dessa história.

Para avançar na análise dessa construção hagiográfica retomo algumas considerações de Michel de Certeau e a citação que ele mesmo faz de Jacques Fontaine:

> Como a Vida de São Martinho (um dos seus protótipos antigos), **a vida de santo é 'a cristalização literária das percepções de uma consciência coletiva'** (Jacques Fontaine). Do ponto de vista histórico e sociológico é preciso retraçar as etapas, analisar o funcionamento e particularizar a situação cultural desta literatura. Mas o documento hagiográfico se

caracteriza também por uma organização textual na qual se desdobram as possibilidades implicadas pelo título outrora dado a este tipo de relato. *Acta*, ou mais tarde *Acta sanctorum*. Deste segundo ponto de vista, a combinação dos atos, dos lugares e dos temas indica uma estrutura própria que se refere não essencialmente 'àquilo que se passou', como faz a história, mas 'àquilo que é exemplar'. As *res gestae* não constituem senão um léxico. Cada vida de santo deve ser antes considerada um sistema que organiza uma manifestação graças à combinação topológica de 'virtudes' e de 'milagres'.[30]

No encaminhamento a seguir acompanho Rubial García ao observar que diferentemente de literatura novelesca, a hagiografia tinha/tem a pretensão de tratar com materiais históricos, com fatos que realmente aconteceram e não com ficção. A isso se deve o fato de que os traços individuais, nesse período tratado, são muito notórios. Para ele há que se demarcar aqui, também, as diferenças impostas pelas diferenças da realidade, no nosso caso do vice-reino do Peru em relação ao modelo europeu.

Torna-se, portanto, indispensável, no seu ponto de vista indagar que aspectos da narração seriam cópia do modelo, quais seriam resultantes de sua adaptação a uma situação histórica concreta. Nosso ponto de vista não considera essa diferenciação necessária, uma vez que toma como pressuposto que no processo de ocidentalização/evangelização/hispanização, o pressuposto sempre é a cópia pretendida, a duplicação, como princípio. Mas o resultante é sempre o diverso, mal decalcado, porque carece de sua "integridade de modelo" quando se tenta transferir para um suporte distinto. Para nós seria inócua tal indagação, mas necessária a observação do

---

[30] DE CERTEAU, Michel, op. cit., p. 292, grifos da autora.

desenho do modelo que vai se implementado na situação, nas Índias Ocidentais.[31]

Vida: sentido, exemplaridade e distinções

Apresentaremos nesse tópico elementos centrais da narrativa, definidos por uma avaliação de molde historiográfico sobre o texto hagiográfico, para responder, em parte, aqui, às questões que definiram nossa abordagem:

Como se constitui a distinção social de um mulato bastardo na capital do vice-reino do Peru numa representação de santidade? Que arquétipo representa? Como se referencia aos intentos dessa "igreja militante", instância de unidade religiosa e estado, projeto religioso geopolítico? Que elementos o remetem ao local – onde nasce, vive e morre? Que elementos o remetem ao universalismo do projeto da igreja e da monarquia católica? Onde se encontram, se se encontram esses elementos que o distinguem dos outros mulatos limenhos, enquanto santo?

Pretendo salientar basicamente um eixo de aglutinação que contenha os indicadores destas respostas, provavelmente através de novas perguntas: o entendimento da cidade de Lima como registro do local, ponto de enraizamento da dilatação do universo ibérico, espanhol, católico, ponto e impulso da dilatação desse universo. Nó constitutivo dessa "rede furada", mundial enquanto construtora de uma geopolítica particular e universal na proposição de uma cultura religiosa cristã, católica. Esse eixo pode girar em torno da Vida

---

[31] GARCÍA, Antonio Rubial, op. cit., p. 13.

prodigiosa de Martín de Porres, construída numa escrita hagiográfica "cristalização literária das percepções de uma consciência coletiva".[32]

A *Vida prodigiosa del venerable Siervo de Dios Fr. Martín de Porras, natural de Lima de la Tercera Orden de N.P. Santo Domingo* é composta de dois livros, o primeiro, não titulado, contem vinte e oito capítulos e o *"Libro Segundo"*, mais vinte e oito capítulos. Faremos comentários e considerações no decorrer da apresentação do texto da obra. Algumas citações, às vezes longas, impuseram-se necessárias para aproximação ao teor do texto hagiográfico, tanto ainda pela sistematização que engloba aspectos centrais na identificação de Martín, na apresentação dos traços que distinguem Martín em meio às "regularidades" do quotidiano das relações interétnicas. Estão incluídas, quando expõem um conjunto de representações, valorações e dimensões de lugares e expectativas, nesse caso dispensam até nossas considerações, se apresentando com tal evidência, como sinais que nos acenaram desse passado. Por motivos óbvios não trataremos de capítulo por capítulo, situação por situação.

Os dois primeiros capítulos iniciais tratam do nascimento e infância de Martín. Uma introdução situa Martín na história do cristianismo e da Igreja:

> [...] *Aviendo, pues, el Padre de las Lumbres Dios, dilatado su Iglesia, desterrando desta plaga Occidental del Nuevo Mundo al Principe de las Tinieblas, que le tenia supeditado à su Imperio largos siglos, tiranizando...* [ilegível] *tantas almas, hecha sus miserables prisioneras, se sirvió de la piedad Divina, de que en medio de tan lamentable obscuridad, rayasse alegre la luz del Evangelio, y que despues de los nublados de la idolatria, saliesse mas luzido el Sol de La verdad, para que dando de mano à tanto error, abrazassen*

---

[32] FONTAINE, 1967 apud DE CERTEAU, Michel, op. cit., p. 290.

> *desengañados la Fé, tantos infieles. A fin, pues, de que creciesse la Iglesia recien nacida en estas parte, embió el Señor excelentes Varones en virtudes, que executando en su nombre maravuillas. Atestiguasen con milagros su doctrina, para qua à un tiempo fixasen en la creencia à los Católicos, y convenciessen con la verdad à los Gentiles à vista de conocidos portentos que obra para esse fin Dios entre los infieles, como dixo S. Pablo.[33]*

Na sequencia assinala a presença e a ação inaugural, pioneira e constante da Igreja de São Domingo, à qual se integrou Martín, e onde se destacaram outros varões e ainda Santa Rosa, por essa ocasião já canonizada. Menciona o

> *[...] siervo de Dios Fray Miguel de Santo Domingo, pardo en el color, Donado en el habito, espejo de la Religión, gran observante em sus leyes, de muy continua oracion, y dotado del don de consejo, de quien le tomaban ordinariamente los Prelados para el acierto de su govierno. Murió con opinión de gran Siervo de Dios, y espejo de virtudes.*[34]

Até o momento não encontrei referências de encaminhamento de solicitação de beatificação de Fray Miguel, mas o registro é interessante pela semelhança com Fray Martín: a mesma qualidade e condição, na mesma ordem, também morto em opinião de santidade e espelho de virtudes. Não está mencionado no cuidadoso e alentado levantamento de Rafael Sánchez-Concha dos santos e Varões no Peru.

O que se pode observar é que, pardos, ou mulatos, como tratam no "Proceso Sumario" a qualidade de Martín de Porres as testemunhas e o próprio Frei a si mesmo, (não aparecendo ali o uso da palavra pardo) e os havia em grande número, entre eles pelo menos mais um

---

[33] MEDINA, Bernardo de, op. cit., p. 3v.
[34] Loc. cit.

além de frei Martín havia ocupado na mesma situação de Donado, por mulato, provavelmente bastardo, como tantos outros mulatos o eram, uma posição na Ordem dos dominicanos e evidenciado sinais de virtudes. San Martín convive ainda com outro frei, também nas mesmas circunstâncias, que demanda integração plena na Ordem, sem sucesso, Frei Francisco de Santa Fé. Desse não se tem notícia de Virtudes e opinião de grande Servo de Deus.

Vejamos como Medina introduz no texto o foco central da "Vida":

> *Muchos son los que con perfecciõ conocida han ilustrado esta insigne Provincia del Perú, fuera meneter un gran voluma para referir aún en comp~endio sus virtudes. No son pequeñas las del Venerable Hermano Fray Martín de Porras, essunto de aquesta libro, uno de los mas raros Varones en perfeccion, que há producido la America, como lo dará a entender el discurso de su admirable vida. No fue su espiritu ordinario, ni fue su caridad com~u, tanto se esmerò en esta virtud divina, reina de las demas, que para su ponderacion es qualquer hiperbole pequeño, y ninguna toda alabança. Indicio de su excelente vida, su extraordinária piedad; porque si en el amor de Dios, y de los proximos pende toda la ley, y los Profetas (segun el Salvador en su Evangelis) quien tanto se esmerò en amar à Dios, que amava no solo à los hombres, sino à los irracionales por Dios, claro es, que cumpliendo sobradamente con la ley, seria su perfeccion relevante. Fue pardo, como dizen vulgarmente, no blanco en el color, cuando lo era de la admiracíon de todos. Pero aquel Señor que no mira acidentes del color, sino méritos de el sujeto, en quien no cabe excepciõ de personas, pues cuida igualmente de todos, y en quién todos son unos, como dixo el Apostol, de suerte no ay para Dios Hebreo, no Griego, libre, ni esclavo, hembra, ni varon, quiso hazer esta tan siervo suyo, para que se tocasse esta verdad à*

la luz de tan peregrinas mercedes, como le otorgò su franca mano, y se viesse como nunca queda por Dios nuestro aprovechamiento, ni dexa se franquear este Señor su gracia à qualquiera que se dispone à recibirla. Tan à manos llenas le concedió esta à Fray Martín, que se dexa entender la profunda humildad, de que lo llenava Dios, al passo que se abatia, y que cabia muy bien al llano de la gracia, en quien lo imaginava vacio de merecimientos. Escogió sin Duda el Señor ló mas abatido del mundo para confusion de lo mas fuerte. Estilo próprio suyo, pues quise mostrar su poder con los Magos de Egypto, no en las grandes serpientes que formaron, sino em los pequeños mosquitos, que no hizieron.

Governando, pues, la Iglesia Universal, como Vicario de Christo, el Pontifice Gregorio Decimotercio, y reinando en España D. Felipe Segundo el Prudente, nació el Venerble Hermano Fray Martín de Porras en la insigne ciudad de Lima, Metropoli, y Cabeça del Perú. Miercoles nueve Diziembre el año del Señor de mil quiniento e y setenta y nueve. Fue hijo de um Cavallero del Ord~e de Alcantara, llamado Juan de Porras, que suele Dios prevenir calificados padres à sus siervos, para empeñarlos en la virtud. Fue su madre una Morena libre, Criolla de Panamá, llamada Ana Velazquez. De esta obscura noche nació Alva lúcida, para crecer à Sol resplandeciente, que allumbrasse con el exemplo à todos, y con la enseñança à muchos. Providenca fue en Dios darle à Fray Martín tan desigualee s progenitores, para que advertiendo la baxeza de la madre, se humillasse, y conociendo la calidad del padre, se mostrasse à Dios agradecido, que todo lo ordena al bien de los que le aman, como dixo el Apostol, sino es que digamos, que en el color blanco y negro de los padres, quiso Dios pronosticar el habito de Santo Domingo, que avia de vestir con el tiempo.

> *Bautiçóle en la Iglesia Parroquial de el Invicto Martir San Sebastian, a quien también quiso ilustrar el Cielo, con que cayesse en ella el saludable rocio del Bautismo sobre la fragrante Rosa de Santa Maria, siendo tierno boton en su niñez.*[35]

O capítulo II trata *De la Enseñanza y niñez el Venerable Hermano* esclarecendo que pouco se sabe sobre o tema, mas contando fatos variados, sob o pressuposto de que exercia a caridade que foi *"su oficio"*, pois *"que qui~e nació para Sol, desde la cuna despunta rayos"* e compara a situação com o comportamento de Moisés menino, jogando ao chão a coroa do faraó.

Um elemento de distinção de Martín transparece em observação:

> *Vivia entre los de su edad como ningun, efecto de la divina gracia, que quien supo conservar tanto à Abrahan en Caldea, à su sobrino Lot justo en Sodoma, sin culpa al paciente Job entre Idunicos, y à Daniel, y sus cõpañeros, fieles à Dios en el Palacio del Rey de Babilonia, pudo conservar Fray Martín inocente entre los de su color, y edad, que como muestra la experiencia, se dexan llevar ordinariamente de los vícios. Huir de estos era sus estudio todo [...].*[36]

No Capítulo III Medina conta *Como el Siervo de Dios recibió el habito en el Convento de Predicadores de Lima*, introduzindo a exposição:

> *No ay duda sino que la Religiõ, como Casa de Dios es seguro de los peligros del mundo, remédio de sus daños, y enmienda se sus desaciertos. En el Monasterio (dize S. Bernardo) procede mas cauto el hombre, cae*

---

[35] MEDINA, Bernardo de, op. cit., p. 3v, 4, 4v, 5.
[36] Ibid., p. 6v.

> *menos en culpa, levantase mas apriesa, muere com más confiança, y vive con más acierto. Esto alcanza Fray Martín con luz divina y al conocimineto del bi~e (bien), se siguió el deseo eficaz de conseguirlo [...].*[37]

Aqui se expressam com clareza as condições vantajosas atribuídas à proteção e amparo oferecidos no Convento para uma vida e morte cristãs, caminho escolhido por Frei Martín. Essa observação ganha mais sentido e se reforça com as observações acima citadas, lembrando a constante ameaça sob a qual vive Martín, por sua qualidade: *"pudo conservar Fray Martín inocente entre los de su color, y edad, que como muestra la experiencia, se dexan llevar ordinariamente de los vícios. Huir de estos era su estudio todo [...]".*[38]

Medina registra detalhadamente a entrada no convento de N. Senhora do Rosário, onde com humildade pediu o hábito de "Donado". Acrescenta um episódio em que Juan de Porras, pai de Martín, teria se indignado com essa humilde condição e intercedido para que ele fosse aceito como religioso plenamente, ao que Martín teria se oposto:

> [...] *como el Siervo de Dios via las cousas con distinta luz que el padre (que en fin era todo lo mundo que mirava) no quizo acetar la honra que le hazian, estimando en mas vestir habito con que pudiesse humillarse, que traer capilla com que pudiesse desvanecerse.*[39]

Toda a narrativa de Medina, assim como marcadamente os testemunhos do "Proceso Sumario" já referido, assinala reiterada e sistematicamente a continua atitude de Martín de humildade e predominantemente de situações de se humilhar e, se deixar

---

[37] Ibid., p. 8.
[38] Ibid., p. 6v.
[39] Ibid., p. 8v, 9.

humilhar, referindo-se sempre, à sua qualidade de mulato, "*perro mulato*", incorporando o apodo, à sua baixeza, ao fato de ser o pior dos homens,[40] fazendo sempre lembrar sua posição, diríamos "outsider", com Norbert Elias.[41]

Com relação a esse traço do perfil de Martín, é interessante registrar as palavras que lhe são atribuídas. Não há registro de qualquer escrito do frei, exceto sua assinatura. As justificativas e explicações edificantes aparecem em falas atribuídas, como a seguinte. Humilhado por um religioso, encontrado prostrado aos pés deste,

> *A ~q el venerable hermano respondió con alegre semblante, y gracia singular: Padre, tomar ceniza sin ser Miercoles della. Hame dado este Padre con el polvo de mi baxeza en los ojos, y hame puesto la ceniza de mis culpas en la frente, y yo agradecido à tan importante recuerdo, no le beso las manos, como indigno de llegar donde Dios baxa, pero quedome à los pies, que por ser Sacerdote aun no merezco besar; y creame vuestra Paternidad, que es este el mejor dia que he tenido en mi vida; porque conozco, que si el Padre enojado me ha tratado con ultraje, no me ha ofendido airado, sino que me castiga prudente, porque no me olvide delo que soy quando me veo en compañia de vuessa Paternidades que no merezco; y porque no llegue à desvanecido, siendo estimado de todos, me acuerda, para que me humille, la baxeza de mi Fe, y ruindade de mis costumbres. Palabras todas de su humildíssimo espiritu, con que desculpava al que Le ofendia, y se abatia a si mismo.*[42]

---

[40] MEDINA, Bernardo de, op. cit., p. 11v, 12.
[41] ELIAS, Norbert; SCOTSON, John L. *Os estabelecidos e os outsiders*: sociologia das relações de poder a partir de uma pequena comunidade. Tradução de Vera Ribeiro. Rio de Janeiro: Jorge Zahar, 2000.
[42] MEDINA, Bernardo de, op. cit., p. 98.

É interessante observar que as palavras de Martín encontram eco das palavras que justificam a escolha da vida conventual como meio de se manter puro entre os seus iguais – mulatos, bastardos, dados aos maus costumes. No convento, essa qualidade será sempre lembrada para que ao reconhecer sua baixeza, que Medina também lhe atribui pela origem materna, possa redimir-se, aceitando seu lugar, ou mesmo sabendo-se fora de lugar, igualar-se a Jesus, pela humilhação que também aceita.

Do capítulo "IIII" (quarto) ao capítulo vinte e oito desse primeiro livro narra-se, de Martín de Porras, em um ou mais capítulos, a profunda humildade e paciência que demonstrava, as mortificações rigorosas, as penitências e a abstinência rara a que se submeteu, a obediência singular, a observância regular, a admirável pobreza, a pureza e qualidade (aqui não relativa à mulatice, mas a sua conduta exemplar), a pureza e castidade, sua ardente caridade para com Deus, a singular caridade com o próximo, a grande caridade com os enfermos, a portentosa caridade com os brutos (este item ocupa três capítulos e ganha destaque). Esse atributo vai constituir um traço importante de distinção. Martín será muito comumente representado ao lado de animais, o que de certa forma pode remeter aos traços de santidade de São Francisco. Seguem-se os temas de como fugia da vaidade, das perseguições e do demônio, dos devotos exercícios e o uso dos Sacramentos, devoções e oração vocal.

O *Libro Segundo* prossegue reiniciando a numeração dos capítulos, alguns temas merecendo mais de um capítulo. Trata da oração mental, das mercês que recebeu o frei por meio da oração, da "*sutilidad*" que, parece o Senhor comunicou ao servo, da admirável agilidade com que "*ilustro Dios en muchas ocasiones à su Siervo*", de outros muitos milagres que realizou o santo, do dom da profecia, tratado em quatro capítulos, da admirável discrição que teve o Servo de Deus, do crédito e estima de que merecedor, da última enfermidade, da ditosa morte, do que aconteceu depois da morte, do honroso enterro que lhe fizeram, das maravilhas que realizou depois de morte, do solene translado do corpo e de algumas maravilhas que aí aconteceram, das aparições que fez depois da morte, e por fim do estado de beatificação.

A destacada humildade de Martín, que, enquanto virtude *"es la base del edificio espiritual, y fundamento de la perfeccion Cristiana"*,[43] como observa Medina se apresenta no caso de Martín vinculada a uma condição específica de sua posição no conjunto da monarquia católica, realizada em contexto local – na cidade de Lima. É marcadamente, desde a posição que ocupa na Ordem, condição imposta pela origem étnica e condição jurídico-civil, mulato e bastardo, fruto das dinâmicas sócio-históricas desse Novo Mundo, como salienta, ainda o próprio Medina, dessa *"Iglesia recien nacida en estas partes desterrando desta Plaga Occidental del Nuevo Mundo al Principe dela Tinieblas."*[44] Aí já estamos na trama da rede da mundialização, da geopolítica e da universalidade – da pretendida homogeneização de um mundo católico.

É na Lima "negra" e "santa", *Cabeça del Perú* que um cavaleiro da Ordem de Alcântara, espanhol encontra uma negra livre, criolla de Panamá. Desse encontro, o filho mulato e bastardo se faz santo, exemplo de vida, imitador de Cristo. Ocupa na sociedade do vice-reino, através de um posto da Religião, um lugar negociado – aceita a diferença e a inferioridade na sociedade terrena. Alcança a sociedade dos santos, universal, porque se faz exemplar na aceitação

---

[43] MEDINA, Bernardo de, op. cit., p. 10v.
[44] Ibid., p. 98.

do mundo terrenal, atuando pela humildade e caridade, curando e operando milagres.

Um último movimento, por agora, atando o nó da rede da mundialização/universalidade tecida no foco local – cidade de Lima, nos leva às considerações finais.

No capítulo VII do segundo livro são apresentadas considerações sobre a onipotência divina e sobre os milagres que pode operar pela fé dos crentes. Observa o autor que sendo tão grande a fé de Frei Martín parece que Deus quis regular as maravilhas manifestas pelo tamanho dessa fé e que, para exaltar seu humilde Servo, produziu com seu poder prodígios incomuns. Em seguida, Medina acrescenta que é necessária muita certeza e verdade histórica na apresentação de sua narrativa. Assim propõe-se a apresentar na obra o duvidoso como duvidoso e o certo, como certo, para que nem a verdade deixe de ter seu lugar em matéria de tanto escrúpulo, nem o Servo de Deus seja fraudado na sua glória, devida a seus grandes portentos.[45]

Esse intróito é para dizer que afirmam testemunhos e se tem por publica voz e fama, que o Venerável irmão era levado em espírito pelo Senhor "*à Reynos estraños, y muy distantes del Perú, como son los del dilatado Imperio de la China.*"[46] Observa que isto está relatado em alguns casos, especialmente no que vai narrar em seguida *que es al autentico que há llegado à mi noticia en lo tocante à este punto*: Francisco de Ortiz, amigo de Frei Martín havia comentado com este que um religioso leigo da Ordem de São Domingo, muito virtuoso, fazia um trabalho de piedade e ensinava a ler, escrever e doutrina, a vinte e quatro órfãos na cidade de Manilha Cabeça e Metrópole do arquipélago das Filipinas.[47] Vivia tão ocupado que não saia do

---

[45] Ibid., p. 98v.
[46] Ibid., p. 98v, 99.
[47] Ibid., p. 98-99.

convento e nem conhecia as ruas da cidade. Martín ficou muito desejoso de se comunicar com este outro religioso que vivia em Manilha e, não sabe explicar o tal Francisco de Ortiz se como Deus realizou, mas que voltando ao convento três dias depois, encontrou Martín "*sumamente gozoso, regozijado y alegre, hablando cõ perfeccion en lengua de la China, la cual entendió su amigo, por saberla; y como la tierra Christiana mas cercana del Reino de la China es la C'iudad de Manilla, y hallá hablando en idioma de la China al Varon de Dios.*"[48]

O testemunho do acontecido, diante do prazer que mostrava Martín falando naquela língua, avaliou que não só tivesse ido à Manilha na dita ocasião, mas que também tivesse estado na China, o que muitas pessoas estavam averiguando, mas por não estar autorizado, não se concluiu. Acredita o vulgo que Deus levava seu servo, em espírito ao reino da China, "*no me motejen de omisso en referir cossa de tan honor para Dios, y lustre para su Siervo.*"[49]

No capítulo VIII, imediatamente após, relata que um religioso que escreveu a vida do Venerável Irmão, sem fornecer indicação de autor e obra, havia declarado que Martín ia muitas vezes às três ilhas dilatadas do Japão chamadas Meaco, Ximo e Xixoco, pregar fervorosamente a verdadeira fé de Jesus Cristo.[50] "*Tan ansioso vivia de que esta fe estendesse por el mundo, y de que las gentes...* [ilegível] *las tinieblas de la idolatria abraçassen la luz del Evangelio, conociendo y adorando el Criador de todo, y Redentor universal.*" Informa-se na sequencia que essas jornadas eram feitas nos dias em que Martín comungava e que, como era conhecido no convento, não era encontrado em nenhuma parte, sob alegação de recolhimento absoluto.

---

[48] MEDINA, Bernardo de, op. cit., p. 99v.
[49] Ibid., p.101.
[50] Ibid., p.100.

Essas referências à atuação de Frei Martín em âmbito mundial, especificamente no horizonte do Oriente, aberto pela presença do mar, do porto, mas do trânsito comercial e cultural e da perspectiva da universalidade do cristianismo, da ação da Igreja como parte do projeto da monarquia católica, se apresenta ainda mais uma vez com um comentário de Medina sobre a possibilidade de ida do frei para a cidade do México, por solicitação do Arcebispo de Nova Espanha, Don Feliciano de la Vega, a quem Martín havia curado de um mal que não encontrara solução pelos médicos:

> *El Venerable Hermano lo tenia muy grande en ir con tã insigne Prelado, porque vendose en Mexico, juzgava tendria modo para passa al Japon, donde era su desígnio rubricar cõ la sangre de sus venas la confessio de la Fe, ~q professava, para ganar la palma del martírio; que excessivamente deseava, que siendo este acto de caridad mas heroico, claro avia de apetecerlo, quiense esmero em esra virtud toda la vida, mas como ni los justos, ni los demas escogen muerte, se quedó sin la del martírio Fr. Martín, muriendo dentro de tres meses, no faltandole el galardon, y premio essencial de martir, segun piadosamente creemos, aunque no intervino la espada del Tirano, como del Santo de su nombre canta la Iglesia.*[51]

Este relato, neste excerto da "Vida..." contem interessantes elementos para considerações. Nesse nó na trama, cidade de Lima, podemos observar na dinâmica do quotidiano esse trânsito de pessoas, produtos, referências de que falamos, como característica dessa primeira mundialização. O arcebispo de Nova Espanha, em visita ao vice-reino do Peru, é curado pelo autorrepresentado "*perro-mulato*", cujo imaginário se reporta às Filipinas e à China na sua

---
[51] Ibid., p. 35v.

prática religiosa. O arcebispo deseja levá-lo para a Cidade do México. Cidade para a qual deseja ir o Donado dominicano, para alcançar o Japão, onde almeja pregar o Evangelho e encontrar a morte pelo martírio, difundindo a fé universal em Cristo.

Assim se escreveu a *Vida prodigiosa del venerable Siervo de Dios Fr. Martín de Porras, natural de Lima de la Tercera Orden de N. P. Santo Domingo*, por Frei Bernardo de Medina.

OS BUNDES, A COROA E A MITRA NA CARTAGENA DE INDIAS DA SEGUNDA METADE DO SÉCULO XVIII

Milton Moura

Contradições e polêmicas na cidadela do Império Espanhol

Não passa despercebida aos olhos do pesquisador a magnitude de Cartagena de Indias nos séculos XVII e XVIII. Desde sua fundação em 1533, constituiu-se progressivamente como um dos baluartes da conquista e da colonização espanhola.

Diversos monumentos que hoje encantam turistas do mundo inteiro são testemunhas das quantidades soberbas de ouro e prata que aí se armazenavam. Inicialmente, eram saqueadas de civilizações, conhecidas do grande público leitor, como os Incas, bem como daquelas menos divulgadas, como os Zenú, entre a savana caribenha e a bacia do rio Magdalena. Em seguida, sem jamais descartar a rapina, os espanhóis passaram a promover a mineração, extraindo toneladas de metais preciosos dos vales e montanhas do noroeste da América do Sul. Estes tesouros, depois de estocados e guardados em Cartagena de Indias, partiam para a Espanha, na maior parte das vezes fazendo a curva pelo limite noroeste das Antilhas, entre Cuba e Flórida, para evitar marés desfavoráveis, em comboios que permitiam defender-se da pirataria ávida de galeões repletos desses metais.

O aparelho militar de proteção da cidade passava por uma constante manutenção, o que se reforçou com o estado de guerra que, entre 1739 e 1748, se observou entre Espanha e Inglaterra. O embate entre a armada inglesa comandada pelo Almirante Vernon e o General Blás de Lezo, em 1741, com a vitória das tropas ibéricas lideradas por este último, levou ao aperfeiçoamento das muralhas que começaram a ser erguidas no final do século XVI e circundam, ainda hoje, quase todo o centro histórico. Entre 1742 e 1798 – mais de meio século –, o Engenheiro António de Arévalo dirigiu a construção de um complexo de defesa que tornou Cartagena a cidadela mais fortificada do Império Espanhol nas Américas,[1] donde o seu epíteto de *El corralito de piedra*.

Não se trata somente de muralhas, como também de outros equipamentos, a exemplo de Las Bovedas de Santa Clara, que abrigaram uma enfermaria militar de proporções consideráveis. Outro testemunho da grandeza de Cartagena é o Palácio da Inquisição, cuja edificação data de 1770. Por tudo isto, não poucos documentos da época se referem à cidade como *La Joya de la Corona* em alguns textos da época. Sede do Arcebispado, do Tribunal do Santo Ofício, da Aduana e de outras organizações civis, governamentais e militares espanholas na porção mais meridional do Mar do Caribe, sua história se presta a compreender tanto a grandiosidade como as vulnerabilidades do Império. Ora, algo tão vultoso não poderia existir sem tensões no próprio bojo de seu governo e setores da administração num posto avançado de além-mar. É sobre este item que se debruça a presente reflexão.

---

[1] Um estudo sobre este aspecto da história de Cartagena que inclui amplo suporte fotográfico é: SEGOVIA, Rodolfo. *The fortifications of Cartagena de Indias*: strategy and history. Bogotá: El Áncora Editores, 2009.

Em momentos significativos ao longo do século XVIII, justamente quando a segurança e o bom andamento dos negócios eram indissociáveis da tensão e da gravidade político-militar, observa-se uma polêmica envolvendo Arcebispos e Governadores de Cartagena de Indias e o próprio Rei no que diz respeito à tolerância ou proibição dos bundes. Esta forma de origem africana, muito do agrado dos escravos e dos livres pobres, era considerada pelos eclesiásticos como ofensiva à moral. O epistolário relativo a esta questão permite ver modos distintos de representar e compreender os festejos da população pobre da região que hoje corresponde aos Departamentos de Bolívar, Atlántico, Magdalena, Sucre e Córdoba, no Caribe colombiano.

Segundo Edgar Rey Sinning, eram frequentes na Cartagena do século XVIII bailes que ora se chamavam bundes, ora fandangos. Entretanto, não eram as mesmas as disposições dos responsáveis pela ordem dos costumes.

> La lucha de la iglesia católica contra las diversiones populares, como el bunde y carnavales, no cesa. A la cabeza están los obispos y por supuesto el mismo Santo Oficio, cuya persecución es cada vez mayor. Son acusaciones permanentes a las autoridades virreinales, buscando solidaridad en esta lucha para reprimir todas estas expresiones lascivas y de perversión de las almas. Podríamos decir que era una persecución sin cuartel a festejos de los sectores marginados de Cartagena de Indias y su provincia.[2]

Não deixa de ser curiosa a forma com que o Monsenhor Pedro María Rebollo relata, em 1942, a censura dos bundes por Gregorio

---

[2] SINNING, Edgar Rey. *Proclamaciones, exaltaciones y celebraciones en el Caribe colombiano*: siglos XVIII-XIX. Cartagena de Indias: Ediciones Pluma de Mompox, 2008. p. 87.

de Molleda y Cherque, que foi Arcebispo de Cartagena entre 1722 e 1740:

> [...] *prohibió estos bailes [el bunde] o fandangos, así llamados, reconociendo los inconvenientes y pecados que se originan de semejantes diversiones por sí inhonestas.*[3]

Segundo Adolfo González Henriquez,[4] Don Diego de Peredo, Arcebispo de Cartagena entre 1765 e 1772, após proibir a realização de bundes e fandangos sob pena de excomunhão, solicitou ao Rei Carlos III que ratificasse a interdição. Corria o ano de 1769. O Rei preferiu ouvir o Governador, Gregorio de la Sierra, perguntando-lhe em que mesmo seria tão torpe e desonesta diversão a prática dos bundes. Respondeu o Governador que se tratava de um costume de difícil controle, considerando o número de pessoas que assim procediam. Acrescentou que conhecia bem o Arcebispo e que haviam acordado em que a proibição só se levaria a cabo quando fosse véspera de missa de preceito, para que não se prejudicasse a frequência dos fiéis.

O item mais polêmico desta interlocução foi provavelmente a alegação do Governador de que tanto em Biscaia como na Galícia e outras partes de Espanha se praticavam tais danças. Diante disto, Carlos III ordenou a Don Diego de Peredo que suspendesse a proibição dos bailes, não sendo esta uma prerrogativa do âmbito eclesiástico.[5] Pode-se perceber, aí, o vigor desses folguedos no contexto de Cartagena de Indias.

---

[3] REVOLLO, Pedro María. *Costeñismos colombianos*. Barranquilla: Mejoras, 1942. p. 37.
[4] HENRÍQUEZ, Adolfo González. La música del Caribe colombiano durante la guerra de independencia y comienzos de la republica. *Historia Crítica*, Bogotá, n. 4, p. 85-125, jul./dic. 1990.
[5] Cf. SINNING, Edgar Rey, op. cit., p. 86.

Como se vê, trava-se em boa parte do século XVIII uma contenda entre as esferas eclesiástica e civil em torno dessas festividades.

O zeloso Arcebispo e os bons e maus costumes

A fonte que confere o suporte principal ao presente texto é a carta do Arcebispo de Cartagena de Indias,[6] Dom Joseph Díaz de la Madrid, escrita em 1781 ao mesmo Carlos III. Trata de suas visitas pastorais pela vasta diocese da capital da província, realizadas durante os verões de 1779 e 1780. O autor fala das localidades mais distantes da imponente cidade.

O texto é admirável por sua qualidade literária e desde o início dramatiza o estado em que se encontrava a região sob sua cura sacerdotal. Durante o inverno, teria sido impossível deslocar-se pela Arquidiocese, motivo pelo qual o percurso foi realizado em dois períodos de estiagem. Esta informação não é menos importante do que as seguintes e pode ser tomada aqui como um guia para a compreensão do restante do documento. Trata-se da hinterlândia de Cartagena de Indias, correspondendo hoje à orla marítima, à savana e à bacia do rio Magdalena, à qual vem se juntar o rio Cauca.

Don Joseph não economiza informações sobre o desconforto correspondente aos seus cuidados pastorais e considera indissociáveis os percalços de sua viagem e a percepção do quadro que passa a descrever. Assim, desde o início, refere-se às enfermidades e aos

---

[6] Informe del obispo de Cartagena sobre el estado de la religión y de la iglesia em los pueblos de la costa, 1781. *Huellas*, Barranquilla, n. 22, p. 65-69, nov. 1985. O documento original se guarda no Archivo General de Indias - AGI, em Sevilha, tendo como referência: Audiencia de Santa Fe, Legajo 1171.

mosquitos, ao calor e à umidade, à má qualidade dos alimentos e da água, associando esses fatores ao quadro humano observado:

> [...] *lo ardiente del clima que sufoca y desalienta aún a los irracionales, ya por la malignidad de los temperamentos, ya por la escasez de alimentos en unos parajes y ya por lo salobre o cenagoso de las aguas en otros.*[7]

Aos rigores do clima não resistiram dois de seus auxiliares, o que não arrefeceu a disposição do prelado, empenhado em levar o alívio espiritual bem como esmolas, ainda que, lamentando os limites destas últimas em virtude da exiguidade de suas rendas. É num tom de constrangimento que passa a expressar seu mais agudo motivo de concentração, qual seja, "*la universal relajación y corrupción de las costumbres de los fieles*",[8] associando-o à dificuldade de assistência espiritual a suas ovelhas. A pobreza das igrejas e dos sacerdotes parece extrema em seu relato da condição das igrejas:

> [...] *pues en unos lugares no hay absolutamente, en estos sirve de tal una ramada solo proporcionada para albergue de Brutos, pero no para habitación siquiera para habitación de los más viles esclavos.*[9]

A pobreza dos clérigos chega ao grau da miséria vergonhosa, que Don Joseph associaria adiante àquela dos costumes:

> [...] *hice de mi bolsa no pocas limosnas extendiéndolas también en ocasiones a algunos curas indigentes, a quienes hube de ceder el todo o parte del ramo de cuartas por haber notado su mísera constitución: pues no faltaran quienes no tuviesen siquiera un pan*

---

[7] Informe..., op. cit., p. 65.
[8] Ibid., p. 66.
[9] Loc. cit.

> *para ofrecerme para el sustento por el justo título de procuración, siéndome forzoso llevarlos a comer a mi mesa y aún suministrarles algo de mi mismo viático, bien que otros (aunque no todos) por suponer indebida esa contribución afectando pobreza o ejecutaran lo propio o me prepararan tan ruines viandas que apenas las apreciaría un mendigo a quien se diesen por cura caridad.*[10]

A distância experimentada entre as vilas e povoados e a cidade de Cartagena praticamente desobriga os senhores a incentivar e mesmo coagir seus comandados a ouvir missa nos domingos e dias santificados. Os próprios fiéis livres a quem caberia fazê-lo encontram uma desculpa engenhosa para tanto:

> *Es muy común la ignorancia de la doctrina cristiana por no querer concurrir los libres a que se les instruya en ella y rehúsan a mandar a sus hijos y dependientes a tan santo sacrificio diciendo que no son indios como que solo estos tuvieran obligación de aprenderla, no habiendo otro modo de compelerlos (porque ya son ociosas cualesquiera exhortaciones y requerimientos).*[11]

O discurso do Arcebispo guarda uma coerência interna admirável, associando os diversos tipos do que considera pobreza. Lamenta que os senhores não provejam dignas vestimentas para seus súditos, liberando-os das lides ordinárias durante aqueles dias para que pudessem trabalhar para si mesmos e assim vestir-se devidamente. Considera que os senhores deviam agir de modo contrário,

> *[...] permitiéndoles el descanso, sin privarlos de la ropa con que son obligados a contribuirles en rigor de justicia*

---

[10] Informe..., op. cit., p. 66.
[11] Loc. cit.

> *para cubrir su desnudez, sobre cuyo particular expedí muy serias providencias, especialmente en el sitio de Mahates para cortar semejante abuso.*[12]

Entretanto, o ponto em que Don Joseph se mostra mais incisivo e ousado é justamente aquele que se remete aos bundes que se praticavam por toda parte no Caribe.

> *Igual remedio se necesita con los más estrechos encargos a las Justicias Reales para que celen y eviten en las vísperas de las fiestas los bailes, que vulgarmente se chaman Bundes, a lo menos que desde las nueve de la noche para que se consiga que las gentes que asisten a ellos no dejen de oír misa en el siguiente día, como frecuentemente acontece, no solo en los sitios y lugares, sino también en las villas y ciudades, sin exceptuar esta que es la capital de la Provincia.*[13]

O zeloso pastor se mostra veemente diante do que havia aduzido o Governador:

> *Y para la más perfecta inteligencia en este punto, debe tenerse presente que aunque en los bailes informó a Su Majestad el Gobernador Don Fernando Morillo en años pasados que eran parecidos a los de los Gallegos, se encuentra en unos y otros notables diferencias, porque los bundes comúnmente se hacen de noche en las calles, patios o plazas o en los campos. Los que concurren son indios, mestizos, mulatos, negros y zambos, y otras gentes de inferior clase: todos se congregan de montón sin orden ni separación de sexo, mezclados los hombres con las mujeres, unos tocan, otros bailan y todos cantan versos lascivos, haciendo indecentes movimientos con sus cuerpos. En los intermedios no cesan de tomar*

---

[12] Informe..., op. cit., p. 67.
[13] Loc. cit.

> *aguardiente y otras bebidas fuertes que llaman guarapo y chicha y duran estas funciones hasta el amanecer.*[14]

A narrativa coloca a descrição das práticas musicais, coreográficas, sensuais e lúdicas já no plano do julgamento e, no caso, da condenação:

> *Ya se dejan considerar las proporciones que hacen para el pecado la obscuridad de la noche, la continuación de las bebidas, lo licencioso del paraje, mixturación de los sexos y la agitación de los cuerpos, de todo lo cual han de resultar las fatalísimas consecuencias que pueden inferirse e de aquí dimana que embriagados los unos, entorpecidos los otros y cansados y rendidos del sueño todos o no vayan a misa en la mañana siguiente (que es lo más ordinario) o no puedan oírla con la competente devoción.*[15]

O Arcebispo parece mais preocupado que o próprio Governador com os costumes das populações mais pobres e escuras daquela parte do Império. Não se trata apenas da sanha da regulação religiosa dos fiéis. Trata-se de assegurar a soberania completa da metrópole sobre os súditos da América, cabendo uma preocupação mais acentuada com relação àqueles mais distantes do ponto de vista da disposição geográfica e mais inferiores do ponto de vista da estratificação etnossocial. Don Joseph fala então como gestor da colônia, não apenas como autoridade religiosa:

> *Si el tropel de males y desordenes se palpa donde hay algún vecindario, no es difícil de comprender a que extremo llegarán en las haciendas, chozas y habitaciones de los despoblados de cuya naturaleza hay muchas dispersas en las orillas del río Cauca*

---

[14] Informe..., op. cit., p. 67.
[15] Loc. cit.

> *y en las del de Cáceres, las más de ellas de negros libres que por estar muy distantes de las poblaciones no reconocen curas ni cumplen con algunos de los preceptos de la Iglesia, viviendo por consiguiente sin ley, ni subordinación y en un total libertinaje lo cual lo podría evitarse extrayendo todas las familias de las orillas y reduciéndolas a población o bien separadas si el número de ellas suficiente o bien agregada al Sitio más inmediato, o pueblo principal, donde residan el cura y Justicia Reales para no aumentar fundaciones con lo que se lograría que viviendo como cristianos pudiesen ser vasallos útiles al Estado.[16]*

Ao dizer que as mesmas práticas indecentes eram observadas em Espanha, o Governador, aos olhos do Arcebispo, parecia não atinar para o mais preocupante. Que os galegos praticassem suas safadezas seria algo indesejável do ponto de vista da observância dos costumes considerados bons pelos eclesiásticos. Bem diferente disto seriam estas ousadias tal como vivenciadas pelas populações mais pobres e escuras daquela parte do Império. Assim, Don Joseph relaciona a prática dos bundes e o relaxamento dos costumes em geral à insuficiência do controle da metrópole sobre a vida social do interior e mesmo dos centros como Cartagena. Este posicionamento resulta muito nítido quando o Arcebispo se refere aos povoados não tão distantes no mapa, mas cuja dificuldade de acesso equivale a desafios especiais de regulação eclesiástica e civil, o que enseja agenciamentos próprios por parte dos moradores.

> *De esa calidad son el sitio de Norosi, de que es agregado el de Rioviejo distante ocho leguas y de malos caminos por río y tierra [ ] El de Algarrobo tiene muchas agregaciones distantes, cuyos individuos casi todos no*

---

[16] Informe..., op. cit., p. 67.

> *cumplen con la Iglesia y en una de ellas administra el Bautismo cualquiera del pueblo de que hace elección el padre o madre del recién nacido siguiéndose de esto (fuera de otros absurdos incidentes) la duda prudente y racional si estarán legítimamente bautizados a causa de su idiotismo que da motivo a creer ignoran absolutamente la forma de este sacramento.*[17]

Assim, novamente Don Joseph mostra-se preocupado com a relação entre a carência da cura eclesiástica e o risco do crescimento de comunidades com relativa autonomia.

> *No puede dudarse que el sacar de los montes a los hombres que habitan en ellos como fieras y reducirlos a población es una obra piadosa y plausible por todos títulos para que vivan en el debido arreglo en lo moral y político; pero para lograr el fin se hace preciso que fuese un número competente, de suerte que ayudados unos de otros pudiesen sobrellevar las cargas comunes y se facilitase con brevedad la construcción de una iglesia decente se paramentase de el preciso para el culto divino, celebración de los oficios y administración de los sacramentos, se estableciesen las tres Cofradías del Santísimo Sacramento, de la Virgen María Nuestra Señora y de las Benditas Ánimas y se asegurase la congrua sustentación del cura.*[18]

Ordem e desordem na capilaridade do Império

Na sua narrativa, o cuidado pastoral perfaz uma unidade muito bem urdida entre os aspectos que seriam da alçada do Estado e aqueles outros cujo controle caberia à Igreja. Onde o Governador

---
[17] Ibid., p. 68.
[18] Loc. cit.

Fernando Morillo não via tanta gravidade, Don Joseph enxerga uma fissura preocupante na própria tessitura da sociedade colonial. É neste sentido que insiste na postura de reformador de costumes diante de Carlos III, chegando a expor sua situação delicada diante do Vice-Rei e a carência de alianças políticas.

> *Como en la mayor parte he sido preciso hacer frente a la relajación me he concitado muchos enemigos, que siendo contra uno solo y destituido de protección y sombra no les ha sido difícil triunfar consiguiendo que el Consejo y Audiencia de Santa Fe me desairen frecuentemente.*[19]

Enfim, se o Governador e demais autoridades que representam a Coroa não percebem o problema do desregramento das populações rurais, quem sabe o Rei venha a perceber o quanto isto pode representar para a boa condução da colônia.

Os temores do Arcebispo poderiam ser melhor compreendidos, hoje, se considerarmos algumas páginas da recente produção historiográfica sobre Cartagena de Indias e sua região. O processo de independização é mais conhecido dos leitores não colombianos através das obras de Alfonso Múnera.[20] Contamos com um número considerável de outras contribuições que permitem dimensionar o nosso objeto. Afirma Óscar Almário:

> *[...] la dimensión histórica de los negros neogranadinos no empieza ni termina con el período de la Independencia y, tanto antes como después de el, la gente negra esclavizada y libre, desde sus propios acervos culturales,*

---
[19] Informe..., op. cit., p. 69.
[20] MÚNERA, Alfonso. *El fracaso de la nación*: región, clase y raza en el Caribe colombiano (1717-1821). Bogotá: Planeta Colombiana, 2008. Nueva edición.

se encontraba en la ruta de la libertad y la construcción de sus sociedades locales.[21]

Outro elemento que poderia ser considerado aos efeitos de continuar tentando contextualizar esta reflexão é a memória da existência de movimentos quilombolas na região de Cartagena. María Cristina Navarrete[22] refere-se a movimentos de cimarrones nos séculos XVI e XVII, chegando a construir uma tipologia de suas lideranças. É possível que a experiência de conter estas formas de organização de escravos e livres negros tenha deixado registros na percepção coletiva do ambiente em que se encontrava Don Joseph.

A maior parte dos estudos de História Social dessa região se pautou em fontes que, por sua vez, se referem às próprias cidades de Cartagena de Indias e Santa Marta. Afinal, o que mesmo poderia significar um contingente tão próximo da barbárie como os negros, índios, mestiços e brancos pobres que habitavam a savana e as barrancas de Nova Granada? Don Joseph vê em sua ousadia e desregramento um perigo para a obra da Mitra e da Coroa.

A partir do seu concernimento, percebe-se que estas populações puderam construir, na capilaridade de sua vida social, uma margem considerável de autonomia, chegando a nomear ministros do sacramento do batismo e subtraindo-se ao controle do comportamento.

Neste contexto, os bundes são vistos por Don Joseph Díaz de la Madrid como um painel em que a desordem se observa com maior nitidez. E o des-regramento, literalmente, corresponde a uma

---

[21] ALMARIO, Oscar. Los negros en la independencia de la Nueva Granada. In: BONILLA, Heraclio (Ed.). *Indios, negros y mestizos en la independência*. Bogotá: Planeta Colombiana; Facultad de Ciencias Humanas, Universidad Nacional de Colombia, 2010. p. 22-23.

[22] NAVARRETE, María Cristina. De reyes, reinas y capitanes: los dirigentes de los palenques de las sierras de María, siglos XVI y XVII. *Fronteras de la Historia*, Bogotá, v. 20, n. 22, p. 44-62, jul./dic. 2015.

transição de regras, à eclosão de contrapoderes, ainda que estes se manifestem no âmbito das práticas lúdicas e eróticas, musicais e coreográficas. Estaria exagerando o nosso prelado em associar a capacidade que mostravam os negros, mestiços e brancos pobres da hinterlândia de sua diocese em criar novas formas de sociabilidade?

Um paralelo com os batuques na América Portuguesa

A experiência que esta breve contribuição procurou relatar e comentar, valendo-se de uma fonte especialmente rica e da bibliografia colombiana especializada, nos convida a traçar paralelos com o cenário observado no Brasil do século XIX, onde os batuques são reportados abundantemente, seja pelos viajantes e homens letrados, seja ainda por aqueles nem tão letrados assim, mas investidos da prerrogativa de administrar a ordem pública e argumentar pela razoabilidade e pertinência desses ordenamentos. Para isto, dispomos de fontes amplamente divulgadas e comentadas pela historiografia brasileira.

Seguindo o que escreveu Eduardo Caldas Brito em 1903, poderíamos traçar uma comparação da polêmica entre a Mitra e a Coroa no caso da Cartagena de Indias do último quartel do século XVIII e entre dois Governadores da Bahia no primeiro quartel do século XIX, o Conde da Ponte e o Conde dos Arcos. É uma comparação por homologia, no sentido de evidenciar a força do próprio hábito que mantém populações pobres e subalternas se reunindo para cantar, dançar e praticar ritos religiosos de origem africana. O Conde da Ponte mostrou-se muito severo com relação aos batuques, vendo-os apenas como ameaça à ordem dos cidadãos. O Conde dos Arcos enxerga outra dimensão do problema: os batuques ocasionavam e estimulavam a fricção entre os grupos étnicos dos negros, preservando-lhes as rivalidades e dificultando-lhes a unidade.

Não é o caso, aqui, de discutir precisamente a procedência das duas estratégias tão distintas. Trata-se, antes, de registrar o que perpassa a polêmica tanto em Cartagena de Indias como na Bahia: praticavam-se por toda parte bundes e batuques, em ocasiões as mais diversas. Reis, Governadores e Arcebispos tinham que se pronunciar sobre sua frequência e intensidade, para além de suas divergências. Vejamos um trecho de Caldas Brito:

> De dia e de noite e a toda hora pretos e pretas juntavam-se e dançavam e tocavam os seus batuques pela Cidade ou nos *Casebres*, onde ocultavam as escravas novas, que os *Capitães* gozavam impunemente. Nos domingos e dias de festas, nas ruas e largos da Cidade, não se ouviam sinão os toques desentoados e atroadores de seus instrumentos, desenvolta com a monotonia de seus cantos selvagens (grifos do autor).[23]

Por sua vez, José Carlos Ferreira testemunhou o que recolhera como memória dos negros malês, que empreenderam pelo menos sete revoltas entre 1807 e 1835 na Bahia:

> Era notável a desenvoltura com que se portaram estes negros, na maior parte, de nações as mais guerreiras da costa de Léste. Ajuntavam-se quando e aonde queriam e em maior liberdade possível; dansavam e tocavam dissonoros e estrondosos batuques por toda a cidade, e á toda hora. Nos arraiaes e festas eram elles sós os que se assenhoreavam do terreno, interrompendo quaesquer outros toques ou cantos. Este de-

---

[23] BRITTO, Eduardo de Caldas. Levantes de pretos na Bahia. *Revista do Instituto Geográfico e Histórico da Bahia*, Salvador, ano 10, v. 10, n. 29, p. 67-94, 1903. p. 72.

senfreamento, com certeza, não tardou a ter funestas conseqüências. Das praças, dos batuques passaram a ter conferências em logares occultos, onde era vedada a presença de qualquer que não fosse membro destas associações mysteriosas. Para estas reuniões eram convidados escravos de diversos engenhos, e ahi armavam-se coronéis e tenentes-coroneis, com festejos, cantorias e uniformes extravagantes.[24]

Podemos aqui, também, considerar a admiração que diversos viajantes do século XIX manifestaram diante do recurso dos negros à dança e à música no sentido de modificar o seu cotidiano. Vejamos o que diz o francês Avé-Lallemant no final da sexta década desse século acerca da cena de rua em Salvador:

> De feito, poucas cidades pode haver tão originalmente povoadas como a Bahia. Se não se soubesse que ela fica no Brasil, poder-se-ia tomá-la, sem muita imaginação, por uma capital africana, residência de um poderoso príncipe negro, na qual passa inteiramente despercebida uma população de forasteiros brancos puros. Tudo parece negro: negros na praia, negros na cidade, negros na parte baixa, negros nos bairros altos. Tudo que corre, grita, trabalha, tudo que transporta e carrega é negro; até os cavalos dos carros na Bahia são negros. [...] Carregar um peso é quase uma dança; o ritmo da marcha nesse trabalho é quase como o dum cortejo sálio. Os próprios gritos têm de ser rítmicos, os músculos do peito têm que ajudar.[25]

---

[24] FERREIRA, José Carlos. As insurreições dos africanos na Bahia. *Revista do Instituto Geographico e Historico da Bahia*, Salvador, ano 10, v. 10, n. 29, p. 97-119, 1903. p. 97.

[25] AVÉ-LALLEMANT, Robert. *Viagens pelas províncias da Bahia, Pernambuco, Alagoas e Sergipe (1859)*. Tradução de Eduardo de Lima Castro. Belo Horizonte: Itatiaia; São Paulo: Edusp, 1980. v. 19, p. 22. (Coleção Reconquista do Brasil, 2ª série).

Resulta evidente a hipérbole do testemunho do naturalista, que em outras passagens de seus relatos de viagem revela-se francamente etnocêntrico. O que nos interessa, aos efeitos desta reflexão, é destacar a onipresença que o autor reconhece desse tipo de presença na cidade da Bahia. Poderíamos aqui recorrer a registros abundantes das práticas lúdicas e religiosas dos negros, indígenas e mestiços de todos os matizes – quase sempre pobres – tanto nas colônias de Espanha como de Portugal.

Detendo-se diante de registros de batuques em algumas localidades de Salvador e do Recôncavo, o historiador João Reis acrescenta um elemento muito significativo – e ainda pouco desdobrado – à discussão desencadeada por Eduardo Caldas Brito e José Carlos Ferreira em torno da frequência dos batuques. Trata-se de sua capacidade de integrar, além da população negra, outros setores da população baiana.

> Uma história da festa negra durante o resto do século XIX irá revelar a continuidade dessa tensão entre os homens da elite: tolerar ou reprimir. Diante de uma sociedade e de poderes assim dispostos, a festa negra permaneceria ativa, crescendo, ganhando novos partidários e até fazendo sobre as camadas sociais livres incursões mais profundas, facilitadas pela desafricanização demográfica que se seguiu ao fim do tráfico em 1850. Festas que eram negras e até exclusivamente africanas passariam, aos poucos, a ser mais propriamente populares, envolvendo vários setores da sociedade, embora mantendo maioria negro-mestiça entre seus adeptos e assegurando a hegemonia de ritmos de raiz africana.[26]

---

[26] REIS, João José. Tambores e temores: a festa negra na Bahia na primeira metade do século XIX. In: CUNHA, Maria Clementina Pereira. *Carnavais e outras f(r)estas*. Campinas, SP: Ed. Unicamp; CECULT, 2002. p. 143.

Tal como havia percebido – e temido! – Don Joseph de la Madrid na Cartagena de Indias da segunda metade do século XVIII. É o poder do número das populações negras e mestiças nas Américas, cantando, dançando e ritualizando sua fé nos deuses que não eram os mesmos de Espanha e Portugal.

CONEXÕES ATLÂNTICAS: os "lançados" no Brasil e na "Guiné do Cabo Verde", séculos XVI e XVII[1]

Adriana Dantas Reis

Os "lançados" são definidos, em princípio, como indivíduos deixados forçosamente ou que permaneceram espontaneamente nas diversas costas marítimas por onde aportavam as embarcações portuguesas desde 1444, quando alcançaram a Costa da África Ocidental, região chamada genericamente de Guiné. Na *Crónica do Descobrimento e Conquista da Guiné*, Azurara relata que o escudeiro João Fernandes que ia com Antão Gonçalves "de sua vontade lhe aprouve ficar em aquela terra, somente pela ver, e trazer novas ao Infante, quando quer que se acertasse de tornar".[2] O objetivo era propiciar melhores formas de contatos com outros povos, tornando-se intermediários econômicos e culturais, imprescindíveis na empresa ultramarina.

Existem variantes significativas sobre a definição de lançados dos dois lados do Atlântico. Enquanto para a "Guiné do Cabo Verde" tratava-se de um grupo bem definido que era alvo de ações específicas da coroa portuguesa e tema de diversas pesquisas, no Brasil, existem referências genéricas e podem ser relacionados aos lançados, termos

---

[1] Este texto é o resultado preliminar do Projeto de Pós-doutoramento *"Mestiçagem" e colonização no Brasil e a experiência luso-africana na Guiné do Cabo Verde - c.1546a c.1669*, realizado no Centro de História da Faculdade de Letras da Universidade de Lisboa, em 2015. Agradeço ao supervisor desta pesquisa, Prof.º Dr.º José da Silva Horta pelas orientações, leitura atenta do texto e sugestões indicadas.

[2] AZURARA. Gomes Eanes de. *Crónica do descobrimento e conquista da Guiné*. Portugal: Mem Martins, Lisboa: Publicações Europa-América, 1989. p. 106.

como, intermediários, línguas, degredados, exilados e náufragos, chamando pouca atenção dos historiadores para pesquisas mais específicas.³ Teixeira da Mota define "lançados ou tangomaus", exclusivamente, como "os portugueses que viviam nos "Rios de Guiné do Cabo Verde" para se dedicarem ao comércio que não era do agrado real". Em 1517, por exemplo, D. Manuel determinou "perdidas para nós todas as fazendas dos cristãos que se lançarem em Guiné com os negros", e "em 1518 era enviado à Guiné um navio encarregado de embarcar os cristãos lá encontrados, ficando sujeitos à pena de morte os que o não fizessem". Ainda segundo Teixeira da Mota, em documentos variados como o

> liv. V, tit. 112, das Ordenações Manuelinas, e em documentos posteriores de D. João III e de D. Sebastião apelidam-se estes cristãos indistintamente de lançados ou tangomaus, determinando-se que os seus bens, por falecimento, deviam reverter ao Hospital de Todos-os-Santos, de Lisboa.⁴

Esses lançados da Guiné do Cabo Verde, eram considerados contraventores, fugiam dos monopólios reais e dos contratadores, apesar de em muitos casos contarem com alguns desses como cúmplices ou parceiros informais, a ponto de dependerem dos bons

---

[3] O trabalho mais específico sobre os intermediários (intérpretes) no Brasil é o de Alida Metcalf, que trata da importância desses para o processo de colonização. METCALF, Alida C. *Go-betweens and the colonization of Brazil, 1500-1600*. Texas: University of Texas Press, 2005. Ver também: DOMINGUES, Angela. Em nome de reis, colonos e piratas: o papel de intérpretes no Brasil em inícios do século XVI. In: RUSSEL-WOOD, Anthony John R. et al. *D. João III e a formação do Brasil*. Lisboa: CEPCEP, Universidade Católica Portuguesa, 2004. p. 80-88. (Coleção Estudos e Documentos, 10). Sobre exilados ver: PIERONI, Geraldo. *Os excluídos do Reino*: a inquisição portuguesa e os degredados para o Brasil-colônia. Brasília, DF: Ed. UnB, 2000.

[4] SERRÃO, Joel (Dir.). *Dicionário da história de Portugal*: v. 3, de Fiança a Lisboa. Porto: Livraria Figueirinhas, 1963-1971. Verbete – Lançados e tangomaus. Uma análise detalhada dessas leis e dos lançados ver: SOARES, Maria João. Para uma compreensão dos Lançados nos Rios de Guiné: século XVI - meados do século XVII. *Studia*, n. 56/57, p. 147-222, 2000.

serviços dos representantes da própria coroa. Agiam de acordo com os interesses de chefes locais, realizando negócios com navios estrangeiros, primeiro franceses e depois ingleses e holandeses, e muitos deles eram cristãos-novos.[5] Além da legislação, os relatos sobre lançados aparecem em: Álvares de Almada (1594), André Donelha (1625); Francisco Lemos Coelho (1669) e outros relatos, como os jesuítas Padre Baltazar Barreira (1607) e Padre Manuel Álvares (c. 1615) que denunciavam os desregramentos dos lançados no início do XVII, e os Franciscanos e Capuchinos na segunda metade do século XVII.

No Brasil, os lançados aparecem como degredados, em grande parte aqueles que eram exilados por sentença criminal ou obrigados, ou ainda, os aventureiros que sobreviveram a naufrágios. Os primeiros lançados no Brasil foram dois degredados, estes, seguiram na armada de Pedro Álvares Cabral e permaneceram, "um dos quais era o mancebo Afonso Ribeiro, criado de D. João Telo (Pêro Vaz de Caminha, na sua famosa Carta, apenas identifica este degredado)".[6] Segundo relato da Relação do Piloto Anónimo, os "lançados", quando viram partir os batéis, "começaram a chorar e foram animados pelos naturais do país, que mostravam ter piedade deles". João de

---

[5] Ver: HORTA, José da Silva; MARK, Peter. *The forgotten diaspora: Jewish communities in West Africa and the making of the Atlantic world*. Cambridge: Cambridge University Press, Mar. 2011; GREEN, Toby. *The rise of the Trans-Atlantic slave trade in Western Africa, 1330-1589*. Cambridge: Cambridge University Press, 2012.

[6] ALBUQUERQUE, Luís de (Dir.). *Dicionário de história dos descobrimentos portugueses*. Lisboa: Círculo de Leitores, 1994. v. 2. O verbete Lançados é de autoria de Jorge Couto. Para ele, "em muitas zonas, os 'lançados' foram os únicos portugueses que, graças ao seu enraizamento na terra, conseguiram manter-se quando a hegemonia marítima e, por vezes, a própria soberania local passaram para as mãos dos ingleses e holandeses. Os 'lançados' contribuíram significativamente para o conhecimento das línguas africanas, orientais e ameríndias, para o reconhecimento geográfico, económico, religioso e cultural de vários continentes e para a divulgação dos usos e costumes dos mais variados povos e etnias. Foram, em suma, os pontas-de-lança da penetração portuguesa e europeia na África Ocidental e Oriental, no Oriente e no Brasil".

Barros acrescenta que um logrou regressar posteriormente a Lisboa, passando a desempenhar as funções de língua (intérprete).[7] Outro degredado que, muito plausivelmente, partiu na armada de Cabral foi António Fernandes, carpinteiro de naus na ribeira de Lisboa. João Ramalho, António Rodrigues, Diogo Álvares e o bacharel de Cananeia são alguns dos lançados que aparecem nos relatos sobre o período. Esses criaram laços familiares e de amizade com os "brasis" e, mais tarde, tornaram-se importantes intermediários no processo de dominação e ocupação lusitana em terras americanas.

Mas, este não foi um privilégio dos portugueses; espanhóis, ingleses, franceses, chineses e otomanos também adotaram em períodos distintos e com variações a estratégia de dominação e conquista através do degredo.[8] Os habitantes forçados ou não, tornavam-se importantes para a ocupação dos territórios e muitos também funcionavam como os intermediários em processos de negociações e comércio entre os enviados das coroas e os povos originários. Ressalte-se que os intermediários não eram apenas os europeus, muitos indígenas, mamelucos e africanos também foram utilizados como intermediários ou "línguas" (ou seja, os que aprendiam e conheciam a língua local).[9]

As descrições sobre experiências diversas de contatos de conquistadores com os indígenas nas Américas são muito ricas e variadas, alguns deixam relatos interessantes como o espanhol Álvar Núñez Cabeza de Vaca, que relata em suas memórias como se tornou escravo de indígenas juntamente com outros dois espanhóis em re-

---

[7] ALBUQUERQUE, Luís de, op. cit.
[8] Ver: COATES, Timothy J. *Degredados e órfãos*: colonização dirigida pela coroa no império português: 1550-1755. Lisboa: Comissão Nacional para as Comemorações dos Descobrimentos Portugueses, 1998; PIERONI, 2000.
[9] METCALF, Alida C., op. cit.

gião do atual Texas, 1533,[10] os relatos de Jean de Lery e sua vivência com os tupinambás no Brasil, quando de sua viagem à França Antártica 1556.[11] O alemão Hans Staden que foi em 1548 em embarcação portuguesa para o Brasil e aportou em Pernambuco para combater franceses, comerciar pau-brasil e deixar degredados, refere-se a franceses que viviam como indígenas.[12] Muitos outros são citados, Gabriel Soares de Souza faz referência a um castelhano que foi visto no Rio Grande (Norte) e vivia como os índios, inclusive, o mesmo, funcionava como intermediário e viajava nas embarcações francesas.[13]

Durante os séculos, XVI e XVII, a Costa da Guiné era uma região bastante importante para o comércio português, prova disso são as diversas determinações em Alvarás e Leis instituindo perseguições aos lançados, que ousavam desobedecer a Coroa e passavam a ser protegidos dos senhores africanos, estabelecendo relações de fidelidade com grupos locais em detrimento das ordens reais. Além da presença portuguesa na costa africana e do Brasil, os franceses foram um perigo constante para as políticas de controle da coroa. Na Guiné do Cabo Verde, os franceses foram presença muito intensa na região, sobretudo no final do XVI e princípios do XVII, apesar de já aparecerem em relatos desde final do século XV. Suas relações comerciais eram principalmente, através da intermediação dos lançados. Na Guiné, tanto a Coroa portuguesa como os próprios lançados, tinham que se submeter às determinações locais, baseadas em culturas diplomáticas específicas.

---

[10] CABEZA DE VACA, Alvar Nuñez. Naufragios. Madrid: elaleph.com, 1749. Disponível em: <http://www.dominiopublico.gov.br/download/texto/ag000009.pdf>. Acesso em: 13 abr. 2015.

[11] LÉRY, Jean de. Viagem à Terra do Brasil. São Paulo: Martins; Edusp, 1972.

[12] STADEN, Hans. *Duas viagens ao Brasil.* Belo Horizonte: Itatiaia; São Paulo: Edusp, 1974.

[13] Varhnagen cita para questionar a ida de Caramaru a França, segundo ele seria uma confusão com este relato. VARHAGEN, Francisco Adolpho. O Caramuru perante a História. *Revista do Instituto Histórico e Geográfico Brasileiro*, Rio de Janeiro, tomo 10, p. 129-152, 1848.

Na costa brasileira, os franceses também estabeleceram duradouros e bem sucedidos contatos de comércio com os índios, sobretudo nas primeiras décadas dos quinhentos. Desde as primeiras viagens ao Brasil de Gonçalo Coelho (1501-1502 e 1503) e Cristovão Jacques (1503, 1516, 1521, 1526), ou na relação de Francisco D'Avila, publicadas por Navarrete de 1525, ou ainda no Diário de navegação de Pero Lopes de Sousa, de 1530, e diversos outros documentos aparecem relatos de encontros com naus francesas na Bahia e em Pernambuco, onde travaram batalhas e muitos morreram. Os franceses negociavam o "brasil" (pau-brasil), e eram muito próximos dos indígenas, e isso era possível em grande parte pela presença dos seus intermediários/lançados franceses, espanhóis ou portugueses.

O padre jesuíta Fernão Guerreiro em relatos de 1550 a 1617 chama atenção para as dificuldades de penetrarem em algumas províncias que ele chama de "cruz mui seca para os padres" seja pela quantidade de povos e línguas distintas ou pela presença francesa. Em 1603 relata que "era nos anos passados a Paraíba uma colheita de ladrões e dos franceses da Rochela depois que foram lançados do Rio de Janeiro, os quais se confederavam com os naturais da terra e levavam dali grande quantidade de pau-brasil e faziam muitos males". Descreve a forma como um padre corajoso, que sabia bem a língua dos índios locais, conseguiu expulsar os franceses e, o grosso trato que tinham de pau-brasil foi ficando todo para Sua Majestade e "puseram logo padres em aldeias e os começaram a cultivar e doutrinar".[14]

---

[14] GUERREIRO, Fernão, S.J. 1550-1617, Relação anual das coisas que fizeram os Padres da Companhia de Jesus nas suas Missões do Japão, China, Cataio... Nos anos de 1600 a 1609 e do processo da conversão e cristandade daquelas partes; tiradas das cartas que os missionários de lá escreveram. / Pelo padre Fernão Guerreiro da Companhia de Jesus. - Nova edição / dirigida e prefaciada por Arthur Viegas. Coimbra: Imprensa da Universidade, 1930-1942. Tomo 2, p. 375, 378.

Uma vasta e importante historiografia tem tratado da História da África Ocidental, os trabalhos mais recentes sobre o Noroeste Africano, Grande Senegâmbia, Alta Guiné ou Guiné do Cabo Verde,[15] sem contar as pesquisas sobre os séculos XVIII, XIX e XX, reportam-se, às experiências de contatos variados entre portugueses, grupos locais e indivíduos de outras regiões da Europa neste espaço do império português. Alguns dos principais agentes dessas experiências foram os portugueses que viviam na costa ilegalmente, os "lançados" ou "tangomaos". A maioria destes adotou os padrões comerciais africanos através de complexas negociações e estabeleceram vínculos de socialização com as comunidades locais casando-se com mulheres africanas e adotando práticas sociais e religiosas do mundo africano.

---

[15] Ver entre outros: SOARES, Maria João, op. cit.; BOULÈGUE, Jean. *Les Luso-Africains de Sénégambie*. Lisboa: Instituto de Investigação Científica e Tropical; Paris: Université de Paris I, Centre de Recherches Africains, 1989; HORTA, José da Silva. *A "Guiné do Cabo Verde"*: produção textual e representações (1578-1684). Lisboa: Fundação Calouste Gulbenkian; Fundação para a Ciência e Tecnologia, 2011; HORTA, José da Silva. *Ser 'português' em terras de africanos*: vicissitudes da construção identitária na 'Guiné do Cabo Verde' (sécs. XVI-XVII). In: FERNANDES, Hermenegildoet al. (Coord.). *Nação e identidades*: Portugal, os portugueses e os outros. Lisboa: Centro de História; Caleidoscópio, 2009. p. 261-273; HORTA, José da Silva. *"O nosso Guiné"*: representações luso-africanas do espaço guineense (sécs. XVI-XVII).In: *ACTAS DO CONGRESSO INTERNACIONAL "O ESPAÇO ATLÂNTICO DE ANTIGO REGIME: PODERES E SOCIEDADES"*. Lisboa: FCSH/UNL, 2-5 nov. 2005. Organizado pelo Centro de Estudos de História de Além-Mar e pelo Instituto de Investigação Científica Tropical e Centro de História de Além-Mar, 2009, publicado em CD-ROM e on-line. Disponível em: <http://www.instituto-camoes.pt/cvc/eaar/coloquio/comunicacoes/jose_silva_horta.pdf>; BROOKS, George E. *Landlords and strangers*: ecology, society, and a trade in Western Africa, 1000-1630. Boulder, CO: Westview, Jan. 1993; BROOKS, George E. *Eurafricans in Western Africa*: commerce, social status, gender, and religious observance from the sixteenth to the eighteenth century. Athens, Oxford: Ohio University Press; James Currey, 2003; MARK, Peter. *"Portuguese" style and luso-african identity*: precolonial Senegambia, sexteenth-nineteenth centuries. Indianapolis: Indiana University Press, 2002; SILVA, Maria da Graça Garcia Nolasco da. *Subsídios para o estudo dos "lançados" na Guiné*. 1967. Dissertação (Licenciatura em História) – Faculdade de Letras, Universidade de Lisboa, Lisboa, 1967; NAFAFÉ, José Lingna. *Colonial encounters*: issues of culture, hybridity and creolization portuguese mercantile settlers in West Africa. Frankfurt: Peterlang, 2007; HAWTHORNE, Walter. *From Africa to Brazil*: culture, identity, and an Atlantic slave trade, 1600-1830. New York: Cambridge University Press, 2010.

A Guiné do Cabo Verde era uma região definida entre o atual Senegal e a Serra Leoa, na qual os portugueses chegaram a meados do século XV (1444), e por volta de 1460, com a descoberta das Ilhas do Arquipélago de Cabo Verde, tornou-se um território cada vez mais importante, sobretudo, como entreposto comercial para o tráfico atlântico. Nesse período (1466) o rei D. Afonso V concede aos moradores no Cabo Verde o privilégio de comerciarem com a Costa da Guiné, exceto Arguim. Comerciavam-se principalmente escravos, mas também mantimentos (arroz e milho), marfim, cera, âmbar, gatos de algália e ouro. Por isso, a região de alcance entre a costa africana e o arquipélago ficou conhecida como "Guiné do Cabo Verde" ou "Rios de Guiné", pois havia uma interação e circulação muito intensa de pessoas, culturas e mercadorias, Cabo Verde tornou-se um entreposto comercial.[16]

Lançados, portanto, não eram apenas os deixados propositalmente com fins de reconhecer lugares e gentes, ou degredados utilizados em fins diversos nas estratégias de dominação portuguesa, eram também os que se lançavam nas empresas marítimas e comerciais por opção, como se vê no caso daqueles que permaneceram na "Guiné do Cabo Verde", estabelecendo relações comerciais com os locais à revelia das leis da coroa portuguesa. É esta definição de lançados que será pensada neste trabalho, com o intuito de refletir sobre possíveis conexões entre esses e os indivíduos com características semelhantes no Brasil.[17]

---

[16] Ver: HORTA, José da Silva, *Ser 'português'...*, op. cit., p. 261-273; MOTA, Avelino Teixeira da. Contactos culturais luso-africanos na "Guiné do Cabo Verde". *Boletim as Sociedade de Geografia de Lisboa*, série 69, n. 11-12, p. 659-667, nov./dez. 1951.

[17] Um dos únicos trabalhos que fazem a relação entre o fenômeno dos lançados da Guiné "sob ponto de vista cultural" aos lançados no Brasil é o de Maria da Graça Garcia Nolasco da Silva, diz ela que este "teve correspondência tanto no Brasil como na África Oriental, mostrando sua universalidade pelo menos dentro do espaço da expansão portuguesa", no entanto não aprofunda. In: SILVA, Maria da Graça Garcia Nolasco da, op. cit., p. 94.

Os contatos dos europeus com os diversos povos indígenas no processo de ocupação da América portuguesa, também têm sido revisitados pela historiografia, principalmente a produzida no Brasil.[18] A perspectiva principal dessa historiografia vem a partir do aprofundamento da história indígena, além das pesquisas recentes sobre mestiçagens culturais ou biológicas, e as dinâmicas coloniais. As complexidades dessas relações têm sido investigadas e são hoje, fundamentais para repensar a história do Brasil.[19] As complexidades dessas relações têm sido investigadas e são hoje, fundamentais para repensar a história do Brasil. O ponto de convergência dessas obras é não se referir diretamente a esses estrangeiros como lançados e quando o fazem são definidos como intermediários. Nesse sentido, a diferença principal entre os lançados no Brasil e na Guiné, a princípio, tomando essa bibliografia como referência, é dar uma ênfase maior aos degredados e aos náufragos como parte das estratégias de dominação portuguesa, mesmo em princípios da colonização. Apresentando assim, um caráter absolutamente distinto daquele

---

[18] Entre outros ver: POMPA, Cristina. *Religião como tradução*: missionários, Tupi e Tapuia no Brasil colonial. Bauru, SP: Anpocs; Edusc, 2003. ALMEIDA, Maria Regina Celestino de. *Metamorfoses indígenas*: identidade e cultura nas aldeias coloniais do Rio de Janeiro. Rio de Janeiro: Arquivo Nacional, 2003; PARAÍSO, Maria Hilda Baqueiro. *O tempo da dor e do trabalho*: a conquista dos territórios indígenas nos sertões do leste. Salvador, Edufba, 2014; MONTEIRO, John Manuel. *Negros da terra*: negros e bandeirantes nas origens de São Paulo. São Paulo: Companhia das Letras, 1994. DOMINGUES, Ângela. *Quando os índios eram vassalos*: colonização e relações de poder no Norte do Brasil na segunda metade do século XVIII. Lisboa: CNCDP, 2000; VAINFAS, Ronaldo. *A heresia dos índios*: catolicismo e rebeldia no Brasil Colonial. São Paulo: Companhia das Letras, 1995.

[19] Sobre mestiçagens e outros aspectos importantes das relações de contatos: PAIVA, Eduardo França. *Dar nome ao novo*: uma história lexical da Ibero-América entre os séculos XVI e XVIII (as dinâmicas de mestiçagens e o mundo do trabalho). Belo Horizonte: Autêntica, 2015; VIVEIROS DE CASTRO, Eduardo B. *A inconstância da alma selvagem e outros ensaios de antropologia*. São Paulo: Cosac & Naify, 2002; METCALF, Alida C., op. cit. Alguns que citam lançados: COUTO, Jorge. *A construção do Brasil*: ameríndios, portugueses e africanos, do início do povoamento a finais de Quinhentos. Lisboa: Edições Cosmos, 1998. p. 311-312; PACHECO DE OLIVEIRA, João. *O nascimento do Brasil*: revisão de um paradigma historiográfico. *Anuário Antropológico*, 2009-1, p. 11-40, jun. 2010.

presente na legislação e relatos sobre a "Guiné do Cabo Verde", em que os lançados são vistos como aqueles que estavam à margem do controle da coroa portuguesa.

As conexões que podemos estabelecer entre as pesquisas sobre os lançados na "Guiné do Cabo Verde" e no Brasil, além das interlocuções culturais é o seu caráter de forças contrárias às políticas de dominação da coroa portuguesa.[20] Ou seja, de que maneira os lançados, em sua maioria, portugueses cristãos, construíam outras identidades, adotavam outras línguas, ritos e costumes locais, distanciando-se dos objetivos políticos e econômicos da coroa portuguesa.

Partimos então para alguns exemplos.

Álvares de Almada, em 1594, chamava atenção para a presença dos lançados nos Rios de Guiné, "os nossos portugueses", como dizia, e sua importância na promoção do comércio local com os franceses e ingleses. Descreve:

> E se não foram estes Portugueses lançados, não tivera estas duas nações tanto trato em Guiné, nem comércio como têm hoje; porque o gentio não tem habilidade para lhes dar tão largos despachos [...] Hoje atravessam estes Portugueses lançados todos os Rios e terras dos negros, adquirindo tudo o que acham nelas, para estas naus de seus amigos, em tanto que há homem nosso que se meteu pelo sertão até o Reino do Gran-Fulo, que são muitas léguas, e dele manda muito marfim ao Rio de Sanagá, adonde o mandam tomar as naus que estão na Angra pelos seus pataxós.[21]

---

[20] Alida Metcalf ressalta a vantagem da coroa Portuguesa que apesar de não ter o controle sobre todos intermediários, a maioria deles arbitraram ao lado dos portugueses. Este tema será desenvolvido posteriormente. METCALF, Alida C., op. cit., p. 13.

[21] BRÁSIO, António (Ed.). *Monumenta missionária africana*: África ocidental: 1570-1599. 2. série. Lisboa: Agencia Geral do Ultramar, 1953. v. 3, p. 252.

E cita o caso de um lançado português que foi ao Reino do Gran-Fulo por ordem do duque de Casão,

> [...] que é um negro poderoso que habita neste porto, pelo Rio de Gambia acima sessenta léguas do mar; este o mandou por sua ordem com gente sua, e na corte do Gran-Fulo se casou com uma filha sua, da qual teve uma filha; e querendo-se tornar para os portos do mar, lhe deu o sogro licença que a trouxesse consigo, E chama-se João Ferreira, natural do Crato, da nação e chamado pelos negros o Ganagoga, que quer dizer na língua dos Beafares, homem que fala todas as línguas, como de feito fala a dos negros. E pode este homem atravessar todo o sertão do nosso Guiné, de quaisquer negros que seja. E com estas ajudas dos lançados vão acrescentando neste trato de Guiné os inimigos, e se vai de todo acabando o que com eles tínhamos.[22]

No Brasil, apesar de não serem denominados nos relatos como "lançados", encontramos alguns com características semelhantes àqueles que atuavam na costa da Guiné. O inaciano Baltazar Teles, descreve portugueses que já estavam estabelecidos em terras do Brasil e não pareciam muito felizes com a chegada dos jesuítas, pois, em janeiro de 1550 quando o padre Leonardo Nunes partiu com dez ou doze meninos para São Vicente "aí os reinóis, que viviam em 'alguns cinco lugares' e 'em parte eram piores que os mesmos brasis'".[23]

O padre José de Anchieta em suas cartas do quadrimestre de maio a setembro de 1554 de Piratininga, sobre a Capitania do Espírito Santo, refere-se a alguns portugueses que casavam com "suas escravas concubinas, por lei de matrimônio, e outros,

---

[22] Loc. cit.
[23] TELES, Baltazar. *Crônica da Companhia de Jesus na Província de Portugal*, Lisboa, 1645, I, p. 477 apud ANCHIETA, Joseph de. *Cartas Jesuítica III*: cartas, informações, fragmentos históricos e sermões (1554-1594). Rio de Janeiro: Civilização Brasileira, 1933. Nota 2, p. 50.

abandonando-as, adotam um modo de viver salutar".[24] Em outros casos, Anchieta denunciava alguns portugueses que incitavam os índios a desobedecerem aos preceitos da religião pregados por jesuítas e que se apartavam adotando a maneira de viver dos gentios, como um natural da terra "que já havia muito tempo se tinha feito cristão com os Portugueses que outrora moraram nesta aldeia, e se apartara de nós para que mais licenciosa e livremente pudesse viver á maneira dos gentios".[25]

O padre Manuel da Nóbrega em carta da Bahia, 1557, também demonstra seu incômodo com os Cristãos que "defenderam o comer carne humana, não lhes tiram o irem á guerra e lá matarem, e, por conseguinte, comerem-se uns a outros" [...] "mas é a pratica commum de todos os Christãos fazerem-nos guerrear e matar, e induzirem-nos a isso".[26]

Por um lado os jesuítas atraíam os filhos dos gentios para catequizá-los, por outro, alguns portugueses se apartavam deles, preferindo viver entre os da terra. Os portugueses ou seus filhos nascidos com mães brasílicas são vistos como um dos empecilhos a pregação, semelhantes à vida dos "lançados" da Guiné e seus descendentes luso-africanos. Anchieta relata a "detestável maldade destes que davam não só exemplos de vida como auxiliavam os índios a cometerem delitos". Diz ele:

> [...] porquanto, uns certos Cristãos, nascidos de pai português e de mãe brasilica, que estão distantes de nós nove milhas, em uma povoação de Portugueses, não cessam, juntamente com seu pai, de empregar contínuos esforços para derrubar a obra que, ajudando-nos a graça de Deus, trabalhamos por

---

[24] ANCHIETA, Joseph de, op. cit., p. 37.
[25] Ibid., p. 40.
[26] NOBREGA, Manuel da, op. cit., p. 156.

> edificar, persuadindo aos próprios catecumenos com assíduos e nefandos conselhos para que se apartem de nós e só a eles, que também usam de arco e flechas como eles, creiam, e não dêem o menor crédito a nós, que para aqui fomos mandados por causa da nossa perversidade. Com estas e outras semelhantes fazem que uns não acreditem na pregação da palavra de Deus, e outros, que já viamos entrarem para o aprisco de Cristo, voltem aos antigos costumes, e fujam de nós para que possam mais livremente viver. Tendo os irmãos gasto um ano quasi inteiro no ensino de uns certos, que distam de nós 90 milhas e tinham renunciado a costumes pagãos, estavam, determinados a seguir os nossos, e haviam-nos prometido que nunca matariam aos contrários, nem usariam de carne humana em suas festas; agora, porém, *induzidos pelos conselhos e palavras destes Cristãos e pelo exemplo da nefanda e abominável ignomínia dalguns deles*, preparam-se não só para os matar, mas também para os comer.[27]

E ainda, a participação destes Cristãos em rituais próprios dos gentios. Segundo Anchieta,

> [...] um desses apreendeu um dos inimigos na guerra dos índios e trouxe-o a um seu irmão para que o matasse, o qual o matou, pintando-se de encarnado nas pernas e tomando o nome do morto por insigne honra (como é de uso entre os gentios); se não comeu, deu certamente a comer aos índios, para os quais, e não para si mesmo, o matara, exortando-os para que não o deixassem escapar, mas antes o assassem e levassem consigo para comer. Tendo outro, irmão deste usado de certas práticas gentílicas, sendo advertido duas

---

[27] ANCHIETA, Joseph de, op. cit., p. 46, grifos nossos.

vezes que se acautelasse com a Santa Inquisição, disse: 'Acabarei com as Inquisições a flechas'.[28]

O padre Manuel da Nóbrega também criticava os cristãos que faziam aos "Gentios que se comam e se travem uns com os outros, [...] e nisto dizem consistir o bem e segurança da terra, e isto aprovam capitães e prelados, eclesiásticos e seculares". Em guerras que se tratavam com os gentios "sempre dão carne humana a comer não somente a outros índios, mas a seus próprios escravos. *Louvam e approvam ao Gentio o comerem-se uns a outros, e já se achou Christão a mastigar carne humana, para darem com isso bom exemplo ao Gentil*" (grifos nossos). E ainda, "outros matam em terreiro á maneira dos índios, tomando nomes, e não somente o fazem homens baixos e Mamalucos, mas o mesmo Capitão, ás vezes!".[29]

Para construir uma relação de confiança, os lançados precisavam adotar ritos e vivências indígenas, estabelecer vínculos fortes, através de casamentos, do contrário, as reações poderiam ser bastante violentas, como no caso da morte do donatário da capitania da Bahia, Francisco Pereira Coutinho, pelos tupinambás, um dos fatos que influenciou na mudança de estratégias da coroa sobre o controle do território do Brasil. Anchieta cita um português que teria atravessado por quase cinquenta anos a região da capitania de São Vicente, ou seja, teria chegado ao Brasil no início do século XVI, e tinha por manceba uma mulher brasílica, da qual teve muitos filhos, e apesar dos rogos e toda mansidão dos jesuítas tentando convencê-los a deixarem a má vida, nenhum fruto conseguiu tirar "mas antes observando que continuavam os maiores escândalos por causa do indecoroso e dissoluto modo de viver, não só do pai como dos filhos,

---

[28] Loc. cit.
[29] NOBREGA, Manuel da, op. cit., p. 196.

que estavam amancebados com duas irmãs e parentas", e como os jesuítas começaram a exercer algum rigor e violência para com eles, expelindo-os, sobretudo, da comunhão da Igreja, estes começaram a persegui-los "com o maior ódio, esforçando-se em fazer-nos mal por todos os meios e modos, ameaçando-nos também com a morte, mas especialmente trabalhando para tornar nula a doutrina com que instruímos e doutrinamos os índios e movendo contra nós o ódio deles". Como faziam jesuítas em descrições da "Guiné do Cabo Verde", dizia Anchieta que para progredir a conversão dos infiéis era necessário "extinguir de todo este tão pernicioso contagio", sem o qual "enfraquecerá, e de dia em dia, necessariamente desfalecerá".[30]

A Guiné aparece nesse circuito comercial com o Brasil em momento posterior à região do Congo Angola, e forneceu mão de obra escrava principalmente para Maranhão e Grão-Pará, no entanto, a experiência que a Coroa Portuguesa já vinha tendo com os lançados na Guiné do Cabo Verde, certamente influenciou nas decisões políticas sobre as terras da América, e vice-versa.[31] É provável que as tentativas mal sucedidas de controle e repressão dos lançados do lado africano durante o século XVI, tenham influenciadas decisões tomadas sobre o Brasil, acolhendo alguns lançados e seus descendentes como importantes agentes na repressão aos indígenas e nas tentativas de concretizar a dominação sobre as terras americanas. Por outro lado, as experiências e decisões sobre o Brasil também podem ter influenciado na mudança da política em relação

---

[30] ANCHIETA, Joseph de, op. cit., p. 47.

[31] Luiz Felipe de Alencastro fundamenta sua análise da formação do Brasil no Atlântico Sul na ausência de soberania indígena e na distinta política portuguesa. O autor ressalta a importância dos lançados para a Guiné e faz referência a Caramuru e a João Ramalho como exemplos de "lançados" no Brasil, mas não aprofunda o tema. Afirma ele: "Nenhuma tribo sul-americana jamais deteve poderio suficiente para impor sua soberania e cobrar tributos regulares do colonato luso-brasileiro". ALENCASTRO, Luiz Felipe de. *O trato dos viventes*: formação do Brasil no Atlântico Sul. São Paulo: Companhia das Letras, 2000. p. 39.

aos lançados na Guiné, no final do século XVI e início do XVII, tentando-se a inclusão destes, primeiro através dos jesuítas, como agentes de projetos de territorialização, ou mesmo de colonização, e depois através da ação direta da Coroa.

Para o Brasil decide-se por uma forma de dominação territorial, a partir da década de 1540-50 e, sobretudo, final do século XVI e início do XVII. Uma decisão que pressupunha a ação violenta através de guerras contra os indígenas, algo que não ocorreu na "Guiné do Cabo Verde" durante o mesmo período. Na Guiné, ao contrário a perseguição era, inicialmente, contra os "lançados" e não uma declaração de guerra aos potentados locais. Mas, em determinado momento, entre final do XVI e início do XVII, tanto na Guiné quanto no Brasil os lançados são incluídos nas decisões de domínio da coroa, apesar de seguirem sendo uma ameaça constante.[32] Na Guiné, os jesuítas no início do XVII percebem, por exemplo, que era fundamental obter a aliança com os "portugueses poderosos", a ponto de, na época da Restauração (1640), haver a criação de uma rede de praças e presídios para a qual se tenta captar/atrair os lançados. Até 1536, ou 1549 aparentemente Guiné e Brasil seguem com características semelhantes, e sem novos elementos que surpreendessem a coroa portuguesa a ponto de decidir pelo estabelecimento de uma estrutura de poder e repressão. São entrepostos comerciais, onde é necessário firmar negociações constantes com os grupos locais. Mas

---

[32] No século XVIII com os olhos mais voltados para Estado do Maranhão e Grão Pará, prossegue a perseguição da coroa aos *cunhamenas*, intermediários geralmente filhos de portugueses ou brancos nascidos no Brasil com índias ou escravas. A coroa também proíbe uniões de portugueses com filhas dos principais, argumentavam que homens indignos de vida licenciosa com índias favoreciam relações comerciais, semelhante aos lançados. A proibição era a tentativa de coibir o fortalecimento de laços independentes com os índios, ao passo que a mesma coroa incentivava o casamento com mulheres indígenas para favorecer o domínio do Estado do Grão Pará e Maranhão. DOMINGUES, Angela. Régulos e absolutos. In: BENTES, Rodrigo; VAINFAS, Ronaldo (Org.). *Império de várias faces*: relações de poder no mundo Ibérico da época moderna. São Paulo: Alameda, 2009. p. 120-138.

então, houve mudanças de percursos e de decisões sobre o que fazer. A "Guiné do Cabo Verde" permaneceu como território de domínio dos poderes locais fortalecidos em grande medida pelos lançados, que desobedeciam as determinações da coroa e concorriam com os seus representantes oficiais, enquanto que para o Brasil as decisões giraram em torno das guerras, catequese e escravização.

Uma das justificativas para mudança de ocupação sobre o território do Brasil teria sido a reação indígena às novas formas de dominação e a presença francesa na costa brasileira, mas quando ampliamos nosso olhar através da conexão entre esses dois lados do Atlântico percebe-se que havia conexões entre eles, e para experiências semelhantes foram aparecendo decisões semelhantes. Não apenas a ameaça francesa, que já rondava a costa brasileira desde 1503, mas a percepção de que igualmente se poderiam perder os seus intermediários/lançados sobre os quais se refere João de Melo da Câmara em carta a D. João III de 1529 que define os homens que permaneciam no Brasil como: "omes que estimem tão pouco o serviço que se contentem com terem quatro índias por mancebas e comerem dos mantimentos da terra, como faziam os que dela agora vieram que estes são os que lá querem tomar por moradores e outros taes".[33]

Conectar "Guiné do Cabo Verde" e Brasil é experimentar outras perspectivas de interpretações inusitadas, para repensar o Atlântico. Podem-se compreender processos de construção de identidades, trazendo uma nova reflexão sobre temáticas já tão consolidadas. Por ora, podemos dizer que o projeto de dominação sobre os indígenas no Brasil está intrinsecamente relacionado com lançados/intermediários sejam eles, portugueses, holandeses, mamelucos, indígenas, franceses etc. Na África, dizem os autores,

---

[33] SILVA, Maria da Graça Garcia Nolasco da, op. cit., p. 95. Diz a autoria que "referia-se provavelmente aos que retornaram com Cristovam Jacques em 1528".

os lançados "africanizavam-se" e seus descendentes luso-africanos prosseguiam na região como indivíduos com identidades específicas, resultado de hibridismo cultural. No Brasil, podemos dizer que muitos lançados se "indianizavam" e sua descendência de mamelucos, luso-brasileiros, tornava-se personagem ambivalente no processo de conquista, como afirma Vainfas, estando ora ao lado dos índios, ora ao lado dos portugueses.[34] A eficiência ou ineficiência da coroa portuguesa sobre os lançados no Brasil e a conquista dos povos originários, provavelmente, manteve um diálogo constante com situações relativas aos lançados na "Guiné do Cabo Verde".

---

[34] Vainfas refere-se a tendência "anticatequese" dos mamelucos e a "indianização dos europeus". VAINFAS, Ronaldo, *A heresia...*, op. cit., p. 150.

SOBRE OS AUTORES

Adriana Dantas Reis

Curso de Pós-doutorado na Faculdade de Letras da Universidade de Lisboa (FLUL). Doutora em História Social pela Universidade Federal Fluminense (UFF). Mestre em História Social pela Universidade Federal da Bahia (UFBA). Licenciada em História pela Universidade Federal da Bahia (UFBA). Professora Adjunta B da Universidade Estadual de Feira de Santana (UEFS), atuando no Curso de Licenciatura em História e na Pós-Graduação *Latu Sensu*, Especialização em História da Bahia. Pesquisadora do Centro de História da Faculdade de Letras da Universidade de Lisboa (CH-FLUL). Autora do livro *Cora: Lições de Comportamento Feminino na Bahia do Século XIX* (Centro de Estudos Baianos, 2000). Membro dos grupos de pesquisa Gênero (ANPUH-BA); Atlântico e Diáspora Africana (ANPUH-BA) e Núcleo Interdisciplinar de Estudos sobre as Mulheres e Relações de Gênero – *Mulieribus* (Departamento de Ciências Humanas e Filosofia/UEFS). E-mail: adrihis@hotmail.com.

Álvaro de Araujo Antunes

Pós-doutor pela Universidade de Lisboa (UL), Universidade de São Paulo (USP) e Universidad de Sevilla (US). Doutor em História Sociocultural pela Universidade Estadual de Campinas (Unicamp). Mestre em História das Relações de Poder pela Universidade Federal de Minas Gerais (UFMG). Licenciado em História pela Universidade Federal de Ouro Preto (UFOP). Professor associado da

Universidade Federal de Ouro Preto (UFOP), atuando na graduação e na pós-graduação em História. Coordena o Arquivo Histórico da Câmara Municipal de Mariana (AHCMM) e o grupo de pesquisa Justiça, Administração e Luta Social (JALS). Pesquisador do Grupo de Pesquisa Cultura e Educação na América Portuguesa (GECEAP). Autor do livro *Espelho de Cem Faces: o Universo Relacional de um Advogado Setecentista* (Annablume, 2005) e co-organizador do livro *Dimensões do Poder em Minas* (Fino Traço, 2012). Currículo Lattes: http://lattes.cnpq.br/7711923074229932. E-mail: alvoantunes@gmail.com.

Antonio Filipe Pereira Caetano

Pós-Doutor em História pela Universidade Federal Fluminense (UFF). Doutor em História pela Universidade Federal de Pernambuco (UFPE) onde defendeu a tese *Entre Drogas e Cachaça – a Política Colonial e as Tensões na América Portuguesa* (EDUFAL, 2009) e Mestre em História pela Universidade Federal Fluminense (UFF) onde defendeu a dissertação *Entre a Sombra e o Sol – a Revolta da Cachaça, a Freguesia de São Gonçalo do Amarante e a Crise Política Fluminense* (QGRAFICA, 2009). Professor adjunto do curso de História da Universidade Federal de Alagoas (UFAL). Coordenador do Grupo de Estudos América Colonial (Geac-CNPq) e tem se debruçado em pesquisa na área de poder, administração, formação de elites locais e movimentos sociais. Publicou *Alagoas e o Império Colonial Português* (CEPAL, 2010); *Alagoas Colonial: Construindo Economias, Tecendo Redes de Poder e Fundando Administrações (Séculos XVII-XVIII)* (EDUFPE, 2012); *Das Partes Sul à Comarca das Alagoas, Capitania de Pernambuco: Ensaios sobre Justiça, Economia, Poder e Defesa (Século XVII-XVIII)* (VIVA, 2015); e o mais recente

Dinâmicas Sociais, Políticas e Judiciais na América Lusa: Hierarquias, Poderes de Governo (Século XVI-XIX) (EDUFPE, 2016). Email: afpereiracaetano@hotmail.com.

Cláudio DeNipoti

Doutor, Mestre, bacharel e licenciado em História pela Universidade Federal do Paraná (UFPR). Realizou estágio pós-doutoral na Cátedra Jayme Cortesão da Universidade de São Paulo e Estágio Sênior na Faculdade de Letras da Universidade de Lisboa. Professor Associado do Departamento de História da Universidade Estadual de Ponta Grossa, atuando nos cursos de graduação em história, no Mestrado em História, cultura e identidades (UEPG) e no Mestrado em História Social (UEL). Autor do livro *Páginas de Prazer; a Sexualidade através da Leitura no Início do Século* (Ed. Unicamp, 1999). Co-organizador dos livros *Saberes Brasileiros; Ensaios sobre Identidades – Séculos XVI a XX* (Bertrand Brasil, 2004) e *Nas Tramas da Ficção; História, Literatura e Leitura* (Ateliê, 2009). Membro dos grupos de pesquisa CEDOPE - Centro de Documentação e Pesquisa de História dos Domínios Portugueses (XV-XIX) - UFPR e Grupo de Pesquisa Cultura e Educação na América Portuguesa - GCEAP/UFMG. E-mail: cnipoti@uepg.br.

Daniel de Souza Leão Vieira

Doutor em Humanidades pela Universiteit Leiden, Países Baixos. Mestre e Licenciado em História pela Universidade Federal de Pernambuco (UFPE). Professor adjunto ao Departamento de Antropologia e Museologia da UFPE. Atua no curso de Bacharelado em Museologia, lecionando disciplinas de História da Cultura e

História da Arte, bem como pesquisando sobre o imaginário do Brasil holandês na iconografia neerlandesa e a relação com a construção de passados presentes durante a experiência de modernidade na cidade do Recife. Autor de diversos artigos e capítulos de livro sobre Frans Post (1612-1680). Currículo Lattes: http://buscatextual.cnpq.br/buscatextual/visualizacv.do?id=K4760043A8&tipo=completo&idiomaExibicao=1. E-mail: dan.slvieira@gmail.com.

Eduardo José Santos Borges

Doutor e Mestre em História Social pela Universidade Federal da Bahia (UFBA). Graduado em História pela Universidade Católica do Salvador (UCSAL). Professor do curso de História da Universidade do Estado da Bahia (UNEB), Campus XIV, Conceição do Coité-BA. Líder do grupo de estudo História da América Portuguesa ligado ao mestrado em História Regional e Local da Universidade do Estado da Bahia (UNEB) e registrado no CNPq. Autor dos livros *O Antigo Regime no Cinema: um Diálogo com a História na Sala de Aula* (Unijorge, 2010) e *Renascença Baiana: o Cinema entre o Discurso e a Prática Modernizadora na Bahia* (Eduneb, 2012). Currículo Lattes: http://lattes.cnpq.br/0911230737996087. E-mail: eduardohistoria@hotmail.com.

Eduardo França Paiva

Doutor em História pela Universidade de São Paulo (USP) com estágios pós-doutorais na École des Hautes Études en Sciences Sociales (Paris) e na Escuela de Estudios Hispano-Americanos (Sevilha). Mestre em História pela Universidade Federal de Minas Gerais (UFMG). Professor Titular do Departamento de História da

UFMG. Diretor do Centro de Estudos sobre a Presença Africana no Mundo Moderno (CEPAMM), co-coordenador da Rede de Grupos de Pesquisa Escravidão e Mestiçagens (RGPEM) e líder do grupo de pesquisa Escravidão, Mestiçagem, Trânsito de Culturas e Globalização – Séculos XV a XIX (CNPq-UFMG). Seu último livro publicado foi *Dar Nome ao Novo: uma História Lexical da Ibero-América, entre os Séculos XVI e XVIII (as Dinâmicas de Mestiçagens e o Mundo do Trabalho)* (Autêntica, 2015). E-mail: edupaiva@ufmg.br.

Eliane Garcindo de Sá

Doutora e Mestre em História Social Faculdade de Filosofia, Letras e Ciências Humanas pela Universidade de São Paulo (USP). Licenciada em História pela Universidade Federal de Goiás (UFG). Professora adjunta aposentada do Instituto de História da Universidade Federal do Rio de Janeiro (UFRJ). Professora-associada do Departamento de História e Programa de Pós-Graduação em História da Universidade do Estado do Rio de Janeiro (UERJ). Autora do livro *Mestiço: entre o Mito, a Utopia e a História* (Faperj; Quartet, 2013). Coordenadora do grupo de pesquisa Mundos Ibéricos em Perspectiva: Conexões Históricas e Culturais (UERJ). Membro do Laboratório Mundos Ibéricos (LAMI) e do grupo de pesquisa Mundos Ibéricos da Universidade Federal Rural do Rio de Janeiro (UFRRJ) e do Laboratório de Estudos das Diferenças e Desigualdades (LEDDES/UERJ). Currículo Lattes: http://lattes.cnpq.br/4519674409071834. E-mail: elianesa@elianesa.com.

Fabiano Vilaça dos Santos

Doutor em História Social pela Universidade de São Paulo (USP). Mestre em História Política, bacharel e licenciado em História pela

Universidade do Estado do Rio de Janeiro (UERJ). Professor adjunto da UERJ, campus Maracanã, atuando no curso de bacharelado e licenciatura em História e no Programa de Pós-graduação em História Política. Autor do livro *O Governo das Conquistas do Norte: Trajetórias Administrativas no Estado do Grão-Pará e Maranhão (1751-1780)* (Annablume, 2011). Membro dos grupos de pesquisa História Colonial da Amazônia (UFAM), História da Amazônia Colonial (UFPA) e Impérios Ibéricos no Antigo Regime: política, sociedade e cultura (UFV/UFRRJ). Currículo Lattes: <http://lattes.cnpq.br/4488271510648811>. E-mail: fabianovilaca@gmail.com.

Francisco Carlos Cosentino

Pós-doutor pela Universidade Federal de Minas Gerais (UFMG). Doutor em História pela Universidade Federal Fluminense (UFF). Mestre em Ciência Política e graduado em História pela UFMG. Foi Professor associado da Universidade Federal de Viçosa (UFV). Autor do livro *Governadores Gerais do Estado do Brasil (Séculos XVI-XVII): Ofício, Regimentos, Governação e Trajetórias* (Annablume, 2009). Foi pesquisador do Laboratório de História Econômica e Social (LAHES) da Universidade Federal de Juiz de Fora (UFJF) e professor colaborador dos programas de pós-graduação da Universidade Federal do Rio Grande do Norte (UFRN) e da UFJF. Currículo Lattes: http://lattes.cnpq.br/0871833621211582.

Isnara Pereira Ivo

Pós-doutora pela Universidade Federal de Minas Gerais (UFMG) e estágio de pós-doutorado na Universidade de Évora. Doutora e Mestre em História pela UFMG. Professora do Programa de Pós-graduação em Memória: Linguagem e Sociedade da Universidade Estadual do Sudoeste da Bahia (UESB). Autora do livro *Homens de Caminho: Trânsitos Culturais, Comércio e Cores nos Sertões da América Portuguesa - Século XVIII* (Edições UESB, 2012). Coordenadora da Rede de Grupos de Pesquisa Escravidão e Mestiçagens, cujos resultados de pesquisas foram publicados em cinco volumes organizados pela autora e demais membros da Rede. A última obra publicada foi *Dinâmicas de Mestiçagens no Mundo Moderno: Sociedades, Culturas e Trabalho* (Edições UESB, 2016). Currículo Lattes: http://lattes.cnpq.br/9206847730340304. E-mail: naraivo@gmail.com.

Janaina Cardoso de Mello

Pós-Doutoranda em Estudos Culturais no Programa Avançado de Cultura Contemporânea na Universidade Federaal do Rio de Janeiro (UFRJ). Doutora em História Social (UFRJ). Professora Adjunta de História do Brasil na Universidade Federal de Sergipe (UFS). Pesquisadora (FAPITEC-SE). Professora e orientadora de dissertação do PROFHISTÓRIA - Mestrado Profissional em História da UFS e do PPGH - Mestrado em História da UFAL. E-mail: janainamello.ufs@gmail.com

Jeannie da Silva Menezes

Doutora e Mestre em História do Norte e Nordeste pela Universidade Federal de Pernanbuco (UFPE). Bacharela em Direito pela Universidade Católica de Pernambuco (UNICAP) e licenciada em História pela UFPE. Professora adjunta do Departamento de História da Universidade Federal Rural de Pernambuco (UFRPE) onde leciona na graduação e pós-graduação em História Social da Cultura. Autora do livro *Sem Embargo de Ser Fêmea – as Mulheres e um Estatuto Jurídico em Movimento no Direito Local em Pernambuco no Século XVIII (Paco Editorial, 2013)*. Membro do grupo de pesquisa Núcleo de Estudos Impérios Coloniais (NEIC). Currículo Lattes: http://lattes.cnpq.br/0863557395682263. E-mail: jeanniemenezes@gmail.com

Luciano Raposo de Almeida Figueiredo

Estágios de pós-doutorado nas Universidades de São Paulo (USP) e Stanford. Doutor e Mestre em História Social pela USP. Bacharel e licenciado em História pelo Departamento de História da Pontifícia Universidade Católica do Rio de Janeiro (PUC-RJ). Professor associado do Instituto de História da Universidade Federal Fluminense (UFF) onde leciona História do Brasil colônia e das rebeliões na Época Moderna na graduação e no Programa de Pós-Graduação. Editor do *website* "Impressões rebeldes: documentos e palavras que forjaram a história do protesto no Brasil". Autor do livro *Rebeliões no Brasil Colônia* (Jorge Zahar, 2005). Integra a Companhia das Índias, Núcleo de História Ibérica e Colonial na Época Moderna, com sede na UFF. Currículo Lattes: http://lattes.cnpq.br/0309531574319383. Trabalhos em: academia.edu:https://uff.academia.edu/LucianoFigueiredo. E-mail: lucianoraposo@uol.com.br.

Maria Fernanda Bicalho

Doutora em História Social pela Universidade de São Paulo (USP). Mestre em Antropologia Social pelo Museu Nacional (UFRJ).

Licenciada em História pela Pontifícia Universidade Católica do Rio de Janeiro (PUC-RJ). Professora Associada no Departamento e no Programa de Pós-Graduação em História da Universidade Federal Fluminense (UFF). Autora do livro *A Cidade e o Império: o Rio de Janeiro no Século XVIII* (Civilização Brasileira, 2003). Co-organizadora dos livros *O Antigo Regime nos Trópicos* (RJ: Civilização Brasileira, 2001); *Modos de Governar* (Alameda, 2005) e *O Governo dos Povos* (Alameda, 2009). Currículo Lattes: http://lattes.cnpq.br/4167630729257014. E-mail: mfbicalho@uol.com.br.

Maria Helena Ochi Flexor

Doutora em História Social na Universidade de São Paulo (USP). Graduada em História pela Universidade de São Paulo (USP). Professora Emérita da Universidade Federal da Bahia (UFBA). Professora adjunta da Universidade Católica do Salvador (UCSAL), no Programa de Pós-Graduação em Planejamento Territorial e Desenvolvimento Social, do curso de Arquitetura e Urbanismo e do curso de História, na graduação. Coordenadora do grupo de pesquisa Redes de Cidades na Bahia e no Brasil, desenvolvendo, com bolsistas PIBIC, Pesquisa sobre Reurbanização e repovoamento do Brasil no século XVIII e Religiosidade no Brasil: Concílio de Trento e as Constituições Primeiras do Arcebispado da Bahia. Líder do grupo de pesquisa Salvador: Permanências e Transformações (Linha de Pesquisa: Territorialidade e Planejamento Urbano e Regional). Publicou livros, artigos e comunicações em anais. E-mail: mhelena.ucsal@gmail.com.

Milton Moura

Doutor em Comunicação e Cultura Contemporâneas pela Universidade Federal da Bahia (UFBA). Mestre em Ciências Sociais pela UFBA. Licenciado e Bacharel em Filosofia pela Pontifícia Universidade Católica do Rio de Janeiro (PUC-RJ). Professor Titular da Universidade Federal da Bahia (UFBA), atuando no Curso de História, no Programa de Pós-Graduação em História e no Programa Multidisciplinar de Pós-Graduação em Cultura e Sociedade. Organizador do livro *A Larga Barra da Bahia - essa província no contexto do mundo* (EDUFBA, 2011). Coordenador do grupo de pesquisa O Som do Lugar e o Mundo. Currículo Lattes: http://lattes.cnpq.br/8879378270313495. E-mail: miltonmoura7@gmail.com.

Suely Creusa Cordeiro de Almeida

Pós-Doutora pela Universidade Nova de Lisboa. Doutora em História Social pela Universidade Federal de Pernambuco (UFPE), com bolsa sanduíche pela Universidade Clássica de Lisboa. Professora da Graduação e Pós-Graduação do Curso de História da Universidade Federal Rural de Pernambuco (UFRPE) e da Pós-Graduação em História da Universidade Federal de Pernambuco (UFPE). Autora do livro *O Sexo Devoto: Normalização e Resistência Feminina no Império Português Séculos XVI-XVIII*. (Ed. Universitária UFPE, 2005). Membro dos grupos de pesquisa Núcleo de Pesquisa Impérios Coloniais (NEIC/UFRPE), Núcleo de Pesquisa Mundo Atlântico (NEMAT/UFPE) e da Rede de Grupos de Pesquisa Escravidão e Mestiçagem (REM). E-mail: suealmeida.ufrpe@hotmail.com.

Alameda nas redes sociais:

Site: www.alamedaeditorial.com.br
Facebook.com/alamedaeditorial/
Twitter.com/editoraalameda
Instagram.com/editora_alameda/

Esta obra foi impressa em São Paulo na primavera de 2017. No texto foi utilizada a fonte Minion Pro em corpo 11 e entrelinha de 15 pontos.